금석문과 신라사

주 보 돈

지식산업사

금석문과 신라사

초판 1쇄 발행 2002. 9. 7.
초판 2쇄 발행 2009. 8. 3.

지은이   주보돈
펴낸이   김경희
펴낸곳   ㈜지식산업사
            본사: 경기도 파주시 교하읍 문발리 520-12
            서울사무소: 서울시 종로구 통의동 35-18
            전 화   본사: (031)955-4226~7   서울사무소: (02)734-1978
            팩 스   본사: (031)955-4228   서울사무소: (02)720-7900
            인터넷한글문패 지식산업사
            인터넷영문문패 www.jisik.co.kr
            전자우편 jsp@jisik.co.kr
            등록번호 1-363
            등록날짜 1969. 5. 8.

책값 20,000원

ⓒ 주보돈, 2002
ISBN 89-423-1064-8 93910

이 책을 읽고 문의하고자 하는 이는 지식산업사 전자우편으로 연락 바랍니다.

대구무술오작비

영일냉수리신라비(오른쪽은 부분사진)

울진봉평신라비 (오른쪽은 부분사진)

영천청제비

단양신라적성비

책머리에

한국고대사를 연구하면서 부닥치는 가장 큰 어려움은 관련 사료가 지극히 빈약하고 그나마도 신빙성이 논란된다는 데에 있다. 연구자들은 이러한 사실을 다 알고 있게 마련이다. 마치 畵龍點睛처럼 하필이면 핵심적인 부분에 이르러서는 '반드시'라고 표현하여도 지나치지 않을 정도로 사료가 비었음을 확인하고 허탈해 하는 경우도 종종 있다. 한국고대사 연구자라면 적어도 한두 번쯤 이와 비슷한 경험을 하지 않은 사람은 없을 터이다. 그래서 평소에 너나 할 것 없이 새로운 자료가 출현하여 공백으로 남겨진 부분이 완전히 메워지기를 간절하게 꿈꾼다.

그런데 그런 바람에 부응이라도 하듯 이따금씩 새로운 자료가 발굴되어 타는 그러한 목마름을 적셔주기도 한다. 이를테면 각종 碑文을 비롯하여 木簡, 土器銘文 등이 대표적인 사례라 하겠다. 이들 자료들은 어떤 素材로 되어 있으며, 어떤 목적으로, 어떻게 쓰였느냐에 따라 좀더 세분하기도 하지만 일단 넓은 의미에서 흔히 金石文이라 불린다. 이처럼 새롭게 선보이는 한국고대사 관련 금석문들은 비록 체계적이지 못하고 단편적이라는 약점을 지니고 있지만, 거의 대부분 當代에 씌인 것이므로 신빙도가 대단히 높다는 점에서 후대에 정리된 사서들에 비해 차지하는 비중이나 의미가 사뭇 다르다. 이들 가운데는 간혹 전혀 예기치 못한 새로운 내용을 담고 있어 기왕에 논란되어 영원히

풀릴 것 같지 않던 어려운 문제들을 단숨에 말끔히 해결하는 데 결정적인 실마리가 되기도 한다. 또는 한국고대사의 새로운 이해 방향에 커다란 문제를 던질 만한 내용이 담겨진 경우도 가끔 있다. 이런 점들은 여타 분야와 비교하여 한국고대사에서 금석문이 차지하는 비중이 어떠한가를 여실히 보여주는 사례들로 손꼽힌다. 고대사 연구자들이 새로운 금석문의 출현을 학수고대하는 참맛은 어쩌면 이러한 데에 있는지도 모른다.

저자가 금석문의 중요성을 인식하고 이에 대해 본격적으로 관심을 갖기 시작한 것은 석사과정의 졸업논문을 작성하면서부터였다. 당시 구상하고 있던 論題가 신라 지방통치와 촌락의 구조에 관한 것이었으므로 금석문 자료의 활용은 필수적이었다. 기존 史書는 어떤 경우라도 후대에 여러 차례에 걸쳐 재정리되면서 중앙이나 또는 지배층의 입장이 크게 스며들어가 지방이나 촌락의 원래 모습과는 상당히 거리가 있는 내용으로 변질되게 마련이다. 지배층은 지방을 오직 지배의 대상으로만 인식하였을 따름이므로 이런 시각에서 재정리된 결과가 어떠한지는 새삼 언급할 필요가 없을 것이다. 그나마도 관련 있는 기사들은 의도적인 여과의 과정을 거친 탓인지 아주 드문 실정이다. 기본사서들을 대충이라도 훑어보면 이러한 점은 단번에 느껴진다. 이들만으로 설정된 주제에 접근해서는 목적한 바의 성과를 기대하기 어렵다고 판단하였다. 그리하여 금석문 자료에 큰 기대를 갖고 관심을 기울이기 시작하였다.

석사과정을 마친 뒤에도 계속하여 지방통치와 촌락 문제에 온 힘을 쏟고 있던 저자에게 지극히 다행스러웠던 일은 새로운 금석문의 발견이었다. 1978년 단양신라적성비를 비롯하여 1979년 중원고구려비, 1988년 울진봉평신라비와 명활산성비, 1989년 영일냉수리신라비 등 이렇다 할 굵직한 금석문들이 잇달아 출현하였다. 이 밖에도 남산신성비가 몇 점 새롭게 추가되었고, 게다가 목간이나 銘文 있는 토기도 이따금씩 출토되었다. 이들이 저자의 연구계획을 한층 깊은 데까지 추진시키는 데 더할 나위 없는 귀중한 자료로 활용되었음은 물론이다.

그런데 얼마 지나지 않아 금석문에서 부분적으로 필요한 기사만을 따로 떼어 역사 복원에 이용할 경우, 자칫 전체를 간파하지 못함으로써 파생될 오류가 있을지 모른다는 데에 생각이 미치게 되었다. 그렇게 되어서는 아무리 새로운 귀중한 자료라도 가지는 무게가 반감될 수밖에 없는 것이다. 그래서 개별 금석문에 대한 체계적인 분석이 선행되어야 한다고 판단하였다. 이를 위해 무엇보다 현장답사가 기본임을 깨달았다. 그래서 금석문의 출토 장소를 비롯하여 소장처 및 내용과 관계가 있는 지역을 직접 방문하여 여러 차례에 걸쳐 낱낱이 조사하는 기회를 가졌다. 현장감을 느껴봄으로써 천 수백 년 전 금석문이 작성되던 시점으로 되돌아가 당시 사람들과 거기에 담겨진 내용에 대해서 교감하고, 이를 통해 어떤 영감을 얻을 수 있을지 모른다는 생각에서였다.

각각의 금석문을 대상으로 몇 차례의 면밀한 판독작업을 행하고 이를 토대로 전후맥락이 닿도록 내용을 분석하는 과정에서 몇 가지 기본적인 다짐을 했다. 첫째, 명백한 경우가 아니면 새로운 글자의 판독은 가능한 피한다는 것이었다. 바꾸어 말하면 자칫 自說에 유리한 쪽으로 읽을 위험성을 최대한 피하고 나아가 정확한 釋文 작성은 뒷날 새로운 방법에 입각한 완벽한 조사가 이루어질 때까지 기다려보자는 심산이었다. 그것이 앞으로 이 방면에 관심을 가진 연구자들에게 도움이 된다고 여겼기 때문이다. 둘째, 금석문을 기존의 사서에 얽매여서 그를 기준 삼아 해석해서는 안 된다는 것이다. 만약 그렇다면 전혀 엉뚱한 결론이 내려질 수 있을 터이기 때문이었다. 셋째, 가능하면 금석문 자체의 내용에서 그 전체를 이해하는 실마리를 찾아야 한다는 것이었다. 금석문과 관련된 제반 내용은 어떤 형태로든 그 자체 내부에 담겨져 있을 것이란 추정에서였다. 그렇지 않고 섣불리 다른 유사한 자료들을 원용하면 그 결과가 실제 내용과 크게 달라질지 모르기 때문이다.

이런 몇 가지 기본적인 다짐을 바탕으로 몇몇 금석문을 차근차근 분석함으로써 새로 발견된 금석문에 대한 전반적인 이해를 드높일 수 있었고, 나아가 기왕에 알려진 것에 대해서도 상당히 많은 부분에 걸쳐 새롭게 읽어낼 수가 있었다. 이를 통해 신라사에 대하여 적지 않은 사실을 밝혀내는 뜻밖의 성과를 올리기도 하였다.

사실 현재까지 해 온 작업들이 아직 만족할 만한 수준에 이르렀다고는 조금도 생각하지 않는다. 그럼에도 감히 이렇게 한 권의 단행본으로 엮어보고자 한 것은 수행하여 왔던 일을 단순히 마무리짓겠다는 의도가 아니다. 바로 중간 결산을 통하여 앞으로 더욱 정진하자는 다짐이다. 지난날의 작업들을 한번쯤 돌아보고 정리할 기회를 가짐으로써 재차 새롭게 도약할 디딤돌로 삼아 또 다른 항해를 계속하겠다는 스스로의 다짐을 표명하는 정도로 이해해 주었으면 싶다.

그런데 이 책이 햇빛을 보기까지 여러 분들에게 알게 모르게 적지 않은 피해를 끼쳤던 것 같아 미안한 마음이 그지없다. 특히 얼마 전 타계하신 어머님께 항상 바쁘다는 핑계로 자식 도리를 다하지 못한 점이 못내 후회스럽다. 이 책을 영전에 바침으로써 약간이라도 불효를 용서받을 수 있었으면 하는 마음이 간절하다. 평소 변변찮은 공부한답시고 아내와 두 아이에게 지아비와 아버지 노릇을 제대로 하지 못한 점도 이 자리를 빌려서나마 미안한 마음을 전한다.

이 책의 교정에 많은 도움을 준 柳文奎 군에게 고마움을 표하며, 아울러 이 책의 간행을 흔쾌히 맡아주신 김경희 사장님을 비롯하여, 책 모양을 갖추는 데 힘써주신 지식산업사 편집진 여러 분들에게 감사드린다.

2002. 8. 1.

中初書舍에서 저자

차　례

제 3 편 木簡과 古文書 · 295

서장

6세기 신라 금석문과 그 특징

1. 머리말

역사학의 기초 분야 가운데 하나인 史料學에서는 당대에 씌어진 자료를 基本史料 또는 1차사료라 이름하여 그 뒤에 이들을 토대로 편집되거나 재정리된 이른바 2, 3차사료들과는 엄격히 구별하여 다룬다. 문헌을 주된 수단으로 삼아 인간 삶의 총체를 복원함을 그 本領으로 삼는 역사학이 후대에 편집된 자료들보다 당대의 사료를 중시하는 것은 지극히 당연한 일이라 하겠다. 2, 3차사료에는 후대의 인식이 스며들어가 실상이 그대로 전해지지 않고 쉽사리 윤색되기 때문이다.

당대에 작성된 자료는 여러 가지 요인 때문에 잘 남겨지지 못하므로 오늘날 그리 흔하지가 않다. 이들은 크게 古文書類와 金石文類로 분류된다. 고문서는 일정한 형식을 갖춘 옛 문서를 일컫는데,[1] 대체로 유기질의 종이 등에 작성되므로 그 성질상 현재로부터 가까운 시기의 것은 많이 남게 될 터이지만 고대사에서는 매우 드문 자료에 속하게 마련이다. 지금까지 알려진 한국고대사 관련 고문서의 사례가 극히 소수라는 것[2]은 이를 증명한다.

---

1) 고문서의 개념에 대해서는 崔承熙, 《增補版 韓國古文書硏究》, 지식산업사, 1989, pp.17~23 참조.

반대로 금석문의 경우 그와는 사정이 자못 다르다. 흔히 좁은 의미의 금석문은 글자 그대로 단단한 금속과 돌에 새겨진 그림이나 글씨에 한정되지만 넓은 의미로는 緋緞, 木簡, 土器 및 骨製 등의 다양한 素材에 새겨진 것까지를 총칭한다.[3] 한국고대사와 관련하여서는 그 속성상 자연 고문서류보다 이러한 금석문류가 많이 남을 수밖에 없을 것이다. 현재까지 금석문 자료가 상대적으로 많이 잔존하는 것은 이를 입증하여 준다.

사료가 특히 많지 않은 한국고대사 분야에서 그 시대 사료로서 이들 금석문이 갖는 중요성[4]은 대단히 중요하다. 같은 고대사라도 시기가 점점 거슬러 올라갈수록 그것이 가지는 중요도는 더욱더 커지게 된다. 그것은 일차적으로 해당 시기를 대상으로 한 기존의 문헌사료가 한층 零星하기 때문이겠지만 한걸음 더 나아가 이런 금석문 자체가 특정한 인식과 목적 아래에서 粉飾, 윤색, 과장되지 않아 적어도 거기에 담겨진 내용에 대해서는 사료 비판의 과정을 따로 거치지 않고서도 자유롭게 역사 복원에 활용할 수 있기 때문이다. 그 까닭으로 한국고대사 연구자가 금석문에 대해 기울이는 관심은 여타의 어느 시기 연구자보다도 각별할 수밖에 없다.

아래에서는 여러 가지 사정으로 한국고대사 관련 금석문 전반을 대상으로 다루기보다 다른 시기나 국가에 비해 이상스럽게도 집중적으로 출토되고 또 이를 바탕으로 가장 활발하게 역사 복원이 시도되어 온 6세기 신라의 금석문에 한정하여 그 특징과 함께 연구성과를 간단히 더듬어 보고자 한다. 아울러 이를 통하여 앞으로 나아가야 할 연구 방향도 가늠해 보려 한다.

---

2) 한국고대사 관련 고문서에 대해서는 李基白, 《韓國上代古文書資料集成》, 일지사, 1987 참조.

3) 葛城末治, 《朝鮮金石攷》, 1935 ; 許興植, 〈韓國金石學의 現況과 課題〉, 《韓國史學》 16, 1996, p.84.

4) 許興植, 〈韓國金石文의 整理現況과 展望〉, 《民族文化論叢》 2·3, 영남대 민족문화연구소, 1982, pp.234~235.

2. 金石文 자료 활용의 흐름

어쩌면 한국고대사 분야에서 금석문을 사료로서 활용하려 한 첫 시
도는 일반적인 예상을 훨씬 뛰어넘어 상당히 이른 시기까지 소급될지
모른다. 고려 중·후기에 씌어진 《三國史記》나 《三國遺事》와 같은 史
書에서도 어떤 사실을 설명하거나 보완하기 위하여 당시까지 존재하
던 몇몇 금석문을 적극적으로 이용하려 한 낌새들이 엿보이기 때문이
다.[5] 이후 조선시대 중기에 이르기까지 그런 경향이 별로 찾아지지 않
는 것으로 미루어 짐작하면 제대로 이어지지는 못하였던 듯하다. 이
시기에 書藝 등을 위한 용도로 작성된 書帖의 존재는 일부 확인되지만
금석문을 직접 다루거나 말한 기록들을 거의 찾을 수 없음은 이를 예
증한다.[6]

조선 후기에 이르러 몇몇 유학자들에 의해 金石學이라 불리는 새로운
학문 분야가 자리잡아 가면서 비로소 고대의 금석문은 나름대로 정리될
발판이 마련되었다. 아마 당시 明淸의 교체로 중국 중심 세계관인 華夷
觀이 붕괴됨에 따라 우리 문화를 바라보는 근본적인 인식이 달라지자
그에 더불어 금석문에 대한 관심도 크게 높아진 것으로 짐작된다. 이로
말미암아 그 궁극적인 목적이야 어떻든 이제 금석문이 체계적으로 정리
되기 시작하였던 것이다. 아직 비록 서첩 형태를 크게 벗어나지는 못하
였지만 이 시기에 작성되어 현재 전해지는 몇몇 자료들은[7] 폭과 깊이가

---

5) 《三國史記》에는 庾信碑, 三郎寺碑, 我道和尙碑, 鸞郎碑, 貞苑碑 등의 비문들
   이 인용되어 있다. 한편 《三國遺事》에는 我道本碑, 浮石本碑, 三郎寺碑, 有德
   寺碑 외에 다수의 금석문이 인용되어 이들을 적극적으로 활용하려 하였음을
   짐작하게 한다.
6) 이하 금석학사에 관한 내용은 주로 許興植, 〈韓國金石學史 試論〉, 《千寬宇
   先生還曆紀念 韓國史學論叢》, 1985 및 趙東元, 〈韓國 金石文 硏究의 現況과
   課題〉, 《國史館論叢》 78, 1997에 의존한 바가 많다.
7) 이에 대한 구체적인 사항은 許興植과 趙東元의 위의 글 참조.

그 前代에 비해 상당히 향상되었음을 여실히 보여준다.

한편 이 시기에는 청나라 考證學의 영향을 받아 금석문 자료들을 이리저리 수집하여 구체적으로 분석하거나 역사학의 입장에서 정리하려는 시도들이 일부에서 행해지기도 하였다. 秋史 金正喜가 진흥왕순수비인 黃草嶺碑와 北漢山碑 2기를 대상으로 치밀한 분석과 검토를 행한 《禮堂金石過眼錄》에서 그 점은 뚜렷이 확인된다. 그러나 일부에서만 그런 경향이 나타날 뿐 아쉽게도 그것이 전체적으로 뿌리내려 하나의 일관된 연구 흐름을 형성하지는 못하였다. 또한 이 시기에는 여러 금석문 자료들 가운데 극소수만이 관심의 대상으로 떠올랐고, 그나마 역사 복원을 위한 사료로서 본격적으로 활용하기 위한 것도 아니었다. 전반적으로 보아 아직 그 전대의 서예와 관련한 수준에서 겨우 약간 더 나아간 정도에 머문 상태였다고 하겠다.

그런 사정은 이후 일제 때에 이르기까지도 여전히 변함없이 지속되었다고 보아도 좋다. 물론 日帝强占期를 통하여 한국사 분야에서도 文獻考證學을 중심으로 하는 이른바 근대역사학적 방법론이 들어오면서 금석문에 대한 관심이 두드러진 것은 부정할 수 없는 사실이다. 그러나 거기에는 학문적인 순수함보다는 정치적인 목적이 개재된 것이어서 커다란 문제점을 남겼다. 이를테면 1910년대에 朝鮮總督府의 주도 아래 한국의 금석문을 조사 정리하여 방대한 분량의 《朝鮮金石總覽》을 간행한 것은 이를 방증한다. 분량에 비하여 상대적으로 짧은 기간 전국에 흩어져 있는 금석문을 조사함으로써[8] 판독에서 부정확함이 뒤따랐다. 많은 자료의 폭넓은 수집에는 크게 관심을 가지면서도 정밀한 釋文의 작성에 소홀하였다는 자체는 그들의 일차적 관심이 어디에 있었는가를 엿보게 하는 대목이다. 이 책이 훨씬 앞서 1832년 청나라에

---

8) 국립중앙도서관에는 韓末의 어느 금석학자가 전국의 금석문을 조사하기 위하여 문헌 등을 중심으로 정리한 금석문 목록이 소장되어 있는데, 이것이 《朝鮮金石總覽》 작성에 영향을 주었다고 한다.(許興植, 〈韓國金石學의 研究現況과 方向〉, 《옛탁본의 아름다움, 그리고 우리 역사》, 예술의 전당, 1998, p.64)

서 편찬된 劉燕庭의 《海東金石苑》보다 질적으로 낮게 평가되는 것도[9] 바로 그 때문이다. 이로 말미암아 1970년대 이후에는 한국고대사의 복원을 위하여 당시 작성된 석문에 대한 정확성 여부를 낱낱이 새롭게 점검하지 않으면 안 되었다.

일제시기를 통하여 역사학적 입장에서도 어느 정도 금석문에 관심을 기울이기는 하였지만 그것은 대체로 특정한 정치적 목적이 깊이 개재된 것이었다. 그 점은 당시 廣開土王陵碑의 辛卯年條에 대해 기울인 집중적인 관심도에서 뚜렷하게 확인된다. 폭넓게 한국고대사나 문화복원에 금석문이 활용될 여지가 많았음에도 불구하고 여타의 것은 거의 관심 밖에 두다시피 하는 강한 편향성을 띠었던 것이다. 그런 분위기 속에서도 葛城末治의 《朝鮮金石攷》처럼 금석문에 대한 기초적인 이해나 자료를 소개하는 업적들이 전혀 없지 않았다. 그러나 그로부터 한 단계 더 진전하여 역사 복원으로까지 이어지지 못하는 뚜렷한 한계를 보였다고 하겠다.

요컨대 고려시대 이후 각 시기마다 금석문에 대해 가지는 관심의 수준이나 목적에서 상당한 차이를 보였다. 하지만 일제 때까지 그를 1차 사료로서 적극 활용하여 본격적으로 역사를 복원하는 단계로까지 진전되지는 못하였다. 그럼에도 뒤늦게나마 이들을 조사, 수집, 정리하였다는 자체만으로도 나름의 일정한 역할을 다하였던 것이다. 이들 자료들이 수집, 정리되지 못한 채 계속 그대로 방치되었더라면 지금에 이르러서는 자칫 영영 인멸되었을지도 모를 일이다.[10] 비록 판독의 정밀도에서 문제가 없지 않지만 그로써 한국고대사의 복원을 위한 사료로서 활용할 수 있는 발판이 된 것 자체가 커다란 성과였다고 평가하여

---

9) 許興植, 앞의 글(1982), p.240.

10) 실제로 《三國史記》나 《三國遺事》에 활용되어 있는 금석문들은 상당수 없어졌으며, 실물은 없어졌거나 파손된 것 가운데 탁본이나 석문이 남아 전하는 대표적인 사례로는 최치원이 撰文한 大崇福寺碑, 普覺國尊一然碑 등을 손꼽을 수 있다.

도 무방할 터이다.

해방 이후 대체로 1960년대까지도 그 전대와 마찬가지로 금석문의 수집과 정리의 수준에 머물렀다. 그러다가 금석문 자체를 체계적으로 분석하여 고대사 복원을 위한 사료로서 적극 활용하기 시작한 것은 1960년대 후반에서 1970년대에 접어들어서의 일이 아닐까 싶다. 이후 한국고대사 연구 수준의 전반적인 향상과 함께 연구자들의 금석문에 대한 이해도가 대단히 향상되면서 하나하나에 대한 치밀한 분석이 새롭게 시도되었다. 매개 금석문에 대해서 여러 차례에 걸친 현장조사를 통해 판독작업에 쏟는 노력의 양이 전례 없이 많아진 것은 이 시기의 두드러진 현상으로 손꼽을 수 있다. 아마도 이는 과거에 비하여 여러 가지 측면에서 달라진 여건에 따른 것으로 보인다.

먼저 정확한 판독문 작성의 중요성에 대한 인식이 크게 높아졌던 점을 손꼽을 수 있다. 이때 기존 사서만으로는 역사 복원에 명백한 한계가 있다는 평범한 사실을 깨닫고, 나아가 그를 벗어날 수 있는 돌파구를 금석문의 활용에서 찾고자 하는 경향이 강력하게 대두하였다. 둘째, 연구자의 수가 급격하게 늘어난 사실을 지적할 수 있다. 한국고대사 연구자가 크게 증가함으로써 종래 상대적으로 소외되어 온 금석문에 대해서까지도 관심을 돌릴 여지를 갖게 되었다. 이로 말미암아 기왕에 알려진 금석문을 한층 면밀히 조사할 수 있게 되었던 것이다. 이에 더하여 이렇다 할 규모의 새로운 금석문 출현도 이를 촉발시킨 주요한 요인으로 작용하였다. 새로 알려진 자료들을 제대로 이해하기 위하여 기존의 금석문들도 자연스레 다양한 각도에서 비교 검토되었다. 그 밖에 사진을 비롯한 컴퓨터, 照明의 활용 등 새로운 機器와 방법상의 향상 및 교통상의 편리함 등의 영향도 큰 몫을 차지한다. 그리하여 금석문이 보존되어 있는 현장에 대한 접근이 쉬워지고 또 그 횟수가 잦아짐으로써 수준 높은 판독문 작성이 가능해졌던 것이다.

그 결과 금석문을 본격적으로 활용할 수 있는 토대가 착실하게 다져졌다. 이를테면 해방 후에 발견한 금석문을 중심으로 정리한 黃壽永[11]

과 李蘭暎,[12] 그 동안 알려진 금석문을 총괄적으로 수집한 許興植,[13] 탁본을 印刊한 趙東元,[14] 任昌淳[15]을 비롯하여 고대 금석문을 주석한 한국고대사회연구소의 작업이나,[16] 기타 여러 금석문 목록 등등은 이 시기의 동향을 대략이나마 짐작하게 하는 업적들이다.

금석문에 대해 관심을 기울일수록 그에 비례하여 새로운 자료가 출현하게 마련이다. 1970년대 이후는 그 전에 비하여 금석문을 사료로서 활용한 연구가 꾸준하게 행해지면서 동시에 굵직한 자료의 출현이 두드러졌던 시기였다고 할 수 있다. 예컨대 1970년의 蔚州川前里書石을 시발로, 1978년의 丹陽新羅赤城碑, 1979년의 中原高句麗碑, 1988년의 蔚珍鳳坪新羅碑, 1989년의 迎日冷水里新羅碑 등등이 잇달아 발견된 것은 이를 증거한다. 이로 말미암아 종래 廣開土王陵碑에 국한되다시피 한 연구, 그것도 辛卯年條란 특정한 기사를 중심으로 한 극히 일부 내용에만 편중되었던 연구 경향을 벗어나 금석문 전반에 대해 종합 검토하고 이를 적극 활용하려는 움직임이 폭넓게 전개되었다. 말하자면 연구의 범위와 대상이 한국고대사 전반에 걸쳐 크게 확대됨으로써 상당한 성과를 거두고, 그 결과 연구 수준 자체가 훨씬 심화되기에 이른 것이다.

한국고대사와 관련된 전체 금석문 가운데 그 연구의 흐름을 주도해 간 것은 아무래도 신라의 금석문이다. 그 가운데서도 6세기 中古期의 금석문에 대한 연구가 중심이었다고 하겠다. 6세기 신라 금석문은 다른 금석문 연구의 길잡이 역할을 하여 왔던 셈이다. 이제 새로운 연구의 진전과 방향의 모색을 위하여 그를 둘러싼 동향에 대해서 전체적으로 정리할 필요성이 요청되고 있는 시점이다. 아래에서는 중고기 금석

---

11) 黃壽永, 《韓國金石遺文》, 일지사, 1976.
12) 李蘭暎, 《韓國金石文追補》, 중앙대출판부, 1968.
13) 許興植, 《韓國金石全文》 1~3, 아세아문화사, 1984.
14) 趙東元, 《韓國金石文大系》 1~6, 원광대출판부, 1979~1993.
15) 任昌淳, 《韓國金石集成》, 일지사, 1984.
16) 韓國古代社會硏究所, 《譯註 韓國古代金石文》 Ⅰ · Ⅱ · Ⅲ, 1992.

문에 한정하여 그 특징과 연구 성과를 구체적으로 살펴보기로 하겠다.

3. 6세기 신라 금석문의 특징

현재까지 신라사의 시기구분에서 흔히 중고기라 불리는 시기는 法興王代(514~539)로부터 眞德王代(647~653)까지를 일컫는다. 따라서 여기에서 검토의 대상으로 삼는 6세기는 엄밀히 말하면 중고기의 전반부에 한정된다. 그렇지만 이때는 중고기에서 중심이 되는 시기에 해당할 뿐만 아니라 7세기 전반에는 금석문이 거의 없으므로 사실 6세기의 것이라 하여도 그것이 곧 중고기의 금석문 모두가 되는 셈이다.

6세기는 여러 가지 측면에서 새로운 요소들이 싹트고 그 뿌리를 내려 신라적인 典型이 갖추어져 가는 때로 이해되고 있다. 이를테면 법흥왕대에 새로이 도입된 律令이 정착되고 고등종교인 불교가 수용되어 지배이데올로기로 기능하는 등 체제상의 커다란 변화가 진행된 시기이다. 신라가 이제 동아시아의 국제무대로 당당하게 등장하여도 좋을 만한 지배체제를 갖춘 국가로 변신하는 시기라 하여도 좋을 듯하다. 이런 정황들은 6세기의 신라가 정치와 사회와 사상면에서 성장하여 커다란 전환기를 맞고 있었음을 뜻한다. 이때에 성립된 지배체제를 한마디로 중앙집권적인 귀족국가라 표현하여 그 전과 구별짓고자 함이 일반적이다. 여하튼 신라사에서 6세기는 자체 내부에서 엄청난 변화를 겪던 시기라 하겠다.

이처럼 6세기에 접어들어 신라의 역사가 새로운 轉機를 맞으면서 문자 기록에서도 큰 변화가 일어났다. 전례 없이 수많은 금석문의 작성이 이를 여실히 증명하여 준다. 금석문이 유달리 많이 작성되었다는 것은 그 자체가 문자발달사에서 일대 전환기임을 뜻한다. 그 점은 이 시기에 漢文字 사용 수준이 크게 향상되는 사정과도 맥락을 같이하는 것으로 짐작된다.[17] 실제로 6세기는 특이하게도 다른 시기에 비하여 금석문이 많이 작성된 이례적인 시기이다. 뒤에 말하겠지만 지금까지 알려진 6세기의 금석문은 전체 20여 점 이상을 헤아린다. 그런데 이처럼 유달리 집중적으로 금석문이 만들어졌다는 사실은 特記하여도 좋을 듯하다. 어쩌면 문자발달사에서 6세기를 금석문의 세기라 이름 붙여도 무방할 것 같다.

아직 5세기의 것으로 확증지을 만한 신라 금석문 자료는 거의 찾아보기 어렵다. 물론 신라의 영토 안에서 출토된 것을 그 대상으로 삼는다면 확실히 5세기에 만들어졌다고 단정하여도 좋을 금석문이 없지는 않다. 이를테면 皇南大塚, 壺杅塚, 瑞鳳塚을 비롯하여 5세기에 營造되었음이 분명한 몇몇 積石木槨墳에서 출토된 금석문 자료가 그러한 사례들이다. 그러나 이들은 신라인에 의해 작성된 신라의 금석문이라고 주장할 수 있는 명백한 근거가 없으며 대체로 고구려에서 만들어져 신라로 반입된 것이라 추정되고 있다. 설사 그들 가운데 극히 일부가 신라인에 의하여 만들어진 것이라 하더라도 그 자체 특별한 내용이 없는 아주 단편적인 것들일 따름이다. 그런 뜻에서 제대로 문장을 갖추고 어떤 뜻을 분명히 나타내고자 한 5세기의 신라 금석문은 전혀 없다고 단정하여도 과언이 아니다.

그러므로 제대로 된 문장 형식을 갖춘 신라 금석문은 현재로서는 6세기에 들어와서부터 작성되기 시작하였다고 보아도 좋을 듯하다. 503년에 건립된 것으로 추정되는 영일냉수리신라비가 지금까지 알려진 最古의 금석문에 속하기 때문이다.[18] 이후의 금석문은 대부분 일정한 문장 형식을 갖추고 있을 뿐만 아니라 거기에 포함된 내용도 비교적 풍부하여 그 전대와는 상황이 아주 달라졌음을 느끼게 한다. 이런 부류의 금석문들이 6세기에 한정하여 하나의 유행처럼 만들어졌던 것이

---

17) 朱甫暾, 〈新羅에서 漢文字 定着過程과 佛教受容〉, 《嶺南學》 1, 2001, pp.207∼218 참조.

18) 물론 이는 어디까지나 현재의 자료에 근거한 추정이므로 확정적인 것은 아니다. 그러나 그로부터 약간은 소급될 여지는 엿보이지만 그리 크게 올라갈 가능성이 있을 것 같지는 않다.

다. 많이 발견된다는 것 자체는 상대적으로 그만큼 많이 만들어졌음을 뜻한다. 아래에서는 그와 같은 새로운 성격의 금석문이 작성되게 된 배경과 그것이 가지는 특징을 구체적으로 살펴보기로 하겠다. 먼저 편의상 6세기 금석문들을 연대순으로 나열하면 다음과 같다.

> 冷水里新羅碑(503), 蔚珍鳳坪新羅碑(524), 蔚州川前里書石 原銘(525)과 追銘(539), 永川菁堤碑 丙辰銘(536), 丹陽新羅赤城碑(550?), 明活山城作城碑(551), 雁鴨池出土碑(일명 明活山城碑, 554?), 眞興王昌寧碑(561), 北漢山巡狩碑(568?), 黃草嶺巡狩碑(568), 磨雲嶺巡狩碑(568), 大邱戊戌塢作碑(578), 南山新城碑(591, 9기).

연대에서 크게 논란되고 있어 확정짓기는 어렵지만 일단 壬申誓記石도 이 범주에 포함시킬 수 있다. 이 밖에도 단편적인 자료들로서 6세기 후반의 것이라 추정되는 咸安 城山山城 출토 木簡 24점, 7세기의 것으로 편년되는 二聖山城 출토 목간 3점, 慶州 月城垓子 출토 목간, 그리고 소수의 토기에 새겨진 몇몇 銘文과[19] 함께 榮州의 於宿知述干墓와 順興 읍내리 벽화고분의 墨書銘 등을 대략 손꼽을 수 있다.

금석문을 분류하는 기준이나 방법은 다양하지만[20] 이상에서 열거한 사례들을 정리하여 이를 통해 외형적으로 드러나는 6세기 금석문에 대한 몇몇 특징적인 요소들을 지적하면 다음과 같다.

첫째, 6세기에는 金文을 찾기가 어렵고 石文이 그 주류를 이룬다는 사실이다. 물론 5세기까지 아울러서 보면 大富銘 青銅盒, 高德興銘 青銅鐎斗, 大富貴銘 馬鐸, 皇龍寺 출토 神獸文銅鏡 등 몇몇 금문의 사례가 확인된다.[21] 하지만 앞서 말하였듯이 이들이 모두 신라에서 만들어진 것

---

19) 朱甫暾, 〈韓國 古代의 土器銘文〉, 《유물에 새겨진 古代文字》, 부산광역시립 박물관 복천분관, 1997 ; 朴方龍, 〈傳 嶺南地方 出土 墨書銘 有蓋苦杯〉, 《碩晤 尹容鎭教授停年退任紀念論叢》, 1996.

20) 許興植, 앞의 글(1996), pp.84~88.

21) 韓國古代社會硏究所, 앞의 책 참조.

이라 단정짓기는 어렵다. 설령 이들이 전부 신라의 것이라 하더라도 그 명문의 내용을 훑어보면 대부분 막연한 단편적인 吉祥句들로서 어떤 구체적 사실을 전하는 것은 하나도 없다. 이는 아마도 주술적인 성격의 중국계 銅鏡과 같이 전대 金文上의 오랜 전통에서 비롯된 것으로서 그 잔재에 불과할 따름이다. 이들 5세기의 금문들은 특정한 개인이 소유하는 것으로, 그것을 소지하는 개인에게 가해지는 어떤 呪術的인 표현이거나 소지자 또는 제작자의 이름을 나타낸다. 따라서 6세기의 석문이 어떤 개인을 위한 것이 아니라 특정한 다수의 사람에게 보일 목적에서 제작된 것과는 뚜렷한 대조를 이룬다고 하겠다. 이는 5세기까지만 하더라도 그럴 필요성이 별로 없다가 6세기의 정치와 사회의 변화로 말미암아 그럴 만한 사정이 생겨났기 때문이다. 따라서 5세기대에 전혀 보이지 않던 석문의 활발한 작성은 6세기 무렵부터 떠오르기 시작한 하나의 새로운 유행이었다고 보아도 좋을 것 같다. 후대의 어느 시기에 비해서도 6세기는 석문이 차지하는 비중이 대단히 높은 시기이다. 그런 측면에서 이때를 石文의 시대라 불러도 무방할 듯 싶다. 金文은 본디 그 성질상 많은 내용을 포괄하기는 곤란하므로 새로이 석문으로 대체된 데에는 6세기에 이르러 무엇인가 많은 내용의 사실을 기록해야 할 필요성이 제기되는 사정과 밀접한 관련이 있는 것으로 짐작된다. 말하자면 6세기에는 많은 내용을 담은 석문이 작성되지 않으면 안 될 환경의 변화가 틀림없이 발생하였던 것이라 하겠다.

둘째, 여러 종류의 석문 가운데서도 거의 대부분을 차지하는 것이 碑文이란 점이다. 물론 울주천전리서석처럼 石刻類가 일부 있기는 하지만 주류를 이루는 것은 어디까지나 비문류이다. 이처럼 비문이 아주 높은 비중을 차지하는 점도 6세기 금석문의 뚜렷한 특징적 현상의 하나로 손꼽을 수 있다. 그런 뜻에서 수적으로 보아 극히 미미한 석각류는 차라리 예외적인 현상으로 처리되어도 좋을 것이다. 뒤에 말하겠지만 비문이 주류를 이루는 사실은 아마도 그 내용을 일반민에게 전달하려는 방법이 새로이 강구된 시대 사정과 무관하지 않을 것이다. 이 점은 새로운 석문이 요청되던 상황과 맥을 같이한다.

셋째, 그와 관련하지만 이 시기 비문들은 일정한 형식을 갖추지 않았다는 점이다. 碑身 외에 龜趺와 螭首를 갖춘 정형화된 양식은 7세기 후반에 이르러야 비로소 나타난다. 6세기에는 비를 세우면서도 특별한 격식이 없었음이 시대적 특징의 하나였던 것이다. 武烈王陵碑나 文武王陵碑처럼 통일기에 개인의 墓碑가 출현하면서 비로소 정형화된 비가 등장한다. 즉 일정한 격식을 갖춘 비는 개인 묘비의 출현과 밀접하게 관련된다. 아마도 개인적인 묘비가 받아들여지면서 그를 외형적으로 과시하기 위하여 형식을 갖추려는 경향도 동시에 도입된 것이라 여겨진다. 이는 묘비의 내용 자체에서 피장자 개인을 과장되게 포장하려는 의도와 맞물려서 진행된 변화이다. 그런 측면에서 보면 비문에 관한 한 외형과 내용은 곧바로 연결된다. 바꾸어 말하면 단지 事蹟만을 기록하고 특별한 형식을 갖추지 않았던 6세기의 금석문은 내용상의 분식도 거의 행해지지 않았음을 뜻한다. 이런 점이 6세기 금석문의 사료적 가치를 높여주는 것으로서 가장 중요한 특징이라 여겨진다.

넷째, 비문이 주류적인 흐름을 차지하는 가운데서도 새로운 경향으로 토기에 銘文을 새기거나 墨書한 사례 및 木簡이 증가하고 있다는 사실이다. 토기명문이나 목간의 작성시기가 한층 소급될 가능성이 없지는 않지만, 현재의 자료에 따르는 한 6세기 중엽을 그리 거슬러 올라가지는 않을 듯하다. 이는 어쩌면 7세기에 이르러 비문이 거의 나타나지 않는 현상과도 맞물린 문제가 아닐까 싶다. 6세기에 활발하게 만들어지던 석문(비문)들이 7세기를 고비로 이제 점차 목간으로 대체되는 듯한 느낌이 들기 때문이다. 앞으로 6세기 후반 이후의 목간 자료가 점차 증가하리라 예상되는 것도 바로 그런 사정에서 비롯된 것이다.

다섯째, 6세기의 신라 비문이 외형이나 내용에서 고구려의 영향을 크게 받았던 듯하면서도 거기에서 많이 작성된 묵서명이 보이지 않는다는 점이다. 묵서는 석실봉토벽화분에 쓰이는 것이므로 그를 도입하려면 묘제 자체 변화가 동반하여야 한다. 사실 400년 이후 신라가 상당한 기간 동안 고구려의 지배를 받았음은 주지하는 바이지만, 고구려계의 석실분과 함께 묵서명을 받아들이지 않았던 것은 고분 축조상의 보수성과 함께 신라적인 고유성의 고집을 읽을 수가 있다. 고구려의 묵서들은 대부분 개인의 이력을 기록한 墓誌의 성격을 띤다. 새로운 묘제는 그렇다손 치더라도 묘지적 성격의 묵서 영향으로 돌로 만든 묘지조차 작성되지 않았다는 점도 신라적인 사정을 반영하는 것으로 풀이된다.

이상에서 6세기 금석문을 一瞥하였을 때 외형에 드러나는 몇몇 사항들을 지적하였거니와 비문이 그 중심을 이루며 후기에 이르면서 점차 새로운 재질을 사용한 토기명문이나 목간과 같은 것들이 등장한다. 이를 종합적으로 판단하여 한마디로 표현하면 6세기는 비문의 시대라 불러도 좋을 것 같다. 다만 이때 碑는 아직 정형화된 일정 형식을 갖추지는 않았다. 이 점은 6세기의 금석문이 내용을 의도적으로 과장되게 표현하려 한 흔적이 전혀 없는 것과도 표리일체를 이루는 현상이라 하겠다.

한편 6세기 금석문의 내용을 구체적으로 검토하여 보아도 그 전후 시기와 대비하면 몇 가지 두드러진 요소들이 확인된다. 이는 시대적인 사정을 반영하는 것으로 풀이된다.

우선 개인적인 墓碑나 墓誌類가 전혀 없다는 사실이다. 이 시기 금석문의 대부분은 어떤 특정한 사실을 기록한 공적인 事蹟碑에만 한정되어 있다. 이로 말미암아 어떤 논자는 이 시대를 사적비의 시대라 이름 붙이기도 하였지만[22] 일견 타당한 지적이라 생각된다.

중국의 경우 金文類에 비해 石文類가 상당히 뒤늦게 출현하면서 그것도 개인의 묘비류가 먼저 작성되었다.[23] 현재로서는 전반적인 사정을 꼬집어 말하기 어려운 형편이지만 고구려의 경우에도 광개토왕릉

---

22) 宋基豪, 〈고대의 문자생활 : 비교와 시기구분〉, 《韓國古代史講座》(未刊行) 참조.
23) 葛城末治, 앞의 책(1935), p.12.

비에서 확인되듯이 묘비류가 먼저 작성되었던 것으로 추정된다. 특히 安岳3號墳(일명 冬壽墓), 牟頭婁墓, 德興里古墳 등 4~5세기의 벽화고분에서 확인되는 묵서명의 墓誌도 그를 방증하여 준다. 아마도 고구려에서는 공적인 사적비에 앞서 개인의 묘비나 묘지가 일찍부터 널리 제작된 듯하다. 한편 백제의 경우에도 6세기 초의 武寧王誌石(또는 買地券)에서 짐작되듯이 사정은 고구려와 비슷하지 않았을까 싶다.

그에 비해 신라에서는 6세기에 개인 묘지나 묘비의 출토예가 전혀 없는 반면[24] 대부분 공적인, 그것도 국가적인 사적비만 작성되었다는 것은 금석문의 시대적인 사정을 여실히 반영하는 특기해야 할 사실이다. 물론 榮州 등 소백산맥 일대의 일부 변경지대의 석실분 벽화에서 발견된 묵서명이 개인 묘지로서의 흔적을 약간 보이기는 하지만 제대로 형식을 갖추지 못하여 簡化된 양상을 보일 따름이다. 지방 변두리 지역이기는 하나 고구려의 문화적인 영향을 강하게 받으면서도 그처럼 묘지로 분류하기 어려운 내용을 담고 있는 것 자체는 신라에서 묘비 또는 묘지 작성의 전통이 당시에는 아직 없었음을 증명하여 주는 사실이다.

공적인 事蹟은 활발하게 기록하려 한 반면, 개인의 履歷을 나타내는 묘지나 묘비가 작성되지 않았다는 것은 당시 공적인 것이 우선시되고 사적인 것이 아직 어떤 요인으로 부각되지 못한 未分化된 6세기 신라 사회의 특수한 사정과 관련되는 것인지도 모른다. 당시는 공동체적인 결속력이 전반적으로 강하게 남아 있었던 탓에 개인의 위상을 나타내는 묘비나 묘지가 제작되지 않았으리라 여겨진다. 이 점은 개별 친족 집단 사이의 혈연적 계통을 구별하는 姓氏가 사용되지 않고, 대신 그보다 한층 큰 공동체적 성격을 지닌 部名을 인명에 冠稱하여 사용했던

---

24) 지금까지 발굴된 5~6세기의 적석목곽분에서 묘비나 묘지가 존재하였을 가능성을 거의 찾을 수 없는 것은 이를 증명하여 준다. 어쩌면 이런 추세로 미루어 짐작하면 앞으로도 5~6세기에 묘비나 묘지의 출현은 기대하기 어려울 터이다.

사정과 무관하지는 않을 듯하다. 반면 국가의 공적인 사적비가 널리 작성된 것은 나름대로 특별한 시대상을 반영한다.[25]

6세기에 공적인 성격의 비문이 많이 작성된 것은 그 내용상으로 볼 때 율령의 반포를 비롯하여 영역의 확장에 따른 율령의 전반적인 확대 시행 및 이와 관련한 새로운 시기의 도래와 관계가 깊다. 이를 좀더 구체적으로 검토해 보기로 하겠다. 사실 앞서 6세기의 비문 내용을 전부 사적비라고 불러왔지만 이를 더 세분하면 크게 세 종류로 분류된다.

첫째, 율령과 관련된 어떤 사적을 기록한 것이다. 봉평비나 적성비를 그 대표적인 사례로 손꼽을 수 있다. 둘째, 국왕의 지방 巡狩나 이와 아울러 군사적인 목적의 행차와 관련된 비이다. 이른바 진흥왕 4비가 그런 사례에 속한다. 셋째, 力役動員과 관련된 비이다. 남산신성비나 명활산성작성비 등을 예로 들 수 있다.

그런데 이들은 비문의 작성자와 읽어야 할 대상자를 놓고 보면 모두 국가와 지방민, 중앙과 지방과의 관계를 나타내어 주는 공통적 유형들로 되어 있다. 둘 사이에 놓여 있는 구체적인 사정은 비문마다 다르지만 그들을 연결하는 공통적인 매개고리로 기능한 것은 모두 어떤 法令의 시행이다. 예컨대 진흥왕이 지방을 순수하였지만 국왕과 지방민 사이에 매개된 것은 국가에 충성하면 포상하겠다는 법령의 시행이다. 한편 역역동원을 위한 것도 남산신성비의 誓事에서 저절로 드러나듯이 중앙과 지방민 사이에 개재된 고리는 어디까지나 법령의 집행임이 틀림없다. 이 밖에 봉평비나 적성비의 중심적인 주제도 어떤 구체적인 율령 篇目의 집행과 관련한 문제이다.

이처럼 6세기에 사적을 주된 내용으로 하는 비문이 널리 작성된 것은 구체적인 내용으로 미루어볼 때 율령의 반포 및 그 대상 범위의 확산과 밀접한 관계가 있다.[26] 특히 그것이 王京을 비롯한 특정 지역에

---

25) 사실 냉수리비에 보이는 財(物)의 성격을 둘러싸고 크게 논란되어 왔다. 앞서 말한 것처럼 이 시기의 비문에 국가와 특정 개인 사이의 문제를 기록한 내용이 전혀 없다는 것은 이 재의 성격을 판정하는 데 유력한 단서의 하나가 된다.

집중된 것이 아니라 전국에 걸쳐 분포하고 있는 것은 그를 고려하는 데 크게 참고로 되어야 할 사항이다. 석문이 그 자체 半永久性을 지향함이 목적이었다면 이 시기에 그것이 유독 많이 만들어지게 된 것도 그런 시대상을 반영한다. 단지 일시적 일회적인 용도를 목적으로 한 것이었다면 제작에 여러 가지로 큰 어려움이 뒤따랐을 석문을 애써 작성하였을 리 만무하다. 따라서 굳이 석문을 작성하려 하였던 것은 항구성을 바란 특정한 의도가 개재되어 있었기 때문일 터이다. 이러한 사정은 먼저 광개토왕릉비의 내용을 통해서 유추된다.

한국사에서 가장 대표적인 석문으로 손꼽히는 광개토왕릉비 자체에서 石文[비문] 작성의 당대적인 목적 몇 가지가 대충 추출된다. 첫째, 광개토왕의 遺言이 '萬年之後'란 표현에서 드러나듯이, 오래도록 영구히 실현되도록 하려는 의도에서였던 점, 둘째, 이런 명시적인 명문이 있기 때문에 어떤 혼동과 착오를 초래하지 않도록 하였던 점, 셋째, 이를 통하여 어떤 법령의 강력한 시행의지를 표명하려 한 점 등을 지적할 수가 있다.

이상과 같이 고구려에서 굳이 거대한 광개토왕릉비를 세우고자 했던 목적은 바로 6세기 신라가 국가적인 사적비를 많이 작성하려 한 데에 그대로 적용하여도 조금도 지나친 추정은 아니라 여겨진다. 가령 그런 측면은 남산신성비의 내용에서도 엿보이기 때문이다. 이 비의 冒頭에 보이는 誓事에서 3년을 축성에 대한 보증기한으로 삼으려 한 것, 또 작업이 혼동을 초래하지 않도록 하려는 의도에서 각각의 비문을 작성함으로써 서로를 구별하려 한 점, 誓事 자체의 강조를 통하여 느껴지듯이 강한 법령의 시행 등이 확인된다.

요컨대 6세기에 신라가 많은 事蹟을 담은 비문을 만든 목적은 새로

---

26) 6세기 금석문을 검토하면 율령을 확산시키는 방법은 대체로 두 가지로 분류된다. 하나는 지방민을 전국적으로 역역동원한 왕경의 토목사업을 통해서이며, 다른 하나는 국왕이 지방에 직접 巡行하거나 또는 王命을 대행한 고위 귀족관료가 王敎를 받아 집행하는 방식이다.

운 율령적인 지배체제로 전환하면서 그 강력한 시행의지와 율령을 확산시키는 데 있었다.[27] 사실 어떤 事蹟이 단지 일회성에 그칠 것이라면 종이나 또는 다른 유기질의 재료에 사용하여도 무방하였을 터인데, 굳이 단단한 석문을 작성한 것으로 보면 당시 자리잡아가던 법령이 반영구적으로 굳건하게 시행되기를 바란 것이었다.

이와 같이 6세기에 들어와 석문이 만들어지기 시작한 것은 정치사회적 변화, 특히 율령의 수용 및 문자의 정착 등의 사정과 뗄 수 없는 관계에 있다고 하겠다. 물론 503년의 냉수리비는 율령의 반포 이전이기는 하지만 그 내용상 罪와 관련 있는 내용에서 짐작되듯이 비록 成文法은 아니나 不文法에서 성문법으로 전환되어 가는 과도기에 나타난 산물이었다고 하겠다. 이는 智證王代 殉葬에 대한 금령의 반포,[28] 喪服法의 제정[29] 등 몇몇 사례에서 알 수 있듯이 나름의 성문법(체계화되지는 않았지만)을 마련하려는 시도가 자체 내부에서 꾸준하게 진행되었고, 결국 그것을 담을 구체적인 그릇의 마련이 요청되었으니 법흥왕대의 율령의 반포가 그 대단원을 이룬 것으로 풀이된다.

이처럼 법흥왕대에 반포된 율령은 오랫동안 진행된 사회적 요구의 바탕 위에서 나온 것이다. 말하자면 봉평비에서 알 수 있듯이 단순한 ‘(別)敎令’은 그 전에도 수없이 존재하였고, 이를 전체적인 틀에서 하나로 묶어 체계적으로 정리한 것이 바로 ‘大敎法’, 즉 율령의 반포였던 셈이다. 따라서 이후 반영구성을 가진 단단한 석문에 율령의 편목과 관련된 내용을 써서 강한 시행의지를 표명하려 한 것은 지극히 당연한 일이다. 특히 새로운 영역의 확장과정에서 그 주민들을 신라민으로 포섭할 필요성이 제기되고 이와 관련된 篇目을 알리기 위하여 석문이 널

---

27) 秦始皇이 통일 후 天下 四方을 순행하면서 돌에 刻字하여 진의 통일정책에 대한 시행의지를 표명한 것(《史記》 6 秦始皇本紀 27年條)과 신라가 율령을 弘布하려 한 것은 맥락을 같이한다.

28) 《三國史記》 4 新羅本紀 智證麻立干 3年條.

29) 《三國史記》 4 新羅本紀 智證麻立干 5年條.

리 작성된 것이라 하겠다. 이처럼 6세기에 율령과 관련된 공식적인 비문이 주류를 이루는 것은 바로 그러한 시대적인 사정에서 말미암는 것이라 하겠다.

율령과 관계된 석문이 널리 만들어졌던 반면 비슷한 시기에 불교가 수용, 정착되어 갔으면서도 이와 관련된 금석문이 전혀 보이지 않는다는 사실을 6세기의 금석문에서 또 다른 특징 가운데 하나로 지적할 수 있다. 신라에서 불교 관련 금석문이 보이기 시작하는 것은 7세기 후반에 이르러서의 일이다. 6세기 중엽 釋迦族意識, 轉輪聖王思想, 佛敎式 王名의 사용 등에서 드러나듯이, 이미 불교가 지배이데올로기로서 상당한 기능을 발휘하고 있으면서도 이후 백 수십 년 이상 동안 이와 관련된 금석문이 제작되지 않았다는 것은 특이한 사례에 속한다. 물론 아직 발견되지 않았을 가능성도 배제할 수는 없지만 다른 사적비에 비추어보면 앞으로 그럴 확률은 별로 높아 보이지 않는다.

통일기에는 수많은 佛像과 佛塔, 舍利函, 鐘 등이 만들어지고, 그들 가운데 상당한 분량의 명문이 새겨져 있지만 그 이전의 것은 단 한 건도 찾기가 어렵다. 이는 어떤 의미에서 보면 거꾸로 중고기 금석문이 지닌 사료적 가치를 드높여주는 사실이다. 그만큼 불교적인 인식으로 분식되지 않았음을 뜻하기 때문이다. 물론 중고기에도 眞興王巡狩碑나 大邱戊戌塢作碑처럼 승려가 등장하는 비문도 있고 또 유학의 영향이 뚜렷하게 보이는 것도 있다. 그러나 유교 경전을 이용하여 어떤 의사를 표명하면서도 대부분 의도적인 분식이나 과장을 한 흔적은 거의 보이지가 않는다. 이 점이 중고기 금석문이 지닌 중요한 특징의 하나라 하겠다. 사실 통일기에 이르러서는 개인 묘비가 세워지면서 유교적인 분식이 수반되고, 또한 불교와 관련된 금석문에서는 사실성이 별로 없는 추상성 높은 내용이 많이 가미되는 것[30]과 뚜렷하게 대조된다. 중고기의 금석문은 그야말로 순수성 그 자체를 견지하고 있는 것이다.

---

30) 中代, 특히 8세기 이후의 금석문은 대부분 그러하다.

　이상에서 지적한 것말고도 6세기 금석문에는 몇 가지 특징이 지적된다. 한문식의 문장만이 아니라 이두가 포함된 문장, 신라식 한문으로 표현된 것 등 다양하다.[31] 한편 그러한 움직임 속에는 신라식의 한자를 만들어 쓰거나 특정한 서체 문자를 사용하려 한 시도들도 보인다. 이는 당시 문자 사용이 확대되면서 그와 함께 나름의 체계를 세우기 위한 노력의 산물로 추정된다. 한편 연대나 인명을 표기하는 데 특징적인 현상들도 보인다.

　연대 표기는 크게 두 가지로 나타난다. 하나는 干支를 사용한 것과 다른 하나는 年號를 사용한 것이다. 대부분이 전자에 속하지만 후자에 속하는 것은 같은 시기에 같은 내용으로 작성된 황초령비와 마운령비의 2기뿐이다. 후자의 경우에는 연호와 함께 간지도 표기하고 있다. 연호가 법흥왕대부터 사용되었지만 연대 표기에는 간지 사용이 일반적이었다고 할 수 있다. 한편 月日의 표기에는 두 가지 방식이 사용되었다. 정확한 날을 기억하는 경우에는 월일을 확실하게 표기하지만 그렇지 않을 경우 '月中'이란 표현으로 대략의 달만 기록하였다. 아마도 이는 특정한 日字를 굳이 확정하거나 기억할 필요가 없었기 때문일 터이다. 한편 황초령비와 마운령비에서는 日干支도 함께 표현하고 있다. 반면 대구무술오작비에서는 朔을 굳이 사용하여 일간지를 나타내려 하면서도 정작 당일의 일간지는 표기하고 있지 않다. 요컨대 중고기 금석문에서 연월일 표기에는 어떤 정형성이 찾아지지 않는다. 이는 아직 문서 작성상 연월일을 나타내는 획일화된 어떤 원칙이 마련되어 있지 않았음을 뜻한다.

　그 다음 비문의 내용 가운데 본문인 事蹟을 기록한 부분의 분량보다 人名을 열거한 분량이 훨씬 큰 비중을 차지한다는 사실이 특기되어야 할 듯하다. 이는 공동체적인 의식 속에서도 개인이 점차 중시되어 가고 있는 현상과 궤를 같이하는 것으로, 중고기에만 보이는 주목되는

---

31) 이에 대해서는 朱甫暾, 앞의 글(2001) 참조.

사실이다. 그런데 중고기에는 인명을 표기하는 데는 어떤 원칙이 철저하게 지켜지고 있었다. 적어도 율령이 반포된 법흥왕 이후 인명을 표기하는 데는 職名-部名(出身地名)-人名-官等의 순서가 일관되게 지켜지고 있다. 앞서 기록한 인물과 같은 직명이나 부명일 경우 이들은 되풀이하여 기록하지 않았다. 이때에는 관등이 높은 순서로 기록하였다. 관등명은 어떠한 경우에도 생략하지 않았는데, 이것이 중고기 인명표기에서 일관된 원칙이었다. 따라서 이것이 중고기 금석문임을 판별하는 중요한 기준도 된다.

요컨대 중고기의 금석문은 그렇게 다양한 종류가 만들어지지 않았으며 비문류가 주류를 이루는데, 이는 시대적인 산물이었다. 비문 작성에 연대나 표기의 원칙이 확정된 것은 아닌 듯하다. 다만 약간의 예외는 있지만 인명을 표기하는 데는 어떤 뚜렷한 원칙이 있었다. 이는 관료 개인이 점차 중시되고 있었던 현상을 반영하는 것으로 풀이된다.

4. 6세기 신라 금석문 연구의 성과

다른 어떤 시기보다도 6세기의 금석문을 활용한 연구가 진전되어 상당한 성과를 거두고 있음은 널리 인정되는 사실이다. 그것은 당대의 문헌사료가 지극히 빈약한 데에서 비롯되었음도 전혀 배제할 수 없지만, 그러나 6세기의 금석문이 윤색되거나 과장되지 않았던 사정과 한층 밀접한 관련이 있다. 통일기의 금석문에는 유교적 및 불교적인 인식에 입각한 상투적 문구로 포장이 그럴 듯하게 가해지면서 분량 자체는 크게 늘어나도 실제 역사 복원을 위한 알맹이는 빈약하다. 거의 대부분 碑片으로 전하지만 통일기의 몇몇 묘비를 대충만 살펴보아도[32] 그 점은 여실히 확인된다.

그렇지만 중고기 금석문에는 이와 같은 사례가 별로 찾아지지 않는

---

32) 文武王陵碑나 김인문비 등.

다. 물론 진흥왕대의 몇 개 비문에서 일부 유교적인 粉飾의 기미가 언뜻 보이기는 하지만 양적으로 차지하는 분량이 미미할 뿐만 아니라 그것조차 당시 자리잡아가던 유학사상의 一端을 보여주는 중요한 내용들을 담고 있는 것들이어서 사상사적으로 오히려 주목의 대상이 되고 있다. 이와 같이 분식되지 않고 실상을 그대로 전하는 점들이 다른 시기와 비교하여 중고기 금석문과 관련한 연구를 촉진시킨 주된 요인이 되었을 것으로 판단된다. 그 결과 엄청나다고 표현하여도 좋을 정도의 성과를 올리고 있는 것이다.

중고기 금석문을 다루는 논자들의 인식을 일별하면 크게 두 가지로 근본적인 입장 차이를 보인다. 하나는 기존의 문헌을 아예 무시하거나 소홀히 하면서 금석문을 절대적으로 신빙하려는 입장이다. 과거 일본 학계에서 줄곧 제기된 법흥왕대 율령반포 부정론, 신라 6部의 6세기 단계적 성립설, 17等京位制의 6세기 후반 단계적 완성설 등은 그런 입장에서 도출된 대표적인 사례에 속한다. 日人 연구자들은 당시까지 알려진 중고기의 금석문을 나름대로 분석하면서 유력한 주장을 펼쳤지만 이들은 1970, 80년대 잇달아 출현한 적성비, 봉평비, 냉수리비 등에 의해 여지없이 무너졌다.

그런데 이들 견해의 저 밑바탕에는《삼국사기》등 기존의 국내 문헌을 철저하게 불신하려는 인식들이 짙게 깔려 있었고, 대신 오직 금석문에만 전적으로 의존한 결과 돌이킬 수 없는 오류를 범하고 말았다. 이 잘못은 물론 금석문 자체의 문제에 있는 것은 결코 아니며, 그것이 지닌 근본적 속성을 제대로 인식하지 못한 채 선입견에 바탕하여 자의적으로 해석한 데에서 비롯된 것이다. 금석문이란 어떤 사실을 체계적으로 전하는 것이 아니라 어디까지나 극히 단편적인 사실만을 보여줄 따름이다. 따라서 그런 분산적인 편린들을 엮어내어 체계화시키는 데 필요한 그릇은 기존의 문헌일 수밖에 없다. 그럼에도 문헌을 거의 외면하고 금석문에만 편향적으로 의존한 나머지 큰 실착을 범하였던 것이다. 여하튼 이는 금석문을 역사 복원에 활용하면서 어떻게 접근하여야 바람직한지를 드러내는 교훈적 사례라 하겠다.

둘째, 문헌을 주요한 기준으로 삼아 금석문에 접근하려는 입장이다. 사실 이런 입장이야 그리 일반적일 수는 없지만 냉수리비가 출현하였을 때 일부에서 그런 성향을 보였다. 이 비에서는 지증왕이 즉위하기 전에 葛文王을 역임한 것으로 되어 있는데, 문헌기록에는 그와 같은 사실이 전혀 보이지 않는다고 하여 이를 同名異人으로 처리한다거나, 비문의 내용이 문헌기록과 합치되지 않는다고 하여 그 연대를 무조건 소급하여 보려는 경향에서 그 점은 뚜렷이 확인된다. 또한 적성비가 발견되었을 때 비문의 파손으로 알 수 없게 된 인명을, 문헌을 염두에 둔 선입견으로 말미암아 무조건 居柒夫라 단정하고, 나아가 그 연대 문제까지 해결하려 한 접근방법도 바로 그런 사례에 포함된다. 그러나 이런 접근이 타당하지 않음은 재언할 필요가 없다. 문헌이란 당대로부터 상당히 멀리 떨어진 후대에 편집된 것인 만큼 부정확한 사실이 잘못 기재되거나 또한 빠진 경우가 적지 않을 터이므로 금석문을 해석하는 데 그에 무조건 의존해서는 안 된다. 어떤 문헌이라도 그 자체가 완벽할 수 없다는 점을 늘상 의식해야 하는 것이다. 따라서 그럴 경우 문헌을 기준으로 금석문에 접근하기보다는 오히려 금석문에 근거하여 문헌의 미비점을 보완하려는 자세가 바람직하다.

문헌과 금석문은 자료로 활용할 때 양자택일적이 아니라 항상 상호 보완적이어야 올바른 결론을 이끌어낼 수 있다. 문헌은 재편집되었으므로 체계적이지만 그만큼 실상이 분식되거나 누락이 불가피한 성격을 띤다. 반면 금석문은 당대의 기록이므로 후대의 분식이나 과장이 없어 그 자체 사료적 가치는 대단히 높지만 단편적이라는 취약점을 갖고 있다. 따라서 실상을 제대로 복원하려면 양자가 가진 약점을 최소화하고 장점을 최대한 살리는 방법을 취할 수밖에 없다. 만일 양자가 전하는 내용이 서로 어긋나는 경우 일차적으로 금석문에 비중을 두고 문헌을 점검해야 함은 지극히 당연한 일이다. 당대의 기록이 우선되어야 함은 사료학의 기본이기 때문이다. 그러나 금석문 자체도 활용에 앞서 적절한 사료 비판의 과정을 거쳐야 함은 두말할 나위가 없다. 앞서 말하였듯이 그것이 어떤 사실을 체계적으로 서술한 것이 아니라 단편적이어서 갖는 한계가 뚜렷하기 때문이다. 이를 명백하게 인식하지 못하면 자칫 확대 해석하거나 선입견으로 자의적인 이해를 할 위험이 항상 뒤따른다. 이 점을 무시하고 무조건 금석문에 신빙성을 두어서는 결정적인 오류를 범할 수가 있는 것이다.

　이상과 같은 기본적인 사실을 염두에 두면서 그 동안 금석문 분석을 통해서 얻어진 신라사 연구 성과를 크게 몇 가지로 나누어서 대략 정리하여 보고자 한다. 먼저 문헌이나 그에 바탕한 해석 가운데 미흡하거나 명백히 잘못된 부분을 수정하고, 나아가 인식의 지평을 넓힐 수 있게 되었음을 큰 성과의 하나로 손꼽을 수 있다. 그런 사례로 먼저 들 수 있는 것은 官等制 문제이다. 신라의 관등이 7세기 후반까지는 크게 17등의 京位制와 11등의 外位制로 이원화되어 있었음은 이제는 의심 없는 定說로 굳어진 사실이다. 그러나 얼마 전까지만 하여도 외위의 실체는 명확하게 드러나지가 않았다. 외위가 《삼국사기》에서는[33] 마치 지방관에게 주어진 관등인 것처럼 기록되어 있었기 때문이다. 이 까닭으로 과거 한때 외위의 성격을 둘러싼 논란이 있었다. 그러나 외위가 중고기란 한정된 시기에 지방민을 대상으로 지급된 관등의 한 갈래였음이 확실해진 것은 오로지 금석문 덕분이었다. 이런 사례는 경위제의 성립 문제에서도 지적된다.

　《삼국사기》에는 儒理王 9년(32) 17등경위제가 일시에 완성된 듯이 기록되어 있다.[34] 그러나 봉평비나 냉수리비 등의 금석문을 통하여 경위제는 이제 6세기 초반에 이르러서야 비로소 완성되었음이 확인되었다. 사실 경위제나 외위제의 성립과정은[35] 문헌으로는 전혀 추적이 불

---

33)《三國史記》40 職官下 外位條.

34)《三國史記》1 新羅本紀 儒理尼師今 9年條.

35) 朱甫暾, 〈6세기초 新羅王權의 位相과 官等制의 成立〉,《歷史敎育論集》13·14, 1990 참조.

가능한 과제에 속한다. 왜냐하면 문헌은 대체로 그 과정보다 결과를 중심으로 정리되게 마련이기 때문이다.

이처럼 관등제 연구는 금석문을 주요 수단으로 큰 진전을 가져 왔다. 그러나 새로 밝혀진 관등제 문제는 그 자체로 끝나지 않는다. 경위의 수여 대상이 王京人에만 국한되어 있었다는 사실이 확정됨으로써 그와 밀접하게 연계되어 운용된 骨品制의 특성도 또한 선명해지게 되었다. 관등제를 통하여 골품제가 전체 신라민을 대상으로 한 것이 아니라 왕경 인만을 대상으로 한 특화된 신분제라는 결론을 끌어낼 수 있게 된 것이 다.[36] 말하자면 지방민은 골품제란 신분제의 테두리에서 제외된 존재였 다. 이런 엄청난 결론도 결국 문헌만으로는 불가능하고 금석문을 통하여 얻어진 셈이므로 그것이 지닌 위력을 새삼 실감하게 한다.

관등제 및 골품제와 비슷하게 금석문을 매개고리로 커다란 성과를 얻고 있는 분야가 바로 部와 관련된 제반 문제이다. 과거 한때 신라 왕 족의 소속부가 과연 喙部냐 아니면 沙喙部냐를 둘러싸고 논란이 있었 다. 논자들 사이에 견해가 평행선을 달려 해결의 실마리가 전혀 보이 지 않던 이 難題를 단숨에 처리한 것이 봉평비의 출현이었다. 거기에 는 국왕인 牟卽智寐錦王(법흥왕)의 소속부가 탁부로 명시되어 있었기 때문이다. 한편 이로 말미암아 새로운 문제가 제기되기도 하였다. 국 왕이 예기치 않게 部를 칭하였다거나 또는 그와 형제간이었던 徙夫智 (立宗)葛文王이 사탁부 출신자로 되어 있어 部에 대한 문제뿐만 아니 라 당시 왕권 자체의 위상이 커다란 관심의 대상으로 부각되었다. 그 런데 냉수리비에서는 법흥왕의 아버지인 智證王이 아들과는 달리 사 탁부 소속으로 나옴으로써 部에 대한 문제를 전반적으로 재검토할 새 로운 실마리를 갖게 되었다.

여러 관련 금석문들이 종합적으로 정리된 결과 部의 성격이 530년 대를 전후하여 달라지면서 그와 동시에 왕권의 위상에도 큰 변화가 수

---

36) 武田幸男, 〈新羅の骨品體制社會〉, 《歷史學硏究》 299, 1965 참조.

반되어 초월적 존재로 변모한다는 사실도[37] 부각되었다. 이를 통하여 사실 部가 하나의 독자적인 정치체로 기능하던 단계의 설정이 가능해지면서 기왕에 논의되던 部體制 문제를 전반적으로 재검토하는 큰 성과를 거두었다.[38] 부체제를 하나의 독자적인 단계로 확정짓게 됨으로써 신라사, 나아가 삼국시대사의 체계는 기왕과는 상당히 다른 모습으로 그려지게 된 것이라 하겠다. 그 밖에 앞서 말하였듯이 한때 유력하였던 部의 단계적 성립설이 부정되고, 율령을 부정하던 견해의 허구성도 여지없이 무너졌다.

요컨대 중고기와 관련하여 기록의 잘못을 수정하거나 그를 둘러싸고 전개된 여러 논란을 종식시킨 것은 전적으로 금석문의 도움이다. 중고기의 굵직한 핵심 과제들이 제기된 것도 대부분 금석문 출현의 결과이다. 사실 금석문이 지닌 매력은 바로 이러한 데에서 느낄 수 있다. 이미 알려진 문헌만으로는 아무리 치밀하게 논증하여도 한계가 있음을 뚜렷이 입증하여 주었다.

둘째, 문헌에 누락된 부분을 새롭게 보충할 여지를 갖게 된 점이다. 가령 예기치 못한 곳에서 적성비가 발견됨으로써 신라가 일찍부터 이 방면을 통하여 한강유역으로 진출하고 있었다는 새로운 사실이 알려지게 되었다. 이로 말미암아 기존의 이해는 상당 부분 수정 보완이 필요하였다. 그 전까지만 하더라도 문헌이나 지리적인 현상에 근거하여 신라의 한강유역 진출은 551년 鳥嶺 통로를 통하여 진행된 것으로 봄이 일반적이었다. 그러나 적성비로 말미암아 한강유역으로의 진출에 竹嶺 통로가 한층 중시되었음이 새롭게 밝혀진 것이다. 한편 신라 영역으로 편입된 지방민을 어떤 방식으로 회유하고 지배하여 마침내는 삼국통일전쟁으로 이어져 성공을 거두게 되었는가를[39] 생생하게 확인

---

37) 朱甫暾, 앞의 글(1990) 및 〈蔚珍鳳坪新羅碑와 法興王代 律令〉, 《韓國古代史硏究》 2, 1989 참조.

38) 이에 대해서는 韓國古代史學會, 《韓國古代史硏究》 17, 2000 및 朱甫暾, 〈三國時代의 貴族과 身分制〉, 《韓國社會發展史論》, 일조각, 1992 참조.

하는 실마리를 얻게 된 것도 큰 성과였다.

그 외에 郡縣制의 도입 이전 行政(城)村이 지방통치의 기초단위였음도 확인 가능하게 된 것도 금석문을 통해서였다.[40] 아마 중고기의 금석문이 아니었더라면 행정(성)촌의 설정은 전혀 불가능하였을 터이고, 따라서 村이 붙어 있는 모든 지명은 통일기와 마찬가지로 자연촌으로 인식되었을 것임이 틀림없다. 그럼에도 이제는 중고기에 보이는 촌명을 가진 모든 지명을 오히려 행정(성)촌으로 보려는 견해가 제기되어 있는 것은 큰 아이러니라 하겠다.[41] 그 밖에 문헌상에서는 전혀 보이지 않는 지방관명 道使나 邏頭의 존재가 확인된 것도 그와 같은 사례이다.

셋째, 금석문을 면밀하게 검토하여 어떤 변화의 과정을 추적할 수 있었다는 사실이다. 가령 6세기의 근 100년에 달하는 기간의 금석문을 체계적으로 분석하면 지배체제나 그 밖의 구조적 변화를 미시적으로 관찰할 만한 흥미로운 단서를 찾을 수가 있다. 앞서 말하였듯이 기존의 문헌은 대체로 결과만을 정리한 것이기 때문에 이를 근거로 어떤 변화의 과정을 추적해내기란 사실 불가능에 가깝다. 이를테면 앞서 말하였듯이 官等의 성립과 변화과정, 村落구조의 변화나 발전과정, 촌락에 대한 지배방식의 변화 등은 그러한 대표적 사례에 속한다. 이러한 작업은 오직 금석문으로만 가능하다. 그 밖에 또 다른 사실들도 면밀하게 검토하면 새롭게 드러날 수 있을 것이라 판단된다.

넷째, 금석문의 도움으로 전혀 새로운 분야의 개척이 가능해진 점을 손꼽을 수 있다. 가령 지방민의 존재 양상, 역역동원체제와 그 방식, 새로운 영역지 개척과 그에 대한 지배방식, 촌락의 구조와 구성 등 촌락사회사 분야는 대체로 중앙 중심으로, 지배층 중심으로 정리된 문헌을 통해서는 전혀 기대조차 하기 어려운 주제들이다. 이러한 과제들의 설

---

39) 李宇泰, 〈新羅 中古期의 地方勢力研究〉, 서울대 대학원 박사논문, 1991 참조.

40) 李鍾旭, 〈南山新城碑를 통하여 본 新羅의 地方統治體制〉, 《歷史學報》 64, 1974 참조.

41) 이에 대해서는 朱甫暾, 〈新羅 中古期 村의 性格〉, 《慶北史學》 23, 2000 참조.

정과 해명은 중고기의 모습을 풍부하게 하여 인식 지평의 확대를 가져
왔다. 이를 근거로 하여 고고학적인 도움으로 그 이전 시기의 촌락이
나, 또 正倉院 新羅村落文書가 보여주는 통일기의 촌락구조를 서로 연
계하여 파악함으로써 신라 전체의 촌락구조와 그 변화에 대한 체계를
세울 수 있게 된 것이다.

 다섯째, 인접 분야와 學際的인 연구의 실마리를 찾을 수가 있게 된
점이다. 예컨대 吏讀文이나 한문 표기방식 등은 국어학이나 한문학과
밀접하게 관련된 주제로 들 수 있다. 신라인의 인명 표기방식과 그 변
화과정은 이를 구체적으로 보여주는 실례이다. 신라인들이 人名을 표
기하는 방식은 오늘날과는 전혀 다르다. 그들은 처음에는 단지 한자의
음만을 빌려 이름을 표기하였다. 한자 본래 訓은 이름 표기와는 아무
런 관계가 없었던 것이다. 따라서 같은 금석문상에서도 동일인을 표기
하는데 다른 한자가 사용되기도 하였다. 국왕의 이름이라고 하여 예외
가 아니었다. 이런 면은 후대라면 도저히 상상할 수 없는 일이다. 그러
다가 점차 한문식의 이름이 사용되기 시작하였다. 아마도 여기에는 불
교의 영향이 크게 작용한 듯한데 그러면서도 처음에는 그 자체를 音讀
한 것이 아니라 訓讀하였을 것으로 보인다. 마침내는 훈독이 소멸하고
음독으로 전부 통일되는 변화를 겪었다. 이런 실상은 국어학 및 여타
관련 분야와 고대사가 학제적인 연구를 통하여 체계적으로 밝힐 수 있
을 것으로 판단된다.

 그 밖에 새로운 한자 사용 등과 관련한 文字學, 또는 書藝學, 金石學
등의 분야와도 學際的인 접목이 가능하리라 여겨진다. 이를 통하여 우
리의 고대사에 대한 이해는 한결 풍부해질 것으로 믿는다.

 이상과 같이 1970년대 이후는 금석문 자료의 도움을 받아 문헌만으
로는 상상을 넘는 많은 연구 성과를 거둔 시기라 하겠다. 이는 고대사
연구자들 사이에 큰 쟁점으로 되고 있는 部體制 문제처럼 다른 시기나
국가의 연구에도 크게 영향을 미쳐[42] 선도적인 역할을 다하였다고 하
겠다.

5. 맺음말

사료가 빈약한 6세기의 역사를 메울 수 있으려면 금석문을 적극 활용하는 것말고는 달리 길이 없다. 그래서 우리는 새로운 금석문의 출현을 끊임없이 학수고대하는 것이다. 흔히 한 줌의 모래알을 통해서도 세계를 관찰하는 일이 가능하다고들 말한다. 그런 측면에서 6세기의 금석문을 통하여 중고기의 全貌를 파악할 수 있다고 하여도 그리 지나친 말이 아니겠다.

6세기 금석문에는 사서에 보이는 것처럼 표피적이고 피상적인 사실이 아니라 살아 숨쉬는 실제적인 모습이 담겨져 있다. 우리가 금석문을 중시하고 기대하는 또 다른 이유도 바로 여기에 있다. 사실 기존의 사서에만 전적으로 의존하는 것은 金富軾이나 一然과 같은 후대인들의 특정한 눈으로 바라본 古代史像을 완전히 극복하기가 쉽지 않다. 신라사, 나아가 고대사의 실상을 제대로 그려내려면 일단 당시인들의 안목으로 되돌아가 당대 모습을 정확하게 관찰하고 그를 오늘의 입장에서 새롭게 읽어내야 한다. 그렇게 할 만한 단초를 제공해 주는 것이 바로 금석문이다. 그런 뜻에서 금석문이 지니는 중요성은 아무리 강조하여도 지나치지가 않다.

금석문에 보이는 사실들은 단편적이며 또한 특수한 사례들일 수 있다. 따라서 아무리 당대 사료라 하더라도 이를 과연 일반화하는 것이 타당한가 하는 점은 의문으로 남는다. 자칫 자료가 빈약하다고 특수한 구체적인 사례를 무조건 일반화시키는 것은 또 다른 오류로서 어쩌면 일종의 왜곡이 될 수도 있기 때문이다. 금석문을 다루면서 話頭처럼 그 점을 늘상 염두에 두지 않으면 안 된다.

사실 고대사 전공자라면 때때로 경험하는 것이지만, 새로운 금석문

---

42) 한국고대사학회, 앞의 책 참조.

의 출현으로 말미암아 명암이 크게 엇갈리기도 한다. 오래도록 쌓아왔던 가설이 한꺼번에 무너질 수도 있고 동시에 그것이 입증되기도 하기 때문이다. 어느 누구라도 그로부터 자유롭지가 못하다. 새로운 금석문의 출현으로 야기되는 위험부담률을 최소화하려면 기존의 사서뿐만 아니라 금석문을 신중하게 다루어야 한다. 사물을 올바르게 보려면 마음으로 보아야지 눈으로 보아서는 제대로 볼 수 없다는 생텍쥐베리의 말처럼 우리는 금석문을 대할 때 선입견을 철저히 배제한 위에 마음의 눈으로 읽어내려는 자세를 갖출 필요가 있다. 그럴 때 한 조각의 글자라도 섣불리 보아 넘기지는 않을 것이다.

제 **1** 편

金石文과 6세기 新羅의 政治

제1장
迎日冷水里新羅碑에 대한 기초적 검토

1. 머리말

1989년 4월 중순, 경북 迎日郡(현재 포항시) 神光面 冷水 2里에서 신라시대의 古碑[1] 발견이 보고되어 관심 있는 많은 사람들을 흥분의 도가니로 몰아넣었다. 1988년 4월, 경북 蔚珍에서 이른바 鳳坪新羅碑(이하 鳳坪碑라 함)가 발견된 지 꼭 1년 만의 일로서 한국고대사학계는 1980년대 후반기에 두 번의 큰 경사를 맞았던 셈이다. 迎日冷水里新羅碑(이하 冷水里碑라 함)가 발견된 후 오래지 않은 7월 초순에 韓國古代史研究會(현재의 韓國古代史學會)에서는 이 비에 대한 대체적인 윤곽을 파악하기 위한 필요에서 여러 관련 학자들을 모아서 종합 심포지엄을 개최하였다.[2] 이 밖에도 이 비에 대해 개인적으로 관심을 가진 연구

---

1) 일반적으로 冷水里碑를 碑라고 부르고 있지만 그에 대한 反論도 있다. 여기서는 碑에 대한 개념 문제에 대해서는 論外로 하기로 하고 편의상 碑라고 부르기로 한다.

2) 1989년 7월 6일에서 7일 이틀간에 걸쳐 한국고대사연구회에서는 '迎日冷水里新羅碑(가칭)의 綜合的 檢討'란 주제론의 심포지엄을 계명대학교 동서문화관 대회의실에서 개최하였다. 이때 鄭求福, 金永萬, 金昌鎬, 安秉佑, 文暻鉉, 宣石悅 등에 의해 6편의 논문이 발표되고 盧重國의 사회로 종합토론이 진행되었다. 그에 대한 결과는 《韓國古代史研究》 3(지식산업사, 1990)으로 발간되었다.

들이 나름의 견해를 잇달아 표명하기도 하여 냉수리비에 대한 이해를 높이는 데 크게 기여하였다.[3]

그런데 지금까지 이 비를 둘러싸고 연구자들 사이에 의견의 일치를 보지 못하고 있는 부분이 적지 않다. 금석문을 사료로서 이용하기 위해서 기본적으로 해명되어야 할 것 가운데 하나가 건립연대이거니와, 이에 대해서는 의견의 편차가 커서 120년의 차이를 보일 정도이다.[4] 뿐만 아니라 비문의 전체적인 내용이나 성격에 대해서도 연구자들 사이에 견해의 차이가 적지 않다. 비문에 파손이 거의 없고[5] 따라서 新羅式의 異字나 또는 造字로 추정되는 몇몇 글자를 제외하고는 판독불능인 글자가 별로 없음에도 불구하고 이처럼 견해 차이가 큰 것은 물론 일차적으로 신라사를 바라보는 연구자들 사이의 시각 차이에서 말미암은 것이라 하겠다. 하지만 그 외에도 비문 자체에 대한 면밀한 검토가 이루어지지 못하였던 데에도 큰 요인이 있는 것으로 보인다. 지금까지 비문을 이해하기 위한 기초적인 작업들이 적지 않게 행해졌으나 필자가 굳이 '기초적 검토'란 제목으로 글을 起草하게 된 까닭은 바로 여기에 있다.

---

3) 慕山學術財團에서는 '冷水里新羅碑發掘研究'란 제목의 학술발표회를 1989년 6월 24일 가졌는데, 이때 발표된 논문은 다음과 같다. 沈載完, 〈冷水里 新羅碑의 發見經緯와 書法攷〉; 洪瑀欽, 〈冷水里 新羅碑 文字判讀 述要〉; 金永萬, 〈冷水里 新羅碑의 內容考察〉.
   이 밖에 냉수리비를 專論한 글은 아니지만 그를 소개하거나 이용한 논고로는 다음 글들이 있다. 崔光植, 〈迎日 冷水里 新羅碑의 釋文과 內容分析〉, 《三國遺事의 現場的 研究》, 1989 ; 鈴木英夫, 〈動向과 展望 — 最近發見의 韓國의 古代四碑에 대하여〉, 《國史學》 139, 1989 ; 金在弘, 〈新羅 中古期의 村制와 地方社會 재편〉, 서울대 대학원 석사논문, 1990 ; 朱甫暾, 〈6세기초 新羅王權의 位相과 官等制의 成立〉, 《歷史敎育論集》 13·14, 1990.
4) 한국고대사연구회 심포지엄 당시 제기된 견해는 443년설과 503년설이었고, 金昌鎬는 발표 당시 前者를 취하였으나 완성된 원고를 제출할 때는 오히려 60년을 올려 383년설을 주장하였다.
5) 지금까지 알려진 신라 中古期의 금석문 가운데 판독하기에 가장 양호하다고 할 정도로 외부에 의한 파손이 거의 없다. 後面 4행 첫 글자의 획이 부분적으로 떨어져 나갔을 뿐이다.

비문을 기존의 사서 또는 다른 금석문 사료와 대비하거나 지금까지
의 연구성과에 비추어보기에 앞서 우선적으로 필요한 것은 비문 자체
에 대한 철저한 검토일 것이다. 그렇지 않으면 자칫 선입견을 갖고 비
문을 대하기 쉽고, 그렇게 될 때 아무리 풍부하고 중요한 내용을 담고
있는 금석문이라고 하더라도 史實復元에는 전혀 도움이 되지 못하고
오히려 害惡이 될 수도 있을 것이다. 따라서 여기서는 그러한 문제점
들을 인식하면서 가능하면 이 비문 자체의 전후 맥락을 따져 기왕에
제기된 견해의 잘잘못을 검토해 보고자 한다. 이에 바탕하여 이 비가
갖는 의의나 앞으로 5, 6세기 신라사 복원에 이용될 수 있는 방향으로
나름대로 가늠해 보기로 하겠다.

2. 冷水里碑의 출현 배경

필자가 냉수리비를 다루어 보려는 생각을 갖게 된 또 다른 이유는
이 비와 맺게 된 묘한 인연 때문이다. 이 비의 출현이 매스컴을 통해
보도된 것은 1989년 4월 13일이고, 그때 당시 비가 처음 발견된 날짜는
3월 30일이며, 그것이 알려진 것은 4월 7일이라고 하였다.[6] 그러나 필
자가 이 비를 연필로 베껴 쓴 模寫本을 본 것은 정확히 3월 31일(금)이
다. 말하자면 필자는 냉수리비의 출현을 최초로 접한 몇 안 되는 사람
가운데 하나가 되는 행운(?)을 얻었던 셈이다. 그날 필자는 계명대의
盧重國 교수와 동국대의 金相鉉 교수, 그리고 계명대학의 몇몇 대학원
생과 함께 계명대 성서캠퍼스에 있는 노교수의 연구실에서 세미나를
하고 있었다. 세미나 중간에 노중국 교수에게 전화가 걸려왔는데 이야
기인즉슨 글자가 새겨진 돌이 있으니 그것이 무엇인지 좀 알아봐 달라
는 부탁이었다 한다. 그 뒤 얼마 오래지 않아 오후 4시가 조금 지난 시

---

6) 《매일신문》 1989년 4월 13일자 10면에는 발견자나 발견과정이 지극히 모호하
 게 처리되어 있으며, 이 점은 沈載完의 논문에서도 그대로 드러난다. 거기에는
 전부 드러내놓고 말하기 어려운 내밀한 사정이 있기 때문이다.

점으로 기억되는데 20대 중반의 젊은이가 찾아왔다.[7]

오자마자 그는 품안에서 화선지 한 장을 꺼내어 놓고는 대뜸 이것이 무엇이냐고 물었다. 거기에는 언뜻 보아 대충 20여 자 남짓한 글자가 연필로 그려져 있었는데 村主나 干支 등의 글자가 보여 바로 신라비임을 알 수가 있었다.[8] 이는 여러 가지로 미루어 신라비인 것만은 분명하나 그러나 그것만으로는 내용이나 성격 등은 판별하기 어렵다고 말하자, 이번에는 반대편 안쪽의 주머니에서 또 다른 전지 크기의 화선지를 내어놓으면서 그러면 이것은 어떠하냐고 물어왔다. 거기에는 백 수십 자 가량 되는 글자가 그려져 있었는데, 그 첫머리에 '斯羅'라는 글자가 선명하게 보이는 것이 아닌가. 약간 흥분된 상태에서 아래로 한 글자씩 살펴가니 '乃智王'이나 '訷夫智王' 등의 王名이 보이며, 또 '至都盧葛文王'이란 이름이 보였다. 여기까지 읽어내려 갔을 때 나는 흥분을 가눌 수 없었다. 이 밖에 '阿干支, 居伐干支, 干支' 등의 관등이나 '道使'와 같은 職名도 보여 이 비가 신라 最古의 비임을 직감하였던 것이다. 그런데 3行의 첫머리에 보니 '莘末年'인 듯한 干支가 보여 여러 가지 정황을 참작하여 그 연대를 491년(炤知王)으로 일단 추정하여 두었다.[9] 이때의 느낌이란 筆舌로는 이루 다 표현하기 어려울 듯하다. 보이지 않거나 알아볼 수 없는 한자도 제법 많이 그려져 있어 자세한 내용을 모두 단번에 파악하기는 어려웠지만, 財와 관련된 문제가 그 주류를 이루는 비임을 쉽사리 짐작할 수가 있었다.

비문에 대한 검토를 대충 끝내고 난 뒤, 그 젊은이에게 이 비가 가지는 중요성을 간추려 설명하였다. 그리고 그것만으로 불충분하니 우리가 비 있는 곳을 직접 탐방하여 비를 실제로 보고 정밀한 조사를 한

---

7) 이 젊은이의 이름은 나중에 李相雲으로 알려졌다.

8) 뒷날 이것이 碑의 上面이었음이 밝혀졌다.

9) 당시 가져왔던 모사본에는 莘으로 되어 있어 비를 실제로 보지 않은 상태에서 잠정적으로 辛末年으로 추정하였으나 몇몇 일간지에는 잘못 전해져 억측을 불러일으키기도 하였다.

연후에 정식 행정절차를 밟아 관계기관에 신고하기를 요청하였다.[10]
즉시 신고를 하면 발견자는 鳳坪碑의 예로 미루어 이름을 얻을 수 있
을 뿐만 아니라 아울러 500만 원이란 거금의 포상금을 받을 수 있으리
라고 일러 주었다. 그랬더니 그 젊은이는 대뜸 경계하는 눈치를 보이
며, 그것도 돈이냐면서 신고하기를 꺼렸다. 우리 모두는 뜻밖의 응답
에 놀라서 가능한 말을 다 동원하여 신고하도록 설득하기 시작하였다.
그러나 그는 끝끝내 우리의 권유를 거절하고는 대신 며칠 뒤에 더 자
세하게 글자를 옮겨 써서 다시 오겠다고 말하였다. 우리는 비가 발견
된 위치나 현재 상태, 발견 경위 등이라도 알아두기 위해서 대충 몇 가
지 질문을 던졌으나 구체적인 장소에 대해서는 일체 비밀로 하면서 동
해안의 울진 쪽이라고만 말하고, 자기의 할아버지가 風水(地官)인데 70
년 전쯤 그 돌(비)을 발견하고 좋은 묘터가 될 것이라 하여 다시 파묻
었다는 이야기가 전해져서 자기의 밭을 파서 발견하였다고 대답하였
다. 생각나는 대로 몇 가지 물어본즉, 이 모사본 외에 1부가 더 있는데,
그것을 경북대학 쪽에 계시는 '늙은 박사님'[11]에게 맡겼으니 차후의 일
은 그분과 상의하여 며칠 뒤 꼭 다시 연락하마고 약속하였다. 그러면
현재 갖고 있는 그 모사본을 우리에게 줄 수 없느냐고 하자 거절하였
으며, 대신 복사라도 하자는 요청 또한 거절하였다. 그렇다면 종이에
라도 직접 옮겨 쓰자고 요청하자 그 젊은이는 펼쳐져 있던 모사본을
재빨리 낚아채어 주머니에 챙겨 넣고는 방문을 열고 쏜살같이 나갔다.
우리는 우리의 요청을 거절하는 이유를 도무지 알 수가 없었다.

　그 젊은이가 방을 나간 뒤 멀리서 시내로 향하는 버스를 타고 가는
뒷모습을 지켜보면서 당시 우리는 망연자실한 채 어찌할 바를 몰라 갈
팡질팡하였던 기억이 11개월 가까운 시간이 흘러간 지금에도 아직도

---

10) 특히 다른 곳보다도 냉수리비가 소재한 면사무소, 군청, 도청의 단계를 밟아
　　신고하는 것이 가장 바람직하다고 밝혀주었다.
11) 경북대의 '늙은 박사님'은 나중에 경북대에서 명예교수로 계신 楊麟錫 박사로
　　밝혀졌다. 그 젊은이는 자기 친척의 소개로 '늙은 박사님'을 만났다고 하였다.

어제의 일처럼 눈에 선하다. 그 젊은이가 방을 나간 뒤 30분쯤 지났을 무렵 전화를 걸어 비가 발견된 대략의 지점은 울진 방면이 아니라, 永川에서 安康 사이라고만 일러주었고, 며칠 뒤에 다시 연락하마고 하고는 이내 끊었다. 허탈한 심정으로 한참을 보낸 후 노중국, 김상현 두 교수와 필자는 함께 계명대학을 출발하여 두류산공원 부근의 어느 음식점으로 가 여러 가지 대책을 논의하면서 늦은 시간까지 술을 퍼마셨다. 며칠 뒤에라도 비가 나타나면 다행한 일이었다. 하지만 만일 그 젊은이가 집으로 돌아가 행여 비를 다시 파묻거나 아니면 혹시 파괴라도 해버린다면 큰일이라 생각되어 여간 걱정스럽지 않았다. 그날 그 젊은 친구의 말이나 취한 행동으로 보아 충분히 그러고도 남을 성싶었다. 그러나 우리로서는 달리 어쩔 방도가 없어 비가 다시 세상에 알려지기만을 참고 기다릴 뿐이었다. 그러면서 만약을 대비하여 더 이상 잊어버리기 전에 기억에 남아 있는 몇 글자만이라도 대충 적어 두기로 하였다. 그 다음날 노중국 교수는 대구에 거주하여 전화로 연락 가능한 몇몇 연구자들에게 귀띔을 해주었으며, 서울로 간 김상현 교수는 이쪽 방면의 소식을 잘 아는 黃壽永 선생께 연락하였다. 황선생은 곧바로 노중국 교수에게 전화를 걸어 자초지종을 묻고는 여기저기 알아보겠다고 하였다 한다.

그로부터 3일이 지난 4월 3일(월), 그 젊은이가 노중국 교수에게 전화를 걸어 모든 뒷일의 처리는 '늙은 박사님'에게 맡겼으니 그렇게 알고, 앞으로 늦어도 3일쯤 뒤에는 매스컴을 통해 발표되리라는 통보를 하여왔다. 그 소식을 접한 우리들은 일단 안도의 한숨을 내쉬었다. 이제 그 일을 맡은 '늙은 박사님'에 대한 윤곽이 대략 잡히기도 하였거니와(그 박사님의 성이 'S'씨라고 일러주었다),[12] 다른 무엇보다도 비가 사

---

12) 처음의 '늙은 박사님'은 양인석 박사였으나 4월 3일의 '늙은 박사님'은 심재완 씨였다. 그 젊은이는 4월 3일 양인석 박사의 소개로 심재완 씨를 처음 만났으며(沈載完, 앞의 글, p.3), 그 배경은 명확하게 드러나지 않았지만 이때 그에게 모든 것을 일임한 듯하다.

라지지 않고 나타날 것이 확실해졌기 때문이다. 이제는 보도될 날을 기다리기만 하면 되었다.

그런데 4월 6일쯤 발표되리라 예상되던 날짜가 훨씬 지나도 소식이 없자 혹시나 하는 생각에서 약간 초조해지기 시작하였다. 그러한 상황을 전해 들은 몇몇 연구자들은 성급하게도 신문사에다 앞뒤 사정을 알리기도 하고 경상북도 문화재과에 신고하기도 하여 대구 바닥이 온통 신라의 古碑 문제로 시끌벅적하였다.[13] 이리하여 새로운 고비와 관련한 소문이 점점 꼬리에 꼬리를 물고 확산되어 나가자, 비의 소재지를 알고 있을 뿐만 아니라 탁본을 입수하여 분석 중인 사람이 누구인지를 짐작한 경상북도 문화재과에서는 그에게 전화를 걸어 비의 소재지를 확인했다. 그때가 4월 11일이었던 것 같다.[14]

경상북도 문화재과에서 곧바로 문화재위원들을 비롯한 관계자들을 현장에 파견하여 탁본을 작성하고 이를 매스컴에 보도하고 있을 즈음, 비의 소재지와 탁본을 진작부터 입수해 있던 당사자인 沈載完 씨(영남대 명예교수)도 몇몇 연구자들과 함께 4월 12일 저녁 자택에서 매일신문사 기자를 불러 신라 고비의 출현을 부랴부랴 발표하였다.[15] 당시 중앙지와 지방신문(매일신문)에 실린 비문의 내용이나 釋文에 차이가 난 것은 바로 이 때문이었다. 이로써 거의 보름 동안에 걸친 냉수리비 출현을 둘러싸고 전개된 해프닝은 일단 막을 내렸던 것이다.

4월 13일(목), 냉수리비에 대한 보도를 접한 필자는 4월 14일(금)에 노중국 교수를 비롯한 한국고대사 전공자 몇 분과 함께 비를 조사하기 위해 현장으로 갔다. 현장(이상운의 집 마당)에 이르니 그곳에는 이미 비가 없었다. 어디로 옮겼느냐고 물으니 신광면 사무소로 13일 밤에

---

13) 당시 경상북도의 지시로 慶州郡 일대에는 비를 찾기 위한 반상회까지 열렸다고 전해졌다.

14) 沈載完, 앞의 글, pp.4~5.

15) 碑의 발견과 발표에 대한 경상북도 문화재과와 심재완 씨 사이에 벌어진 미묘한 문제는 그의 글(pp.4~5)에 잘 드러나 있다.

옮겼다는 것이다. 그 까닭인즉 비를 발견한 젊은이와 그의 부친 사이에 싸움이 일어나 자칫하면 비가 損壞될 우려가 있어 안전을 위해 옮겼다고 하였다. 아마도 비가 일찍 발견되었음에도 정작 관계기관에 신고하지 않은 데 대한 책임을 물어 경상북도 문화재과에서는 비의 발견자를 형사입건 시키겠다고 추궁하고 힐난하자 부자지간에 한바탕 언쟁이 있었던 것 같다고 하였다. 우리는 계명대에서 훌훌 떠나버린 그 젊은이를 보름 만에 다시 만날 수 있었다. 그는 우리를 보자마자 무척이나 미안해하였다. 필자는 그를 그의 집 뒤편으로 데려가 한참 동안 시간을 할애하여 그 사이의 과정을 제법 소상하게 들을 수 있었다. 그에 대한 구체적인 내용은 여러 가지 사정상 여기에서는 말하지 않기로 한다. 다만 비를 발견하고 모사본을 작성하게 된 경위까지만 그로부터 전해들은 이야기를 간단히 소개하겠다.

그는 오래 전부터 포항에 나가 사업을 해왔으나 1988년 11월쯤에 실패하여 고향으로 돌아와 소일하고 있었는데, 문득 과거 부친으로부터 들은 이야기가 생각나 비를 찾게 되었다는 것이다. 심심하기도 하였거니와 사업에 실패한 뒤 이번에 재기하지 않으면 끝장이라는 절박한 심정에서 돈을 마련해볼 욕심으로 비를 찾아 나섰다고 하였다. 포상금 500만 원을 그것도 돈이냐고 외친 배경을 이해할 만하였다. 그는 이 비의 발견으로 횡재를 하였다고 생각하였던 것이다. 그의 祖父인가 하는 분이 수십 년 전에 다른 물건들과 함께(토기를 비롯한 각종 유물들) 비를 발견하였는데, 법적인 문제가 생겨나고(아마도 도굴사건이었던 듯하다), 그 뒤 한밤중에 갑작스레 그 돌이 없어져버렸다는 것이다. 이와 비슷한 내용의 이야기들은 동네 사람들도 알고 있었다.

그 젊은이는 자기 부친으로부터 밭을 갈 때면 한번씩 쟁기에 걸리나 뽑으려 해도 잘 뽑히지 않는 돌이 밭귀퉁이에 있다는 말을 들은 기억을 더듬어내고는 쇠꼬챙이를 몇 개 만들어 직접 찾아 나섰다고 한다. 비는 쉽게 찾아졌고, 리어카를 밭으로 끌고 혼자서 집으로 운반했다고 한다. 비를 발견하여 집으로 옮긴 날짜는 정확하게는 알 수 없으나 대충 2월 말 3월 초순 무렵이라고 하였다. 비를 옮기는 과정에서 농부 한 사람이 이 광경을 목격하였는데, 거의 눈치를 채지 못하였다는 것이다. 비를 집으로 운반하여 자기 집안에 있는 감나무 아래에 놓아두고는 약간의 거적으로 방풍장치를 하고 옥편을 갖고 글자를 하나 하나씩 읽기 시작하여 모사본을 작성하였다 한다. 그 동안 동네 사람들이 보지 않았느냐고 물으니 자기 집안 사람들은 내향적 성격의 소지자들이라 동네 사람들과 별로 내왕이 없고, 따라서 그렇게 관심을 기울이지 않아 알아차린 사람이 한 사람도 없었다는 것이다. 그래서 상당한 기간이 소요되었으나 아무도 모르게 모사본을 작성할 수가 있었다고 한다. 그는 계명대에서 우리와 헤어진 후 집으로 돌아와 탁본 작성을 시도하였으나 제대로 되지 않아 그만두었다고 덧붙였다.[16] 그래서 필자는 원래 작성하였던 모사본과 실패한 탁본은 비문의 연구에 필요하니 양도할 수 없겠느냐고 하자, 그는 집 안팎을 이리저리 뒤져보더니 아마도 경황이 없어 불태워버린 것 같다고 하고는 만약 발견되면 바로 연락을 하겠다고 하였으나, 끝내 소식이 없었다. 아마도 도굴의 증거가 될까 봐 의도적으로 그런 듯한 느낌이 들었다. 그 집을 나서면서 필자는 이번 일을 경험 삼아 앞으로는 반드시 正道를 걷기를 당부하니 그러마고 대답하였다.

필자가 이상에서 비를 처음 접하고 난 뒤 세상에 공개되기까지의 그렇게 별로 중요하지 않은 이야기를 장황하게 나열하게 된 이유는 물론 비의 발견경위 문제를 둘러싸고 논란이 많기 때문이기도 했다. 그러나 이를 계기로 필자 스스로의 마음자세를 가다듬기 위해서이다. 그 동안 냉수리비 발견의 공로를 다투거나 아니면 연구의 기득권을 주장하려는 작태를 적지 않게 보아왔다. 발견자의 공로가 정당하게 평가되어야

---

16) 노중국 교수 연구실에서 그를 만나고 있을 때 우리가 비문을 정확하게 판독하기 위해서는 탁본이 필요하다고 하자 그는 그 방법을 물었다. 우리는 전문가가 아닌 사람이 탁본을 할 경우 자칫 비를 망칠 우려가 있으니 함부로 해서는 안 된다고 일러두었다.

함은 재론의 여지가 없으나 학문 연구에 자료를 독점하려 해서는 안
된다. 특히 사료가 빈약한 고대사 분야는 다른 분야도 마찬가지겠지만
조그마한 사료라도 어느 누구의 전유물이 될 수는 없으며, 게다가 기
득권을 말해서는 정말 곤란하다. 그 점을 지적할 의도에서 발견경위를
서술하였다.

  냉수리비의 발견과 관련된 지난 일들을 되돌아보니 지금의 필자에
게는 마치 한바탕의 꿈처럼 뇌리에 남아 있다. 하지만 그것은 새로운
자료의 발굴에 좀더 신중하고 경건한 마음을 견지하게 하는 좋은 경험
으로 기억에 남게 될 것이다.

3. 碑文의 구성과 내용

  냉수리비는 글자의 마모나 파손이 거의 없기 때문에 다른 비에 비하
여 석문을 작성하는 데는 그렇게 애로가 없는 듯하다. 前, 後, 上의 3面
모두 합한 231字 가운데[17] 後面 4行 첫째 1字를 제외하고는[18] 외부의
충격에 따른 파손은 없다. 다만 刻字할 당시 글자를 얕게 판 탓인지 자
연 마모된 글자가 몇 개 있어 판독자들 사이에 약간의 의견 차이를 보
인다. 예컨대 前面 4行의 셋째 자(德)나 後面 1行의 일곱째 자(重)와 여
덟째 자(罪) 등등이 그러하다. 이러한 점들을 고려하면서 작성한 석문
을 제시하면 다음 쪽과 같다.[19] 그런데 판독하는 데 문제가 되는 부분
은 당시의 造字나 異字로 생각되는 글자이다.

  이를테면 1행 4자를 포함해서 무려 5군데나 보이는 斯(?)를 비롯하
여 다수인데, 자획이 대체로 뚜렷하지만 무슨 글자라고 단정짓기는 어

---

17) 비는 前面 12행 152자, 後面 7행 59자, 上面 5행 20자로 구성되어 있다.
18) 後面 4행 1자는 右邊이 떨어져 나가서 알 수 없으나 休나 优로 보는 견해가
   있다.
19) 이 釋文은 원래 《迎日冷水里新羅碑(가칭)의 綜合的 檢討》에 실린 것을 전재
   하였지만, 이번에 이 글을 정리하면서 1992년 韓國古代社會硏究所에서 편찬한
   《譯註 韓國古代金石文》Ⅱ(新羅·加耶篇)의 것으로 바꾸었다.

[표 1] 영일냉수리신라비의 내용

(後面)

字	7	6	5	4	3	2	1
1		蘇	喙	休	智	典	若
2		那	沙	喙	奈	事	更
3	事	支	夫	就	痲	人	遵
4	殺	此	那	須	到	沙	者
5	牛	七	斬	道	盧	喙	教
6	拔	人	利	使	弗	壹	其
7		踪	沙	心	須	夫	重
8	誥						罪
9	故	踪?	喙	告	仇		耳
10	記	所		公			
11		白					
12		了					

(前面)

字	12	11	10	9	8	7	6	5	4	3	2	1
1	此	教	死	得	爲	支	本	喙	王	癸	痲	斯
2	二	耳	後	之	證	此	彼	尒	斫	未	村	羅
3	人	別	令	教	尒	七	頭	夫	德	年	節	喙
4	後	教	其	耳	取	王	服	智	智	九	居	斫
5	莫	末	第	別	財	等	智	壹	阿	月	利	夫
6	更	鄭	兒	教	物	共	干	干	干	廿	爲	智
7	遵	斫	斯	節	盡	論	支	支	支	五	證	王
8	此	申	奴	居	令	教	斯	只	子	日	尒	乃
9	財	支	得	利	節	用	彼	心	宿	沙	令	智
10			此	若	居	前	暮	智	智	喙	其	王
11			財	先	利	世	斫	居	居	至	得	此
12						二	智	伐	伐	都	財	二
13						王	干	干	干	盧	教	王
14						教		支	支	葛	耳	教
15										文		用
16												珎
17												而

(上面)

字	5	4	3	2	1
1	故	了	今	支	村
2	記	事	智	須	主
3			此	支	曳
4			二	臺	支
5			人		干
6					世
7					中

려운 것들이다. 이들은 앞으로 신라시대의 造字나 異字의 연구가 진척
되면 새롭게 보완을 필요로 한다.[20]

전체적인 비문의 구조는 보는 각도에 따라 달리 구분될 수가 있다.
냉수리비는 대체로 크게 4개의 문단으로 나누어지는 점에서는 異論이

---

20) 냉수리비의 발견으로 신라시대에 사용된 異字 또는 造字에 대한 체계적인 검
토의 필요성이 제기되었다. 다른 금석문에도 그러한 사례들이 적지 않게 발견
되었으나 흔히 대부분 판독 불가능한 글자로 처리하여 왔다.

별로 없는 듯하다.[21] 그러나 이러한 견해들은 그렇게 구분하는 기준이
불분명하여 그대로 따르기는 어렵다. 그 까닭으로 필자는 우선 비문
전체의 내용을 시간을 하나의 기준으로 삼아 크게 두 부분으로 나누고
자 한다.

(가) 전면 1행과 2행으로, 이는 전면 3행 첫머리의 癸未年九月二十五日이란
    현재의 시점에서 보면 과거의 일에 속한다. 따라서 이는 癸未年 이하의
    부분을 끌어내기 위한 前提文으로서 그 아래와는 당연히 구분되어야 한다.
(나) 전면 3행부터 끝까지이며, (가)의 전제문을 근거로 하여 내려진 결정과
    집행에 관한 현재, 또는 미래의 일을 서술한 부분으로서 전부 계미년에
    걸린다. 이는 그 내용으로 보아 다시 세 부분으로 나누어진다.

   (A) 전면 3행부터 후면 1행 末尾까지로 至都盧葛文王 이하 7명의
       ‘王’[22]이 전제문인 (가)를 근거로 삼아 共論하여 어떤 내용을 결정한
       부분.
   (B) 후면 2행부터 후면의 말미까지로서 결정된 사안을 집행관인 典事
       人이 일정한 의식절차를 밟아 시행하는 부분.
   (C) 상면 전부로 이상과 같은 사실에 대해 村主 등 2명의 在地勢力이
       이를 확인한 사실을 기록한 부분.

그런데 이 가운데 (A)는 다시 세 부분으로 나뉜다.

①은 9행 3자까지로 전제문인 前世 2王의 敎를 근거로 삼아 葛文王
등 7王이 문제가 된 財, 또는 財物을 節居利의 소유로 다시 확인해 주
는 부분.

②는 9행 5자로부터 11행 2자까지로서 ①에 바탕하여 別敎를 내려
만약 “節居利가 죽었다면”[23] 其第兒斯奴[24]로 하여금 財를 소유하게 한

---

21) 金永萬, 〈迎日冷水里新羅碑의 語文學的 考察〉, 《韓國古代史研究》 3(지식산
    업사, 1990), pp.62~66 ; 崔光植, 앞의 글, pp.11~12.
22) 이 王의 성격 문제를 둘러싸고 여러 견해가 제기되어 있다. 구체적인 내용에
    대해서는 朱甫暾, 앞의 글, pp.19~20 참조.
23) 이 구절에 대한 해석 문제는 후술함.

부분.

　③은 11행 3자부터 후면 1행 말미까지로, 또 다른 별교를 내려 ①과 ②를 근거로 末鄒와 新申支[25] 2명이 다시는 이 財에 관한 한 문제로 삼지 못하게 하고 만약 그렇지 않는다면 重罪로서 다스릴 것임을 명시한 부분.

　이상과 같이 파악하면 냉수리비에서 특히 강조점을 두고 있는 부분은 別敎의 형태로 처리된 ②와 ③이다. ①은 이미 과거 두 王代에 걸쳐 거듭 확인된 것으로서 이 부분이 전제문 (가)로 나와 있고, 또 ①에서도 되풀이되고 있는 것은 그 자체에 문제가 생겨났기 때문에 이를 번복하거나 확인하기 위한 것이 아니라 ②와 ③을 끌어내기 위한 조건이었던 것으로 보인다. 말하자면 계미년 당시 문제가 되었던 근본적인 이유는 ②와 ③에 담겨져 있다고 하겠다.

　요컨대 크게 보아 (A)가 이 비문의 기본적인 내용이나 성격을 보여주는 본문이며, 세 부분으로 구성되었으나 ①은 ②와 ③을 끌어내기 위한 전제문이다. 따라서 별교의 형식으로 처리되어 있는 ②와 ③은 본문 가운데서도 본문이라고 해야 한다.[26]

　그렇다면 결국 문제가 된 財(物)를 둘러싼 분쟁은 節居利, 末鄒, 新申支 사이에 일어난 것[27]이 아니라 판결에 따라 財(物)를 소지하게 된 其

---

24) 其第兒斯奴가 사람을 지칭함은 틀림없으나, 이를 어디에서 끊어 읽어 수식어와 인명을 구분해야 할지 선뜻 판단되지 않는다. 其第와 兒斯奴로 보는 설도 있고, 其第兒와 斯奴로 보는 두 주장이 있으나 第나 兒 또는 第兒의 의미에 대해서는 각인각색의 의견이 나와 있다. 필자는 편의상 其第兒斯奴를 그대로 사용하기로 한다.

25) 末鄒新申支가 2人의 人名임은 틀림없으나 어떤 식으로 끊어 읽어야 타당한지 단정할 수는 없다. 편의에 따라 末鄒와 新申支로 보는 견해에 따른다.

26) 別敎가 本文 가운데의 本文이 될 수 있음은 鳳坪碑의 예에서 단적으로 드러난다. 이러한 형태가 公文書式으로 점차 정형화해 간 것으로 보인다. 그런 의미에서 냉수리비, 봉평비, 적성비, 진흥왕순수비로 이어지는 비문의 문장 구성을 좀더 체계적으로 정리해 볼 필요가 있을 것으로 생각된다.

第兒斯奴와 末鄒, 斯申支 사이에 발발한 것으로 볼 수 있다. 여기에서 우선 지적해 두고 싶은 것은 1人 대 2人의 분쟁이 아니라 3人 사이에 서로 소유권을 다툰 분쟁이 일어났고, 그 결과 其第兒斯奴에게 財(物)가 귀속되는 결정이 내려졌던 점이다. 이는 후술하듯이 財(物)의 성격을 판별하는 데 하나의 시사점을 제공한다.

그러면 먼저 왜 이 3명 사이에 분쟁이 일어났을까가 문제가 되겠다. 그 이유는 달리 찾을 방법이 없으므로 비문 자체의 전후 맥락에서 찾을 수밖에 없다. 그런데 전제문 (가)와 (A)문을 비교해 보면 節居利에 관한 한 (A)①은 (가)의 내용과 다름없으나 ②에 보이는 '節居利若先死'란 구절은 새로이 추가된 것임이 분명하다. 비를 세울 당시 만약 節居利가 죽지 않고 살아 있었다면 斯夫智王과 乃智王의 2대에 걸쳐 국왕의 이름 아래 節居利의 것으로 이미 확인해 준 財에 대해서 어떻게 다시 2명이 함께 그 소유를 부정하는 문제제기를 하는 것이 가능하였을까. 이러한 의문에 바탕하여 지금까지는 일반적으로 '若先死後'를 '만약 節居利가 죽는다면'이란 현재가정형으로 해석하였으나[28] 필자는 그보다는 차라리 節居利가 '만약 죽었다면'으로 보아 과거가정형으로 해석하고 싶다. 말하자면 계미년의 시점에서는 節居利는 살아 있는 인물이 아닌 셈이다. 그러한 의미에서 이 財(物)에 대한 분쟁도 달리 해석되며, 바로 원래 이를 소유하고 있던 당사자인 節居利가 죽었기 때문에 일어난 것이라 하겠다. 그가 죽은 뒤, 其第兒斯奴는 그 財(物)가 당연히 자기에게 승계되는 것으로 생각하여 이를 소유하여 왔으나 末鄒와 斯申支 2명이 동시에 그에 대한 문제를 제기함으로써 분쟁이 발생한 것이다. 이렇게 보면 이 財(物)는 節居利의 죽음으로 그 후계자에

---

27) 대부분의 논자들이 그러한 입장을 견지하고 있다.

28) 金永萬, 앞의 글, p.77 ; 金昌鎬, 〈迎日冷水里新羅碑의 建立年代〉, 《韓國古代史研究》 3, 1990 ; 文暻鉉, 〈迎日冷水里新羅碑에 보이는 部의 性格과 政治運營問題〉, 《韓國古代史研究》 3, 1990, p.148 ; 崔光植, 앞의 글, p.12. 다만 金昌鎬는 '節居利가 죽고 나서, 또는 죽을 때가 가까이 되어서'라고 풀이하기도 하였다.

게 저절로 계승되는 성질의 것이 아니라 국가로부터 다시 승인을 받아야만 하는 것으로 정리될 수 있겠다. 節居利의 생존시 이미 두 차례에 걸쳐 국왕이 확인하여 주었던 사실은 그를 증명한다. 바꾸어 말하면 냉수리비의 財(物)란 국왕이나 국가에서 그 소유권을 승인해 주지 않으면 언제라도 분쟁이 일어날 소지가 있는 물건인 셈이다.

이상과 같이 파악하면 (A)①은 ②와 ③을 끌어내기 위해 전제문 (가)를 되풀이한 데에 지나지 않는다. 지금까지 대부분의 논자들이 節居利와 末鄒, 斯申支 2명 사이에 일어난 분쟁으로 생각하였으나 분쟁의 한쪽 당사자는 節居利가 아니라 그 상속자인 其第兒斯奴로서 이들 3명 사이에 일어났으며, 그 원인은 節居利의 사망에서 비롯된 것으로 생각된다. 節居利가 언제 죽었는지는 알 도리가 없으나 其第兒斯奴는 節居利가 죽은 후, 한동안 당연한 것으로서 財(物)를 승계하였으나, 末鄒, 斯申支가 이의를 제기하여 분쟁이 일어났을 것으로 추측된다. 이들 3명 사이의 관계에 대해서는 다음의 두 가지 가능성을 생각해 볼 수 있다.

첫째, 이들 3명이 節居利와 일정한 혈연관계에 있었을 가능성이다. 그럴 때 이 분쟁은 節居利가 죽은 뒤 재산상속 문제를 둘러싸고 일어난 것으로 보아야 한다. 그러나 이는 가능성이 별로 없을 듯하다. 단순히 개인적인 財(物)의 상속 문제에 대해 국왕이나 중앙의 귀족이 共論으로 국가가 개입하여 이를 처리했다고 보기는 어렵기 때문이다. 특히 其第兒斯奴의 其第 또는 其第兒를 어떻게 해석하더라도 그 표현으로 보아 이 사람만이 節居利와 밀접한 혈연관계를 가진 것으로 보는 것이 순조롭다.

둘째, 이들 3명은 거의 혈연적인 관계는 없었고, 따라서 財(物)를 둘러싼 분쟁은 서로 다른 세력 사이의 싸움으로 볼 수 있는 가능성이다. 국가가 개입하지 않을 수 없을 정도의 분쟁이었다면 이 후자의 가능성을 손꼽는 것이 타당하다.[29] 이는 財(物)의 성질이나 내용을 판별하는 데 중요한 시사를 암시해 주는 점이다.

그러면 국가로부터 승인을 받아야만 그 소유권이 보장되고, 또 그것도 자연스러운 상속관계를 갖지 못한 財(物)란 도대체 어떤 것일까가 궁금해진다. 이 財(物)의 내용이 무엇일까를 둘러싸고는 논란이 많아 각양각색의 의견이 개진되어 합치를 보지 못하고 있는 실정이다. 그러나 이러한 견해들은 대부분 財의 실체를 비문 속에서 구하지 못하고 일반론의 수준에서 접근하였던 까닭에 근본적인 문제점을 지니고 있다 하겠다. 따라서 필자는 비문 자체의 분석을 통해서 財(物)의 실체를 추적해 보고자 한다.

만약 財(物)의 실체나 그를 상정하는 내용이 비문 속에 나와 있다면 본문 속보다는 前提文 속에서 찾아야 할 것이다. 그럴 때 주목되는 것은 1행 末尾에서 2행 첫머리에 걸쳐 보이는 '珍而麻村節居利'란 표현이다. 珍而麻村의 실체에 대해서는 뒤에 말하겠다. 그러나 유독 이를 節居利의 앞에만 붙였던 이유는 무엇일까.

본문인 (A) 속에 나오는 인물들도 모두 다 珍而麻村 출신이지만(上面의 村主 이하는 별도, 이에 대해서는 뒤에 말함) 전제문에만 출신지를 표시하고 있음은 그것이 財와 일정한 관계가 있음을 암시하는 것으로 보인다. 특히 전제문을 되풀이하여 쓰고 있는 (A)①의 경우에는 珍而麻村이 생략된 점이 주목된다. 오늘날 우리들의 입장에서 보니 이 財의 실체가 모호하기 짝이 없게 느껴지지만 당시 사람들의 경우 분쟁의 당사자는 말할 것도 없고 그와 직접적인 관련이 없는 사람조차도 구체적으로 명시하지 않더라도 이 전제문만으로도 財의 실체를 쉽게 파악할 수가 있었을 것이 틀림없다. 재산소유권을 다투면서 그 재물이 전제문 속에 나오지 않은 것은 이상하기 때문이다. 그러한 의미에서 財의 실체는 전제문과 관련지어야 한다. 그럴 때 관심의 대상으로 부각되는 것은 바로 '珍而麻村節居利'란 표현이다. 즉 이 財는 珍而麻村과

---

29) 安秉佑, 〈迎日冷水里新羅碑와 5~6세기 新羅의 社會經濟相〉,《韓國古代史研究》3, 1990 ; 金在弘, 앞의 글, p.57.

관련된 것이라고 보아야 한다.[30]

이상과 같이 파악하면 財의 구체적인 내용은 상당히 좁혀지는 셈이다. 첫째, 그 소유권은 국가로부터 인정을 받아야 하였으며, 그를 둘러싼 문제가 생겼을 경우에도 다시 국왕의 승인을 받아야만 하는 것이었다. 그에 대한 권한은 왕명을 대행하여 파견된 지방관조차도 제대로 미치지 못하였다. 둘째, 부자나 형제 등 혈연적인 관계로 자연스럽게 상속, 또는 계승되는 성질의 것이 아니었다. 국가가 개입하지 않으면 항상 분쟁이 일어날 소지를 갖고 있었고, 또 그것이 실제 빈발하였다. 셋째, 財 또는 財物이라 하여 다소 막연한 표현을 한 것을 보면 소유할 수 있는 구체적인 물건이 아니며, 따라서 상당히 포괄적인 내용을 갖는 것이다. 넷째, 珍而麻村과 관련되는 것이며, 이 촌을 떠나서는 소유권이 운위될 수 없는 성질의 것이다.

이상과 같은 4개의 범주를 아우를 수 있는 것으로서 財 또는 財物로 표현될 수 있는 대상은 租稅收取權과 같은 것이 아닐까 싶다.[31] 여기서는 田稅를 비롯하여 중앙정부의 지시를 받아 노동력을 징발하는 권한도 포함하여 국가로부터 촌락지배에 필요한 여러 사항을 포괄한다. 말하자면 이 조세수취권이란 국가로부터 위임을 부여받아 대행하는 일체의 권한을 의미한다. 소유권을 다투면서도 토지나 노비, 기타 實物이나 鑛物 등 구체적인 사물을 지칭하지 않고 財, 財物이라 막연한 표현을 한 이유도 바로 이러한 데에 있다고 본다. 지방관이 이와 같은 문제에 직접 개입하여 결정 내리지 못한 것은 이것이 그만큼 중대한 사안으로서 在地勢力의 힘이 강하였기 때문이다. 이는 지방 지배에 대해 재지세력에 의존할 수밖에 없었던 초기적인 모습의 일단을 보여준다고 하겠다.

요컨대 이 비의 내용을 푸는 데 관건이 되는 財(物)란 다름 아닌 珍

---

30) 安秉佑, 위의 글, p.120에서 財의 실체를 국가와 節居利, 珍而麻村 3者의 관계 속에서 생겨난 것으로 보았다. 이는 전적으로 타당하다고 생각한다.

31) 위의 글, p.128.

而麻村에 대한 지배권으로서 조세취득권을 근거로 거두어들인 일체를 뜻한다. 이를 소유한 재지세력은 국가와 촌락을 연결하는 매개 역할을 담당하였으며, 국가의 지배체제가 미발달한 시기일수록 촌락지배는 이들에게 크게 의존하지 않을 수 없었을 것이다. 이 비의 珍而麻村에 대한 그러한 지배권, 즉 조세수취권이 본래 節居利에 소속되어 있었으나 그가 죽은 뒤에 상당한 기간이 지난 다음 새로운 재지세력이 이를 문제삼았으므로 국가적 차원에서의 해결이 필요하였다. 따라서 그에 대한 판정 후 이를 보증하는 의미에서 이 비를 세웠던 것으로 생각된다.[32]

국가에서는 문제가 된 사안에 대해 至都盧葛文王이 주재한 共論을 통해 해결하고 난 뒤 7人의·典事人을 파견하여 이를 전달하고 집행하게 하였다.[33] 그런데 이들이 殺牛하는 의식을 집행하고 있음은 주목된다. 이와 같은 의식은 이미 봉평비에서도 확인된 바 있거니와 두 비에서 殺牛(斑牛)[34]하는 의식을 행한 목적이 같았다고 보아도 잘못이 없을 것이다. 국왕이나 국가의 명령을 받아 지방에 파견되어 주어진 일을 집행하는 典事人이 소를 죽여 일정한 의식을 치르는 것만 보아도 財를 둘러싼 분쟁이 단순히 家系 내부의 상속분쟁이 아님을 쉽사리 알 수

---

32) 냉수리비를 세웠던 주체에 대해서는 약간의 논란이 일어날 소지가 있다. 이 비에는 6세기의 다른 금석문과는 달리 이 비문을 작성하고 세웠던 주체에 대한 말이 전혀 없는 것이 특징이다. 그 까닭으로 1989년 7월 7일 한국고대사연구회에서 행한 심포지엄의 종합토론 자리에서 중국고대사를 전공한 金燁(前 慶北大 敎授)이 중국 고대의 금석문 사례로 미루어 이 비는 節居利나 그의 집안에서 세웠을지 모른다는 의견을 편한 바 있다. 경청해 볼 만한 견해로 생각되나 필자는 財(物)를 개인이 私的으로 소유하는 것이 아니라 국가가 인정해 준 촌락에 대한 지배권으로서 조세수취권과 관련지어 이해하므로 아직 이 견해를 수용하지 않는다.

33) 典事人은 고정된 職名이 아니라 이 일을 처리하기 위해 임시로 파견된 役名인 듯하다. 그것은 耽須道使란 직명을 가진 지방관도 典事人으로 되어 있기 때문이다.

34) 이 비에는 殺牛라고 되어 있으나 봉평비에는 殺斑牛로 되어 있다. 둘이 어떠한 차이를 갖는지 알 수 없으나 의식의 목적 자체는 동일하였다고 생각된다.

있다.

그렇다면 이러한 의식의 목적은 어디에 있을까가 궁금하다. 이와 같은 사례를 기존 문헌에서 달리 찾기 어려워서[35] 분명하게 알 수는 없으나 국가에 대한 충성을 盟約하게 하는 절차가 아니었을까 싶다. 봉평비의 경우 중앙정부에 대해 일으킨 반란을 진압한 뒤 그에 연루된 자들을 처벌하는 과정에서[36] 殺斑牛하는 의식을 행하고 있거니와, 이는 단순히 刑을 집행하기 위한 필요에서라기보다 新羅六部, 즉 중앙정부에 대한 충성을 서약하고 맹세케 하는 절차에서 수행하는 의식으로 보인다. 냉수리비의 殺牛하는 의식도 그와 마찬가지로 해석된다. 珍而麻村에 대한 지배권이 節居利로부터 其第兒斯奴로 승계됨을 인정해 주고 그들로부터[37] 국가에 충성을 맹세토록 하기 위해 殺牛하는 의식을 행한 것으로 생각된다.[38]

전사인이 殺牛하는 절차를 밟은 후 재지세력 가운데 가장 유력자인 村主가 이를 확인해 준 사실이 마지막으로 기록되어 있다. 이 촌주가 직책을 가졌을 뿐 아니라 干支란 관등을 소지한 것으로 미루어 보아[39] 節居利 등 珍而麻村 출신자들보다는 유력한 세력임이 분명하다. 그런

---

35) 殺牛의 사례로서 《三國志》 東夷傳 夫餘條의 기사를 손꼽는 견해가 있으나 이 비에서 殺牛하는 목적이 그와 같았다고 볼 수는 없다.

36) 봉평비의 내용 참조.

37) 殺牛를 국가에 대한 충성을 맹세케 하는 의식절차로 볼 수 있다면, 이는 반드시 其第兒斯奴에게만 해당하는 것이 아니라 末鄒와 斯申支에게도 꼭 같이 적용되었을 것이다. 前者의 경우에는 두말할 필요가 없지만 後 2者의 경우에 국가의 결정에 따르지 않으면 重罪로서 다스리겠다고 한 것을 보면, 그 결정을 준수토록 한다는 의미에서 국가에 대한 충성을 맹세케 하는 의식에 참여시켰을 것이다.

38) 중국 고대에서는 맹세의 표시로서 소나 양, 말, 돼지 따위의 犧牲을 죽여 그 피를 입에 바르는 歃血을 행하였거니와, 이 殺牛하는 의식은 그와 일맥상통한 것으로 보인다. 《三國史記》 6 新羅本紀 6 文武王 5年條에도 비록 소는 아니지만 白馬를 죽여 歃血하고 맹세하는 절차가 보인다.

39) 上面에는 '村主臾支 須支壹今智此二人'으로 되어 있어 村主를 2人으로 볼 여지가 없지도 않으나 필자는 干支를 소지한 臾支만을 촌주로 본다. 만일 2명 모두 촌주라면 '此'가 굳이 들어갈 필요가 있었을까.

데 이들이 지방관인 耽須道使나 珍而麻村 출신자들과 어떠한 관계에 있었을까가 궁금하다. 먼저 道使에 대해 주목해 보기로 하겠다.

耽須道使는 기록의 방법으로 보아[40] 1명이며, 耽須를 人名으로 보는 견해도 있으나 地名임이 거의 확실하다. 珍而麻村에 탐수도사가 파견된 것을 보면 탐수란 지명이 진이마촌과 전혀 상관없는 곳이라기보다 일정한 관계가 있는 지역으로 보는 것이 순조로울 듯하다.

말하자면 탐수도사는 탐수란 지역에 파견된 지방관으로서 동시에 진이마촌과도 직책으로 연결되는 것으로 생각된다. 지금까지의 연구에 따르는 한 6세기의 道使는 행정적인 城(村)에 파견된 지방관이며 이들 행정城(村)은 많은 自然村으로 구성되어 있었다. 이는 봉평비에서도 확인된다. 봉평비에는 2명의 도사가 보이나 도사가 보이지 않는 村名이 적어도 3곳이나 확인된다.[41] 이는 모든 村에 도사가 파견된 것은 아니며 도사가 파견된 곳은 중심촌이라고 보아야 한다. 이 중심촌에는 여러 자연촌이 부속되어 있었으며 봉평비에 보이는 村도 바로 이러한 자연촌이라고 생각된다. 냉수리비에 보이는 탐수와 진이마촌의 관계도 바로 그러하다. 도사가 파견된 탐수는 중심촌이며 진이마촌은 탐수도사의 관할 아래[42]에 있는 여러 자연촌 가운데 하나인 셈이다.

요컨대 도사가 파견된 탐수란 곳은 중심촌으로서 행정(성)촌이며, 진이마촌은 상대적 자립성을 가지면서도 탐수에 부속된 여러 자연촌 가운데 하나라 하겠다. 중심촌인 탐수도 물론 역시 하나의 자연촌이었으나 이 지역의 다른 자연촌에 비해 차지하는 정치경제적 비중도가 높았기 때문에 이곳에는 도사란 지방관이 파견되었던 것이다. 그 까닭으로 탐수 출신의 재지세력이 차지하는 위치도 다른 자연촌 출신의 재지

---

40) 耽須道使心訾公의 경우 그의 출신 部名을 앞에 내세운 것은 耽須道使란 職名이 심자공에게만 해당함을 나타내기 위한 것으로 보인다.

41) 판독 여하에 따라 더 늘어날 가능성도 있다.

42) 宣石悅, 〈迎日冷水里新羅碑에 보이는 官等·官職問題〉, 《韓國古代史研究》 3, 1990.

세력에 비해 높을 수밖에 없었을 것이며, 따라서 그들이 村主에 임명된 것이라 생각된다. 냉수리비의 윗면에 보이는 촌주는 바로 탐수에 세력기반을 가진 유력한 재지세력으로 보인다.

봉평비에 따르면 도사가 파견되지 않은 곳에는 使人이란 직명을 가진 재지세력이 존재하는데[43] 이들은 직명만을 가진 경우도 있고 官等을 아울러 가진 경우도 있다. 냉수리비의 진이마촌에 기반을 가진 유력세력도 바로 봉평비에 보이는 사인이란 직명을 소지한 존재들과 다름없다.

그런즉 節居利 이하 본문에 보이는 3人은 중심촌에 부속하는 자연촌에 세력 근거를 가진 유력자들로서 봉평비의 사인에 상당하는 자들이다. 이들은 탐수에 예속된 상태이기는 하나 상대적 독자성을 가지면서 조세수취권을 국가로부터 인정받아 행사해 갔던 것으로 보인다. 탐수 출신의 촌주는 이들에게 부분적이긴 하나 일정 정도의 영향력을 행사하였을 것이다. 그 까닭으로 그 이름이 분쟁의 결과를 확인하여 주는 역할을 담당하였기에 윗면에 기재된 것이라 하겠다.

냉수리비는 도사가 파견된 탐수란 행정성촌에 부속된 자연촌인 진이마촌의 지배권, 즉 조세수취권을 둘러싼 재지세력 사이의 분쟁에 대해 국가가 이를 평결하고 그들로 하여금 국가에 대한 충성을 맹세케 하여 보증을 하는 의식 절차를 치른 후 이를 증명하기 위한 목적으로 세웠던 것이다.

위와 같은 의미에서 냉수리비는 6세기 초 당시 지방촌락에 계층분화가 급속하게 진전되고 그러한 틈바구니에 국가권력이 침투해 들어가던 모습을 잘 보여준다고 하겠다.

---

43) 金在弘, 앞의 글, p.44.

4. 冷水里碑의 建立年代

비를 사료로서 본격적으로 이용하기에 앞서 해결해야 할 기본과제의 하나는 비의 건립연대를 밝히는 일이다. 냉수리비의 경우 제3행의 冒頭에 癸未年이란 간지가 있으므로 비록 연호는 사용되고 있지는 않으나 절대연대를 밝힐 수 있는 실마리가 된다. 그런데 이 계미년에 대해서는 지금까지 크게 443년으로 보는 설[44]과 503년으로 보는 설[45]로 엇갈려 팽팽하게 맞서 있다.[46] 이 두 견해는 각기 나름대로의 논리적 바탕과 아울러 문제점을 내포하고 있으므로 어느 쪽이 진실인지 선뜻 판별해 내기가 쉽지 않다.

연대를 결정하기 위해 우선시 해야 하는 방법은 비문의 앞뒤 맥락을 파악하는 일이다. 물론 기존의 사서를 이용하지 않고서 연대를 설정하기란 불가능한 일이지만 그를 위해서는 비문 자체에 대한 좀더 철저한 분석이 선행되어야 한다.

이 비에서 절대연대를 설정하는 하나의 기준으로 될 수 있는 것은 前面 1행의 乃智王이란 王名과 3·4행에 걸쳐 보이는 至都盧葛文王이란 人名이다. 《삼국유사》 王曆에 訥祇麻立干의 一名을 內只王이라고 한 것으로 보아 내지왕은 눌지왕임이 분명하다.[47] 그럴 때 제기되는 문제는 斯夫智王이 누구일까 하는 점이다. 기록의 순서로 미루어 짐작하건대 내지왕보다 앞서는 시기의 왕으로 보는 것이 순조롭겠고 斯임이 분명하다면[48] 斯夫智王은 實聖王에 배정하여도 그렇게 무리하지는 않

---

44) 金永萬, 金昌鎬, 文暻鉉 등 諸氏.

45) 鄭求福, 安秉佑. 宣石悅, 金在弘 등 諸氏.

46) 이 밖에 483년으로 보는 주장이 제기되었으나(崔光植, 앞의 글, p.11), 이는 癸未를 癸亥로 읽은 데서 비롯된 것으로서 판독에 문제가 있다고 생각되어 취하지 않는다.

47) 乃智王을 訥祇王으로 보는 것이 일반적이나 金昌鎬, 앞의 글에서는 그렇지 않을 가능성도 지적하고 있다.

을 듯하다.[49] 같은 시기에 阼夫智王과 乃智王의 2왕이 倂存할 수도 있
으므로 乃智를 訥祗로, 阼夫智를 實聖으로 보기 어렵다는 견해도 있
다.[50] 그러나 兩王이 나란히 기재되었다고 하여 꼭 동시에 존재한 것으
로 판정할 수는 없다. 앞서 보았듯이 제12행은 그 이하의 전제문으로
서 과거의 일이며, 따라서 동일한 사안에 대해 똑같은 결정을 敎로 내
렸던 관계로 동시에 존재하지 않았더라도 그렇게 기재될 수밖에 없었
을 것이다. 그러므로 이들 2왕이 나란히 기재되었다고 하여 같은 시기
에 동시에 존재한 2명의 왕으로 보아서는 곤란하다. 그것은 여하튼 내
지왕을 訥祗麻立干(417~457)으로 간주하여 큰 잘못이 없다면 이 비의
건립연대가 이를 소급할 수 없음은 자명하다.

그런데 이를 방증해 주는 것은 바로 지도로갈문왕의 존재이다.《삼
국사기》4 신라본기 智證麻立干條나《삼국유사》왕력 및 紀異 智證王
條에 지증왕의 一名을 智大路, 智哲老, 智度路라 하였으므로 지도로갈
문왕은 22대로 즉위하는 지증왕임이 거의 틀림없다. 유사한 人名이 있
을 수도 있고 또 갈문왕을 역임한 인물이 국왕으로 취임한 사례가 지
금까지 하나도 없으므로 지도로갈문왕을 반드시 지증왕으로 단정할
수만은 없다고 보는 견해[51]도 있다. 물론 그럴 가능성을 전적으로 배제
할 수는 없지만 인명의 동일함을 그대로 받아들인 위에 오히려 사서의
누락이나 탈락 가능성을 고려하여, 지증왕이 갈문왕을 역임했으나 사
서 편찬 때 탈락된 것으로 보는 것이 타당하지 않을까 한다. 뒤에 말하
듯이 그의 父가 이미 갈문왕을 역임한 바 있고, 또 그의 아들도 갈문왕

---

48) 文暻鉉, 앞의 글에서는 阼를 斯의 俗字로 보았으며, 鄭求福, 앞의 글에서는 略
字로 보았다. 그러나 斯와 阼가 같은 비문에 계속 混用되고 있으므로 그러한
주장이 반드시 타당성을 가지는 것은 아니다. 阼가 斯와 동일한 글자일 가능성
은 높지만 그러기 위해서는 왜 두 자가 같은 비문에서 여러 차례에 혼용되고
있는지에 대한 적절한 설명이 뒤따라야 한다.

49) 鄭求福, 앞의 글 ; 文暻鉉, 앞의 글, p.52.

50) 金昌鎬, 앞의 글.

51) 위와 같음.

을 역임하고 있는 것을 보면[52] 그도 즉위하기 전에 갈문왕을 역임하였
으나 국왕이 되었던 까닭에 사서에 등재될 여지가 없었다고 보는 것이
순조롭다. 따라서 사서에 보이지 않기 때문에 지도로갈문왕이 지증왕
이 아니라고 단정하기보다는 오히려 사서의 누락이나 탈락의 사례를
보여주며, 이 점이 바로 새로운 금석문의 출현이 지니는 의의가 아닐
까. 새로운 금석문이 갖는 의의의 하나는 이처럼 기존 사서의 잘못이
나 탈락을 보완해 주는 실마리를 제공하는 데 있다고 하겠다. 지증왕
이 즉위하기 이전에 갈문왕을 역임하였다는 사실은 뒤에 말하듯이 오
히려 지증왕의 즉위 문제와 관련하여 보이는 석연치 않은 몇몇 사실들
과 그에 앞선 炤知王代(479~499)의 일련의 사건들을 합리적으로 해결
할 수 있는 단서가 되겠다.

  이상에서 언급하였듯이 내지왕을 눌지왕, 지도로갈문왕을 지증왕이
즉위하기 전의 이름이라 할 때 냉수리비의 연대 범위는 한층 좁혀진
다. 즉 계미년은 443년이나 503년 둘 가운데 하나로 압축된다. 그런데
둘 가운데 어느 하나로 단정짓기란 쉽지가 않다. 어느 연대를 취하더
라도 비문의 전후 내용이나 사서와는 엄청난 차이를 보이기 때문이다.
그러면 아래에서는 각 연대가 가지는 문제점을 검토하면서 필자 나름
의 연대관을 제시하기로 하겠다.

  먼저 443년설이 성립하려면 사서에서는 별로 큰 문제가 없으나 7행
의 '前世二王'이란 표현이 가장 걸린다. 前世라면 이미 지난 지 오랜 과
거를 의미하며, 그 속에는 적어도 한 세대 이전이란 뜻이 내포되어 있
다. 따라서 '前世二王'이라고 했을 때 이 二王은 살아 있는 존재로 보기
어렵다. 그렇다면 443년설은 성립할 수가 없다. 왜냐하면 443년은 눌지
왕 치세기이므로 눌지왕의 치세기에 눌지왕을 포함하는 '前世二王'이
란 표현을 사용하였을 리는 없기 때문이다. 이처럼 443년설이 성립하려
면 '前世二王'에 대한 적절한 해명이 반드시 뒤따라야 한다. 그 까닭으

---

52) 宣石悅, 앞의 글.

로 443년설을 주장하는 논자들은 前世를 '지난해',[53] '이전의 두 왕',[54] '앞선 누리 2왕'[55] 등으로 해석한다. 그러나 이는 금석문 자체보다는《삼국사기》를 비롯한 기존의 사서에 신빙성을 둔 견해[56]로서 적어도 '前世'에 관한 해석은 궁여지책으로 나온 데에 지나지 않는다. 설사 '前世'를 그렇게 해석하여 이 비가 눌지왕대에 건립된 것으로 볼 수 있다고 하더라도, 왜 같은 왕대에 이미 敎를 내렸는데도 같은 일에 대해 오래지 않은 시점에 다시 갈문왕을 비롯한 7명의 귀족들이 공론하여 결정하고 이를 敎로 내렸는지, 그리고 지난번에는 국왕이 敎를 내렸으나 이번에는 왜 그렇지 않은지 등등에 대한 납득할 만한 설명이 뒤따라야 한다. 이상과 같은 점에 대한 설득력 있는 해답이 제시되지 않으면 443년설은 성립 불가능하다고 해야 한다. 필자가 443년설을 따르지 않는 결정적인 이유도 이러한 데에 있다.

443년설이 성립하기 불가능한 이유의 하나로서 지증왕의 연령을 산출하여 7세이기 때문에 정치적 중대사안을 결정하는 공론을 주재하기 어렵다는 사실을 지적하는 견해가 있으나[57] 이는 그렇게 적절한 것 같지는 않다. 만약 당시의 葛文王이 일정한 혈연관계에 따라 승계될 수 있는 직책이라면[58] 7세라고 하더라도 갈문왕이 되지 말란 법은 없고, 또 비록 형식적이기는 하였겠으나 공론을 얼마든지 주재할 수도 있는 것이다.[59] 요컨대 공론이 실제적인 정치력의 행사이기는 하나 갈문왕이 세습되는 지위라면 7세라도 형식적인 주재자일 수는 있다. 따라서

---

53) 文暻鉉, 앞의 글.

54) 金永萬, 앞의 글.

55) 金昌鎬, 앞의 글. 단 김창호는 443년설을 취하면서도 비문의 내용에 대한 이해에서는 다른 견해와 상당한 차이를 보인다.

56) 金永萬, 앞의 글에서 443년설은 "《三國史記》나《三國遺事》의 기록을 그대로 받아들인다는 대전제하에 이루어진" 것임을 강조하고 있다.

57) 鄭求福, 앞의 글 ; 金在弘, 앞의 글, p.10.

58) 宣石悅, 앞의 글.

59) 金永萬, 앞의 글.

443년설이 성립하기 어려운 이유로 제시된 지도로갈문왕의 연령은 그렇게 문제될 것이 없다고 하겠다.

이상과 같이 보면 443년설은 비문 자체 내부의 문제로 말미암아 성립되기가 어렵다. 이를 주장하는 논자들은 503년을 취할 때 사서와 어긋나는 점이 많고, 반면 443년의 경우 상대적으로 사서와 어그러지는 점이 별로 없기 때문에 비문 자체에 근본적인 약점이 있음에도 불구하고 443년을 취하였다. 그러나 이는 방법에서 결코 타당하지 못하다고 생각한다. 왜냐하면 연대를 결정하는 데 우선해야 하는 것은 비문의 내용이지 기존 사서와의 괴리 여부가 아니기 때문이다. 443년설이 설사 사서와 어긋나지 않는 장점이 있다고 하더라도 이를 취할 수 없는 이유는 바로 이러한 데에 있다. 그러면 다음에는 503년설을 취할 경우 제기되는 문제점들을 검토해 보기로 하자.

503년설을 따를 경우 비문의 내용은 기존의 사서가 보여주는 그것과는 상당한 차이를 보이는 까닭에 이를 단정짓기에 주저되는 바가 없지 않다. 가령 《삼국사기》나 《삼국유사》 등에 따르면 지증왕은 500년에 즉위한 것으로 나타나 있으므로[60] 503년에는 갈문왕이 될 수 없으며, 따라서 紀年에서 커다란 혼란이 야기된다. 이처럼 냉수리비의 건립연대를 503년으로 볼 때 해명해야 할 문제가 적지 않을 것으로 생각된다. 이에 대해서는 먼저 鄭求福의 견해가 참고된다.

정구복에 따르면 첫째, 《삼국유사》紀異 智哲老王條에 지증왕의 즉위년에 대해서는 庚辰說(500)과 辛巳說(501)의 두 설이 있어 즉위연대 자체에 문제가 있음을 암시해 주며, 둘째, 《삼국사기》 신라본기 炤知王 22년 9월조에 국왕이 捺已郡에 행차하였는데, 그곳에서의 여자 문제에 대한 노파의 말을 보면 소지왕의 죽음은 단순한 自然死가 아닌 것 같다고 추정한다. 이에 바탕하여 정구복은 지증왕이 소지왕 22년(500)부터 갈문왕의 지위에 있으면서 정치적 실권을 잡고 소지왕을 유

---

60) 뒤에 말하겠지만 501년 즉위설도 있다.

폐시켰던 듯하다는 것이다. 그러다가 503년 10월에 이르러 정식으로 즉위하였는데, 이를 《삼국사기》 4 신라본기 지증왕 4년(503)조에 기록된 新羅란 국호의 확정 및 중국식 王號의 사용기사와 관련지어 설명하고 있다.[61] 소지왕이 당시 유폐된 것으로 보는 데는 문제가 있겠으나 소지왕의 퇴위 또는 죽음이나 지증왕의 즉위 자체가 정상적이 아니라고 본 점[62]도 경청할 만하다고 생각한다.

史書에 절대적인 신빙성을 둔다면 503년설이 성립할 수 없음은 명백하다. 그러나 기존의 사서가 당대의 사료가 아니라 후대에 편집된 것인 만큼 그 자체가 갖는 한계를 명백히 인식해야 하며, 이는 냉수리비를 통해 그대로 확인된다. 가령 이 비에는 지증왕이 갈문왕을 역임한 것으로 되어 있으나 기존 사서에서 그런 낌새가 전혀 보이지 않는다는 사실은 그를 단적으로 증명한다. 또 해석 문제는 일단 젖혀두더라도 중국식 王號도 이미 5세기대에 사용되었던 듯하나 《삼국사기》 등의 사서에는 지증왕 4년에야 비로소 사용되기 시작한 것처럼 기록해 놓은 것도 그러한 예의 하나라 하겠다. 그렇다면 사서에 절대적인 신빙성을 부여할 것이 아니라 오히려 새로운 금석문을 통하여 기존 사서가 지니는 미비점을 보완해 나가야 하는 것이 올바른 접근방법일 것이다.

지증왕의 즉위에 모종의 문제가 있었음을 추측하게 하는 근거는 냉수리비에서도 보인다. 그것은 공론의 주재자가 국왕이 아니라 지도로 갈문왕이란 점 때문이다. 訥夫智王이나 내지왕대에는 이와 같은 문제가 생겼을 경우 국왕이 敎를 내린 점으로 미루어 짐작하면 그들이 직접 공론을 주재한 듯하다.[63] 그런 의미에서 계미년 당시 회의를 주재한 사람이 국왕이 아니라 갈문왕이라는 사실 자체는 정치적 상황이 예사

---

61) 鄭求福, 앞의 글.
62) 文暻鉉, 앞의 글에서도 비록 443년설을 취하고 있으나 지증왕의 즉위는 정상이 아닌 쿠데타적 등극이었을 것으로 간주되고 있다.
63) 이 점은 이미 봉평비에서도 확인된 바 있다.

롭지 못하였음을 암시해 준다. 말하자면 공론을 주재하고 있다는 사실로 미루어 지증왕은 즉위하기 이전에 이미 정치적 실권을 장악하였을 가능성이 높아 보인다. 그러면 그가 소지왕이 죽은 후 왜 곧바로 즉위하지 않았을까 하는 문제가 제기된다. 이에 대해서는 뒤에 말하겠거니와 그가 정치적인 실권을 장악하였다고 하더라도 그의 즉위 자체는 정상적인 것이 아니었기 때문에 상당한 과도기적인 과정으로서 귀족의 전반적인 합의를 받아내는 절차가 필요하였을 것으로 추측된다.

지증왕의 즉위가 정상적이지 않았다고 단정할 명백한 근거는 없지만 굳이 찾는다면 그의 출신 部가 沙喙部이면서 동시에 갈문왕이라고 하는 점이 주목된다. 部나 갈문왕에 대한 필자의 개괄적인 견해는 章을 달리하여 언급하겠거니와 沙喙部 출신자로서 갈문왕의 지위를 계승한 자에게는 원칙적으로 정상적인 경우라면 왕위를 계승할 수 있는 자격이 주어지지 않았으나 모종의 이유로 소지왕이 쫓겨났거나 사망한 뒤 정치적 실권을 장악한 지증왕이 일정한 유예기간을 거쳐 귀족으로부터 추대받는 형식으로 즉위하였던 것이 아닌가 한다.《삼국사기》신라본기에 국호를 新羅로 고정하면서 '德業日新網羅四方'이라 하여 (국왕의) 德業이 새로워졌음을 특히 강조하고 대외적으로 팽창의지를 드러내어 보인 것이나, 귀족들의 발의에 따라 중국식 왕호를 사용하게 되었다는 것은 바로 그러한 사정을 반영하는 것으로 해석하여도 그렇게 지나치지는 않으리라고 생각한다. 이렇게 보면 6세기 초 몇 년 간은 사실상 空位時代라고 불러도 좋을지 모르겠다.[64]

지증왕의 즉위가 순조롭지 못하였을 것임은 정구복의 주장처럼 그

---

64) 中國이나 日本의 경우에도 古代에 空位時代가 일정기간 존재하였던 적이 있었다는 사실을 참고하면, 新羅의 경우에도 그럴 가능성은 얼마든지 상정해 볼 수 있다. 국왕이 반드시 존재하여야 한다는 것은 유교적 관념의 소산일 따름이며, 따라서 原史料에는 空位時代로 처리되었던 것이 유학자 金富軾의 손으로 메워졌는지 모른다.《三國史記》나《三國遺事》등에 간혹 年代에 혼동이 보이는 것은 물론 稱元法의 차이에서 비롯된 것도 있겠으나 空位를 채우려는 과정에서 발생한 紀年의 착오 때문인지도 모르겠다.

의 즉위년에 대해 異說이 있음에서 방증된다. 《삼국사기》나 《삼국유사》를 통틀어 보아도 국왕의 즉위년에 대해 異說이 별로 보이지 않는다. 그런 의미에서 지증왕의 즉위년에 이설이 있다는 자체는 그의 즉위가 심상치 않음을 암시하는 것이다. 더욱이 그가 즉위할 때의 연령은 64세로 特記되어 있다.[65] 64세에 즉위가 불가능한 것은 아니지만 이례적인 일에 속하는 것임은 분명하다. 게다가 그의 家系에 대해서도 적지 않은 의문이 남아 있다.[66] 《삼국유사》나 《삼국사기》에 그의 체구나 왕비를 맞이하는 대목에 대해 이례적인 서술을 하고 있는 것도 아울러 참고로 된다.[67] 이상의 몇 가지 사례들을 종합하여 볼 때 지증왕의 즉위가 정상적이 아니었음을 느끼게 된다.

한편 소지왕의 죽음도 석연치 않은 문제점을 안고 있다. 말년에 그가 捺已郡 지방에 행차하여 그곳 출신의 碧花란 여자와 관계한 뒤 돌아와 2개월 만에 사망한 것으로 볼 때[68] 이 행차가 그의 죽음과 무관하지만은 않은 듯하다. 특히 귀경길에 古陁郡에 들렀을 때 만난 한 老嫗의 말로 미루어 보아 소지왕은 여자와 관련된 失政을 한 듯하다. 이 점에서 귀족들에 의해 폐위된 眞智王의 경우와도 상당한 유사성이 발견된다.[69] 그리고 소지왕 10년(488)에 일어난 이른바 국왕암살미수사건은[70] 소지왕의 죽음이 결코 자연사가 아니었을 가능성을 높여 준다고

---

65) 《三國史記》 4 新羅本紀 智證麻立干 卽位年條 ; 文暻鉉, 앞의 글 참조.
66) 지증왕의 家系와 관련된 좀더 구체적인 문제에 대해서는 李基東, 〈新羅 奈勿王系의 血族意識〉, 《歷史學報》 53·54, 1972 ; 《新羅 骨品制社會와 花郎徒》, 1980 참조.
67) 《三國遺事》 紀異 2 智哲老王條 및 《三國史記》 4 新羅本紀 智證麻立干 卽位年條.
68) 《三國史記》 3 新羅本紀 炤知麻立干 22年條. 이곳에서는 捺已郡 출신 碧花와의 사이에 1子가 있었던 것으로 되어 있으나, 지증마립간 즉위년조에는 炤知王이 無子하여 지증왕이 즉위한 것으로 되어 있어 내용이 서로 어긋난다.
69) 《三國遺事》 紀異 2 桃花女 鼻荊郞條.
70) 《三國遺事》 紀異 2 射琴匣條. 여기에 보이는 국왕암살미수사건을 불교수용 세력과 배척세력의 갈등으로 파악한 견해가 있다.(辛鍾遠, 〈新羅의 佛敎傳來와 그 受容過程에 對한 再檢討〉, 《白山學報》 22, pp.161~167 참조)

하겠다.

요컨대 소지왕의 죽음과 관련된 문제나 지증왕의 즉위를 둘러싼 당시의 사정을 기존의 사서를 통해 일별해 보아도 예사롭지 않았음을 충분히 짐작해 볼 수 있다. 따라서 일단 소지왕이 의문의 죽음을 한 후 한동안의 空位時代를 거쳐 지증왕이 沙喙部 출신의 갈문왕으로서 이례적으로 즉위하게 되는 것으로 보아도 그렇게 지나친 억측만은 아닐 듯하다. 국왕이 아닌 지도로갈문왕이 회의를 주재한 것도 바로 이러한 사정이 있었기 때문이라 하겠다.

이상과 같이 해석하면 냉수리비의 건립연대를 503년으로 보아도 별로 큰 무리는 없으며, 오히려 사서가 지닌 불완전함은 상당히 보완될 수 있을 것이다. 물론 이처럼 전후 사정을 고려하지 않고 무조건 기존 사서에 비중을 두어야 한다면 더 이상 할 말이 없지만, 사서보다는 단편적인 내용밖에 담고 있지 못한 점에 한계가 있기는 하나 금석문에 더 비중을 두어야 함은 재론할 필요가 없겠다. 냉수리비가 가지는 큰 의의의 하나는 기존의 문헌사료가 가진 한계를 새삼 확인하게 하고 나아가 그 미비점을 크게 보완할 수 있는 실마리를 제공한 데에 있다고 보아도 좋을 듯하다.

요컨대 필자는 이상과 같은 이유로 말미암아 냉수리비의 건립연대를 503년이라 생각한다. 사서에 보이는 내용과 금석문의 내용이 꼭 일치하지 않는 부분이 있다고 하여 금석문 자체의 내용을 충분히 고려하지 않고 그 연대를 끌어올리려는 것은 올바른 방법이 되지 못함을 재삼 강조하여 둔다.

냉수리비의 연대를 503년으로 볼 수 있는 또 다른 근거는 당시 사용한 異字에서 찾아진다. 그것은 斯字의 용례이다. 斯가 지금까지 6세기의 금석문에서 발견된 예가 없었음을 보면 특정한 시기에만 한정하여 일시적으로 사용된 글자임이 분명하다. 그런데 이 비가 발견된 후 永川菁堤碑 丙辰修治記를 면밀히 조사하는 과정에서 斯와 똑같은 글자가 이곳에도 있음을 확인하게 되었다.[71] 기왕에 영천청제비의 조사과

정에서 이 글자는 달리 사례가 없었으므로 판독이 불가능한 것으로 처
리하여 왔으나 이제 냉수리비의 출현으로 새롭게 읽을 수 있게 된 것
이다. 이는 비문을 조사할 때 비슷한 시기의 것은 書體나 書法에서 유
사성이 발견될 수 있으므로 상호 대조하면서 검토하면 판독에 도움이
될 수 있다는 사실을 새삼 일깨워 준 사례이다.

그런데 청제비의 연대는 일반적으로 536년으로 간주되고 있다. 비슷
한 서체나 異字體가 같은 시기에 사용되는 것이 일반적인 현상이라고
한다면, 물론 이 하나만으로 단정할 수는 없지만, 냉수리비와 청제비는
그 연대가 그렇게 멀리 떨어진 것은 아니라고 보아도 좋을 듯하다. 이
를 방증해 주는 것은 徙란 글자의 異字이다. 이 글자는 흔히 徙로 읽혀
지거니와 524년의 봉평비나 525년의 蔚州川前里書石에서도 이미 확인
된 글자이나 또한 영천청제비에도 보인다.[72] 이처럼 新나 徙의 사용례
로 미루어 짐작하면 냉수리비나 영천청제비가 봉평비나 울주천전리서
석과 거의 같은 시기의 것으로 보아도 무방할 듯하다. 그렇다면 냉수
리비를 503년, 영천청제비 병진명을 536년이라 하여도 그리 큰 잘못이
없을 것이다.[73]

냉수리비를 503년으로 볼 때 비문 자체에서 문제가 생겨난다고 보
는 견해가 있는데, 그것은 節居利의 연령 문제이다. 新夫智王을 실성왕
으로, 내지왕을 눌지왕으로 볼 때 503년 당시 節居利가 살아 있다면 그
의 연령은 적어도 100세 이상이 되어 이상하다는 것이다. 눌지왕의 즉
위년이 417년이니 이때 節居利의 연령을 20세로 잡아도 503년이라면
그가 100세를 넘으므로 503년설은 성립할 수 없다는 견해이다.[74] 그러
나 이는 비문의 내용이나 성격을 면밀하게 검토한 바탕 위에서 내려진
결론이라고는 생각되지 않는다. 이 견해는 냉수리비의 내용을 節居利

---

71)《한국고대사연구회회보》 13호 참조.

72) 위와 같음.

73) 金昌鎬, 앞의 글에서는 영천청제비 병진명을 476년으로 올려 잡고 있다.

74) 金永萬, 앞의 글 ; 金昌鎬, 앞의 글.

와 다른 2명 사이의 소유권 분쟁으로 생각하여 '若先死後'를 미래형으로 해석한 데서 도출되었으나 필자는 앞서 언급하였듯이 그와는 달리 해석하여 節居利는 이미 죽었다고 보는 쪽이므로 節居利의 연령은 비의 연대를 결정하는 데는 전혀 문제가 되지 않는다고 본다.

요컨대 지금까지 말해 온 것처럼 제3행 첫머리의 계미년이란 간지는 이 비의 절대연대를 결정하는 단서가 되며, 그에 대해서는 443년설과 503년설의 두 견해가 제기되어 있지만 후자가 옳다고 본다. 비문 자체의 전후 맥락보다 사서를 신빙하면 전자일 가능성이 높지만 그것은 방법상 근본적인 문제점을 안고 있으므로 따르기 어렵다. 503년설을 취할 경우 사서와 어긋나는 부분은 적지 않다. 냉수리비문 자체에는 사서의 내용과 배치되는 부분이 적지 않게 내포되어 있으나 이것이 오히려 이 비의 가치를 드높여 준다. 기존의 사서는 편찬된 것인 만큼 누락이나 착오가 없을 수 없으며 이 비는 그에 대한 새로운 해석의 가능성을 열어주기 때문이다.

5. 冷水里碑와 5～6세기의 몇몇 문제

냉수리비는 그 건립연대를 어디로 잡든지 간에 신라 최고의 금석문이며 이러한 점에서도 그것이 갖는 의의가 적지 않다. 하지만 다른 무엇보다도 5～6세기 신라사 이해를 위한 풍부한 내용을 함축하고 있다는 점에서 그 의의가 크다.

신라사의 복원이란 측면에서 보아 그 지니는 가치는 기왕에 알려진 어떠한 금석문 자료에 비해서 조금도 손색이 없다고 하겠다. 냉수리비를 통해서 기존 사서의 不備에 대한 비판은 말할 것도 없고, 나아가 그에 바탕한 연구성과들을 적지 않게 수정 보완할 수 있게 되었다.[75] 냉

---

75) 게다가 6세기 이전의 사료에 대해 전적으로 신빙하는 것은 근본적인 문제가 있을 것임을 예상케 한다.

수리비는 6세기 초 신라가 정치사회면으로 발전 변모해 가는 과정의 초기적 모습을 보여주는 만큼, 아래에서는 이 비를 통해 제기될 수 있는 당시 신라사 연구의 문제점들을 필자 나름대로 적출하여 개관함으로써 이후 연구의 출발로 삼고자 한다.[76]

먼저 왕권과 정치운용에 관련한 문제이다. 냉수리비에서는 6세기 초까지 국왕을 정점으로 하는 관료조직이 미발달하였다는 사실이 확인된다.[77] 이는 당시의 왕권이 그만큼 미약하였음을 뜻한다. 그 까닭으로 국왕도 部를 冠稱하였을 뿐만 아니라 중요한 사안에 대해서는(특정의 部에 관련되는 것이 아니라 6部 전체에 관련되는 일) 국왕이 단독으로 결정하여 처리하지 못하고 6部의 대표적 귀족들이 참여한 회의를 통해 합의하는 형태로 정치가 운용되었던 것이다. 이는 왕호를 마립간이라고 칭하였던 시기에 어울리는 정치운용의 형태라고 할 만하다. 그와 같은 면은 인명의 기재방식을 살펴보면 잘 드러난다.

냉수리비를 제외한 이후의 6세기 금석문에서는 다수의 貴族官僚들을 열거할 때에는 동일한 職名을 소지하였을 경우 관등의 高下란 순서에 따라 기재하는 것이 거의 예외 없이 지켜진 하나의 원칙이었다. 그러나 이 비에는 관등의 고하가 아니라 部를 중심으로 인명을 나열하고 있다. 이를 단순히 인명표기의 변화로만 처리해 버릴 수도 있겠으나, 필자는 그 자체 정치운용 형태의 변화로 해석하고 싶다. 部가 인명 기재에 중심이 되었다는 것은 당시의 정치운용에서 部가 하나의 단위 정치 집단으로 기능하였음을 뜻한다.[78] 바꾸어 말하면 뒤에 말하겠지만 각 部의 長으로 생각되는 王, 葛文王, 干支 소지자를 중심으로 하는 部 사이의 합의에 따라 정치가 운용되었음을 뜻한다. 이는 당시 국왕권이

---

76) 이미 주 2)와 3)에 소개되어 있는 글에서 그에 대한 대략적인 윤곽은 드러나 있다.

77) 朱甫暾, 앞의 글, pp.247∼255.

78) 新羅의 6部에 대한 學說史的 검토에 대해서는 李文基, 〈蔚珍鳳坪新羅碑와 中古期의 六部問題〉, 《韓國古代史研究》 2, 1989 참조.

그렇게 강하지 못하였던 데서 말미암는 것이며, 그를 뒷받침해 줄 수 있는 관료조직(관등이나 관직)이 발달하지 못했기 때문이다. 냉수리비에 관등을 소지하지 못한 인물이 다수 보일 뿐만 아니라[79] 또 관직체계가 그렇게 정비된 것 같지 않게 보이는 것은 바로 이를 증명한다.

그런데 냉수리비의 인명기재방식은 524년 봉평비가 건립된 시기에 이르면 확연히 달라져 관등의 높고 낮음이 기준이 되고 있다. 이는 그 사이에 무엇인가 관료조직에 변화가 있었음을 느끼게 하며, 그것은 바로 17官等制의 성립이 아닌가 싶다.[80] 말하자면 503년부터 524년 사이의 어느 시점에서 관료조직 정비의 일환으로 京位17等이 완성되고 그에 따라 인명을 표기하는 기준이나 원칙이 바뀐 것으로 풀이된다. 17等京位制가 갖추어졌다는 것은 관료조직이 그만큼 정비되었음을 뜻하며, 이는 왕권이 강화되었음을 단적으로 보여주는 사례라 하겠다.

요컨대 이 비에는 部 중심의 정치운영에서 왕권이 점차 강화되고 관료조직이 갖추어지면서 국왕을 정점으로 하는 새로운 정치운영으로 넘어가는 과도기적인 모습이 여실히 나타나 있다고 하겠다. 이러한 과정을 거쳐 法興王代 이후 국왕은 초월자적 존재로 부상하여 가거니와[81] 6세기 초는 그 단초를 마련한 시기였으며, 이 비에는 그러한 점이 잘 반영되어 있다.

다음은 위의 정치운영과 밀접하게 관련되는 문제이지만 냉수리비에는 그 동안 논란이 많았던 新羅6部를 새롭게 검토해 볼 수 있는 내용을 적지 않게 담고 있다는 점이다.[82] 部制는 이것만을 떼어내어 단독으로 다루면 그에 대한 실체를 제대로 그려내기 어려우며, 왕권이나 관료조직 등과 깊이 맞물려 있는 문제이다. 6세기에 들어와 관료조직의

---

79) 官等을 소지하지 못한 인물에 대해 이를 官等의 생략으로 본 견해도 있다.(宣石悅, 앞의 글)

80) 朱甫暾, 앞의 글, p.65.

81) 朱甫暾, 〈蔚珍鳳坪碑와 法興王代 法令〉, 《韓國古代史硏究》 2, 1989, pp.121~126.

82) 文暻鉉, 앞의 글 참조.

정비와 함께 왕권이 강화되어 갔다면 部의 원래 성격이 여하하든지 간에 部 자체의 성격이 그대로 유지되지는 않았을 것이다. 部의 성격을 성립 후부터 소멸할 때까지 고정불변한 것으로 보아서는 안 되며 정치, 사회, 경제적 변화와 동시에 바뀐다는 시각을 갖고 이에 접근하는 것이 긴요하다. 그러한 점에서 이 비를 통해 6部 문제에 대해 시사받을 수 있는 몇 가지 특징적인 사실을 아래에 지적해 두고자 한다.

먼저 6부의 성립시기에 관한 문제이다. 이를 둘러싸고 종래 다양한 異說이 제기되어 합의된 견해는 없는 실정이다. 이미 봉평비를 통해서 확인된 바 있지만, 6부가 6세기 이후 성립한다는 주장이 성립할 수 없는 사실은 냉수리비에 의해서도 증명되었다. 봉평비에는 喙, 沙喙, 本彼 및 岑喙部의 4부가 보이며, 냉수리비에는 前 3부 외에 斯彼가 보여[83] 6부제의 성립시기는 5세기 또는 그 이전까지도 소급할 수 있게 되었다. 따라서 6세기 초는 오히려 6부의 성립시기라기보다는 部의 성격 변화기 또는 쇠퇴기라고 보아야 할 것이다. 6부의 성립 기원은 거슬러 올라가면 한이 없겠으나, 뒤에 말하겠지만 그 長을 간지라 칭하고 있음을 보면[84] 국왕을 마립간이라고 부르기 시작하던 시기까지는[85] 소급이 가능하리라 생각된다. 냉수리비에서도 그러한 가능성을 엿볼 수 있는 구절이 보인다. 그것은 제1행의 '喙斯夫智王乃智王'이다. 斯夫智王을 실성왕, 내지왕을 눌지왕이라고 한다면 6부의 성립은 늦어도 5세기 초까지 올라갈 수 있겠다. 물론 이 표현이 6세기 초의 것일 가능성도 배제할 수는 없으나 달리 그를 부정할 근거가 없는 한 5세기 초까지는 일단 소급해도 무방하지 않을까 싶다. 필자는 이상과 같은 논리의 연장선에서 6부제의 성립시기를 마립간이란 왕호를 사용하기 시작한 奈

---

83) 斯彼部는 習比部일 것으로 보고 있다.(文暻鉉, 앞의 글, p.52 ; 宣石悅, 앞의 글, p.61)

84) 文暻鉉, 앞의 글, p.53 ; 朱甫暾, 앞의 글(1990), p.257.

85) 마립간이라는 왕호의 사용시기는 《三國史記》와 《三國遺事》가 차이를 보이지만, 필자는 後者의 說을 따라 奈勿王代로 본다.

勿王代 무렵으로 추정하여 둔다.[86]

이상에서 6부의 성립시기를 냉수리비에 입각하여 4세기 중엽까지 소급할 수 있는 가능성을 지적하였다. 그 다음은 6부의 성격과 그 변화에 대한 문제이다. 部의 성격에 대해서도 성립시기 문제와 마찬가지로 각양각색의 의견이 나와 있으므로 무어라 단정짓기는 어려우나, 그 초기적 성격을 어떻게 규정하더라도 냉수리비에 따르는 한 그것이 일정하게 단위정치체로 기능하고 있었던 것만은 분명하다. 특히 시기가 올라갈수록 단위정치체로서의 독자성은 6세기 초보다 훨씬 강하였을 것임은 기존의 문헌사료에서도 확인된다.[87] 이 비에서도 그러한 점은 비록 명백하지는 않으나 어렴풋하게나마 찾아진다. 이를테면 이미 앞서 언급한 바 있지만, 국왕도 部를 冠稱하거나 部의 대표자로 추정되는 사람이 모여 공론을 통해 주어진 사안을 결정하였다는 사실은 部가 완전한 독립체는 아니지만 상당한 독자성을 지닌 정치체로 기능하였음을 방증해 주기에 충분하다. 그러나 部가 가지는 단위정치체로서의 기능조차 6세기 초 이후 점차 변화해 간 것이 아닐까 싶다. 그러한 추측을 가능하게 하는 몇 가지 이유를 다음과 같이 손꼽을 수 있다.

첫째, 법흥왕대 중엽인 530년대 이후 국왕은 部를 관칭하지 않게 되고 왕권에 현저한 변화가 초래된다는 사실이다. 국왕이 部를 관칭하지 않음은 이제는 部에 소속하는 것이 아니라 部를 뛰어넘는 초월자적 지위로 격상되었음을 뜻한다.[88] 국왕은 소속부를 칭하지 않게 됨으로써 部를 칭하는 귀족들과는 구분되어 그 위에 군림하는 초월자적 존재로 부상한 것이다. 550년의 丹陽新羅赤城碑에서나 561년의 眞興王昌寧巡狩碑에서 그러한 사정을 확인할 수 있다.[89] 이처럼 국왕권이 강화됨에

---

86) 이때에 성립한 6부가 반드시 6개란 의미는 아니다. 필자는 3부에서 6부로 분화되었다는 입장을 취하고 있는데, 이에 대해서는 朱甫暾, 〈三國時代의 貴族과 身分制 — 新羅를 중심으로〉, 《韓國社會發展史論》, 일조각, 1992, p.18.

87) 《三國史記》 1 新羅本紀 婆娑尼師今 23年條.

88) 주 81)과 같음.

89) 赤城碑에서는 국왕이 신료들에게 敎를 일방적으로 내리고, 昌寧碑에서는 국

따라 정치운영이 部 중심에서 국왕 중심의 형태로 전환하게 되자 그에
수반하여 部가 지닌 단위정치체로서의 성격도 변모하지 않을 수 없었
을 것이다.

  그러한 변화의 둘째 이유로 들 수 있는 것은 部의 長이 갖는 지위
변화에서 찾아진다. 냉수리비나 봉평비의 인명 열거 순서로 미루어 짐
작하건대 국왕은 喙部, 갈문왕은 沙喙部의 長이며,[90] 여타 4部의 長은
모두 간지로 불리었던 듯하다.[91] 이들 部長인 간지들은 部가 독립된 단
위정치체로서 기능하는 한 그들의 아래에 국왕에 직속하는 것과는 별
개의 관료조직을 갖추고 있었을 것이나,[92] 왕권의 강화 과정에서 그와
같은 병렬적인 관료조직에 대신하는 일원적인 관등제(17등경위제)가
만들어지면서 부장이 지녔던 독자적인 관료조직은 그 속에 흡수 해소
되었을 것이며, 그에 따라 부장 자신도 이제는 국왕에 직속하는 귀족
관료로 그 지위에 커다란 변화가 야기되었을 것으로 보인다. 여하튼
왕권의 강화와 17등경위제의 성립으로 말미암아 일원적인 관료조직체
계가 만들어지고 그에 따라 부장의 지위에 상당한 변화가 초래되었을
것으로 생각된다. 그로 말미암아 部의 성격도 자연히 변질되었을 것으
로 짐작하여 그렇게 무리하지는 않을 것이다.

  셋째, 沙喙部 소속 갈문왕이었던 지증왕이 국왕으로 즉위하였다는
사실이다. 지증왕은 즉위 때에는 사탁부 소속이었으나, 즉위 뒤에는
喙部 소속으로 바뀌었을 가능성이 높다. 그것은 그의 아들로서 즉위하
는 법흥왕이 봉평비에 따르면 탁부 소속을 칭하고 있기 때문이다. 그
처럼 사탁부 소속이던 지증왕이 즉위하면서 소속 부를 바꾼 것은 아마
도 국왕은 원래 탁부 소속이어야 한다는 이유가 있었기 때문이라 생각

왕이 寡人云云한 데서 귀족의 上位에 군림하는 존재가 되었음을 느낄 수 있다.
  90) 朱甫暾, 앞의 글(1990), p.252.
  91) 주 84)와 같음.
  92) 朱甫暾, 〈新羅 中古期 村落構造에 대하여(Ⅰ) — 外位와 地方民身分制〉, 《慶
     北史學》 9, 1986, p.17.

한다. 앞장에서 상정하였듯이 지증왕의 즉위가 순조롭지 못하였다고 본 것도 바로 이 때문이다. 그는 사탁부에 소속되어 있었기 때문에 (또는 탁부에 소속되어 있다가 과거에 즉위하지 못하였기 때문에 祖父나 父代에 사탁부로 옮겼는지도 알 수 없지만) 정상적인 상황이라면 왕위 계승자가 될 수 없었고, 그 까닭으로 소지왕의 사후에도 곧바로 즉위하지 못하였던 것으로 추측된다. 지증왕과 관련된 수수께끼는 그의 출신부가 사탁부라는 사실에서 풀어가는 것이 순조로울 듯하다. 이처럼 국왕이 탁부 출신이거나 아니면 다른 부에 소속하였다고 하더라도 국왕으로 즉위한 후에는 탁부로 소속부를 바꾸어야 했다는 것은[93] 과거의 어느 시점, 즉 部의 성격이 변모하기 이전에는 일정한 기간 탁부 출신자만이 국왕에 취임할 수 있었음을 의미한다. 이러한 관례가 지증왕 즉위 당시까지 그대로 지켜지고 있었기에 지증왕은 즉위 후에 소속한 부를 바꾸지 않을 수 없었다고 생각된다. 말하자면 지증왕은 사탁부 소속이므로 정상적인 과정을 밟아서는 즉위가 불가능하였고, 따라서 모종의 정치적 변란을 통해 즉위하였을 것으로 해석된다. 그렇다면 이는 왕위계승에서 파격적이며 혁명적인 변화라고 하겠다. 그것이 易姓革命으로 또는 왕조교체로 표현되지 않는 것은 당시까지 部가 지닌 혈족공동체로서의 유대가 남아 있었기 때문이라 하겠다. 사탁부 소속 지증왕이 즉위한 것은 고구려 초기의 왕위계승과도 유사한 일면이 엿보인다. 고구려의 경우 消奴部에서 桂婁部로 왕통이 교체되었으나 그것이 곧 왕조교체로 이어진 것은 아니었다. 그것은 5부 소속 지배층 사이의 혈연적 유대를 보여주는 것으로서 신라의 喙·沙喙의 관계와 비슷하지 않았을까 한다. 여하튼 지증왕의 즉위는 이례적인 것으로서 고구려의 왕위계승이 소노부에서 계루부로 교체되는 것과 방불한 변화였다고 하겠다. 이와 같이 사탁부 출신자가 왕위를 계승한 뒤 部의 성격에도 적지 않은 변화가 초래되었을 것임은 상상하기 어렵지 않다.[94]

---

93) 文暻鉉, 앞의 글.

  요컨대 이상과 같은 몇 가지 이유로 말미암아 6세기 전반을 하나의 분수령으로 하여 部의 성격에 큰 변화가 야기되었을 것으로 보인다. 냉수리비에는 그러한 면이 잘 반영되어 있는 것으로 생각된다. 그런 의미에서 냉수리비에 보이는 6부는 그 이후의 6부와 명칭은 같더라도 성격이 바뀌어 가는 과도기적인 것으로 볼 수 있겠다.

  이상에서 언급하였듯이 지증왕의 즉위를 파격적인 것으로 볼 때 이후 행해진 일련의 대내외적인 정책도 그와 무관하지 않을 듯 싶다. 지증왕은 비정상적인 즉위를 통해서 파생되는 문제를 기본적으로 왕권의 강화를 통해서 해결하려고 노력하였을 것이다. 그리고 그것이 대내적으로는 제도적인 정비로,[95] 대외적으로는 軍主의 파견을 통한 활발한 정복전쟁이나,[96] 對中國 교섭으로[97] 해결하려 하였던 것이 아닐까 싶다. 그와 같은 왕권 강화는 그 다음에 즉위하는 법흥왕대에 이르러 상당한 결실을 보게 된다.[98]

  지증왕, 법흥왕대에 왕권강화 문제와 관련하여 냉수리비에서 주목되는 것은 갈문왕의 정치적 위상이나 관등제에 대한 문제이다. 이에 대해서는 이미 다른 글에서 다룬 바 있으므로[99] 여기에서는 재론하지 않겠다. 다만 갈문왕 문제는 지금까지는 주로 국왕과의 혈족적인 관계만을 중심으로 취급하여 왔으나, 냉수리비를 통해 볼 때 갈문왕의 정치적 위상을 제대로 파악하기 위해서는 그와 함께 왕권이나 6부제, 그리고 관료조직 등 6세기 초의 전반적인 문제와 관련 속에서 검토해야

---

94) 部의 성격변화 문제는 앞으로 더 면밀하게 검토되어야 할 것으로 생각되나, 필자는 잠정적인 작업가설로 血族共同體 → (擬制的 血族共同體) → 地緣共同體 → 王都의 行政區域의 순서를 밟아 변모해 간 것으로 보고 있다.

95)《三國史記》4 新羅本紀 智證王 3年條에 보이는 殉葬禁止 記事를 비롯하여 눈여겨볼 만한 시책들이 행해졌다.

96)《三國史記》4 新羅本紀 智證王 6年條.

97) 武田幸男,〈新羅官等制の成立〉,《朝鮮歷史論集》上, 1979, pp.180~181.

98) 朱甫暾, 앞의 글(1989) 참조.

99) 朱甫暾, 앞의 글(1990) 참조.

할 것임을 거듭 지적해 둔다.

끝으로, 재지세력의 동향과 地方制에 관한 문제이다. 냉수리비의 내용(성격) 자체가 지방민의 동향과 관계되는 만큼 이 비는 그에 대해 적지 않은 시사를 제공한다. 뿐만 아니라 이 비는 신라 지방제 시행의 초기적인 면모를 잘 보여준다. 종래 흔히 道使 등 행정(성)촌에 파견되는 지방관이 6세기 초 군주제 시행 이후 또는 그와 비슷한 시기에 두어지는 것으로 보았다. 그러나 이 비의 발견으로 신라 지방제의 기원은 훨씬 소급되게 되었다. 그러나 5세기대에서 지방제의 시원을 찾는다고 하더라도 당시 아직 신라의 전체 영역에 대해서까지 직접적인 지배를 실현하였던 것 같지는 않고, 王都와 가까운 인접지역에만 한정하여 지방관을 파견한 듯하다. 이후 6세기에 들어와 지증왕, 법흥왕대를 거치면서 전국에 걸쳐 점차적으로 확대하여 갔을 것으로 생각된다. 따라서 이 비에 도사란 직명이 보인다고 하여 이를 전국적인 것으로 일반화시켜서는 곤란하지 않을까 싶다. 이러한 지방의 중요한 거점으로서의 행정(성)촌에 도사를 파견하면서 점차 지방제를 정비해 가거니와, 520년 무렵에는 전국 52개 지역에 도사가 파견된 듯하다.[100] 이처럼 도사가 파견된 지역이 전국에 걸쳐 급속히 확산되자 이를 묶기 위한 상급의 행정단위로서 郡制를 도입하고 그곳에 幢主란 지방관을 파견하는 것이다.[101] 지방관을 파견하여 지방에 대한 직접적인 지배를 실현해 갔던 것은 물론 중앙의 정치적인 동향과 밀접한 관계가 있는 것이지만 지방 사회 자체 내부의 변화와도 결코 무관하지 않을 것이다.[102] 냉수리비는 그러한 점들을 보여주는 드문 사례이다. 4, 5세기경 신라의 농업생산력

---

100) 《梁書》新羅傳에 보이는 邑勒은 郡治를 포함하여 道使가 파견되는 城村으로 보인다.(朱甫暾, 〈新羅 中古期의 郡司와 村司〉, 《韓國古代史研究》 1, 1988, pp. 43～44)

101) 郡制 도입이나 幢主를 군의 장관으로 보는 견해에 대한 의문 제기가 적지 않다. 앞으로 새롭게 검토해 볼 여지가 있다.

102) 5세기 在地社會의 변화에 대해서는 安秉佑, 앞의 글과 金在弘, 앞의 글은 주목해 볼 만하다.

은 급속하게 향상되었으며,[103] 이는 자연히 기존의 공동체적 질서에 상당한 변화의 요인으로 작용하였을 것임은 상상하기 어렵지 않다.

그러한 가운데 재지세력 사이에 계층분화가 촉진되어 재지사회의 지배권을 장악하기 위한 쟁탈전이 빈발하였던 것으로 보인다. 냉수리비에서 財를 가운데 놓고 분쟁이 일어났던 것은 곧 이와 같은 사정을 잘 반영한다. 지방사회의 계층분화로 말미암아 야기된 공동체의 변화는 국가권력이 지방에 침투해 들어가 직접지배를 실현할 수 있는 좋은 계기가 되었다. 그리고 그에 따라 王京에서 가까운 곳에서부터 지방관을 파견하여 직접지배를 관철시켜 나갔던 것이다. 중앙정부는 이들 재지세력 사이의 다툼을 이용하여 그들 가운데 중앙에 좀더 충성심을 보여 지방지배에 유리하다고 판단되는 유력자에게 촌락지배권을 인정해 주고 그를 매개로 지방을 직접 지배해 갔던 것이다. 냉수리비뿐만 아니라 봉평비의 경우에도 그와 같은 면이 뚜렷하게 엿보인다. 봉평비에 따르면 在地의 유력한 세력이 두 그룹으로 나누어져 있어 모종의 사건에 관련되어 국가로부터 처벌을 받는 세력이 존재하나 역시 처벌을 받지 않는 재지세력도 있었다. 이는 재지세력의 분화를 단적으로 보여주는 것이다. 사건에 연루되어 처벌을 받은 세력은 국가에 대해 일정한 불만을 가진 층이었으며, 그와는 반대로 처벌받지 않았던 유력한 세력은 국가에 대해 철저한 충성을 맹세한 대가로 재지사회에서 한층 유리한 위치를 차지하였던 층으로 보인다. 봉평비에 보이는 사건이 고구려 등 외부세력과의 전쟁에 관련된 사건이 아니라면, 이는 지방세력의 계층분화에서 그 해결의 실마리를 찾을 수밖에 없다. 말하자면 봉평비에 보이는 사건은 중앙정부로부터 합당한 대우를 받지 못한 세력이 일으킨 것이며, 이들이 중앙에 반기를 든 것은 재지사회의 계층분화와 그에 기인한 공동체의 변화 때문으로 추정된다. 그런 점에서 냉수리비는 기왕에 봉평비의 검토에서 미진하게 남겼던 부분을 해결할 수 있는 일

---

103) 安秉佑, 앞의 글, p.47 ; 金在弘, 앞의 글, pp.22~27.

단의 가능성을 던져준다고 하겠다.

요컨대 냉수리비의 출현으로 기왕에 논란되어 왔거나 풀리지 않고 수수께끼로 남겨져 있던 5~6세기 신라사의 문제점들이 적지 않게 해결될 수 있는 단서를 제공받게 될 것으로 보인다. 가령 당시 왕권의 위상과 관련된 여러 문제들을 비롯하여 6부나 갈문왕과 관련되는 문제, 그리고 지방통치와 6세기 초 재지세력의 동향 문제 등이 그러하다. 그러나 이러한 문제들은 상호 연관성 없는 독립된 것들이 아니라 밀접하게 서로 얽혀 있는 만큼 개별적으로 다루어서는 전체적인 윤곽을 파악하기 어려울 것이다. 따라서 종합적으로 검토되어야 하며, 그럴 때 5~6세기 숨겨진 신라사의 한 단면이 선명하게 드러날 것으로 믿는다.

6. 맺음말

지금까지 냉수리비와 관련되는 몇 가지 문제들을 대충 살펴보았다. 먼저 새로운 금석문의 출현을 접하면서 경험하고 느꼈던 사실들을 바탕으로 自省的인 의미에서 몇 자 적어보고, 나아가 이 비를 사료로서 본격적으로 활용하기에 앞서 반드시 검토되어야 할 가장 기초적인 문제로서 비의 내용이나 연대에 대해 필자 나름의 견해를 피력하였다. 이를 발판으로 앞으로 5~6세기 신라사 연구에서 제기될 수 있는 몇몇 과제에 대해 대충의 방향을 가늠하여 보았다.

봉평비를 다룰 때도 그랬지만 냉수리비를 검토하면서도 비문 자체의 내용에 대한 치밀한 분석은 의외로 소홀히 한 채 다소 성급한 결론을 내리는 경우가 적지 않음을 느꼈다. 때로는 이 비가 갖는 기본적인 성격과는 전혀 다른 각도에서 접근하려는 경우도 발견된다. 물론 필자가 제시한 것들도 모두 正鵠을 얻은 것일 수는 없다. 다만 이러한 점을 지적하는 것은 새로운 금석문을 사료로서 이용하기 위한 기초적인 작업으로 비문 자체에 대한 더 철저한 검토가 선행되어야 함을 강조하기 위해서이다.

냉수리비는 발견 당초부터 상당한 우여곡절을 겪으면서 세상에 빛을 보게 되었다. 개인적인 공명심에서 비롯된 경우도 없지는 않겠으나, 그것은 신라사의 진실을 밝혀보려는 조금은 성급한 열의에서 말미암은 것으로 이해하고 싶다.

냉수리비의 내용은 기왕의 연구를 통해 대체적인 윤곽은 잡혀 있는 상태이나 필자는 그와는 조금 다른 각도에서 접근이 필요하다고 생각했다. 그 결과 흔히 이해하듯이 財를 둘러싼 분쟁은 節居利와 末鄒, 斯申支의 싸움에서 비롯된 것이 아니라 其第兒斯奴와 다른 두 사람, 즉 3명 사이의 싸움으로 판단하였다. 이것이 본문에 대한 기왕의 견해들과 뚜렷한 차이점으로서 이와 같은 관점에서 이 비를 검토하였다.

다음으로 논란이 분분하였던 것은 냉수리비의 연대를 결정하는 문제였다. 이 비의 3행 첫머리에 보이는 계미년이란 간지는 이 비의 절대 연대를 결정하는 실마리를 제공하거니와, 이에 대해서는 443년설과 503년설로 크게 엇갈려 있다. 각각의 주장은 나름의 논리적 근거를 가지나 비문의 연대를 결정하는 데 가장 선행해야 하는 것은 자체의 앞뒤 맥락을 파악하는 일이고, 그 다음에 다른 금석문이나 사서를 이용해야 한다. 기왕에 이에 대한 이해가 충분하지 못하였던 듯하다.

443년설을 따를 경우 냉수리비의 내용이 기존의 사서와 어긋나는 점이 매우 적으므로 그 가능성이 높지만, 그러나 비 자체의 내용과 부합하지 않는 면이 결정적인 약점이다. 그러므로 443년설은 사실상 성립이 불가능하다. 503년설의 경우 비문의 내용이 기존 사서의 그것과는 엄청난 차이를 보이며, 따라서 이 설이 성립하려면 해명되어야 할 부분이 적지 않다. 그러나 비문의 앞뒤 맥락으로 보면 그 내용상 배치되는 부분은 없다. 그 까닭으로 우리는 사서와 어긋나는 부분이 많다고 하여 503년설을 취하지 않는 것은 방법상 옳지 못하다고 단정하지 않을 수 없다. 503년설이 정당함을 방증할 만한 또 다른 근거로는 당시 사용되고 있던 異字를 들 수가 있다.

503년설에 따를 경우 앞으로 究明해야 할 부분이 많지만 이 점은 냉수리비의 사료적 가치를 높여 주는 것이다. 이 비의 출현으로 말미암아 우리는 기왕의 사료나 연구성과를 적지 않게 재검토해볼 여지를 갖게 되었고, 따라서 그를 통해 제기되는 몇 가지 문제를 정리해 보았다.

먼저 왕권의 위상에 대한 문제이다. 6세기 초 당시는 왕권이 크게 신장되어 가던 시기로서 냉수리비에는 그러한 점에 시사하는 바가 많다. 왕권의 위상 문제와 관련하여 고려되어야 할 것으로는 관등제 정비나 6部와 관련된 여러 문제들, 갈문왕을 둘러싼 문제 등이 있다. 이들은 沙喙部 출신의 갈문왕인 지증왕이 국왕으로 즉위하는 문제와 맞물린 것들이다. 따라서 이러한 것들은 각기 개별적으로 검토되어서는 안 되며, 전체적인 시각에서 종합적으로 검토되어야만 제대로 풀릴 수 있는 문제들이다.

5～6세기는 정치적으로는 말할 필요도 없고 사회경제적으로도 커다란 변동을 겪고 있던 시기였다. 당시 농업생산력의 향상에 따른 지방사회의 계층분화와 그로 말미암은 공동체의 변질이 바로 그것이다. 이러한 변화를 계기로 삼아 국가는 점차 촌락 내부 깊숙이까지 국가권력을 침투시켜 가지만, 이 비에는 그러한 면들이 잘 나타나 있다. 이러한 점들은 앞으로 좀더 면밀하게 검토되어야 할 것이다. 그럴 때 봉평비의 성격 검토에서 미해결인 채 남겨진 부분에 대한 이해도 상당히 보완될 수 있을 것으로 보인다.

요컨대 냉수리비는 5～6세기사의 이해를 심화시킬 수 있는 부분을 적지 않게 내포하고 있다. 비록 전체 글자수는 231자로 봉평비에 비해 적지만, 내용은 오히려 풍부하다고 하겠다. 두 비가 비슷한 시기의 것으로 단편적이나마 지방사회의 모습을 반영하고 있으므로 서로 관련지어 종합적으로 검토하면 당시의 실상이 상당히 복원될 수 있을 것으로 전망한다.

제2장
蔚珍鳳坪新羅碑와 法興王代 律令

1. 머리말

신라사회는 6세기에 들어와 급격히 그 전과는 다른 새로운 모습으로 변모하기 시작하였다. 지증왕대(500~513)로부터 시작된 이러한 변화[1]는 그 다음의 법흥왕대(514~539)에도 이어져 兵部의 설치(515), 율령의 반포와 百官의 公服制定(520), 불교의 공인(527), 上大等의 설치(531), 年號의 사용(536) 등 일련의 제도적 정비과정을 거치면서 점차 정리되어 갔다.

이와 같은 지증왕·법흥왕대의 체제정비가 그 자체 신라사회의 내재적 발전에서 말미암은 것임은 두말할 필요도 없지만, 이후 신라는 이를 발판으로 삼아 급성장함으로써 마침내는 삼국을 통합하기까지에 이르렀던 것이다. 《삼국유사》가 법흥왕대를 새로운 시대로서 이른바 中古(514~653)의 시작으로 잡고 있는 까닭도 바로 여기에 있다 하겠다. 이번에 새로 발견된 蔚珍鳳坪新羅碑(이하 鳳坪碑라 함)가 학술적으로 크게 주목되는 것도 이러한 시기의 그와 같은 사정을 잘 전해 주고

---

1) 智證王 3년(502)의 殉葬禁止, 牛耕의 시작, 4년(503)의 國號 확정과 中國式 王號의 사용, 5년(504)의 喪服法 제정, 6년(505)의 軍主 파견과 지방제도 정비 등은 그러한 변화의 단적인 사례들로 손꼽을 수 있다.

있기 때문이다.

그런데 봉평비는 대체적으로 다음의 몇 가지 점에서 그가 갖는 의의가 클 것으로 생각된다. 첫째, 지금까지 알려진 신라 금석문 가운데 最古의 것이란 점이다. 비문의 첫머리에 甲辰이란 간지가 보이거니와, 이는 여러 가지 면으로 보아 법흥왕 11년(524)이 거의 틀림없다.[2] 그렇다면 이 비는 신라 最古의 금석문으로서 법흥왕 12년(525)이란 절대연대를 가진 것이 확실한 蔚州川前里書石 原銘(乙巳銘)보다 꼭 1년이 앞서는 셈이다.

둘째, 글자수가 같은 중고기의 다른 금석문에 비하여 비교적 많고 또 그것이 대부분 판독 가능하다는 점이다. 전체 글자수는 398자이며,[3] 그 가운데 書體上의 문제로 말미암아 異論의 여지가 있는 글자까지 모두 포함하여 판독이 잘 되지 않는 글자는 30여 자에 불과하다. 판독에서 논란이 많은 글자도 그 자획은 비교적 뚜렷하여 앞으로 당시의 書法이나 異字體에 대한 연구가 진척되면 확정될 여지가 많다.[4] 그런 의미에서 완전히 판독 불능인 글자는 몇 자 되지 않는다. 게다가 떨어져 나가버린 극히 일부분을 제외하면 전체적으로 파손된 곳은 거의 없이

---

2) 이 비의 冒頭에 보이는 甲辰年을 법흥왕 11년(524)으로 파악하는 근거는 첫째, 혼합형식이긴 하나 중국식의 王號가 사용된 점, 둘째, 官等表記의 干群京位의 경우 干支의 語尾를 갖고 있는 것은 지금까지의 연구성과에 따르면 6세기 전반이란 점, 셋째, 525년으로 추정되는 蔚州川前里書石 原銘(乙巳銘)과 539년의 追銘(己未銘)에 보이는 인명과 동일한 인물이 3人이나 보이는 점 등이다. 그리고 이 비에 보이는 勿力智一吉干支가 《三國史記》에 보이는 居柒夫의 父인 勿力伊湌과 동일하고(崔光植, 〈蔚珍鳳坪新羅碑의 釋文과 構造〉, 《韓國古代史研究》, 1989, p.96), 뒤에 말하겠지만 前時王大敎法이 法興王代 律令 반포를 가리킨다면 이 비의 절대연대는 法興王 11년(524)이 분명하다.

3) 떨어져 나간 부분이 약간 애매모호하여 연구자에 따라 400자, 399자로 보는 견해도 있지만, 필자는 398자가 정확하다고 판단한다.

4) 제1행의 末尾에 일부 파손된 글자를 제외하고는 앞으로 더 면밀한 조사를 거친다면 거의 모든 글자가 다 읽혀질 가능성도 있다. 이 비문을 직접 대하면 금방 알 수 있듯이 다른 비에 견주어 상당히 얕게 새겨져 있다. 그럼에도 이처럼 많은 글자의 판독이 가능한 것은 의외로 일찍 땅속에 파묻혔기 때문인지도 모른다.

원상을 잘 보존하고 있다. 요컨대 비문 자체가 중고기의 어느 금석문보다 양호하며, 판독 가능한 글자만을 따진다면 제일 많은 편이다.[5]

셋째, 기존의 사료에서는 보이지 않는 새로운 사실을 담고 있다는 점이다. 특히 그간 학계에서 많은 논란의 대상이 되어 왔던 법흥왕대 율령과 관련되는 내용이 비교적 풍부하게 들어 있어 주목된다. 봉평비에는 지금까지 알려진 금석문 가운데 가장 많은 신라 율령 관계 사료를 담고 있는 것이 아닐까 싶다. 뒤에 말하겠지만 이 비의 성격도 이 율령과 관계되는 것으로 여겨진다.

그 밖에도 봉평비에는 신라사를 이해하는 데 빠뜨릴 수 없는 핵심적인 문제의 하나인 6部나, 새로이 편입된 영토에 대한 對服屬民施策, 지방촌락의 구조나 그 지배 실태, 그리고 官等制 등 주요한 문제들에 대해 새로운 내용들이 보여, 기왕의 문헌사료가 가진 미비점을 보완해 주고, 나아가 6세기 초 신라사에 대한 인식을 한층 심화시켜 줄 수 있을 것으로 기대된다. 봉평비가 지닌 가장 큰 의의는 바로 이러한 데서 찾아진다.

봉평비를 사료로 본격적으로 활용하기 위해서는 무엇보다 그 성격이 제대로 밝혀져야 한다. 그 까닭으로 이 글에서는 먼저 그를 구명해 보고 나아가 이를 바탕으로 법흥왕대 왕권 중심 지배체제 성격의 一端과 율령제 문제를 간략히 다루어 보고자 한다.

2. 奴人法과 鳳坪碑의 성격

봉평비가 어떤 목적을 위해 세워졌느냐를 제대로 파악하기 위해서는 우선 비문 전체에 대한 구조적인 분석이 필요하다고 생각하지만, 여기서는 사정상 그럴 만한 겨를이 없다.[6] 따라서 부분적인 검토만으

---

5) 적성비와 창녕비의 글자수는 원래는 봉평비보다 많지만, 전자는 상단부가 파손되어 버렸고, 후자에는 판독 불가능한 글자수가 많다.

6) 이 글은 봉평비의 기초적 이해를 위한 기획의 일환으로 작성된 것이다. 따라

로 봉평비의 성격을 규명해 보기로 한다.

그럴 때 주목되는 것은 所敎事, 別敎令, 前時王大敎法, 奴人法, 杖六十, 杖百, 罪 등 이 비문 속에 언뜻 보이는 어구들이다. 敎(令), 法, 杖, 罪 등은 모두 율령과 관련 있는 용어들이며, 따라서 이 비를 일단 율령의 테두리 속에서 파악해야 한다는 것을 쉽사리 짐작할 수 있다. 그렇게 볼 때 관심의 첫 대상으로 떠오르는 것은 4행 첫머리의 別敎令에서 제5행 末尾에 이르기까지 한 문단이다.

이 구절은 봉평비 비문의 문단을 어떻게 구분하더라도[7] 전체 구조로 보아 본문 가운데서도 본문이라고 할 수 있으며, 따라서 봉평비의 성격 해명을 위한 실마리도 바로 여기에서 찾아야만 할 것으로 본다. 그러므로 우리의 논의는 자연히 이 구절의 분석에서 시작해야 하겠다.

(A) 別敎令居伐牟羅男彌只本是奴人雖是奴人前時王大敎法道俠阼隘尒耶界
   城失火遶城村大軍起若有者一行△之△△△△王大奴村負共値五(?)其餘
   事種種奴人法

그런데 애석하게도 이 문단에만 유달리 판독하기 어려운 글자가 많아[8] 전체적인 구문의 파악이 무척 힘들다. 뿐만 아니라 奴人이나 奴人法과 같이 지금까지 알려진 사료에서는 전혀 볼 수 없는 생소한 용어들이 보여 그 대의를 쉽사리 헤아리기 어렵다. 이 奴人이나 奴人法은 別敎令의 주요한 내용을 이루어 이 비의 성격을 밝히는 주된 관건이 되는 용어라 생각된다. 그러므로 우리는 판독이 다소 불안한 상태에서나마 본문의 구조 속에서 奴人이나 奴人法의 의미를 더듬어보지 않을

서 전체적이거나, 더 구체적인 문제에 대한 필자 나름의 견해는 중복을 피하기 위해 가능하면 다음의 기회로 미루었다.

7) 비문의 문단을 어떻게 구분하느냐에 대해서는 다양한 견해가 제시되었으나, 필자는 律令史的 시각에서 이를 6개의 문단으로 나누는 입장이다.

8) 이 문단은 이 비문에서 가장 중요한 부분이면서도 판독에서 논란이 많아 위에서 인용한 글자에 대해서도 異見이 있다.

수 없다.

(A)의 전반부를 보면 別敎令의 직접적인 대상은 居伐牟羅와 男彌只로서,[9] 이들은 본래 奴人이었다고 한다. 居伐牟羅와 男彌只는 이 비문의 후반부에 따르는 한 지방의 지역명칭이므로 奴人이나 奴人法은 곧 지방민과 관련된다고 하겠다. 또 하나 이를 통해 짐작할 수 있는 것은 奴人이나 奴人法이 특정 개인을 대상으로 한 것이 아니란 사실이다. 바꾸어 말하면 奴人은 居伐牟羅, 男彌只와 같은 지역에 사는 지방민을 집단적으로 지칭한 것이며, 따라서 奴人法도 지방민 개개인을 대상으로 한 것이 아니라 지방민 집단을 대상으로 한 법령으로 볼 수 있다. 이러한 이해는 당시 신라의 지방지배 실태나 對服屬民施策, 나아가 촌락구조의 일단을 알게 하는 것으로서 중요한 의미를 갖는다고 생각된다. 말하자면 당시 지방 자연촌의 성격이 어떻든 간에 그 자체 공동체적 강고성을 지녔으며, 국가는 이를 인정한 바탕 위에서 지방통치를 수행하였던 것이다.[10]

이상과 같이 사료 (A)에서 드러난 奴人이나 奴人法에 대한 기초적인 이해는 그 성격을 밝히는 중요한 전제가 된다. 그렇다면 다음의 문제는 이 奴人이나 奴人法의 대상이 되는 지방민의 구체적인 실체가 되겠다. 이를 푸는 첫 실마리는 이 비문 제6행 첫머리의 ‘新羅六部’란 표현에서 찾을 수 있다.

신라 6部의 성격을 비롯하여 그에 관련된 여러 가지 문제들은 일단 젖혀두고라도 그것이 신라의 王京을 의미함은 다 아는 사실이다. 그런데 6부라고만 표현하여도 될 것을 하필이면 신라란 국명을 왜 굳이 붙

---

9) 이를 居伐牟羅의 男彌只로 볼 여지도 있다. 그럴 때 이 둘의 관계는 居伐牟羅가 中心村이며, 男彌只는 그에 예속된 自然村이 된다. 여기서는 문제의 복잡성을 피하기 위해 일단 그러한 가능성만 지적하는 데 그친다. 당시 촌락구조에 대한 한층 구체적인 이해를 위해서는 朱甫暾, 〈新羅 中古期의 郡司와 村司〉, 《韓國古代史硏究》 1, 1988을 참조.

10) 봉평비를 통해 본 6세기 초 신라의 촌락 문제에 대해서는 기회를 따로 가져 다루고자 한다.

였을까가 문제된다. 그것은 이 비를 읽는 대상이 원래 新羅系가 아니라 非新羅系였기 때문이었을 것으로 보인다. 그렇지 않고 오랫동안 신라의 지배를 받아온 原신라인이었다면 이들을 대상으로 신라란 국명을 사용할 필요가 없었을 것이다. 이와 같은 용례는 中原高句麗碑나 北漢山眞興王巡狩碑에서도 보인다.[11]

이상에서처럼 이 비의 奴人이란 原신라인이 아니라 비신라계로서 아직 신라인으로 완전히 의식되지 못한 상태에 있는 복속민을 가리키는 용어이다. 즉 이 奴人은 비신라계였다가 봉평비를 건립한 때로부터 그렇게 오래되지 않은 시점에 신라로 편입된 사람을 지칭한다 하겠다. 奴란 단어가 노예뿐 아니라 虜란 의미도 아울러 갖고 있음을 보면 奴人의 의미를 이렇게 해석해도 별다른 무리는 없겠다.

요컨대 奴人이란 원래는 비신라계였다가 신라에 점령당해 포로로서 집단적으로 노예적 존재가 된 集團的 隸屬民이라 생각한다.[12] 이들은 신라에 복속되면서도 그들이 가졌던 공동체 관계를 해체당하지 않고 거의 그대로 유지하였을 것으로 여겨진다. 奴人法이란 이러한 집단적 예속민을 대상으로 한 법령이라 하겠다.[13] 奴人을 이처럼 파악할 때 주목되는 것은 다음의 사료이다.

---

11) 中原高句麗碑에 高麗大王이란 표현이 보이는바, 이는 이 비가 非高句麗民을 대상으로 하여 세워졌기 때문이라 생각된다. 北漢山碑에도 新羅太王이란 표현이 보이는데 이것도 역시 非新羅系民을 대상으로 한 용법이다. 봉평비에서 '新羅'란 표현을 사용한 것도 이런 측면에서 이해가 가능하다.

12) 奴人을 반드시 奴婢, 奴隸의 뜻으로 볼 필요는 없다는 견해가 있다.(李基白, 〈蔚珍居伐牟羅碑에 대한 考察〉, 《蔚珍鳳坪新羅碑調査報告書》, 1988, p.45) 그러나 그 근거로 들고 있는 廣開土王陵碑나 牟頭婁墓誌銘에 쓰인 奴客을 奴人과 결부시켜 이해하는 것은 곤란하다고 본다. 奴客은 개인적 존재로서 臣을 지칭하지만 奴人은 개별적 人身奴隸는 아니다. 이들 가운데 外位를 소지한 자가 있는 것을 보면, 이 奴人은 기존의 공동체적 관계가 해체당하지 않고 그대로 유지되어 신라에 집단적으로 복속된 존재로서 개별적 노예는 아니다.

13) 이 奴人法은 奴人村의 관습법으로 보는 견해도 있다.(李基白, 위의 글, p.47) 그렇게 볼 가능성이 전혀 없다고 단정할 수는 없겠으나, 法이라고 표현된 이상 굳이 그렇게 볼 필요가 있는지는 의문이다.

(B) ① 新羅聞明王親來 悉發國中兵 斷道擊破 是時 新羅謂佐知村飼馬奴苦都
    (更名谷智) 曰 苦都賤奴也 聖王名主也 令使賤奴殺名主 冀傳後世 莫忘
    於口 已而苦都乃獲明王 再拜曰 請斬王首 明王對曰 王頭不合受奴手 苦
    都曰 我國法 違背所盟雖曰國王 當受奴手 (《日本書紀》19 欽明紀 15年
    12月條)
  ② 十五年 秋七月 修築明活城 百濟王明禯與加良來攻管山城 軍主角干于德
    伊湌耽知等逆戰失利 新州軍主金武力以州兵赴之 及交戰 禆將三年山郡
    高干都刀急擊殺百濟王 於是諸軍乘勝大克之 斬佐平四人士卒二萬九千
    六百人 匹馬無反者 (《三國史記》4 新羅本紀 眞興王條)

이 두 사료는 신라의 한강 하류 지역 진출과 그로 말미암은 백제 聖
王의 신라 출병 및 管山城 싸움, 그리고 성왕의 최후를 보여주는 기사
로서 널리 인용되어 왔거니와, 필자는 6세기 신라 지방민의 신분제를
밝혀보려는 시각에서 이를 다룬 적이 있다.[14] 양자가 그 사료 계통은
달리하지만 같은 사실을 전하고 있음은 분명하다. 그런데 성왕의 목을
벤 인물이 佐知村 苦都와 三年山郡 高干都刀로 각기 달리 표현되어
있는바, 이처럼 두 사서 사이에 약간의 출입은 있지만, 내용으로 보나
人名 자체의 유사성으로 보나,[15] 苦都와 都刀는 동일한 인물임이 분명
하다.

사료 (B)②에 따르면 도도는 高干이란 外位를 소지하고 있는데, 이
로 보아 그는 유력한 在地勢力임은 확실하다. 그럼에도 불구하고 (B)
①에는 그를 賤奴나 奴로 표현하고 있다. 이 사료의 전체적인 흐름으
로 보아 이것이 단지 고도(도도) 자신의 겸손한 표현만은 아니며, 대체
적으로 당시 왕경인의 지방민에 대한 인식이 그러하였던 듯하다. 이처
럼 外位를 소지한 지방 유력세력이 賤奴로 불리었음은 당시 신라인의
지방민 신분관을 단적으로 보여준다.[16]

---

14) 朱甫暾, 〈新羅 中古期 村落構造에 대하여(Ⅰ)〉, 《慶北史學》 9, 1986, p.21.
15) 苦都와 都刀는 그 자체만으로도 음이 비슷하여 동일한 인물로 보이나, 苦都
   는 高干都刀가 약칭되어 그렇게 표현되었을 가능성도 있다.

특히 奴人과 관련하여 이곳에서 주목하고 싶은 것은 고도가 佐知村의 飼馬奴로 표현된 점이다. 이 표현 그대로 외위를 가진 고도 개인이 말을 먹이는 노예였다고는 도저히 생각되지 않는다. 그보다는 차라리 유력한 세력인 고도의 지휘·통솔을 받는 좌지촌이 국가로부터 말[軍馬]을 기르는 奴(人)로서 취급당하였음을 의미하는 것으로 보인다. 말하자면 고도의 휘하에 있는 좌지촌은 국가로부터 사마노로 불리었다고 생각된다.[17]

이렇게 보면 위의 사료는 奴人에 대한 이해에 상당히 보탬이 될 수 있을 것 같다. 사마노 고도가 이끄는 좌지촌이 奴人(村)이라면 奴人은 개별적 인신노예가 아니라 기존의 공동체적 지배질서를 유지한 채 국가로부터 부과된 일정한 國役을 책임지는 집단적 예속민을 가리킨다고 생각된다. 즉 奴(人)이라 불리었던 이유도 집단적 예속민으로서 국역을 부담하였기 때문일 것이다. 그것이 신라의 전체 지방민에게도 공통적으로 적용되었는지 어떤지는 알 도리가 없다. 다만 이 비가 위치한 지역이나 사료 (B)의 三年山郡(충북 보은)이 6세기 초 당시 신라의 변경지대로서 새로이 신라에 복속된 지역이라는 공통성을 지니고 있다. 따라서 이러한 점을 감안할 때 奴人은 새로이 영토로 편입된 변방 지역의 지방민으로서, 국가는 이들을 집단적으로 지배하기 위해 국역을 부담시켰던 것으로 정리해 둔다.

奴人에 대한 이상과 같은 해석이 일견 타당하다면 奴人法에 대한 이해도 어느 정도 가능해지지 않을까 싶다. 즉 이 奴人法은 그 직접적인 대상이 되어 있는 居伐牟羅와 男彌只와 같은 奴人村에 대해 국가가 일정한 국역을 부담하게 하는 것을 주된 내용으로 하는 율령으로 보인

---

16) 주 14)와 같음.

17) 佐知村이 국가로부터 飼馬하는 國役을 부담한 것이 인정된다면, 이는 신라가 개별적으로 촌락을 지배한 것이 아니라 공동체적 관계를 이용하여 지배한 것으로 신라의 촌락 문제에 많은 점을 생각하게 한다. 물론 그렇다고 이것만으로 그러한 촌락지배방식이 6세기 당시 전 촌락에 일반화했다고 확대해석하는 것은 위험하다.

다. 사료 (A)의 후반부는 몇몇 글자의 판독이 워낙 까다롭고 또한 순수한 한문식 표현이 아니어서 그 정확한 의미를 짚기란 현재로서는 힘든 실정이나, 대략 大奴村[18]이 얼마를 부담하고 그 나머지는 어떻게 한다는 내용이 들어 있는 것을 보면 앞서 좌지촌의 예와 일치하는 것으로 보인다. 요컨대 奴人法은 국가가 奴人村에 대해 일정한 책임을 부담지우는 것을 명문화한 것으로서 율령의 한 篇目으로 설정되어 있었을 것으로 본다.

봉평비의 핵심이 되는 奴人과 奴人法을 이상과 같이 이해한다면 이 비의 성격은 더욱 명백히 드러난다. 즉 奴人村인 居伐牟羅와 男彌只인을 대상으로 하여 국역을 책임지우는 奴人法이란 율령을 시행함을 포고하여 이를 주지시키기 위한 성격을 지닌다. 말하자면 봉평비를 세우게 된 원인은 잠시 차치하고[19] 그 목적은 신라가 6세기 초 이래 영토를 확장해 가는 과정에서 520년에 반포된 율령을 새로이 영토로 편입된 지역에도 시행함으로써 그 지역을 신라적인 지배질서로 전환하고자 했던 데 있다고 생각된다. 그러한 의미에서 보면 봉평비는 율령의 한 편목시행을 위해서 세운 비로 성격 지울 수 있을 듯하다.

3. 鳳坪碑를 통해 본 法興王代 王權

봉평비의 핵심적 내용은 앞에서처럼 奴人法의 시행으로 볼 때 그 대상이 주로 奴人村인 居伐牟羅와 男彌只에 거주하는 지방민임을 알 수

---

18) 이 大奴村을 고유명사로 볼 여지도 있지만 문맥상으로 居伐牟羅와 男彌只를 지칭하는 것으로 본다. 이를 독립된 고유명사로 파악하지 않는 근거는 다른 城村名과는 달리 한문식으로 표현된 점, 그리고 6行 이하 村名을 나열한 곳에 보이지 않는 점 등 때문이다. 이를 6部로 본 견해도 있지만(李基白, 앞의 글, pp.46~47), 村으로 표현된 이상 지방의 村을 가리키는 것으로 보는 것이 자연스럽다.

19) 이 비를 세우게 한 원인은 사료 (A)의 城失火 등에서 찾아져야 할 것이지만 판독이 명확하지 않아 단정할 수가 없다.

있겠거니와, 그렇다면 이를 시행하는 주체는 누구였을까.

비문 자체의 구성으로 보면 所敎事하거나 別敎令하여 奴人法을 실시하는 주체는 어디까지나 제1행의 牟卽智寐錦王 및 徙夫智葛文王 이하 제3행 마지막의 悉尒智奈麻에 이르는 14명이라고 해야겠다. 그럴 때 문제는 법흥왕으로 생각되는 牟卽智寐錦王이 그의 신료들로 보이는 나머지 13명과 아무런 차별 없이 동등한 입장에서 所敎事, 別敎令하는 주체가 된다는 것이 어딘가 어색하다는 점이다.[20] 사실 이러한 점은 봉평비와 그 성격이나 비문의 전체적인 구조가 지극히 유사하다고 느껴지는 丹陽新羅赤城碑(이하 赤城碑라 함)와는 커다란 차이가 난다.[21]

적성비에서는 敎事하는 주체는 어디까지나 국왕 1명뿐이며, 大衆等이하 9명의 신료들은 국왕으로부터 敎를 받아 이를 시행하는 형태로 되어 있다. 말하자면 비문의 구성에서 적성비에는 국왕과 신료들이 그 지위에 큰 차이를 보이나, 봉평비에서는 적어도 외형상으로 둘의 지위에는 별반 차등의 기미를 보이지 않는다. 물론 신료들은 관등을 지닌 반면 매금왕이나 갈문왕이 관등을 소지하지 아니한 점에서는 그 지위에서 어느 정도 차이가 인정되나 어디까지나 所敎事, 別敎令한 주체로서는 대등한 입장이다.

이렇게 봉평비와 적성비가 국왕과 신료의 관계에 커다란 차이를 보이는 것은 단순히 비문의 서술이라는 형식적인 차이라기보다는 왕권자체의 시대적 변화가 그곳에 반영되어 있는 것으로 해석하고 싶다.

---

20) 그러한 점을 염두에 두고 1행에서 3행까지를 제1행과 2, 3행의 두 문단으로 나누어 보려는 견해가 있다.(金昌鎬, 〈蔚珍鳳坪新羅碑의 검토〉, 《第31回 全國歷史學大會 發表要旨》 別刷, 1988, p.25) 이는 여러 가지 오해에서 빚어진 잘못임이 명백하다.(李基白, 앞의 글, pp.38~40 참조)

21) 봉평비와 적성비는 전체적인 문장구조가 유사할 뿐 아니라 내용도 구체적인 면에서는 차이가 나지만 對服屬民에 대한 일정한 시책을 표명한 점에서는 동일하다. 두 비의 시간적 간격이 30년 가까운 점을 고려하면 이러한 문장구성은 정형화해 있었고, 따라서 봉평비 이후 對服屬民을 대상으로 그와 같은 구문을 갖춘 비들이 많이 만들어졌을 것으로 믿어지며, 따라서 6세기 신라의 변방지대를 중심으로 유사한 비들이 출현할 것으로 예상된다.

즉 봉평비와 적성비는 시간적 차이가 있는바, 이 사이에 왕권 자체에 커다란 변화가 일어났고, 두 비문에는 그러한 실상이 그대로 반영된 것으로 풀이된다. 말하자면 봉평비가 524년, 적성비가 550년 건립되었다면,[22] 이 기간 동안 왕권에 변화를 가져온 어떤 계기가 있었을 것으로 예상된다.

524년 이후 국왕의 지위 변화와 관련하여 특히 주목되는 사건은 527년의 불교 공인, 531년의 上大等 설치, 그리고 536년 建元이란 연호의 사용 등을 꼽을 수 있다. 이들은 왕권의 강화란 측면에서 보면 각기 개별적이고 독립된 사건이나 사실이 아니라 일련의 연속적인 사건들이다. 전통적 신앙에 대신하여 새로운 종교로서 불교를 수용하고 이를 국가적 종교로서 공인한 것이 신라사회에 얼마나 큰 영향을 끼쳤을까는 새삼스레 강조할 필요가 없겠다. 특히 국왕이 중심이 되어 이를 적극적으로 수용하고자 했던 것은 정치적으로 보아 사상적 통일을 이룩함으로써 지배이데올로기를 구축하고, 나아가 이를 바탕으로 초월자적 지위를 확립하기 위한 것으로써 이는 법흥왕 이후 진흥왕(540~575) 및 진평왕대(579~631)의 사정을 보면[23] 잘 알 수가 있다.

그런데 법흥왕대의 불교 수용은 그렇게 순탄하지가 않아 국왕을 중심으로 한 일파는 그 수용을 적극 추진하였지만, 한편 다른 상당수의 귀족들은 이에 강하게 반발하였던 것이다. 양대 세력 사이의 대립과 갈등은 모종의 정치적 타협으로 일단락되었다고 보는 견해가 있지만,[24] 필자는 양대 세력 사이의 싸움에서 법흥왕 중심의 불교수용파가 마침내 승리를 거둔 것으로 파악한다. 그 결과 왕권을 지탱해 주는 귀족회의의 의장인 上大等을 설치한 것이라 생각된다.[25]

---

22) 朱甫暾, 〈丹陽新羅赤城碑의 再檢討 ― 碑文의 復元과 分析을 중심으로〉, 《慶北史學》 7, 1984, pp.36~42.

23) 金哲埈, 〈新羅 上代社會의 Dual Organization〉(下), 《歷史學報》 2, 1952, pp.91~92 ; 李基白, 〈新羅 初期佛敎와 貴族勢力〉, 《震檀學報》 40, 1975 ; 《新羅思想史研究》, 1986, pp.80~82 참조.

24) 李基白, 위의 글, p.79

기실 상대등을 설치하기 이전에는 국왕이 귀족회의의 의장으로서 귀족들의 대표자에 지나지 않았다.[26] 봉평비에 따르면 국왕도 6部의 하나인 喙部를 冠稱하고 있어 그와 같은 당시 왕권의 위상을 짐작하게 한다. 국왕이 갈문왕 이하 귀족관료와 마찬가지로 소속 部名을 칭하고 있다는 자체는 이 部의 성격이 어떻든 간에 국왕이 부에 소속되어 있어 여타의 귀족세력을 초월하는 권력자가 아니었음을 의미한다. 국왕은 최고권력자이기는 하였으나 일반 귀족과 마찬가지로 소속 부명을 칭하는 존재로서 뒷날 왕권이 강화되어 부를 초월하는 지위로 부상하는 시기의 국왕과는 그 지위에 현격한 차이가 있었다고 하겠다. 말하자면 봉평비에 보이는 국왕은 소속 부명을 관칭하고 있다는 사실 하나만으로도 상대등의 설치 이전 귀족 대표로서의 국왕의 위치를 여실히 보여준다.

이상과 같이 볼 때 524년 당시 신라 국왕의 지위는 귀족의 대표자적 존재에 불과하였다. 그러한 의미에서 所敎事나 別敎令의 내용은 국왕의 일방적인 명령에 의한 것이 아니라, 국왕이 주재하는 귀족회의에서 귀족의 일정한 합의에 의해 결정된 것으로 보인다. 이처럼 봉평비가 건립될 당시 신라 국왕이 가진 지위상의 한계를 인식할 때 국왕이 다른 13명의 신료와 나란히 所敎事나 別敎令한 주체가 되는 것은 조금도 이상스러울 게 없다.

불교를 공인하고 난 뒤 그에 반대하는 귀족세력을 억압하고, 나아가 상대등을 설치하고서는 물론 귀족세력에 의해 어느 정도 제약을 받기는 하였겠으나, 국왕권이 종전보다 훨씬 강화되었을 것으로 여겨진다.[27] 그와 같은 변화와 일단을 왕호의 변경에서 읽을 수 있다.

---

25) 원래는 李基白의 견해를 따랐지만 朱甫暾, 〈6세기초 新羅王權의 位相과 官等制의 成立〉,《歷史敎育論集》 13·14(1990)를 발표한 이후에는 그에 대한 입장과 상대등의 성격에 대한 해석을 달리하므로 이 부분을 그에 입각하여 약간 손질하였다.

26) 李基白, 〈上大等考〉,《歷史學報》 19, 1962 ;《新羅政治社會史硏究》, 1974, pp. 95~96.

5세기까지만 하더라도 신라는 고유한 명칭의 왕호를 사용하여 왔으나 6세기 초 지증왕대에 체제정비의 일환으로 중국식 왕호를 처음으로 채택하였다. 그러나 《삼국사기》를 비롯한 여러 문헌기록과는 달리 중국식 왕호가 곧바로 일반화된 것이 아니라 봉평비에서 보듯이 매금왕이라 하여 신라식과 혼합한 왕호가 사용되었다. 이 매금왕의 매금을 어떤 의미로 해석하든지 간에[28] 그처럼 중국식 왕호로 바로 전환하지 못하고 그 과도기적 형태로서 이른바 혼합식 왕호를 사용한 것 자체가 국왕권이 尼師今 또는 麻立干的 성격을 여전히 탈피하지 못하였음을 보여주는 증거가 아닐까 싶다. 그런데 539년의 蔚州川前里書石 追銘(己未銘)에는 법흥왕을 另卽知太王이라 하여 매금왕 대신에 중국식의 새로운 왕호로서 太(大)王이 사용되었다. 이 왕호는 같은 書石의 乙卯銘에도 보인다.

(C) 乙卯年八月四(日)聖法興大王節
　　道人比丘僧 及以沙彌

　　僧首乃至 居智伐村衆士
　　△人寺見記

이 사료의 乙卯年은 聖法興大王이란 자구를 고려하면 법흥왕 22년(535)으로 짐작된다.[29] 이처럼 법흥왕이란 호칭이 이미 당대에 사용되었던 것으로 보아 법흥이 시호가 아님을 알 수 있거니와[30] 여기서도 대

---

27) 위와 같음.

28) 이 寐錦은 광개토왕릉비, 중원고구려비, 智證大師塔碑, 《日本書紀》 등에도 보이는바, 이를 尼師今으로 보는 견해도 있고, 麻立干으로 보는 견해도 있어 단정하기는 어렵지만, 이러한 혼합식 왕호를 사용한 것 자체가 국왕권이 여전히 한계를 지니고 있었음을 보여주는 증거가 된다.

29) 木村誠, 〈新羅郡縣制の確立過程と村主制〉, 《朝鮮史研究會論文集》13, 1976, p.11.

30) 《三國遺事》王曆에는 法興王代에 諡號가 처음 사용되었다 하고, 《三國遺事》紀異 2 智哲老王條와 《三國史記》4 新羅本紀 智證王 15年條에는 지증왕대부터 시호가 사용된 것으로 하였다. 그러나 史料 (C)의 法興大王, 황초령비·마운령

왕의 존재가 확인된다. 한편 568년 건립된 진흥왕순수비인 마운령비, 황초령비나 북한산비에도 眞興太王, 新羅太王이라 하여 大(太)王이란 왕호를 사용하고 있다. 이렇게 보면 524년 이후 535년 사이의 어느 시점에 매금왕이란 왕호가 대왕으로 바뀌었으며, 그 후 계속 대왕이 공식적으로 사용되었다고 하겠다.

대왕을 처음 사용한 시점을 명확하게 알 도리는 없으나, 시기적으로 볼 때 불교의 수용과 상대등의 설치 등 왕권강화와 관련되는 일련의 사건들과 결코 무관하지 않을 것이다. 그렇다면 이러한 王號의 변경은 국왕권 자체의 변화와도 맥락을 같이하는 것으로 보인다. 우리가 지금까지 흔히 왕권 성장의 한 징표로서 왕호의 변경에 주목하여 왔듯이,[31] 중국식 왕호를 수용하기로 한 뒤 한동안 혼합식 왕호를 사용하다가 완전한 중국식 왕호로 바뀐 것을 당시의 여러 정황으로 미루어 단순히 외형상의 변화로만 처리해 버리기 어려우며, 그것은 왕권 강화를 반영하는 것으로 생각한다. 법흥왕 23년(536) 신라가 처음으로 年號를 사용한 것도 왕권 강화의 연장선에서 이해해야 할 것이다. 이미 앞에서도 말하였듯이 봉평비와 그 구조가 지극히 유사한 적성비나 아니면 진흥왕순수비에서는 국왕이 갈문왕 이하의 귀족관료들에게 일방적으로 명령하는 형식을 띠고 있어 봉평비에서 볼 수 있는 국왕의 지위와는 현격한 차이를 느끼게 하는데, 이것은 바로 국왕권 자체의 변화에 기인하여 그것이 비문 속에 그대로 반영된 것으로 생각된다.

　비의 眞興太王, 《北齊書》의 金眞興, 《隨書》의 金眞平으로 보아 시호의 사용은 中代(654~780)의 시작인 太宗武烈王代로 봄이 옳을 듯하다. 법흥대왕이 시호가 아니라면 당대에는 法興大王과 牟卽智(另卽知)王이란 두 개의 왕명이 동시에 사용된 셈이다. 前者는 史料 (C)를 통해서 보면 불교를 공인하여 크게 융성시켰다는 의미에서 승려들이나 신도들 사이에서 널리 유포되었고, 後者는 俗界에서 일반인들이 사용한 왕명이라 생각된다. 그 뒤 어느 시점에 왕명이 정리되면서 法興이 마치 시호인 것처럼 오인된 것으로 보인다.
31) 우리가 흔히 尼師今으로부터 麻立干이나, 또는 중국식 왕호의 사용에 왕권 변화의 큰 역점을 두어 왔듯이 寐錦王에서 大王으로의 변경에도 마찬가지의 비중을 두어야 한다.

요컨대 불교 수용 및 상대등 설치 이전과 이후의 국왕권에는 커다란 차이가 있었다. 그 전에는 국왕이 곧 귀족회의의 의장으로서 그 대표자적 존재에 지나지 않아 사실 마립간적 성격을 벗어나지 못하였다.

그러나 상대등을 설치하여 귀족들로 하여금 귀족회의를 주재하게 함으로써 국왕은 스스로 귀족 위에 군림하는 초월자적 지위로 부상해 갔다. 이러한 변화가 초래된 근본적인 요인은 물론 당연히 신라사회의 내재적 발전에서 찾아야 하겠으나, 불교의 수용으로 전제권력을 위한 사상적 기반이 마련되고, 나아가 金官加耶의 병합(532)과 같은 대외적인 정복전쟁에서 승리를 거둔 것도 왕권의 신장을 크게 뒷받침하였을 것이다. 국왕의 지위가 부상됨에 따라 그 지배권은 520년에 반포한 율령에 의해 합법성을 보장받게 되었을 것으로 생각된다. 진흥왕이 법흥왕의 뒤를 이어 어린 나이로 즉위하고, 왕위계승권을 확립하기 위해 太子冊封制를 시행한 것도 바로 그러한 결과로 풀이된다.

이상과 같이 520년대와 530년대 사이에 신라 국왕의 지위에 커다란 변화가 있었다고 할 때, 비로소 봉평비에 적성비와는 달리 국왕이 소속 부명을 칭한 점이나 所敎事, 別敎令의 주체에 대한 이해가 가능해질 것으로 믿는다. 이 비문은 6세기 초 법흥왕대를 전후한 시기의 국왕권 위상과 그 변모에 대해 시사하는 바가 대단히 많으며, 기왕에 이 시기 왕권의 성격과 그 변화에 대한 우리 학계의 이해가 그렇게 크게 어긋나지는 않았음을 웅변하는 것 같다.

4. 鳳坪碑와 法興王代 律令問題

앞서 필자는 봉평비가 당시 율령의 한 篇目으로 설정되었을 奴人法을 시행할 목적에서 세워졌을 것으로 추측하였다. 그런데 지금까지 《삼국사기》를 비롯한 몇몇 사료에 단편적으로 나타나는[32] 법흥왕대의 율령

---

32) 참고로 법흥왕대 율령반포 사실을 알려주는 사료를 들면 다음과 같다.

반포 문제를 둘러싸고 논란이 많았다. 이를 구분하면 율령반포 자체를
부정하는 입장과 긍정하는 입장으로 대별된다.

부정적인 견해는 주로 일본학계에서 제기된 것으로 동일한 부정론
이라고 하더라도 그 구체적인 내용에 따라 여러 갈래로 나누어진다. 6
세기 초 당시 신라의 정치·사회·문화 수준을 지극히 낮게 평가하려는
견지에서 아직은 신라가 중국적 율령을 제대로 이해해서 수용할 정도
의 단계에 도달하지 못하였을 것이라 하여 율령반포 기사 자체에 아무
런 의미를 두지 않으려는 완전부정론이 있는가 하면,[33] 한편 꼭 중국적
율령은 아니라고 하더라도 율령반포 자체에는 어떠한 역사적 의미가
개재되었을 것으로 보고 그 실제적인 내용을 추적하려는 견해도 있다.
가령 林紀昭는 鳳巖寺智證大師塔碑(924)에 보이는 ‘律條’란 자구에 착
목하여, 신라 법흥왕대 율령이 晋의 泰始律令(268)을 이어받은 고구려
의 것을 받아들였으리라고 본 견해를[34] 부정하고, 그 이전 중국에서 律
과 슈이 아직 분화되지 않은 율령을 이어받은 것으로 보면서, 그러나
이러한 율령이 반포된 이후에도 신라에서는 여전히 固有法이 그대로

---

① 七年 春正月 頒示律令 始制百官公服朱紫之秩 (《三國史記》4 新羅本紀 法
興王條)
② (法興王) 七年 頒示律令 始制百官朱紫之秩 (《海東高僧傳》 釋法空條)
③ (法興王) 始行律令 (《三國遺事》 王曆)
④ …… 阿度度于我如康會南行 時迺梁菩薩帝反同泰一春 我法興王剷律條八
…… (《朝鮮金石總覽》上, 鳳巖寺智證大師寂照塔碑, p.89)
이제는 이 비에 보이는 前時王大敎法도 여기에 포함시켜 이해해야 할 것이다.

33) 대표적인 부정론자로 井上秀雄(《古代朝鮮》, 1972)을 손꼽을 수 있다. 그런데
井上秀雄은 7세기 후반의 신라 율령에 대해서는 이를 적극적으로 평가하여 당
시 신라의 지배구조를 나타내기 위해 일본사에서 널리 사용되고 있는 律令體
制, 律令國家란 용어 개념을 쓰고 있다. 한편 井上秀雄의 입장을 기본적으로
따르는 石上英一은 통일신라에서조차 독자적인 율령이 편찬되었음을 부정하
고 唐 율령을 근간으로 施行細則을 중심으로 변용해서 사용하고 오직 格式만
편찬하였을 것으로 보았다.(石上英一, 〈律令法と國家(一)〉, 《歷史硏究》 222·
223, 1979, p.33)
34) 田鳳德, 〈新羅律令攷〉, 《서울大論文集》(人文社會科學) 4, 1956 ;《韓國法制
史硏究》, 1968 참조.

시행되고 있었다고 하였다. 그 까닭으로 林紀昭는《삼국사기》등에
보이는 율령이란 용어는 그 자체 撰者의 윤색이라고 서슴없이 논단하
였다.[35] 한편 武田幸男은 그와는 달리《삼국사기》법흥왕대 율령반포
기사에 연속하여 보이는 百官의 公服 제정이란 사실에 유의하여[36] 법
흥왕대에 반포된 율령이란 곧 신분제와 관련된 衣冠制의 제정일 뿐이
라는 새로운 견해를 제시하였다.[37] 그런데 이 견해가 대체로 지금까지
일본학계에서 널리 받아들여지고 있는 형편이다.

이처럼 법흥왕대의 율령반포 자체에 대해서, 이를 刑罰法典으로서
의 律과 罪刑罰的인 民政法典으로서의 令을 내용으로 하는 법령을 반
포하는 것으로 보지 않고, 이를 완전히 부정하거나 또는 아주 부분적
으로만 인정하는 이유는 관련 사료가 지극히 빈약하기 때문이다. 특히
법흥왕대에 반포된 율령에 대해서는 말할 것도 없고 그 뒤의 율령에
대해서도 현재 그 실상을 알 만한 條文이 하나도 남아 있지 않다. 그런
의미에서 보면 부정론은 일견 당연하다고도 할 수 있다.

그러나 반포기사 자체가 존재하는 한 그 조문이 하나도 전해지지 않
는다고 하더라도 그 내용이나 의미에 대해 단편적이고 부차적인 사료
를 이용해서라도 여러 각도에서 꾸준히 음미해 보는 것이 올바른 역사
학적 자세가 아닐까 싶다. 부정론자의 입장은 궁극적으로 신라의 정치
사회적 발전단계를 낮추어 보려는 저의를 밑바탕에 깔고 있다는 데에
근본적인 문제가 있다. 특히 日本史의 전개과정을 신라사와 유사한 것
으로 보고 이를 비교하려는 속셈이 그 저변에 깔려 있는 것이다. 일본
의 경우 7세기에 들어와서야 율령을 수용할 수 있는 바탕을 마련하고
그 후반에 비로소 중국적 율령을 수용하거니와, 이를 염두에 두고 신

---

35) 林紀昭,〈新羅律令に關する 二·三の問題〉,《法制史硏究》 17, 1967, pp.154~
      156.
36) 주 32)의 ① 참조.
37) 武田幸男,〈新羅法興王代の律令と衣冠制〉,《古代朝鮮と日本》, 1974, pp.85~
      93.

라사를 바라보았을 때 6세기 초 법흥왕대 율령 반포는 자연히 부정되
거나 아니면 극히 부분적인 것으로밖에 받아들일 수 없는 것이다.[38]

　법흥왕대의 율령에 대해서 일본학계와 달리 이를 律과 令을 기본적
편목으로 하는 중국적 율령의 수용으로 긍정하는 것이 우리 학계의 통
설적 견해가 아닐까 싶다. 법흥왕대 율령 반포에 대해 처음으로 긍정
적인 입장에서 문제제기를 한 사람은 末松保和이나[39] 신라사의 이해에
서 차지하는 중요성을 인식하여 이를 한층 본격적으로 다룬 사람은 田
鳳德이었다. 그는 법흥왕대 율령의 계통뿐만 아니라 나아가 《삼국사
기》 등의 사료에 보이는 단편적인 기사들을 근거로 그 내용까지도 복
원하려는 대담한 시도를 하였다.[40] 그러나 그는 법흥왕대 율령에는 17
관등제, 백관의 공복제, 골품제 등에 대한 규정이 그 주요한 내용으로
포함되었으리라 추정하고[41] 나아가 신라적 요소가 강하였을 것으로 그
성격을 한층 구체적으로 지적한 사람은 李基白이다. 그의 견해는 신라
율령에 대한 체계적인 연구를 통해 얻어낸 것이 아니라는 한계를 지니
지만, 이후의 연구자에게 큰 영향을 끼쳐 지금 현재 우리 학계의 정설
로 거의 정착한 느낌이다.[42]

　사실 이 긍정론은 구체적인 사료의 검토과정을 거치지 않은 채 도출
된 지극히 소박한 결론이긴 하였으나, 1978년 적성비가 발견됨으로써
17관등제의 성립 하한이 늦어도 6세기 초반일 것으로 확인되고,[43] 나아

---

38) 日本史에서는 645년의 大化改新 이후 7세기 후반에 처음 율령을 반포하면서
　　이른바 律令國家, 律令體制로 전환해 가는 것으로 보고, 그를 위한 준비단계로
　　서 聖德太子의 12冠位法 제정을 설정하고 있다. 武田幸男의 주장에는 기본적
　　으로 신라사가 일본사와 유사한 정치과정을 밟았다는 인식이 바탕에 짙게 깔
　　려 있다.
39) 末松保和, 〈新羅三代考〉, 《新羅史の諸問題》, 1954, p.118.
40) 田鳳德, 앞의 글 참조.
41) 李基白, 《韓國史新論》 改定版, 1976, p.58.
42) 法興王代 律令에 대한 연구사적 정리는 다음의 글을 참조. 金龍善, 〈新羅 法
　　興王代의 律令頒布를 둘러싼 몇 가지 問題〉, 《加羅文化》 1, 1982 ; 朱甫暾, 〈新
　　羅時代의 連坐制〉, 《大丘史學》 25, 1984, pp.11～23.

가 佃舍法이나 女, 小女, 小子란 용어 개념을 통해 田令이나 戶令의 존재 가능성이 지적되면서[44] 거의 입증된 듯하다. 말하자면 법흥왕대의 율령 반포는 글자 그대로의 사실로서 그 내용이 결코 단편적이었던 것은 아니며 국가통치의 기본이 되는 전반적인 규정들이 그 속에 포함되었을 것으로 생각된다. 이로써 부정론은 실제로 그 존립근거를 잃게 된 셈이다. 따라서 앞으로는 법흥왕대 율령의 실제적인 내용을 복원하여 그를 통해 성격을 규명하고, 나아가 이후의 변화해 가는 모습을 밝히는 과제만 남겨진 것으로 보아도 좋지 않을까 싶다. 특히 봉평비에는 前時王大敎法이라 하여 520년의 율령 반포 사실 자체가 들어 있고, 또한 奴人法이란 용어가 보이므로 긍정론은 움직일 수 없는 사실로 확정된 셈이다. 율령 문제와 관련하여 봉평비가 주목되어야 할 까닭은 이러한 데서 찾아진다. 게다가 법흥왕대 율령의 성격이나 그 계통 문제를 해명할 수 있는 실마리를 담고 있어 주목된다.

필자는 기왕에 법흥왕대 율령 문제를 부분적으로 다루면서 律은 일부 고유법이 당연히 그 속에 들어갔을 것이나 역시 대체로 중국의 律을 수용하였던 반면, 令은 그 편목이 중국 율령과 대비하여 어떻게 설정되었는지는 알 수 없으나, 실제적인 내용은 신라적인 요소가 그 중심이었을 것이라 하여 그 성격이나 계통을 더욱 구체적으로 추정한 바 있다.[45] 적성비의 佃舍法이나 봉평비의 奴人法으로 미루어 짐작하면 令은 그 편목조차도 신라적인 색채를 강하게 지녔을 가능성이 높다. 한편 율령을 반포하면서도 신라가 중국으로부터 본격적으로 수용한 것이 주로 律이었을 것으로 추정한 근거는 주로 崔致遠이 撰文한 聞慶 鳳巖寺智證大師塔碑 속의 律條란 표현에 있었지만 이제 이 비에서 그

---

43) 李基東, 〈新羅官等制度의 成立年代 問題와 赤城碑의 發見〉, 《新羅 骨品制社 會와 花郎徒》, 1980, pp.389~390.
44) 李基白, 〈丹陽赤城碑 發見의 意義와 赤城碑 王敎事部分의 檢討〉, 《史學志》 12, 1978, p.22 ; 〈古代 韓國에서의 王權과 佛敎〉, 《新羅思想史硏究》, 1986, p.116.
45) 朱甫暾, 앞의 글(1984), pp.20~23.

러한 추측이 크게 어긋나지 않았음을 확인할 수가 있게 되었다. 아래에서는 그 점에 관해 좀더 검토해 보기로 한다.

형벌법전으로서의 律은 罪와 刑으로 구성된다. 그런데 적성비에서는 令의 존재를 추정할 수 있는 흔적만 보일 뿐 律에 관해서는 전혀 그 편린조차 찾을 수 없으나, 봉평비에서는 罪와 刑이 동시에 보여주목된다. 말하자면 봉평비에서는 令(奴人法)과 律이 함께 담겨 있는 것이다. 여기서는 罪의 종류가 어떠한지는 명확하지 않으나 刑은 분명히 杖六十, 杖百이라 하여 상당히 구체적으로 나와 있다.

杖刑은 중국에서 법제화된 형의 하나로서 그 발생시기는 상당히 거슬러 올라가나 笞刑, 徒刑, 流刑, 死刑과 함께 5刑의 하나로서 정착된 것은 隋唐代에 와서의 일이다. 이 비문에 杖刑이 보이는 것으로 미루어 보면 법흥왕대의 律은 일단 중국의 것을 거의 그대로 받아들였다고 보아도 좋을 듯하다. 특히 아래에서 보게 될《隋書》刑法志나《唐律疏議》의 내용은 그를 증명할 뿐 아니라, 한걸음 더 나아가 법흥왕대 율령의 계통 문제를 더듬어볼 수 있는 실마리로 주목해볼 만하다.

(D) ① 其刑各五 …… 四曰杖刑五 自五十[46]至于百 五曰笞刑五 自十至于五十
　　　（《隋書》25 刑法志）
　　② 笞刑五 一十(贖銅一斤) 二十(贖銅二斤) 三十(贖銅三斤) 四十(贖銅四斤) 五十(贖銅五斤)……杖刑五 六十(贖銅六斤) 七十(贖銅七斤) 八十(贖銅八斤) 九十(贖銅九斤) 一百(贖銅十斤)（《唐律疏議》1 名例 1）

이 사료를 통해 알 수 있듯이 隋代 이후 장형은 60에서 100에 이르기까지 5種이 있었으며, 그것이 당대에 그대로 계승되었다. 이 唐刑이 중국에서는 清末까지 거의 변함없이 존속되었거니와 우리나라에도 다음의 사료에서 드러나듯이 신라 때부터 수용되었다.

---

46) 五十은 六十의 잘못이라 생각된다.

(E) ① …… 仇近從元貞公築西原述城 原貞公聞人言 謂怠於事 杖之…… (《三
　　國史記》47 列傳 裂起傳)
　　② 十年 夏五月 靈巖郡太守—吉湌諸逸背公營私 刑一百杖入島 (《三國史
　　記》8 新羅本紀 孝昭王條)

　위의 사료에서 장형의 존재를 알 수가 있거니와 특히 ②에서의 장
백은 수·당의 그것과 꼭 같다. 이후 고려·조선시대를 거치면서 罪種은
사회적 변모와 함께 바뀌어 가지만 신라시대에 수용된 형종은 19세기
말까지 존속되었다.

　그런데 기이하게도 봉평비에 보이는 장형은 수·당의 그것과 그대로
일치한다. 물론 이 비는 수·당보다 시간적으로 훨씬 앞서므로 그를 직
접 받아들였을 수는 없는 것이지만, 수·당대 장형의 연원을 추적하면
법흥왕대 율령의 계통을 파악할 수 있을 것으로 보인다. 현재로서는
법흥왕대 율령이 晋의 泰始律令을 고구려를 통해서 받아들였다는 주
장이 제기되어 있을 뿐이지만, 이제는 梁의 天監律令(503)이나 北魏의
太和新律令(492)이 그 직접적인 모델이 되었을 가능성도 전혀 무시할
수만은 없게 되었다. 왜냐하면 중국에서 장형이 확립되는 것이 바로
이때이기 때문이다. 그에 대한 구체적인 검토는 다음의 과제로 미루고,
여기서는 일단 이 비의 杖六十, 杖百을 통해 법흥왕대 율령의 계통을
새롭게 검토할 필요가 있음을 지적해 두는 정도에 그친다. 그것은 여
하튼 법흥왕대 율령 가운데 令은 신라적인 색채가 강하였던 반면, 律
은 일부의 고유법을 제외하고는 중국의 것을 거의 그대로 수용하였다
는 점은 분명해졌다고 생각한다.[47]

　요컨대 법흥왕대에 와서 신라가 율령을 처음으로 수용, 반포하면서
율은 중국의 것을 거의 그대로 수용하나, 令은 그 편목은 알 수 없지만

---

47) 중국 律令은 律에 중점을 둔 반면, 일본의 율령은 令에 중점을 둔 것이 특징
　　이라는 견해가 있다.(池田溫, 〈中國律令と官人機構〉, 《前近代アジアの法と社
　　會》, 1967, p.151) 신라의 율령은 令이 신라 고유의 것이라면 令에 중점을 둔 것
　　으로 볼 수 있고, 따라서 일본 율령과의 繼授 관계를 고려해 봄직하다.

신라의 실정에 맞게 변용시켰을 것으로 보인다. 그것은 律이 행위의 결과를 다루는 형벌법규인 반면, 슈은 정치사회를 실제적으로 규정하는 행정법규였기 때문에 정치 사회적 발전 정도를 달리하는 중국의 것을 그대로 수용해서 시행할 수 없었던 지극히 당연한 결과로 풀이된다.

법흥왕대 율령이 반포되었다고 하더라도 당시 아직 통치체제 자체가 제대로 확립되지 못하였던 시기였기 때문에 전체적으로 율령의 형식이나 내용이 완비되지는 않았을 것이다. 따라서 이후의 정치 과정 속에서 새로운 역사적 경험을 축적시켜 감으로써 점차 그에 어울리게 율령의 내용을 고치거나 실질을 채워 갔을 것임은 상상하기 어렵지 않다. 이 비에 보이는 別敎令이나, 적성비의 別敎事, 《三國史記》의 '敎許外官携家之任'(卷 4 신라본기 법흥왕 25년조)과 같은 것들은 이처럼 변화해 가던 정치 사회적 상황에 적절히 대처하기 위한 조치로 취해진 시행세칙과 같은 성격을 지녔던 것이 아니었을까 싶다. 이와 같이 아직 체계화되지 않은 채 출발한 법흥왕대 율령은 시대적 변화와 함께 변개되고 정리되면서 통일기의 좀더 완비된 율령체계의 바탕을 마련하여 갔던 것이다.

5. 맺음말

봉평비는 6세기에 들어와 신라가 지배체제를 정비하고 그를 발판으로 대외적인 정복전쟁에서 승리해 가면서 새로이 영토로 편입된 울진 지역의 人民에 대해 520년에 반포한 율령을 시행함으로써 이들을 신라적인 지배체제로 전환시키고자 하는 모습을 단적으로 보여준다. 그러한 의미에서 6세기 이후 신라의 영역 확대는 곧 율령의 확산과정이라고 하겠다. 이 비 제10행에 보이는 立石碑人喙部博士는 다름 아닌 바로 율령박사로서[48] 율령을 지방민에게 주지시킬 목적에서 임시로 파견

---

48) 《三國史記》39 職官中에 보면 律令典이란 官署에 博士 6人이 두어져 있다.

된 관료라 생각된다.

봉평비는 적성비와 그 문장의 전체적인 구조가 대단히 유사하거니와 둘을 아울러서 고려한다면, 새로이 영역으로 편입된 지역을 신라적인 지배체제로 바꾸는 방식은 크게 두 가지로 상정된다.

하나는 服屬民을 포상으로 회유하는 방식이고, 다른 하나는 威嚇的인 律을 사용하여 강압적으로 지배를 실현시켜 가는 방식이다. 물론 둘은 율령제가 확립되면서 그 구조 속에 단일화해 갔을 것임은 틀림없지만, 복속 초기의 지배방식에는 그처럼 차등이 있었을 것이다. 전자는 신라적인 지배에 협조적인 경우로써 적성비가, 후자는 그와는 달리 반발하는 경우에 취해진 방식으로 봉평비가 해당된다. 적성비에는 律에 관한 내용이 전혀 보이지 않는 반면 봉평비에는 罪와 杖 등 律에 대한 내용이 보이는 것은 바로 이 때문으로 생각된다. 따라서 이 비의 성격이나 奴人法의 구체적인 내용도 이러한 점과 관련지어 이해하는 것이 바람직하지 않을까 싶다.

봉평비에는 기존의 사료에서는 전혀 찾아볼 수 없는 새로운 내용이 담겨 있으므로, 신라사의 이해에 사료의 부족으로 논란되어 왔거나, 또는 미흡하였던 부분을 어느 정도 보완할 수 있게 되었다. 예컨대 6부 성립시기의 하한선이나 그 성격, 17等京位制나 11等外位制의 성립연대, 그리고 법흥왕대 율령제와 관련된 제반 문제 등은 기왕에 논란이 많았지만 이 비의 출현으로 말미암아 새롭게 검토되어야 하는 과제들이다. 특히 법흥왕대에 반포된 율령이 단편적인 것이 아니라 통치체제 전반에 걸치는 것임이 봉평비를 통해 확인된 이상 앞으로 6세기뿐만 아니라 그 전의 5세기 신라사에 대한 인식도 새로워져야 할 것으로 믿는다.

새로운 금석문 자료의 출현은 그 자체가 비록 단편적이라고 하더라

물론 법흥왕대에는 아직 博士가 세분되지는 않았을 터이지만, 이 비에 보이는 博士는 그 원형이라 보아도 좋을 듯하다.

도 문헌사료의 미비점과 한계성을 보완하는 데는 결정적이다. 그러나 그것은 금석문에 대한 치밀한 검토가 선행될 때만 그러하다. 그러기 위해서 연구자는 선입견을 갖지 말고 금석문 자체에 대한 신중하고 면밀한 분석과 검토를 부단히 시도해야만 한다. 그렇지 않고 이를 안 이하게 자의적으로 해석해 버린다면 새로운 자료는 기왕의 이해에 혼란을 초래하여 오히려 해악이 될 수도 있을 것이다. 연구자는 이를 명심하고 지난날을 거울삼아 봉평비의 연구를 게을리하지 말아야 할 터이다.

제3장
蔚州川前里書石銘文에 대한 검토

1. 머리말

蔚山灣으로 흘러들어가는 태화강 상류인 경남 蔚州郡(지금의 울산광역시) 江東面 川前里에는 이른바 書石谷으로 불리는 명소가 있다. 높이 2.7미터, 길이 9.5미터 정도 되는 이곳의 바위에는 그 뜻을 잘 알 수 없는 많은 그림과 함께 글씨가 새겨져 있다. 이 바위를 통칭하여 蔚州川前里書石(이하 書石이라 함)이라고 한다. 이 글씨들은 절대연대가 확인되는 것들만을 놓고 본다면 대체로 가장 이른 시기의 것이 6세기 초이며[1] 이후 9세기 초에 작성되었음이 확실한 것도[2] 보인다. 그 가운데 글자수가 많아 내용으로도 그러하고 또 가장 이른 시기에 작성되어 書石의 중심을 이루고 있는 것이 이른바 原銘과 追銘,[3] 또는 乙巳銘과 己未銘[4]으로 불리는 銘文이다.[5] 이들에 대한 전모가 드러나면 신라사의

---

1) 이 장에서 다루는 銘文의 하나인 追銘의 己未年이 가장 빠른 것이다. 다만 癸巳로 추정되는 干支의 銘文을 514년으로 보는 견해도 있으나(韓國古代社會硏究所 編,《譯註 韓國古代金石文》Ⅱ, 1992, p.163) 근거가 희박하다.
2) 唐 文宗代의 연호인 開成 三年(838)이 보인다.(위의 책, pp.169~170 참조)
3) 黃壽永,《韓國金石遺文》, 일지사, 1976, pp.26~27.
4) 武田幸男,〈金石文資料からみた新羅官位制〉,《江上波夫敎授古稀記念論文集》, 1977. 다만 武田幸男은 그 뒤 田中俊明의 견해(〈新羅の金石文 10回 蔚州

이해에 큰 보탬이 될 것으로 여겨진다. 그 까닭으로 지금까지 적지 않은 논자들이 그에 관심을 기울여왔다.

필자는 상당한 기간 동안 신라 中古期史의 구명에 주로 힘을 쏟으면서 그를 이해하기 위한 기초작업의 일환으로 해당 시기의 몇몇 금석문에 대한 분석을 시도한 바가 있다. 그 가운데 늘상 관심의 대상에서 떠나지 않아 마치 무거운 짐을 지고 있는 듯한 느낌을 갖고 있던 것 가운데 하나가 바로 이 書石銘文이었다. 그러면서도 그에 대해 쉽사리 접근하지 못하였던 것은 글자수가 얼마 되지 않으면서도 판독이 까다로워 논자들 사이에 견해의 차이가 있고, 또한 문맥 자체의 모호함으로 말미암아 전체적인 맥락을 잡기가 워낙 어려웠던 까닭이다.

그런데 다행스럽게도 요즈음에 이르기까지 서석의 원명과 추명을 본격적으로 다룬 몇몇 논자들의 적극적인 노력에 따라 판독상의 異見이 상당히 좁혀지는 성과를 거두게 되었다. 뿐만 아니라 정치한 접근 방법으로 내용에 대한 윤곽도 거의 다 드러나다시피 되었다. 사실 어떤 의미에서는 이제 더 이상 내용 자체에 대한 논란이 불필요하다고 해도 좋을 정도로 문맥이 뚜렷해졌다고 하겠다. 그런 뜻에서 보면 이 글은 어쩌면 쓰잘 데 없는 작업이 될 우려도 없지 않다. 그러나 기왕에 의견을 제시한 논자들 사이에는 아직 합의된 견해가 도출되지도 않았고 또한 몇몇 사실에서는 필자에게 여전히 의문으로 남는 것이 있어 굳이 검토를 해보게 되었다.

논자들 사이에 의견 차이가 컸던 것은 크게 두 가지였다. 하나는 두 차례에 걸친 서석곡 행차의 주인공이 과연 누구인가였고, 다른 하나는 이들이 서석곡에 행차한 목적이 무엇인가였다. 이 두 문제는 이 서석

川前里書石 乙巳年原銘〉,《韓國文化》6-7, 1984, p.36)를 따라 乙巳年原銘, 己未年追銘이라 부른다.(武田幸男,〈蔚州書石谷における新羅·葛文王一族 — 乙巳年原銘·己未年追銘の一解釋〉,《東方學》85, 1993, p.3)

5) 그 밖에 乙巳題記·己未題記(任昌淳,《韓國金石集成》1, 일지사, 1984), 乙巳銘記·己未銘記(文暻鉉,〈蔚州 新羅 書石銘記의 新檢討〉,《慶北史學》10, 1987, p.5)로 부르는 논자도 있다. 여기서는 편의상 原銘·追銘이라 부르기로 한다.

의 내용을 이해하는 핵심적인 것이면서도 논자들마다 견해가 다르다. 이것만 합의된다면 더 이상 서석의 내용에 대한 검토의 여지는 거의 없어진다고 단언하여도 좋을 것 같다. 아래에서는 기존의 연구들이 명문의 서술법에 대해 소홀히 다루었다고 여겨지기 때문에 먼저 비문 자체의 분석에 충실하는 방법으로 그를 검토한 뒤에 위의 두 문제에 접근하여 보려 한다.

2. 書石銘文의 판독과 문장의 특징

이미 여러 논자들이 제시한 판독문을 바탕으로 필자의 몇 차례에 걸친 현지답사나 사진, 탁본 등의 검토를 통하여 얻어낸 견해를 가미하여 작성한 석문은 아래와 같다. 이 석문의 작성에서 가능하면 새로운 글자를 찾는 것보다는 기왕에 제시되어 있는 것 가운데 타당하다고 판단되는 것을 선택하는 방법을 취하였다.[6] 그것은 이미 읽혀질 수 있을 만한 글자는 거의 다 제시되어 있다고 보아 혼란이 가중되는 것을 피하고자 하였기 때문이다.

[울주천전리서석 판독문]

(原銘)
(1) 乙巳年
(2) 沙喙部葛
(3) 文王覓遊來始得見谷
(4) 之古谷无名谷善石得造書(?)
(5) △以下爲名書石谷字作之
(6) 幷遊友妹麗德光妙於史
(7) 鄒女郎王之

---

6) 여러 사람이 함께 현장을 답사, 공동조사하여 판독한 견해의 대강은 《한국고대사연구회회보》 6호(1988)와 17호(1990)에 이미 제시되어 있다. 그것을 다시 부분적으로 수정한 것이 본 釋文이다.

(8) 食多煞作功人尒利夫智奈麻
(9) 悉得斯智大舍帝智 作食人
(10) 榮知智壹吉干支妻居知尸奚夫人
(11) 眞宍智沙干支妻阿兮牟弘夫人
(12) 作書人慕慕尒智大舍帝智

(追銘)
(1) 過去乙巳年六月十八日昧 沙喙
(2) 部徙夫知葛文王妹於史鄒女郎
(3) 王共遊來以後△△八△年過去妹王考
(4) 妹王過人丁巳年王過去其王妃只沒尸兮妃
(5) 愛自思己未年七月三日其王與妹共見書石
(6) 叱見來谷此時共三來 另卽知太王妃夫乞
(7) 支妃徙夫知王子郎深△夫知共來此時△
(8) 作功臣喙部知禮夫知沙干支 泊六知
(9) 居伐干支禮臣丁乙尒知奈麻 作食人眞
(10) 眞宍知㵘珎干支婦阿兮牟呼夫人尒夫知居伐干支婦
(11) 一利等次夫人居禮知△干支婦沙爻功夫人 共作之

먼저 이 가운데 논지 전개와 관련하여 약간의 문제가 될 소지가 있는 것만을 들어 간략하게 견해를 덧붙여두기로 한다.[7] 원명의 7행 2자는 安일 가능성도 있으나 女로 읽는 견해를 따랐다. 7행 4자는 主, 三, 王으로 읽으려는 견해로 나누어져 있어 글자 자체만으로는 단정짓기가 어렵다. 후술하듯이 추명에 보이는 문장, 특히 妹王과 관련지어 王으로 읽는 것이[8] 가장 적절하다고 판단하였다. 이 밖에 몇몇 글자에 대해서는 논자에 따라 견해가 다를 수 있으나 문맥의 대세를 파악하는 데 큰 영향을 미치지는 않을 듯하다.

---

7) 여러 연구자들이 꾸준히 노력한 결과 판독문이 작성되었기 때문에 특별한 경우를 제외하고는 판독자를 낱낱이 거명하지는 않겠다.
8) 主와 三으로 읽는 논자는 비슷한 수를 보이나 王으로 읽은 견해는 오직 文暻鉉 한 사람뿐이다.(앞의 글, p.14)

추명 2행 2자는 종래 從, 徒 등으로 읽히기도 하였다. 그런데 이 글자는 524년의 울진봉평신라비와 536년의 영천청제비에서도 보이며 徙의 異體字로 보는 것이[9] 가장 타당할 듯하다. 3행 1자를 상당수의 논자들이 三으로 읽으나 主나 王으로 보는 견해도 있다. 확실한 것은 이 부분이 원명을 정리한 부분이므로 원명 7행 4자와 동일한 글자여야 한다는 사실이다. 물론 그 뜻도 동일하여야 한다. 기왕에 이 점을 소홀히 한 논자가 적지 않았다.[10] 4행 5자는 초기에는 乙로 읽는 견해가 많았으나 丁이 타당할 듯하다. 그것은 위에 이후라는 표현이 있으므로 을사년 뒤의 간지여야 하며, 또 뒤에 나오는 기미년 이전이어야 할 것 같기 때문이다. 그러므로 단정짓기는 어렵지만 丁으로 보는 것이 바르다고 하겠다. 4행 11자를 興으로 본 견해도 있었지만 글자 자체나 문장에서 其임이[11] 거의 확실하다.

이상으로 판독의 문제가 제기될 수 있는 것을 몇 가지 소개하여 보았거니와 그 자체만으로는 만전을 기할 수가 없다. 미흡한 점은 문장에 대한 검토를 통하여 다시 보완되어야 할 듯하다.

원명과 추명의 문장 구성을 비교하여 보면 각각의 특징이 엿보인다. 원명은 之를 종결사로 사용하여 자체로 문장 구분을 하고 있는 점이 두드러진 특징이다. 종결사로서 之를 사용한 뚜렷한 사례로 단양신라적성비가 손꼽히며, 그 밖에 부분적으로 之를 사용한 사례로 578년의 대구무술오작비가 있다. 그런데 추명은 종결사로 之를 사용하고 있지

---

9) 李文基, 〈蔚州 川前里 書石 原·追銘의 再檢討〉, 《歷史敎育論集》 4, 1983, p.126.
10) 原銘의 7행 4자와 追銘의 3행 1자가 동일하여야 할 뿐만 아니라 내용상으로 보아 추명 3행 15자와 4행 2자도 동일한 자이어야 할 듯하다. 기왕에 후자를 모든 논자들이 王으로 읽는 데는 아무런 의심을 하지 않았다. 다만 武田幸男만이 이를 主로 판독하였을 따름이다. 그러나 武田幸男은 원명 7행 4자와, 추명 3행 1자를 主로 파악하였기 때문에 판독하기에 문제가 전혀 없는 이 王까지를 主로 고쳐 읽었던 것이다. 이 점은 武田幸男의 釋文이나 문장 해석이 지닌 근본적인 문제점이다.
11) 田中俊明, 〈新羅の金石文 11回 蔚州川前里書石·己未年追銘(一)〉, 《韓國文化》 6-10, 1984, p.42.

가 않다. 물론 추명의 마지막에는 之를 사용하여 문장을 전체적으로 마무리하고 있으나 이는 오히려 예외적이라고 하여도 좋을 듯하다. 특히 원명의 전반부를 축약하여 서술하고 있는 부분에서도 원명에서는 之를 사용하였으나 추명에서는 의도적으로 之를 사용하고 있지 않다. 이는 두 명문의 작성자가 달랐음을 단적으로 나타내어 준다. 원명의 작성자는 말미에 보이는 作書人임이 확실하나 추명의 작성자는 잘 알 수가 없다.[12] 그와 같은 차이를 보이지만 전체적인 문장 구성에서는 추명이 원명을 거의 그대로 답습하고 있다. 이것은 원명을 보고 추명이 작성된 데서 기인한 것이기도 하겠으나 당시 公·私的 문서를 작성하는 데 흔히 사용된 일반적인 양식이었을 가능성이 높다.

그런데 원명과 추명의 또 다른 차이점은 원명의 문장이나 내용이 구체적이지 않아 모호한 면이 많은 반면, 추명의 문장은 한결 확실하다는 점이다. 그 점은 원명의 1행부터 7행까지를 보고 축약하여 작성한 추명의 1행부터 3행 4자까지의 부분을 서로 비교하여 보면 알 수가 있다. 추명은 원명의 관련 부분을 그대로 옮겨 놓은 것이 아니라 보완하여야 할 부분은 보완하고 축약하여야 할 부분은 축약하는 방식을 취하였다. 가령 원명에는 乙巳年이라고만 되어 있다. 그러나 추명에는 좀 더 구체적으로 (過去)六月十八日昧라는 구체적인 시간을 명시하고 있다. 이 부분은 원명에는 들어 있지 않았음이 확실한데[13] 추명에서는 어떤 근거에서 삽입하였는지 분명하지가 않다. 다만 다음의 두 가지 가능성이 있을 것으로 추정된다.

하나는 바로 이 날이 어떤 사실을 기억할 만한 날이어서 원명이 작성된 지 14년이 지났음에도 불구하고 이 해 일을 기억할 수 있었을

---

12) 이름을 쓸 공간이 부족하여 빠진 것이 아닌가 싶다.

13) 金龍善(〈蔚州 川前里書石 銘文의 研究〉, 《歷史學報》 81, 1979, pp.7~8)이나 李文基(앞의 글, p.126)는 원명 1행을 추명을 토대로 삽입하려 하나 원명에는 그들이 들어갈 여지가 없다. 이에 대해서는 金昌鎬, 〈新羅中古 金石文의 人名表記(Ⅰ)〉, 《大丘史學》 22, 1983, p.4 ; 文暻鉉, 앞의 글, p.11 ; 武田幸男, 앞의 글(1983), pp.8~9 참조.

것이라는 점이다. 다른 하나는 阿兮牟呼夫人처럼 지난번에 참석한 사람이 다시 이번에도 참석하여 그 사실을 기억하였을 가능성이다. 또는 둘이 결합되었을 가능성도 있다. 여하튼 이 날의 행차는 6세기 초 신라 왕실인들 사이에서는 오래도록 잊혀질 수 없는 날로 기억되고 있었음은 확실하며, 그로 말미암아 원명에 없었지만 추명을 작성하면서 삽입된 것이라 하겠다. 이와 유사한 측면은 갈문왕명에서도 찾아진다.

원명에서는 沙喙部葛文王이라고만 하였을 뿐 그의 구체적인 이름이 보이지 않으나 추명에는 그를 명시하였다. 이는 단순히 인명표기 방법의 차이이기도 하겠으나 한층 중요한 의미가 그 속에 함축되어 있는 듯하다. 원명에서는 이름을 밝힐 필요가 없을 정도로 당시 沙喙部葛文王이라 표현한 그것 자체만으로도 누구인지 알 수가 있었으나 14년이 지나는 동안 이제는 이름을 밝히지 않으면 혼동될 가능성이 초래되었기 때문이다. 이에 대해서는 두 가지 가능성이 제기될 수가 있다.

하나는 사탁부에 徙夫知葛文王 이외에 다른 갈문왕이 생겨났을 경우이다. 따라서 이제 둘을 구분하지 않으면 안 되게 된 것이다. 말하자면 沙喙部에는 동시에 2명 또는 그 이상의 갈문왕이 존재하였을 가능성이다. 다른 하나는 사탁부의 갈문왕이 사부지 1명이 있었지만 이제는 그가 아니라 다른 사람으로 바뀌었을 가능성이다. 즉 기존의 사부지갈문왕 대신에 새로운 인물이 사탁부갈문왕으로 되었을 가능성이 상정된다. 뒤에서 저절로 밝혀지듯이 아마도 후자가 타당하지 않았을까 싶다. 바꾸어 말하면 원명의 작성시점에서는 사탁부갈문왕이라고 하여도 될 것을 추명에서 구체적인 이름을 거명한 것은 사탁부갈문왕에게 어떤 변화가 야기되었고 그로 말미암아 다른 사탁부갈문왕과 혼동될 가능성이 있었기 때문에 이름을 밝히게 된 것이라 하겠다. 그것은 곧 사부지갈문왕의 사망과 관련된다.

그처럼 추명에서는 원명의 불분명한 부분을 구체적으로 보완하는 서술법을 취한 것이 특징인데, 다른 한편에서는 과감하게 문장을 축약하기도 한다. 가령 원명의 전반부를 정리하여 추명에서는 '沙喙部徙夫知葛文王妹於史鄒女郎王共遊來'라고만 표현하였다. 특히 '友妹麗德光妙'를 단지 妹라고 한 부분은 주목된다. 이러한 점은 추명의 문장이 간결하며 구체적이었음을 뜻하기 때문이다. 그렇다고 전혀 문맥이 통하지 않는 것이 아니라 요점만을 한마디로 정리한 것은 추명 작성자의 문장능력을 보여준다. 이러한 서술법은 그 이후의 문장에서도 드러난다. 가령 沙喙部徙夫知葛文王을 표현하는 여러 방법에서도 확인된다. 사탁부 사부지갈문왕을 되풀이하여 지칭할 때에는 인명을 그대로 쓰지 않고 '其王(妃), 其王'이라고 하였다. 그러다가 7행에서는 '徙夫知王'이라고 한 것이 주목되는데, 이는 사부지갈문왕을 줄인 것임이 분명하지만 다른 한편 그 바로 앞에 '另卽知太王'이라는 왕명이 나와 '其王'이라고 하면 혼동을 초래할 가능성이 있었기 때문에 사부지왕이라고 한 것이 분명하다. 그러한 혼동의 가능성이 전혀 없을 경우에는 대명사를 그대로 사용하고 있다. 이를테면 '妹'의 경우 혼동될 가능성이 전혀 없기 때문에 한번 나왔으므로 되풀이하여 이름을 사용하지 않고 '妹'라고만 하였던 것이다.

그러한 점에서 추명의 인명에 대한 구분은 확실하다고 하겠다. 이점은 추명의 주인공을 추적하는 데 크게 고려되어야 할 사항이다. 한편 추명에서는 '過去'란 단어 3회를 비롯하여 '過'자가 4회나 사용되고 있는 것도 특이하다. 그러면서 하나의 뜻으로서가 아니라 여러 가지 의미로서 사용하고 있는 것이 추명 서술의 특징이라 할 만하다. 그 밖에 인명의 존칭어미로서 원명에서는 '智'를 사용하였으나 추명에서는 '知'를 사용하고 있는 점도 두드러진 필법의 차이이다.

이상과 같은 몇몇 기초적인 이해를 바탕으로 두 차례에 걸친 서석곡 행차의 주인공과 그 목적을 살펴보기로 하자.

3. 書石谷 行次의 주인공과 그 목적

1) 原銘의 주인공과 행차 목적

원명의 을사년이 법흥왕 12년(525), 추명의 기미년이 법흥왕 26년 (539)이라는 데에 대해서는 더 이상 이견이 없다고 보아도 좋다. 그러나 종래 이 명문의 내용을 파악하는 데 논자들 사이에 견해 차이를 가장 극명하게 보인 것은 원명과 추명의 서석곡 행차에서 주인공이 과연 누구인가 하는 점과 행차의 목적에 대해서이다. 이에 대해서는 지금까지 일치된 견해가 거의 없는 실정이다. 따라서 우선 원명 행차의 주인공과 그 목적을 명확히 하여 보고자 한다.

원명의 을사년(525) 주인공이 우선 사탁부갈문왕이라는 데에 대해서는 다른 견해가 없다. 그러나 그를 동행하여 서석곡에 왔던 중심인물이 누구이냐에 대해서는 의론이 분분하다. 논란의 핵심이 되었던 것은 '友妹麗德光妙於史鄒女郞王'에 대한 해석 문제이다. 이 구절의 마지막 글자인 王을 각각 主나 三으로 판독한 바탕 위에 友와 妹를 2명으로 설정하고 그들을 麗德光妙於史鄒女郞에 비정하여 友를 於史鄒女郞에, 妹를 麗德光妙에 비정하려는 견해가[14] 일찍부터 제기되어 왔다. 그러나 그렇게 보기에는 友와 妹의 순서가 다른 것도 문제려니와[15] 여덕광묘를 인명으로 보기에는 아무래도 이상한 느낌이 든다. 다른 인명들은 모두 신라식인 반면 이것만 한문식이기 때문이다. 그 까닭으로 이를 불교식 이름 또는 승려의 이름으로 보거나[16] 2명의 승려 이름으로 보

---

14) 金龍善, 앞의 글, pp.23~24 ; 李文基, 앞의 글, pp.129~130 ; 金昌鎬, 앞의 글, p.13.

15) 李喜寬, 〈新羅上代 智證王系의 王位繼承과 朴氏王妃族〉, 《東亞硏究》(서강대) 20, 1990, p.88의 주 27) 및 武田幸男, 앞의 글(1993), p.11.

16) 金昌鎬, 〈六世紀 新羅 金石文의 釋讀과 그 分析〉, 경북대 대학원 박사논문, 1994, p.115 ; 李宇泰, 〈蔚州 川前里 書石 銘文의 再檢討〉, 《韓國 古代 金石文

려는 견해까지도[17] 제기되었다.

그러나 이와 같은 견해들은 원명과 추명의 비교를 소홀히 한 데에서 근본적인 문제점을 안고 있다. 추명에서는 이 부분을 '妹於史鄒女郎王'이라고만 하였을 뿐이다. 둘을 대비하면 '友'와 '麗德光妙'가 빠진 셈이다. 그래서 友를 여덕광묘로 보고 승려로 이해하는 견해가 제기되었으나, 그것이 설득력을 가지려면 왜 하필 그만이 추명에서 빠졌는지에 대한 충분한 설명이 뒤따라야 한다. 게다가 525년 당시라면 불교 공인 이전인데, 갈문왕이 승려들과 더불어 서석곡에 놀러다녀 그들을 友라고 표현할 정도가 되었을까는 지극히 의심스럽다. 더욱이 불교의 公認 이전에는 인명을 버젓이 기재하였으면서도 공인 이후에 작성된 추명에는 오히려 의도적으로 그를 빼버렸다는 것은 이상하다는 느낌을 떨치기 어렵다. 따라서 빠져 있는 '友'와 '麗德光妙'는 妹인 於史鄒女郎王을 수식하는 것으로 봄이[18] 타당하다고 하겠다.[19] 그렇게 읽는 것이 앞서 보았던 것처럼 간략히 표현하려는 추명의 기본적 서술법이기도 하다. 그렇다면 '友'는 단순히 '벗'이라는 뜻 정도로, '麗德光妙'는 사탁부 갈문왕의 妹인 於史鄒女郎王의 모습이나 또는 갈문왕이 그녀를 인식하는 뜻을 美化한 수식어로 보는 것이 적절할 듯하다. 말하자면 이 '幷遊友妹麗德光妙於史鄒女郎王之'는 (갈문왕과) '함께 놀았던[20] 벗은 妹인 麗德光妙한 於史鄒女郎王이다'는 정도의 뜻이 될 것이다.

이상과 같이 보면 을사년(525) 서석곡에 행차한 주역은 沙喙部의 사

研究의 再檢討》(국사편찬위원회 제20회 한국사학술회의 발표요지), 1994, p.44.

17) 深津行德, 〈法體의 王 — 序說 : 新羅의 法興王의 場合〉, 《朝鮮半島에 流入한 諸文化要素研究》(學習院大學 東洋文化研究所 調査研究報告 39), 1993, p.79.

18) 文暻鉉, 앞의 글, p.14 ; 李喜寬, 앞의 글, p.88 ; 武田幸男, 앞의 글(1993), p.11. 다만 李喜寬은 友를 來로, 武田幸男은 愛로 판독하였으나 이는 취하지 않는다.

19) 설사 마지막의 글자를 王이 아니라 三으로 판독하더라도 그를 인명의 일부로 보아야 하지 굳이 3명으로 볼 필요는 없다고(李喜寬, 위의 글, pp.87~88) 생각된다.

20) 이미 앞에서 遊來라고 하였기 때문에 여기서는 놀았다는 뜻으로 새기는 것이 온당할 듯하다.

부지갈문왕으로서 함께 놀러온 사람은 그의 妹인 於史鄒女郎王이었던 셈이다.[21] 그러므로 이때 주인공은 어디까지나 사부지갈문왕이라고 해야 하며 그의 妹는 단지 동행인으로서 함께 왔던 것이다. 王을 主로 판독한 위에 원명의 주인공을 마치 於史鄒女郎인 듯이 보는 견해도 있으나 이는 문장으로 적절하지가 않다. 그의 妹, 즉 누이는 어디까지나 '함께 놀러온 벗'일 따름이다. 물론 날짜가 앞서 언급하였듯이 기념해야 할 정도로 오래도록 기억된 것이라거나, 또는 '麗德光妙'란 수식어로 미루어 보면 놀러온 목적 자체는 妹를 위해서일 수가 있다. 그렇지만 행차의 주도자는 어디까지나 사탁부갈문왕임이 분명하다고 하겠다.

주인공인 사탁부갈문왕과 그의 妹의 관계나 역할을 문면에 나타난 이상으로 달리 확대 해석하기도 한다. 이 妹를 단순히 누이를 뜻하는 것이 아니라 부부 사이의 관계를 뜻하는 것으로 해석하여 혼전의 약혼자 사이로 보고, 이후 갈문왕과 妹가 결혼하여 於史鄒女郎王이 추명에 보이는 이름으로 바꾸어 바로 只沒尸兮妃가 되었다는 견해가[22] 있다. 그러나 妹를 굳이 그처럼 해석하려는 것도 문제거니와 결혼으로 동일인의 이름이 같은 명문상에서 그렇게 바뀌었다는 것도 어색하다. 이는 뒤에 말하겠지만 추명의 주인공을 잘못 파악한 데에서 빚어진 궁여지책이라고 할 수밖에 없다.[23] 한편 王을 主로 해석하여 어사추여랑이 어떤 의식을 主宰하였던 것으로 보려는 견해가 있고[24] 한걸음 더 나아가 女郎主를 일종의 직명으로 보려는 견해도[25] 있다. 王이 主로 읽힌다고 하더라도 그를 어떤 儀式主宰者로 보는 것은 비약이 지나치다. 그렇게 의식이 중시된 것이라면 그 내용이 구체적으로 드러나 있을 터인데,

---

21) 이러한 견해는 처음 文暻鉉에 의해서 제시되었고 李喜寬, 武田幸男이 이를 따랐다.

22) 文暻鉉, 앞의 글, pp.30~32.

23) 그러한 관계였다면 追銘의 敍述法으로 그렇게 축약하는 방식을 취하지는 않고 무엇인가 그 관계를 명시하였을 것이다.

24) 武田幸男, 앞의 글(1993), p.11.

25) 李宇泰, 앞의 글, p.44.

그러한 흔적이 전혀 보이지 않기 때문이다. 오히려 그냥 妹라고 하는 것보다는 美稱, 높임의 뜻으로 女郞王이 쓰였다고 보는 것이[26] 순조로울 듯하다. 원명에는 보이지 않으나 추명에는 '其王妃只沒尸兮妃', '太王妃夫乞支妃'라 하여 앞에서 그의 지위를 나타내주는 王妃를 썼는데, 다시 끝에 반드시 妃를 빠뜨리지 않고 붙이는 것과 유사한 표현이라고 하겠다. 그리고 일반 귀족의 부인들도 '누구의 妻인 某某夫人'(원명), '누구의 婦인 某某夫人'이라 하여 이름만 제시한 사례는 하나도 없다. 여성의 이름 뒤에는 모두 존칭어미를 붙이고 있다. 이 점을 고려하면 女郞은 아들이란 뜻의 (王)子郞에 대비되는 딸, 처녀를 뜻하며,[27] 왕은 비처럼 그녀의 지위나 신분을 나타내주는 존칭으로 봄이 타당할 듯하다. 다만 일반적이 아니라 왕의 여동생이기 때문에 붙여진 것이 아닌가 싶다. 그렇게 해석하면 후술하듯이 추명의 妹王도 저절로 해결된다.

  妹는 달리 근거가 없는 한 글자 그대로 사탁부갈문왕의 妹라고 보아야 한다. 이 명문에 보이는 인명들이 모두 기존의 문헌에서 확인되는데 오직 於史鄒만 유일하게 보이지 않는다. 이는 문헌의 미비점을 보완한다는 측면에서 소중히 다루어져야 할 듯하다.

  이상에서 원명의 주인공을 살펴보았거니와, 그렇다면 사탁부갈문왕과 그의 妹가 이 서석곡에 왔던 목적은 과연 무엇인가. 기왕에 갈문왕 일행의 서석곡 행차 목적을 원명의 '覓遊來'에서 覓이 가지는 의미에 비중을 두고 추명의 '妹王考妹王'의 해석을 習寶葛文王과 智證王으로 해석하여 입종갈문왕이 그의 조부[習寶]와 부[智證]를 추모하기 위해서였던 것으로 이해한 견해가[28] 제기되었다. 그러나 '妹王考妹王'에 대한 이해도 근본적으로 문제가 있거니와[29] 覓의 의미도 지나치게 확대 해석한 것이다. 명문의 내용으로 볼 때 그러한 견해는 전혀 성립 불가

---

26) 文暻鉉, 앞의 글, p.30. 이 점은 王을 主라고 하여도 마찬가지의 의미이다.
27) 위의 글, p.30.
28) 李文基, 앞의 글, p.139.
29) 文暻鉉, 앞의 글, p.51.

능하다.

갈문왕의 행차 목적은 어디까지나 명문 자체에서 찾아내어야 한다. 그를 알 수 있는 실마리는 원명의 '覓遊來始得見谷'과 '幷遊', 그리고 그 부분을 축약하여 정리한 추명의 '共遊來'이다. 전자에 따르면 '찾아 놀러왔던 것'으로, 이는 놀 만한 적당한 곳을 찾아서 서석곡에까지 이르게 되었다는 뜻이지 그 이상 함축적인 의미는 적어도 명문에는 없다. 그것은 곧 이어지는 '始得見谷'에서도 잘 나타나 있다. 처음으로 계곡을 얻어볼 수 있었다는 것이다. 그 까닭으로 추명에서도 한마디로 이를 단지 '共遊來'라고만 표현하였던 것이다. 이 명문이 작성되면서 비로소 서석곡이라 명명되었다는 사실뿐만 아니라 서석의 여러 명문들 가운데에서 원명이 가장 오래되었다는 것도 그러한 사정을 반영한다.

한가지 흥미로운 것은 이 서석에 처음 명문이 작성됨으로써 서석곡이라 명명되었거니와, 이들이 중심부가 아니라 왜 하필이면 중앙의 제일 하단부에 작성되었을까 하는 점이다. '古谷'인데도 이름이 없다고 한 것은 아마도 그곳에 새겨진 글이 아니라 그림이 이미 있었기 때문이다. 서석의 아랫 부분에다가 글을 새긴 것은 기존의 그 그림을 손상하지 않으려는 마음을 엿볼 수 있게 하거니와, 이는 이후 전면에 글씨가 씌어져 기존의 古谷이 점차 부정되어 가는 것과는 무엇인가 내포된 의미가 다른 듯하다.

서석곡으로 명명된 이후에 이곳이 (立宗)葛文王系나[30] 또는 신라 왕실과 밀접한 관련을 맺게 되는지[31] 또는 聖地로 인식되었는지[32] 어떤지는 알 수가 없으나, 명문에 충실하는 한 갈문왕이 그의 妹와 함께 을사년에 서석곡으로 왔던 것은 달리 목적이 있었던 것이 아니라 단순히 놀러왔던 것으로 보아야 한다.[33]

---

30) 金龍善, 앞의 글, p.34.

31) 文暻鉉, 앞의 글, pp.53~54.

32) 文明大, 《韓國彫刻史》, 열화당, 1980, p.79.

33) 金龍善은 眞興王의 즉위시 연령을 15세로 보는 說에 따라 乙巳年을 立宗葛文

2) 追銘의 주인공과 행차 목적

　원명의 서석곡 행차의 주인공과 목적에 대해서는 일부를 제외하고
의견 접근이 거의 이루어져 있지만, 논자에 따라 격심한 편차를 보이
는 것은 추명의 己未年 행차에서 주인공과 관련된 문제이다. 그 주인
공에 대해서는 各人各說이어서 일치된 견해는 하나도 없다고 하여도
좋을 듯하다. 행차의 주도자를 진흥왕으로 보는 견해,[34] 법흥왕으로 보
는 견해,[35] 立宗갈문왕으로 보는 견해,[36] 입종과는 다른 사부지갈문왕
으로 보는 견해,[37] 只沒(汶)尸兮妃로 보는 견해[38] 등으로 나뉘어 있다.
그에 따라 자연히 주인공을 동행한 구체적인 인물의 선정이나 그 목적
등에 대해서도 주인공에 대한 것만큼이나 다양한 견해가 제기되어 있
는 실정이다.

　이와 같은 여러 견해들은 당연히 명문에 대한 해석의 차이, 특히 주
로 단락의 구분이 다름에서 비롯된 것으로 보인다. 대체적으로 이를 5
단락에서 8단락으로 나누면서도 각 단락의 구분은 비슷하다. 그러나
李喜寬과 武田幸男의 견해는 기존의 견해와 단락 구분에서 뚜렷하게
차이가 난다. 이를테면 기왕에 모든 논자들이 추명의 실제적인 내용의
시작을 5행 4자의 己未年으로 보아왔으나 李喜寬은 4행 5자인 丁巳年
부터,[39] 武田幸男은 4행 11자 其王妃로부터 잡고 있다.[40] 이는 대부분의

　　王과 그의 妃 只召夫人이 혼인한 뜻깊은 해로 보아 마치 그를 기념하기 위한
　　행차였던 듯한 암시를 하였다.(앞의 글, p.21) 진흥왕 즉위시의 연령은 7세설이
　　유력하고 또 하필 을사년에 입종이 그의 비와 함께 오지 않고 그의 妹와 왔는
　　지에 대한 해석이 없는 한 그의 주장은 따르기 어렵다.
　34) 金龍善, 위의 글, p.24.
　35) 李文基, 앞의 글, p.133 ; 李宇泰, 앞의 글, pp.46~47.
　36) 文暻鉉, 앞의 글, p.47.
　37) 金昌鎬, 앞의 글(1983), pp.7~8.
　38) 李喜寬, 앞의 글, pp.89~90 ; 深津行德, 앞의 글, p.81 ; 武田幸男, 앞의 글
　　(1993), pp.14~15.
　39) 李喜寬, 앞의 글, pp.88~89.

논자들이 종래 고려하지 못하였던 탁견으로서 두 사람의 견해를 돋보이게 한 핵심적인 부분이다.[41] 이로써 적어도 추명의 전체적인 대의에 대해서는 거의 논란의 여지가 해소되었다고 하여도 지나치지가 않을 것 같다. 두 사람의 독법에는 차이가 약간 나지만 서석곡 행차의 주인공이나 목적에 대해서는 거의 동일한 결론에 이르고 있는 점이 주목된다.

'其王妃'부터 '愛自思'에 이르기까지의 문장이 기왕에 추명 해석의 걸림돌 가운데 하나였다. 대부분 '己未年'에서 문단을 나누었기 때문에 乙巳年에 사부지갈문왕과 그의 妹가 왔다고 보면서도 只沒尸兮妃가 마치 그의 조상들을 추모하였던 듯이 해석하기도 하고,[42] 이 구절을 모호하게 처리하여 아예 언급을 회피하기도 하였으며, 심지어는 이상한 혼인관계를 상정하기도[43] 하였다. 이제 李喜寬과 武田幸男의 새로운 독법으로 그러한 논란은 거의 일단락된 것으로 보인다. 따라서 필자도 양씨의 견해를 토대로 추명을 이해하면서 몇 가지 점에서 私見을 첨부하기로 하겠다. 부분적으로는 그들의 해석에 보완해야 할 점도 들어 있기 때문이다. 아래에서는 서술 부분과 인명 나열 부분을 크게 구분하여 전자를 전반부, 후자를 후반부라 부르기로 한다. 이해의 편의를 위하여 전반부의 단락과 문장을 구분하여 다시 제시하면 다음과 같다.[44]

---

40) 武田幸男, 앞의 글(1993), p.14.

41) 명문의 첫머리나 문장의 시작에 간지가 나와야 한다는 것은 어디까지나 선입견에 불과하다. 중고기 금석문을 일별하면 한 시점의 사실만을 기재할 목적을 가진 경우는 첫머리에 간지가 제시되지만 변화를 서술할 경우에는 반드시 그렇지가 않다. 그것은 냉수리비에서 확인된다. 따라서 이 명문에서 그렇게 이해하여도 하등 이상할 바가 없다고 하겠다.

42) 李文基, 앞의 글, pp.140~141.

43) 金昌鎬, 앞의 글(1983), p.8 ; 文暻鉉, 앞의 글, pp.28~35.

44) 李喜寬과 武田幸男은 내용에서 동일한 결론에 이르고 있으나 문장의 구분에서는 武田幸男의 견해가 좀더 일관성이 있는 것으로 여겨지므로 여기에서는 그에 따랐다. 물론 李喜寬의 견해도 일견 성립 가능하지만 필자는 時制를 기준으로 문장을 구분하는 입장이므로 武田幸男의 견해가 더욱 설득력이 있어 보이기 때문이다. 다만 먼저 나온 李喜寬의 글을 武田幸男은 이미 보았을 법한데, 그러면서도 이에 대해 전혀 언급하지 않고 있는 것은 의아스럽다.

A-1 過去乙巳年六月十八日昧沙喙部徙夫知葛文王妹於史鄒女郎王共遊來
A-2 以後△△八△年過去妹王考妹王過人丁巳年王過去

B-1 其王妃只沒尸兮妃愛自思己未年七月三日其王與妹共見書石叱見來谷
B-2 此時共三來另卽知太王妃夫乞支妃徙夫知王子郎深△夫知共來

전반부는 크게 두 단락으로 구분된다(단락 A, B). 그 기준은 과거와 현재라는 시제이다. 현재라는 시점은 己未年이며, 과거라는 시점의 기점은 乙巳年이지만 그 속에는 여러 연대가 내포되어 있다. 그 가운데 단락 구분의 중요한 기준은 시간을 나타내는 '以後'라는 표현이다. 이를 기준으로 앞 단락은 다시 前後의 두 문장으로 나눌 수가 있다(A-1, A-2). A-1은 원명을 축약한 부분이며 따라서 을사년에 한정된 일이다. 이에 대해서는 앞서 언급하였으므로 다시 특별히 문제로 삼을 것은 없다.

A-2는 을사년 이후 현재라는 시점인 기미년 사이에 발생한 변화를 서술하고 있는 부분이다. 따라서 분명한 것은 이곳이 을사년에 등장하는 인물의 변화를 서술한다는 사실이다. 여기에서 다른 새로운 인명이 전혀 보이지 않는 것은 그를 방증한다. 그러므로 이 부분을 이해하기 위한 기본적인 전제는 이 문장의 妹나 王은 을사년의 인물들을 지칭한다는 점이다.[45] 이 문장에서는 더 이상 확대 해석할 여지는 없다고 해야겠다. 이상과 같은 이해를 바탕으로 A-2를 살펴보기로 하자.

이 문장은 시제를 나타내주는 '丁巳年'을 기준으로 하면 또 두 부분으로 나뉘는데 그 가운데 해석상 핵심이 되는 것은 역시 '과거'라는 표현이다. 이 '과거'란 표현이 A-1 첫머리의 '과거'와는 달리 동사로 사용되었다는 점에 대해서는 논자들 사이에 거의 의견의 일치를 보인다.[46] '과거'를 모두 지나갔다는 의미로 보는 견해와 지나갔다고 보는 의미 외에도 죽었다는 뜻으로 보는 견해가 있다.[47] 앞서 언급하였듯이 추명

---

45) 李喜寬, 앞의 글, p.42 참조.
46) 다만 李文基는 '지나간'이란 의미로 약간은 모호하게 사용하였다.(앞의 글, p.141)

의 서술에서 드러나는 특징 가운데 하나는 '과거'라는 단어를 많이 쓴
것이나 그 용법이 각기 다르다는 점이다. '과거'란 단어가 놓이는 위치
에 따라서 주어가 다르므로 내포된 의미도 각기 달라지는 듯하다. 예
컨대 A-2에서 앞의 과거의 주어는 시간을 나타내는 年인 반면, 뒤의
'과거'의 주어는 사람(王)이다. 그러므로 '과거'란 단어가 동일하게 동사
로 사용되었으나 그에 내포된 의미가 달라진다고 보는 것도 크게 무리
하지는 않을 듯하다. 이상과 같은 이해를 바탕으로 먼저 A-2의 앞 부
분을 살펴보자.

　을사년 서석곡 행차 이후 몇 년이 흐르고 난 후에 매왕에게 어떤 변
화가 온 것은 분명하다. 몇 년이 흘렀는지는 판독의 문제로 말미암아
불분명하지만 八이란 단어에 대해서는 이견이 전혀 없으므로 그것이
어떤 기간을 암시하고 있는 것이 아닌가 싶다. 단정짓기는 어렵지만
이를 을사년으로부터 8년 뒤의 일로 해석하는 것이 어떨까 추정하여
둔다. 말하자면 을사년 이후 8년이 흘러갔다는 내용을 담고 있는 것이
다. 이때의 변화가 담겨진 부분이 바로 '妹王考妹王過人'이다. 이에 대
해서는 다양한 해석이 제기되어 있으나 적어도 妹를 앞 문장에 나온
妹와 동일시하지 않으면 안 된다는 것은 분명하다. 그렇다면 앞의 妹
王과 뒤의 妹王은 동일한 내용을 담고 있다고 보아야 한다.

　따라서 이 매왕에 대해서는 두 가지 해석의 여지밖에 없다고 하겠
다.[48] 하나는 妹와 王으로 보는 것이다.[49] 그렇게 볼 때 문제는 앞서의

---

47) 南豊鉉, 〈永泰二年銘 石造毘盧遮那佛造像記의 吏讀文 考察〉,《新羅文化》5,
　　1988, p.11.

48) 이 점에서 金龍善은 妹, 王考妹, 王으로 끊어서 인명을 비정하려 하였고(앞의
　　글, p.24), 李文基는 妹王考, 妹王으로 읽어 각각을 명문에 보이지 않는 인물로
　　비정하려 하였다(앞의 글, pp.130~133). 두 사람 모두 명문 자체에서 妹의 실체
　　를 찾으려 하지 않았다는 점은 논리적 비약이었다. 한편 武田幸男은 妹主로 읽
　　고 있으므로 여기에서는 論外가 된다. 그러나 이를 主로 읽는 것은 상당히 의
　　도적이다. 지금까지 이 부분의 판독에 대해서는 王으로 읽는 데는 異論이 없었
　　기 때문이다.

49) 李喜寬, 앞의 글, pp.88~89 ; 文暻鉉, 앞의 글, p.47. 물론 두 사람의 구체적인

순서와는 달리 王보다 妹가 먼저 나온다는 점과[50] 바로 뒤에 다시 王이
나온다는 점 등이 약점으로 지적된다. 전자의 경우 妹가 먼저 죽었기
때문에 그럴 수도 있을 것이라는 추정도 있고 또 왕의 妹라고 할 때
혼동될 수가 있기 때문에 그렇게 표현하였을 수도 있다. 그러나 후자
의 경우에 대해서는 적절한 설명이 없다. 게다가 後出하는 부분에서
王과 妹를 가리킬 때 '其王與妹'의 형식으로 되어 있으므로 매왕을 妹
와 王으로 보기는 어렵겠다.

다른 하나는 글자 그대로 매왕을 하나로 보는 것이다.[51] 이렇게 볼
때 매왕이란 표현이 과연 선례가 있으며 왜 그렇게 표현되었느냐가 문제
가 된다. 필자는 매왕으로 보는 것이 타당하다고 생각하는데 그것은 원
명이나 A-1에서 이미 그렇게 제시되어 있기 때문이다. 앞서 본 것처럼
이 妹王은 원래 妹於史鄒女郎王을 그렇게 표현한 것으로 이는 妹의 높
임말이든지 아니면 그와 동시에 대왕의 누이이므로 마치 국왕의 弟를
갈문왕이라고도 하였듯이[52] 여자 동생을 王이라고 칭하였다고 하여도
조금도 이상할 것이 없을 듯하다.[53] 요컨대 妹王이란 그 자체로서 妹에
대한 존칭으로 사용되었으며, 실제 당시에 갈문왕과 마찬가지로 왕의
여동생을 매왕으로 불렀을 가능성도[54] 상정하여 볼 수 있는 것이다.[55]

───────────────

　　해석은 다르다.
50) 武田幸男, 앞의 글(1993), p.13 ; 李宇泰, 앞의 글, p.46.
51) 金昌鎬, 앞의 글(1983), p.9. 그런데 金昌鎬는 妹王을 法興王으로 보았는데, 이
　　는 근본적인 문제가 있다. 李宇泰는 妹王으로 해석은 하였으나 내용적으로는
　　妹와 王으로 나누어 보고 있다.(앞의 글, p.46)
52) 그렇다고 모든 王弟가 다 갈문왕으로 불리었다는 의미는 아니다.
53) 당시 추명이 작성된 때에는 이미 신라에서 국왕을 大王으로 불렀으므로 妹王
　　를 왕이라고 하여 곧 국왕과 동급으로 다룬 것은 아니다. 이는 王族의 성립과
　　관련 있는 문제이므로 좀더 치밀한 검토를 필요로 한다.
54) 金昌鎬, 앞의 글(1994), p.121에서 妹王을 徙夫知葛文王이 妹의 남편을 부른
　　親族呼稱으로 파악하고 있다.
55) 冷水里碑에서 알 수 있듯이 6세기 초까지 王이란 개념이 포괄적이어서 干支
　　를 칭하는 인물들도 王으로 통칭되었다. 이 점은 妹王을 생각하는 데 참고가
　　된다.

이처럼 매왕을 하나로 보고 '妹王考妹王過人'에 대한 해석을 시도하는 것이 타당하다고 하겠다. 그럴 때 '妹王考妹王'을 '매왕이 매왕을 생각한다'는 것보다는 명문의 작성자의 입장 또는 추명 주도자의 입장에서 '매왕을 생각하니 매왕은 過人이다[56] 하는 정도의 해석이 적절할 듯하다. 過人도 '다른 사람보다 뛰어났다[57]는 뜻보다는 '지난 사람'으로서 그 내포된 뜻은 죽었다는 것으로 봄이[58] 옳을 것 같다. 말하자면 을사년 이후 8년이 지난 시점에서 매왕 즉 於史鄒女郎王이 사망하였다는 내용이다.

'丁巳年王過去'는 정사년에 王이 '지나갔다', 곧 '사망하였다'는 의미가 될 것이다. 이 王이 사탁부사부지갈문왕을 지칭함은 재론의 여지가 없으며 정사년은 537년이다.[59] 정사년은 원명의 주도자였던 사부지갈문왕이 사망하였던 해이다.

이상과 같이 보면 525년의 원명에서 서석곡으로 행차하였던 갈문왕과 그의 妹(王)는 그 뒤에 차례로 사망하고 말았다. 이것이 을사년 이후 기미년에 이르기까지 14년 사이에 일어났던 변화라 하겠다. 그러한 과거의 변화된 사정을 적었던 것은 그것이 곧바로 이어지는 539년 기미년 행차의 이유와 밀접한 관련이 있기 때문이라 하겠다.

다음은 B에 대한 해석이다. B는 다시 두 부분으로 나뉜다. 이 부분은 앞의 A와는 달리 현재의 사실을 말하지만 행차에 주도적인 역할을 담당한 부분과 동행을 한 중요 인물을 열거한 부분이다.

앞서 말하였듯이 B-1의 주어는 其王妃只沒尸兮妃로 봄이 타당하다. 그래야만 원명과 추명의 전체적인 문맥이 순조로워지기 때문이다. 특히

---

56) 金昌鎬, 앞의 글(1983), p.11. 다만 金昌鎬는 그 주어를 徙夫知葛文王으로 보나 이는 잘못이다.

57) 李文基, 앞의 글, p.130.

58) 金龍善, 앞의 글, p.24. 이 밖에 다수가 이 견해를 따르고 있다. 다만 文暻鉉은 '지난날의 사람'이라는 뜻으로 보았다.(앞의 글, p.46) 이는 의미하는 내용이 모호하여 따르기 어렵다.

59) 李喜寬, 앞의 글, p.89 ; 武田幸男, p.14.

'其王妃'에서 '愛自思'까지가 己未年에 앞서 제시된 것은 이 부분도 기미
년의 시점에서 보면 과거의 일에 속하기 때문으로 여겨진다. 그 까닭으
로 이 부분이 문장에서 '己未年'보다도 먼저 제시된 것이라 하겠다. 이
점은 시제의 순서를 중시한 이 추명의 특징을 그대로 반영한다.

이 '其王妃'의 其를 興으로 읽어 여러 해석을 시도한 적이 있으나[60]
이제 其로 읽는 데에는 거의 대부분 연구자들이 동의하고 있는 듯하
다. '其王'의 王이 그 앞에 다른 왕이 나온 바가 없으므로 갈문왕을 지
칭함은 두말할 필요가 없겠다. '愛自思'는 글자 그대로 '사랑하고 스스
로 생각하여' 즉 '그리워하여'라는 정도로 새기면 무난할 것이다. 그리
워하는 대상은 당연히 바로 '王', '其王'이다. 아마도 넓은 의미에서는
매왕도 포함되겠으나 그보다는 자기의 남편인 갈문왕으로 봄이 좋을
것이다.[61] 己未年七月三日은 其王妃인 只沒尸兮妃가 서석곡에 행차한
바로 그날이다.

그 다음 구절은 '其王與妹共見書石叱見來谷'인데 이는 A-1을 되풀
이하고 있는 것이다. 앞서의 일들을 다시 거추장스럽게 되풀이하고 있
는 것으로 미루어 보면 예사롭게 보이지 않는다. 이는 그 자체 강조의
의미를 띤 것으로 '愛自思'와 맞물려 있는 듯하다. 즉 사망한 남편인 갈
문왕에 대한 그리움을 달래기 위한 하나의 방편으로 (과거) '그 왕과
妹가 함께 보았던 서석을 보러 (書石)谷에 온' 것이다. 이처럼 이 문장
은 되풀이하고 있다는 점에서 약간 이상스럽게 여겨지기도[62] 하나, 503
년의 영일냉수리신라비에도 유사한 표현방식이 있으므로[63] 하등 문제

---

60) 金龍善은 興王으로 보고 眞興王으로 비정하였으며(앞의 글, p.19), 李文基는
    興을 시간을 나타내 주는 것으로 보았다(앞의 글, p.128). 그러나 田中俊明의 주
    장처럼 其로 읽는 것에는 의심의 여지가 없다.
61) 앞서 추명에서 원명을 인용하면서 '麗德光妙'가 빠진 이유도 주체가 달라진
    데서 온 당연한 결과였다.
62) 李宇泰는 앞의 글, p.47에서 그와 같은 武田幸男의 해석방법을 이상스럽게 여
    기고 있는데, 전혀 문제가 없는 표현이다. 다만 되풀이하고 있는 의미가 오히려
    중시되어야 할 뿐이다.

시될 것은 없다.

　다음은 B-2이다. 이 부분은 이때 只沒尸兮妃와 함께 서석곡에 행차한 인명을 열거한 부분이다. '此時共三來'를 武田幸男은 기존과는 달리 전혀 새롭게 '此時妃主之'로 판독하여 '이때에 妃가 그를 주관하였다'고 해석하고 있는데,[64] 의도적으로 문맥을 맞추기 위한 무리한 판독과 해석으로[65] 여겨진다. 이는 '이때에 셋이 함께 왔다'는 정도의 의미로 충분하다. 그 이하는 함께 왔던 인명을 구체적으로 나열한 부분인데, 이 '三'을 전부 바로 아래에서 찾는 견해가 있으나 이 三은 只沒尸兮妃를 포함하여 3명(셋)으로 봄이[66] 타당할 것으로 여겨진다. 그것은 아래에서처럼 인명을 열거한 부분을 분석하여 보면 알 수가 있다.

　'另卽知太王妃夫乞支妃'에서 另卽知太王(법흥왕)[67]과 夫乞支妃가 각각 행차한 것으로 보려는 견해도 있으나 태왕의 행차가 있었던 흔적은 거의 없다. 아마도 夫乞支妃가 태왕비임을 나타내기 위한 표현으로 봄이 타당할 것 같다. 만일 무즉지태왕이 함께 행차하였다면 추명의 서술법으로 보아 그 사이에 '與'와 같은 글자가 삽입되었을 공산이 크다. 이 점은 그 아래의 인명에서도 마찬가지이다. '徙夫知王子郞深△夫知'에서도 사부지왕은 이미 사망하였기 때문에 행차할 수 없었으므로 (王)子郞과의 혈연관계를 나타내기 위한 표현에 지나지 않는다. 이 (왕)자랑은 왕자를 지칭하는 것임이 거의 확실하다. 따라서 기미년에 只沒尸兮妃와 함께 서석곡에 왔던 인물은 另卽知太王妃인 夫乞支妃와 사부지왕자인 深△夫知의 2명이었다고[68] 하겠다.

---

63) 深津行德, 앞의 글, p.80 참조.
64) 武田幸男, 앞의 글(1993), p.15.
65) 金昌鎬, 앞의 글(1994), p.117 ; 李宇泰, 앞의 글, p.47.
66) 李喜寬, 앞의 글, p.89.
67) 金昌鎬, 앞의 글(1983), pp.7～8.
68) 李喜寬, 앞의 글, pp.89～90 ; 武田幸男, 앞의 글(1993), pp.16～17. 다만 동일한 결론에 도달하였으면서도 武田幸男은 李喜寬의 견해에 대해서는 전혀 언급을 하지 않았다.

이상과 같이 보면 기미년 서석곡 행차의 주인공은 물론 只沒尸兮妃이나, 그녀의 남편에 대한 그리움을 달래기 위한 데에[69] 그 중요한 목적이 있었음을 보면, 사실상 행사와 관련된 제반 일들을 지휘하여 주도한 것은 차라리 그의 母인 夫乞支妃로 봄이 타당하다. 이는 그녀의 지위가 제일 높은 점에서도 유추되거니와, 특히 원명에서는 사탁부 외에 다른 부명이 전혀 보이지 않았으나 추명에서는 作功臣에서 喙部 출신자가 보이는 것은 그를 방증하여 준다. 후술하듯이 수행자들의 職名[役名]이 某某人이 아니라 某某臣인 것도 그와 밀접한 관련이 있는 듯하다.

己未年에 이들이 서석곡에 행차한 것은 只沒尸兮妃의 그리움을 달래기 위한 것이었으나 왜 하필 이 시점에 이르러 그렇게 그리움이 솟아나게 되었는지는 음미해 볼 만한 문제이다. 서술 순서상에 나타난 시제로 보아 사실 갈문왕비가 이곳을 방문하게 되었던 것도 여기에 놀러와서 비로소 죽은 자들을 그리워하게 된 것이라기보다는 바로 그들에 대한 회상 때문에 의도적으로 이곳으로 왔던 것이다. 과거에 왔던 날짜를 다시 年月日時까지 정확하게 기억하고 있었던 점에서도 그러하지만 과거에 왔던 경험이 있는 사람이 동행을 하고 있는 데서도 그렇게 유추된다. 더욱이 정사년이라면 기미년의 2년 전에 해당한다. 따라서 이 시점이 바로 사부지갈문왕이 사망한 지 3년째 되는 해라는 점을 주목해 볼 필요가 있다. 아마도 고구려와 백제의 사례에 비추어보면[70] 이때는 정사년 사부지갈문왕이 사망한 뒤 3년째 되는 해였기 때문이 아닌가 싶다. 이때에 喪을 마무리하면서 墳墓가 조성되었을 가능성이 높은 것이다.[71] 말하자면 입종갈문왕의 장례가 일단락된 후 그에

---

69) 李宇泰, 앞의 글, p.47.

70) 廣開土王陵碑가 왕의 사망 후 2년이 지난 414년에 세워진 것은 비문으로 보아 이때에 그의 묘가 완성되었기 때문이다. 武寧王陵의 買地券에서도 그러한 사실이 확인된다. 이는 《隋書》 81 高麗傳이나 百濟傳 등에서 이들 두 나라에서 3년상을 치렀다는 기사를 입증하여 주는 것으로 이미 주목받은 바 있다.

71) 경주 분지에 위치한 적석목곽분으로 과연 3년상이 가능한가 하는 문제가 제

대한 회상으로 그들을 그리워하여 과거 그들이 왔던 곳을 다시 찾아왔던 것으로 추정된다.

이상 을사년에서부터 기미년에 이르기까지 명문에 보이는 내용을 연도 순서에 따라 정리하면 다음과 같다.

  ㉠ 乙巳年(525) 徙夫知葛文王과 그의 妹 於史鄒女郎王이 처음으로 놀러옴. 명문을 작성하고 谷의 이름을 서석곡이라 함.[8년 후(533) 於史鄒女郎王 사망]
  ㉡ 丁巳年(537) 徙夫知葛文王 사망.
  ㉢ 己未年(539) 徙夫知葛文王妃인 只沒尸兮妃가 母인 夫乞支妃와 子인 深△夫知와 함께 옴. 只沒尸兮妃가 사망한 남편 徙夫知王에 대한 그리움 때문에 그가 과거에 다녀갔던 적이 있는 곳을 찾아옴.

이상으로 이 명문에 대한 주요한 내용 검토는 사실상 끝난 셈이다. 아래에서는 위에서 미처 검토하지 못하였거나 미진한 부분을 보충하면서 명문이 지닌 의의를 몇 가지 밝혀 두기로 하겠다.

4. 書石銘文이 지닌 몇 가지 의의

사료가 빈약한 한국고대사 분야에서 금석문이 가지는 비중을 새삼스레 강조할 필요는 없을 것이다. 이 명문도 그 연대가 거의 확실하고 또 이제 전반적인 내용에 대한 파악이 이루어진 상황이므로 신라사의 복원에 상당한 보탬이 될 것으로 여겨진다. 그 점에서 이 명문이 갖는 의의가 작지 않다. 아래에서는 신라사의 복원이란 측면에서 이 명문이

기될 수 있다. 3년상이 가능하려면 橫穴式石室墳과 같은 구조여야 할 것이기 때문이다. 그런데 법흥왕대에 기존의 積石木槨墳에서 橫穴式石室墳으로 바뀌었을 가능성을 제시한 견해가 있다.(崔秉鉉, 《新羅古墳研究》, 일지사, 1992, p.516) 만일 그러하다면 입종의 사망시에도 그러한 새로운 묘제가 채택되었을 가능성이 높고 따라서 기존의 葬制와는 달리 3년상이 가능해지는 셈이다. 그런 의미에서 새로운 묘제의 수용은 단지 그 자체에만 그치는 것이 아니라 葬制에서 전반적인 변화를 동반하였을 가능성이 높은 것이다.

보여주는 몇 가지 의미를 추출하여 보고자 한다.

먼저 이 명문에 보이는 중심인물들에 대해서이다. 지금까지 대부분의 논자들이 서로 다른 방법에서의 접근이기는 하였지만 이 명문에 보이는 중심인물들 가운데 妹인 於史鄒女郞王을 제외하고는 기존의 문헌에서 모두 확인하였다. 거의 타당한 견해로 생각되거니와 이는 기존 문헌의 사료적인 가치를 더 높여주었다는 점에서 의미가 대단히 크다고 하겠다.

원명의 주인공인 徙夫知葛文王은 524년의 울진봉평신라비에 보이는 沙喙部徙夫知葛文王과 동일인으로서 법흥왕의 弟이자 진흥왕의 父인 입종갈문왕 바로 그 사람이다.[72] 이처럼 문헌뿐만 아니라 6세기 초의 금석문에 두 번이나 등장하는 것으로 보아 입종이 갈문왕으로서, 그리고 王弟로서 당시 수행하였던 정치적인 역할의 정도에 대한 짐작이 가능하다. 입종은 혈연상으로도 그러하거니와 정치적 위상으로도 아들이 없었던 법흥왕의 사망 이후에는 그가 왕위계승에 가장 근접하여 있던 인물이라 하겠다. 그럼에도 종래 540년, 법흥왕 사망 당시 그의 생존 여부를 문헌으로 확인할 수 없는 상황에서 그는 갈문왕이었기 때문에 실제로 즉위가 불가능하였다거나, 또한 그의 아들인 진흥왕의 즉위가 가능하였던 것도 입종의 子나 법흥왕의 姪로서가 아니라 법흥왕의 外孫이었기 때문이라 생각하기도[73] 하였다. 그러나 입종이 즉위하지 못하였던 것은 이 명문에 따르는 한 그의 사망 때문이었다.[74] 갈문왕의 즉위 가능 여부는 한결같지는 않고 그 위상이나 자격 등이 시기에 따라 달랐겠지만[75] 냉수리비의 至都盧葛文王이 즉위한 사례에서

---

72) 접근방법은 서로 다르지만 金龍善과 李文基는 이 갈문왕이 立宗이라는 동일한 결론에 도달하였다.

73) 崔在錫, 〈新羅의 姓과 親族〉, 《韓國古代社會史研究》, 일지사, 1987, p.303.

74) 文暻鉉은 眞興王代까지도 立宗이 생존한 것으로 보았다.(앞의 글, p.52)

75) 李基白, 〈新羅時代의 葛文王〉, 《歷史學報》58, 1973 ; 《新羅政治社會史研究》, 일조각, 1974, pp.15~18 ; 朱甫暾, 〈三國時代의 貴族과 身分制〉, 《韓國社會發展史論》, 일조각, 1992, pp.48~54 참조.

알 수 있듯이 왕위계승권에서 멀리 떨어진 존재는 결코 아니었던 것이다. 한편 진흥왕의 즉위도 법흥왕의 外孫으로서가 아니라 추명에 보이듯이 徙夫知王子(郎)로서였다고 하겠다. 그렇지 않다면 '另卽知太王妃' 다음에 그를 '(外)孫'으로 표현하여야 마땅할 것이기 때문이다. 이처럼 진흥왕의 즉위와 관련한 기왕의 몇몇 논란점의 해소는 이 명문을 통하여 얻어진 큰 수확이라 하겠다.

추명의 주인공인 只沒尸兮妃는 바로 입종의 妃로서 문헌사료상의 只召夫人임이 틀림없다. 그는 법흥왕이 사망한 후 진흥왕이 어린 나이로 즉위하자 太后로서 섭정을 행한 인물이다. 그런데 진흥왕의 즉위시 연령에 대해서는 7세설과 15세설이 있지만 종래 561년의 昌寧眞興王拓境碑의 '寡人幼年承基'란 표현이나 551년의 開國이란 연호의 사용을 근거로 대체로 전자가 타당한 것으로 인식되어 왔다. 진흥왕의 연령은 입종과 지소부인과의 혼인시기와도 관련이 있다. 525년 입종이 서석곡의 행차에 지소부인을 대동하고 있지 않은 점으로 미루어 두 사람의 결혼은 그 뒤였던 듯한데, 그렇다면 이도 7세설이 타당할 것이라는 하나의 방증으로 될 수가 있겠다. 그리고 갈문왕의 妻도 당시에는 왕비라 불리었음을 확인할 수 있다. 갈문왕비로 한 것은 갈문왕도 어느 정도 차이는 있었겠지만 외형상 국왕에 버금가는 대우를 받고 있었음을 뜻한다.

另卽知太王은 봉평비에 보이는 牟卽智寐錦王과 동일인으로서 바로 법흥왕이다. 이로써 另가 牟로 발음되며 곧 武임을 증명하는 또 다른 자료가 증가된 셈이다. 이 명문들뿐만 아니라 《梁書》 등 중국측 기록으로 당대의 왕명이 그러하였음을 알 수가 있다. 그런데 이러한 왕명과 함께 같은 書石 乙卯銘(535)의 '聖法興大王'에서 알 수 있듯이 진흥왕과 마찬가지로 법흥왕도 시호가 아니라 이미 생시에 사용하던 왕명이었다. 말하자면 법흥왕은 신라식의 왕명과 한문식(불교식[76]) 왕명을

---

76) 金哲埈, 《新羅古代國家發達史》(春秋文庫 001), 한국일보사, 1975, pp.116∼117.

동시에 사용하고 있었는데, 당시로서는 공식적인 왕명이 법흥이 아니라 오히려 牟(另)卽智(知)였다. 아마도 법흥왕은 승려들이나 불교도들 사이에서만 사용되다가 牟(另)卽智란 왕명은 사용되지 않게 되고 법흥왕이 공식적인 왕명으로 정착하게 된 것으로 보인다. 진흥왕의 신라식 왕명이 있었는지 어떤지는 알 수가 없으나 오히려 한문식(불교식) 왕명을 당대의 공식문서에 사용하고 있는 것으로 미루어 보아 이미 진흥왕대에 牟卽智 대신 법흥왕이 공식화된 왕명으로 된 것이라 생각된다. 이후 신라식의 왕명은 사용하지 않게 되었을 것으로 보인다.[77] 이렇게 보면 지증왕대까지는 신라식 왕명이 사용되다가 법흥왕대에 불교의 공인 이후 두 종류의 왕명이 동시에 사용되는 과도기를 거쳐 진흥왕대 이후에는 한문식(불교식) 왕호만 사용된 것으로 보인다.

한편 이 왕명에서는 그 동안 왕호의 사용에서 어떤 변화를 느끼게 한다. 봉평비에 따르면 당시 왕호는 寐錦王이었다. 이 왕호가 이후의 어느 시기에 대왕으로 바뀌었음이 확실하다. 이 점을 이 명문이 여실히 보여주고 있거니와 구체적인 시점은 알 수가 없지만 적어도 앞서 언급한 乙卯銘까지로 소급이 가능하다. 매금왕에서 대왕으로의 왕호 변화는 아마도 왕권의 위상에서 상당한 변화를 동반한 결과였을 것으로 보인다.[78]

---

77) 그런 의미에서 신라 諡號의 시작을 智證王으로 보는 설(《三國史記》 4 新羅本紀 智證王 15年條와 《三國遺事》 1 紀異 1 智哲老王條)이나 法興王으로 보는 설(《三國遺事》 1 王曆 法興王條) 둘 모두 그 자체만으로는 틀리지만 그러한 기록이 남겨지게 된 것은 나름의 의미가 있는 것으로 생각된다. 지증왕설은 이 왕명뿐만 아니라 그 이전의 왕명은 후대의 붙여진 諡號라는 뜻이며, 법흥왕설은 이미 일찍부터 당대 왕명설과 시호설이 있었을 정도로 모호하였을 것이지만 아마도 후자가 채택된 것으로 생각된다. 법흥왕과 같은 한문식(불교식)왕명이 정착된 것은 진흥왕대초 國史가 편찬되면서부터로 여겨진다. 이때에 그 이전의 王系나 王名은 현재의 기록대로 정착된 것이라 생각된다. 이에 대해서는 조만간 別考에서 좀더 구체적으로 다루어 볼 작정이다.

78) 이에 대해서는 朱甫暾, 〈6세기초 新羅王權의 位相과 官等制의 成立〉, 《歷史敎育論集》 13·14, 1990, pp.253~255 참조.

夫乞支妃는 법흥왕비인 保刀夫人으로 只沒尸兮妃의 母이기도 하다.[79] 徙夫知王子郎인 深△夫知는 논자들이 지적하고 있듯이 즉위 전의 진흥왕이었음이 확실하다. 진흥왕 즉위 전의 이름이 사서에는 深麥夫, 彡麥宗으로 되어 있는데 그와 거의 일치하기 때문이다. 이 밖에 원명의 眞宍智沙干支, 추명의 眞宍知波珎干支는 동일인물로 봉평비의 愼宍智居伐干支와 같은 인물일 가능성이 높다.

이상 문헌에 보이는 6세기 초 법흥왕가의 일족들을 천전리서석 명문에서 확인할 수 있는바 이 점에서 이 명문이 지닌 의의는 자못 크다고 하겠다. 그리고 두 명문을 비교하면 주인공에 따라 수행인에 어떤 차이를 발견할 수가 있는데 이것도 당시 왕실 문제와 관련하여 시사하는 바가 작지 않을 것으로 보인다.

두 명문에 보이는 수행인물의 職名(役名) 표기나 그들의 관등, 作食人인 夫人들의 표기방식과 그들 夫들의 관등 등에서 현격한 차이를 보인다. 이를테면 원명에서는 作功人이라 한 것을 추명에서는 作功臣이라 하고, 따로이 禮臣이 있으며, 이들의 관등도 전자가 奈麻, 大舍(帝智)인 반면 후자는 沙干支, 居伐干支(作功臣), 奈麻(禮臣)로 차이가 난다. 한편 부인의 경우에도 원명에서는 妻라 하였으나 추명에서는 婦라 하였다. 그리고 원명에서는 첫머리에 사탁부만 보이고 그 밖의 부명은 보이지 않으나 추명에서는 喙部가 보이는 점이다.[80] 이와 같은 차이를 어떻게 이해하여야 할까. 이에 대해서는 일단 몇 가지 가능성을 상정

---

79) 명문에서는 夫乞支妃를 只沒尸兮의 母라고 하여도 될 법한데 另卽知太王妃로 표현한 것은 서술에서 기인한 것임도 예상되나 다른 여성 수행자들도 예외 없이 그렇게 칭하고 있는 것으로 미루어 보아 당시 여성의 정치 사회적인 지위가 夫를 통하여 표현되고 있었던 실정을 반영하는 증거라고 하겠다.

80) 이 喙部를 이하의 전 직명에 해당시키는 견해가 있고(文暻鉉), 作功臣까지만 해당되는 것으로 본 견해도 있고(金昌鎬), 作功臣과 禮臣은 喙部, 나머지는 沙喙部로 보는 견해도(李文基) 있다. 原銘은 沙喙部葛文王이 주도한 만큼 전부 사탁부임이 확실시되나, 추명은 夫乞支妃가 주도한 만큼 喙部로 봄이 타당할 듯하다.

할 수 있겠다.

먼저 作書人의 차이에서 말미암았을 가능성이다. 그러나 부인들인 作食人의 경우는 동일하면서도 여타 직명(역명)들이 다르다는 점에서 단순히 작서인의 차이에서 기인한 것으로는 보이지 않는다. 둘째, 14년 사이의 어떤 정치 사회적인 변화에 기인하였을 가능성이다. 이 사이에 불교의 공인을 비롯하여 상대등의 설치, 대왕호의 사용 등에 따른 변화로 미루어 왕족의 수행인들에도 그러한 변화가 상정된다. 충분히 그러할 가능성이 있으나 둘의 변화를 비교하려면 원명과 추명의 주도자가 같은 인물이어야 하나 그렇지 못한 것이 문제점으로 지적된다. 셋째, 주도자의 차이에 따른 것일 가능성이다.[81] 원명의 주도자는 사부지 갈문왕인 반면 앞서 말하였듯이 추명의 주인공은 只沒尸兮妃이나 모든 일을 주도한 것은 太王妃夫乞支妃이다. 그 차이는 결국 갈문왕과 태왕비의 정치적인 위상의 차이를 반영한다는 것이다. 태왕비의 위상이란 곧 태왕의 그것이나 다름없겠다. 사실 이러한 대비도 근본적인 문제를 안고 있을 것임은 틀림없다. 왜냐하면 14년 전과 같이 그 뒤에도 갈문왕이 행차한 경우라면 비교가 가능하지만 기미년 현 시점에서는 갈문왕의 위상을 보여주지는 못하기 때문이다. 넷째, 수행인들의 관등의 차이에 따른 것으로 볼 수 있다는 것이다. 원명에서는 그들의 관등이 奈麻나 大舍(帝智)에 불과하였으나 추명에서는 沙干支, 居伐干支로 차이가 난다. 그 까닭으로 臣이라고 하였다는 것이다. 그러나 관등의 차이나 수행인물들의 수적인 차이는 결국 주도자의 차이에 따른 것이기 때문에 셋째 경우와 같은 의미를 갖는다.

여하튼 두 명문 수행자의 차이는 530년을 전후한 시기의 변화와 동시에 갈문왕과 태왕의 차이를 반영하고 있는 것이라 하겠다. 특히 520년대에 비하여 530년대에 국왕의 달라진 면모도 그 속에는 충분히 반영되었을 것으로 보인다. 이는 앞으로 더욱 면밀한 검토가 요청되는

---

81) 金龍善은 그들이 소속한 집단의 차이를 상정하였다.(앞의 글, pp.28~29)

부분이다.

이 밖에 이 명문에서는 관등 표기의 방식에서 초기적인 모습을 보인다는 것도[82] 신라 관등제의 성립 문제와 관련하여 시사를 얻을 수 있다. 특히 部의 문제에 대해서 과거 왕실의 소속 부를 둘러싸고 논란이 있었으나 이는 봉평비의 발견으로 거의 해소되었지만 부와 갈문왕의 관련 문제, 부의 성격 문제 등은 여전히 미해결의 과제로 남아 있다.[83] 이 점에 대한 시사를 이 명문은 던져줄 수 있을 것으로 보인다. 그리고 다른 비문에는 거의 보이지 않는 여성의 정치 사회적인 지위와 관련되는 문제이다. 비록 왕족 또는 지배귀족에 한정된 것이기는 하나 그 점에서 이 명문은 독보적인 위치를 차지하고 있다고 하여도 과언이 아니다.[84] 이 점은 앞으로 주목되어야 할 사항이다.

끝으로 이후의 서석곡 향방에 대한 문제이다. 서석곡에 이들이 다녀간 이후 이 지역은 명승지로서 신라 지배층들 사이에 널리 알려지게 된 것은 명문을 통하여 알 수가 있다. 그들 가운데는 귀족관료들뿐만 아니라 승려들, 화랑들의 이름이 보인다. 그런데 원명, 추명은 가능하면 기존의 그림들을 손상하지 않는 범위에서 한 귀퉁이를 이용하려 한 반면 이후의 명문들은 그를 전혀 무시하는 경향이 엿보인다. 이 점은 어떤 의미에서는 시기가 내려오면서 전대의 전통을 존중하려는 것보다 새로운 변화를 적극 받아들이려는 경향성을 반영하는 것이 아닌가 싶다.

요컨대 서석 명문은 이 글에서 다룬 원명과 추명뿐만 아니라 그 나머지 전부를 관련지어 검토하면 신라사의 이해에 적지 않은 시사를 던져줄 것으로 보인다. 이 점에서 이 명문이 지닌 의의를 새삼 확인할 수 있다.

---

82) 武田幸男, 앞의 글(1977) 참조.

83) 그와 관련한 필자의 견해는 앞의 글(1992)에서 제시한 바 있으니 참고 바람.

84) 원명과 추명 외에도 妻나 夫人에 관련한 것은 乙丑年銘이나 癸亥年銘에도 보여 참고가 된다.(韓國古代社會研究所 編, 앞의 책, pp.166~167 참조)

5. 맺음말

울주천전리서석의 원명과 추명의 해석을 둘러싸고 논자들 사이에 의견의 편차가 커서 평행선을 달리다가 이를 새롭게 해결할 수 있는 계기가 된 것은 사실 비슷한 시기의 봉평비와 냉수리비의 발견이었다. 원명의 1년 전인 524년에 작성된 봉평비에는 書石銘文에 보이는 沙㖨部徙夫知葛文王과 함께 㖨部牟卽智寐錦王이 나란히 보이는 것이다. 한편 503년의 냉수리비에서는 沙㖨至都盧葛文王이란 인물이 보인다. 지도로갈문왕은 앞의 두 인물의 父인 지증왕으로서 그는 즉위하기 이전에 갈문왕을 역임하였다는 전혀 예상하지 못하였던 새로운 사실이 알려지게 되었다. 게다가 지증왕의 출신부가 沙㖨部였다는 사실은 이 서석의 명문을 해석하는 결정적인 단서로 작용하였다고 하여도 과언이 아니다. 이로 말미암아 봉평비의 徙夫智와 牟卽智가 형제이면서 部를 달리한 것에 대한 이해가 가능해지고 원명의 주인공인 徙夫知葛文王이 法興王弟이면서 眞興王父인 입종임이 의심의 여지가 없게 되었기 때문이다.

기왕에 서석 명문의 주인공에 대한 합치된 의견은 없었으며 논자마다 달랐다. 그런 가운데 李喜寬이 智證王系의 왕위계승문제를 다루면서 원명과 추명의 주인공에 대한 正鵠을 얻은 해석을 시도하였다. 이후 武田幸男에 의하여 한층 정치하게 천전리서석 명문이 다루어지게 되면서 원명과 추명의 주인공은 확실하게 드러나게 된 것이다. 필자의 시도는 두 사람의 해석에 힘입어 약간의 보충적인 설명을 한 데에 지나지 않는다.

원명의 주인공은 沙㖨部의 사부지갈문왕이며 그의 妹인 於史鄒가 동행하였다. 을사년(525), 그들은 놀 목적으로 서석곡을 찾아 행차하였으며, 다만 전자가 후자를 위한 의도가 바탕에 깔려 있었던 것 같다. 추명의 주인공에 대해서는 종래 논자들 사이에 의견차가 컸다. 시간적

인 순서에 따라 문맥을 정리하면 선명하게 드러나는데, 徙夫知王妃인
只没尸兮妃가 주인공이나 행차와 관련된 제반 일들은 另即知太王妃夫
乞支妃의 주도 아래 이루어졌던 듯하다. 사부지갈문왕과 只没尸兮妃
사이에 태어난 아들인 즉위 전의 진흥왕이 동반되었음이 확실시된다.
서석곡 행차의 목적은 을사년 이후에 妹와 갈문왕의 사망, 특히 537년
사망한 사부지갈문왕의 3년상 또는 분묘 조성이 마무리되고, 그에 대
한 只没尸兮妃의 그리움을 달래려는 데 있었던 것으로 추측된다.

　이제 그간 논란이 되어 왔던 서석 명문의 주인공에 대한 문제가 대
부분 풀리게 되었다고 판단되므로, 앞으로 6세기 초의 신라사를 밝히
는 데에 이 명문이 사료로서 적극 활용되기를 기대해 본다.

제4장
丹陽新羅赤城碑의 복원과 내용분석

1. 머리말

1978년 1월 단국대 학술조사단은 뒷날 丹陽新羅赤城碑(이하 赤城碑라 함)라 명명된 새로운 비를 발견하였다. 얼마 뒤에 한국고대사 분야에 종사하는 많은 학자들이 참여한 종합토론회를 거치면서 그에 대한 면밀한 검토가 행해졌다. 그 뒤에도 몇몇 연구자들이 비문 전체에 대한 한층 철저한 분석을 시도함으로써 대체적인 윤곽을 짐작할 수 있게 되었다. 그 결과 신라 중고기에 대한 종래까지의 이해가 지닌 미비점을 어느 정도 보완할 수 있었다.[1]

---

[1] 赤城碑의 발견경위나, 비문 전체의 구조, 내용분석 등에 대한 종합토론회의 결과는 모두 단국대 사학회에서 간행한 《史學志 12 — 丹陽新羅赤城碑 特輯號》(1978)에 실려 있다. 여기에는 이 밖에도 적성비의 내용에 구체적 분석을 가한 鄭求福의 〈丹陽新羅赤城碑 內容에 대한 一考〉와 적성비에 바탕하여 新羅官等制의 성립연대 문제를 다룬 李基東의 〈新羅官等制度의 成立年代問題와 赤城碑의 發見〉(原載 《歷史學報》 78, 1978) 등의 논문도 포함되어 있다. 이 밖에 적성비를 소개한 글로 浜田耕策, 〈新たに發見された丹陽新羅赤城碑〉(《日本歷史》 365, 1978)가 있으며, 가장 체계적이고 종합적 분석을 한 論考로는 武田幸男, 〈眞興王代における新羅の赤城經營〉(《朝鮮學報》 93, 1979)을 손꼽을 수 있다. 이 밖에 부분적으로 적성비를 다룬 것으로 朱甫暾, 〈新羅 中古의 地方統治組織에 대하여〉(《韓國史研究》 23, 1979) ; 武田幸男, 〈序說 五~六世紀 東アシア史の一視點〉(《日本古代史講座》 4, 學生社, 1980) ; 金昌鎬, 〈新羅中

지금까지의 적성비에 대한 연구성과에 따르면 이 비는 진흥왕 순수비 4基에 선행하는 신라 最古의 것으로서 정확한 건립연대는 알 수가 없으나 550년대를 전후한 시기의 것이라 한다. 이 비에는 당시의 지방통치제도, 관등제도, 新領土의 지배방식뿐만 아니라, 신라 율령제도에 대해서 다른 사료에 보이지 않는 새로운 사실이 내포되어 있음도 알게 되었다. 따라서 적성비는 앞으로도 이러한 방면으로 계속 주목되리라 예상된다.

비가 오랫동안 땅속에 파묻혀 있었으므로 판독의 어려움은 별로 없으나, 上端部가 떨어져 나가버려 비문 자체에 대한 체계적인 이해에는 한계가 있으며, 그 까닭으로 몇 가지 문제에 대해서는 연구자들 사이에서 의견의 일치를 보지 못하고 있다. 따라서 적성비를 둘러싸고 앞으로도 논란이 계속될 소지가 많다. 다만 한 가지 다행스러운 것은 赤城의 발굴로 글자가 새겨진 碑片이 발견된 점이라 하겠다.

비편이 나온 점으로 미루어 이미 그 상단부는 파괴되어 버린 듯하다.[2] 그러므로 앞으로 비편이 더 발견될 가능성은 있지만 비문 전체에 대한 완전한 복원은 기대하기 어려운 실정이다. 그러므로 현재까지 알려진 碑文(碑片을 포함하여)만으로 전체에 대한 체계적인 이해에 도달하지 않으면 안 된다.

금석문을 사료로서 본격적으로 이용하기에 앞서 반드시 정확한 석문이 작성되어야 한다. 그러므로 이 글에서는 먼저 비편을 이용하여 지금까지의 연구성과를 최대한 수렴하면서 파손된 부분의 복원을 시도해 보고자 한다. 다 아는 바와 같이 中古의 금석문 표기에는 일정한 양식이 있고, 또한 비편이 남아 있으므로 이를 전후 맥락이 닿게 이해하면 상단부에 대한 어느 정도의 추정 복원이 가능하리라 생각되기 때문이다. 이러한 복원을 바탕으로 비문 전체를 나름대로 분석함으로써

古 金石文의 人名表記〉(Ⅱ)(《歷史敎育論集》 4, 1983) 등이 있다.
  2) 鄭永鎬, 〈丹陽新羅眞興王赤城碑片의 收拾發掘調査略報〉, 《史學志》 12, 1978, p.83.

적성비의 이해에 한 걸음 더 접근해 보고자 한다.

사료의 부족으로 말미암아 논리적 비약이 심한 곳도 적지 않으리라
생각한다. 미흡한 점은 후일 계속 보완해 가기로 하겠다.

2. 碑文의 복원

앞서도 언급하였듯이 적성비는 상단부가 파괴되어 버렸고 하단부만
남아 있다. 이 하단부에는 연구자에 따라 달리 읽혀지는 글자도 있기
는 하나, 대체로 판독에 큰 어려움은 없다. 이 점은 다른 중고기의 금
석문들이 마멸이 심하여 판독자 사이에 견해 차이가 많은 것과는 좋은
대조가 된다. 문제는 파괴된 상단부를 어떻게 복원하느냐에 있다. 물
론 여기서는 상단부 전체를 복원하려는 것은 아니며, 단지 지금까지
알려진 비편을 바탕으로 최대한의 부분적인 복원을 시도해 보려는 것
이다.

비문을 복원하는 방법은 여러 가지가 있을 수 있다. 가령 다른 유사
한 금석문의 기재방법을 이용하거나, 또는 우리가 현재까지 알고 있는
역사적 이해를 바탕으로 전후 문맥의 논리에 의거하는 방법도 있다.
다행히 적성비는 비편이 일부 발견되었으므로 이를 바탕으로 위의 방
법들을 이용하면 어느 정도의 복원이 가능할 것 같다. 이러한 복원작
업은 비문 전체의 이해에 긴요하며, 앞으로도 끊임없이 행해져야 할
것이다.

지금까지의 연구결과에 따른다면 적성비는 전체 22행, 1행부터 19
행까지는 每行 20字, 20행과 21행은 각각 19자, 22행은 12자, 합계 430
字로 추정되고 있다.[3] 이러한 계산은 모두 매행의 첫 글자가 일치한다

---

3) 南豊鉉, 〈丹陽赤城碑의 解讀試攷〉, 《史學志》 12, p.14 ; 李基白, 〈丹陽赤城碑
   發見의 意義와 赤城碑 王敎事部分의 檢討〉, 《史學志》 12, p.26 ; 武田幸男, 앞
   의 글, pp.3~8. 다만 이러한 견해들은 모두 碑文이 一直線으로 되어 있다는 전
   제 아래에서 추정한 것이다.

는 전제 아래에서 도출된 것이다. 그러나 그것은 최대한의 글자수라고 하는 것이 한층 정확한 표현일 것이다. 왜냐하면 전체 글자수를 430자로 보기 어려운 점이 있기 때문이다. 가령 20행과 21행은 다른 행과는 달리 1자씩 부족한데, 이로 미루어 보면 그 첫째 글자도 다른 행과 일치하지 않을 수도 있다. 창녕진흥왕순수비(이하 창녕비라 함)의 경우에는 하단부의 글자는 대체로 일치하면서도 상단부 첫 글자는 행마다 다르다. 우측 행에서 좌측으로 갈수록 글자수는 줄어들고 있다. 이것은 비석 자체의 모양에 기인하는 것이다. 적성비의 경우에도 지금 현재 남아 있는 부분으로 미루어 보면 우측보다 좌측이 더욱 심한 彎曲을 이루고 있다. 이러한 점에서 보면 적성비의 20행과 21행은 19자로 짜여진 것이 아니라 그보다 더 적을 가능성이 크다. 특히 22행을 12자로 보고 있으나, 그렇게 단정할 수는 없다. 이 22행을 철저히 분석하면 20행과 21행의 글자수도 확실해질 것으로 믿어지나, 구체적인 것은 뒤에 말하기로 하고 여기서는 20～22행의 글자수가 줄어들 가능성도 있다는 것만 지적하는 데 그친다. 아무튼 430자는 예상 최대수치라고 보는 것이 타당하다. 이러한 점을 염두에 두면서 매행을 검토해 보기로 하자.

　우선 각 행을 분석하기에 앞서 지금까지 알려진 비편을 들면 다음과 같다.[4)]

'城在, 阿干' '主, 第次' '舍, 鄒文' '十, 六家' '佃舍' '本' '道' '奕' '赤' '城' '勿'

　이상 전체 11片에서 21자를 판독할 수 있는데, 그 가운데 '城在, 阿干' '主, 第次' '舍, 鄒文' '十, 六家'는 2행씩이며 나머지는 1행씩이다. 아래에 매행을 검토하면서 이 비편들이 들어갈 수 있는 가능성을 지적해 보고자 한다.

---

4) 鄭永鎬, 앞의 글, p.89.

제1행의 1자부터 4자까지는 이 비문의 연대와 밀접하게 관련된 곳이나 구체적인 내용은 잘 알 수가 없다. 비의 절대연대가 밝혀진다면 이 부분의 복원은 쉬울 듯도 하나, 건비연대에 대해서는 견해가 구구한 실정이고 보면 현재로서는 추정 불가능이라 하겠다. 연대문제에 대해서는 뒤에서 다시 언급하고자 한다.

2행의 1자는 '支'이며, 제4자도 '部'임은 이론이 없다. 그러나 2·3자는 단정하기 어려운 점이 있다. 이곳이 豆彌智의 출신 부명에 해당될 것은 틀림없다. 이를 '沙喙'로 비정하는 견해가 대부분이나,[5] 비편에 '本'자가 발견됨으로써 本彼部일 가능성도 있다.[6] 또한 波珍湌(豆彌智의 관등)이 본피부와 관련된 관등이라고 보는 설[7]도 있으므로 쉽게 단정할 수가 없다. 그렇지만 적성비에 한정하여 보면 인명기재에 일정한 원칙이 있었음은 인정해도 좋을 듯하다. 예컨대 인명의 말미에 沙喙部, 喙部 출신은 智, 夫智를 사용하여 모두 석 자, 넉 자로 인명을 표기하고 있다.[8] 이러한 기재방법은 出身部名과 밀접한 관계가 있어 보인다. 또한 관등으로 볼 때 마운령비나 창녕비의 본피부 출신자는 관등이 喙部, 沙喙部 출신자보다 훨씬 낮다.[9] 따라서 2행의 2·3자에는 沙喙部임이 거의 확실하다고 보아도 되겠다. 비편 '本'을 본피부와 관련된 것으로 볼 때 제18행의 '……部棄弗眈郝失利大舍'에 들어갈 가능성이 크다. 이 점은 뒤에서 다시 언급하기로 하겠다.

제3행의 첫 글자가 '支'임은 이론이 없다. 2자와 3자는 인명으로서 이를 거칠부로 추정하는 견해가 많다.[10] 적성비의 건립연대를 545년 전으로 비정하려는 논자들이 대부분 그러하다. 그러나 그를 증명할 만한

---

5) 碑文을 복원한 대부분의 견해가 그러하다.

6) 武田幸男, 앞의 글, p.24, 주 10).

7) 今西龍, 〈新羅官位號考〉, 《신라사연구》, pp.273~274.

8) 李基白, 앞의 글, p.24.

9) 마운령비는 小舍와 吉之, 창녕비는 及尺干이다.

10) 車文燮·邊太燮 등의 諸氏가 그러한 견해를 제시하였고(《史學志》 12, 〈第1·2次學術座談會錄〉), 武田幸男도 앞의 글, p.13에서 이에 동조하였다.

적극적 근거는 어디에도 없으며, 다만 적성비의 건립연대를 올려잡으려는 데서의 발상에 지나지 않는다. 따라서 아무런 근거 없이 이를 거칠부로 파악하려는 것은 바람직하지 못한 방법이다.

4행 1~4자는 종래 인명과 관련된 관등, 관직명으로 보려는 경향이 지배적이었다.[11] 그러나 武田幸男이 ‘城在, 阿干’이란 비편에 주목하여 치밀하게 논증한 결과, ‘城在’가 4행의 1·2자에, ‘阿干’이 5행의 1·2자에 해당함이 확실해졌다.[12] 4행의 3·4자를 軍主로 보려는 견해가 있다.[13] 그에 대한 필자의 견해는 후술하거니와, 군주로 보는 것이 한결 타당하다고 생각한다. 그렇다면 이 부분은 ‘高頭林城在軍主等’으로 되며, 바로 뒤에 이어지는 인물들인 比次夫智와 武力智의 직명이 된다.

6행의 1~3자는 ‘城幢主’임이 틀림없다. 그런데 비편 ‘主, 第次’의 ‘主’를 여기에 관련지어 이해하려는 견해가 있다.[14] 6행의 3자가 ‘主’임이 분명하므로 이 견해는 일견 옳을 듯하다. 그러나 그렇게 볼 때 7행이 문제된다. 이 견해에 따라 이 문장을 복원하면 다음과 같다.

……節敎事赤城也尒次△△第次中作善痛懷懃力使作(死?)人

이 구절은 일반적으로 적성 출신 也尒次의 공적을 나타낸 것으로 보고 있다. 也尒次의 공적이 ‘作善’ 이하인 것은 분명하다. 그런데 그 공적이 築城을 한 데 있는 것으로 보기도 하나,[15] 신라의 적성공략에 협조한 것으로 보는 것이[16] 타당하다. 그 구체적인 내용은 ‘……中’의 구

---

11) 대부분의 論者들이 이러한 관점에서 논의를 진행한 결과, 4행의 결락 부분에 대한 해명을 제대로 하지 못하고 말았다.

12) 武田幸男, 앞의 글, p.8.

13) 李基白, 앞의 글, pp.26~27.

14) 鄭求福, 앞의 글, p.124, 주 20). 한편 武田幸男은 앞의 글, p.34, 주 7)에서 이를 第6·7行의 3·4자, 또는 19·20행의 2·3자로 추측하고 있다.

15) 南豊鉉, 앞의 글, p.13.

16) 邊太燮, 앞의 글, p.35 ；《史學志》 12, 학술좌담회의 李基白·任昌淳의 發言 ； 武田幸男, 앞의 글, p.21.

절에 있을 가능성이 크다. 그렇지 않으면 1행에서 볼 수 있는 것처럼 '作善'을 행한 시기가 들어갈 수 있는 가능성도 배제할 수 없다. 여하튼 이 둘 가운데 어느 하나라 생각하여 무리하지는 않다. 그 가운데 어느 편을 취하든 간에 여기에 第次가 들어가 '……第次中'이 되면 어딘가 문맥이 어색해져 순조롭게 해석될 것 같지 않다. 그러므로 '主, 第次'를 달리 비정해야 한다고 본다.

이상에서 1행에서 6행에 이르는 비문의 복원 문제를 검토하였거니와, 비문의 본문이라고 할 수 있는 7~18행 사이의 부분은 缺落이 심하여 구체적인 내용을 살펴보기가 어렵다. 따라서 이 부분에 대해서는 본문의 분석을 행하면서 추정해 보기로 하고 여기서는 인명을 나열한 18행 이하의 부분에 대한 복원 문제를 생각해 보고자 한다. 사실 필자의 주된 관심도 바로 여기에 있다.

18행의 결락 부분의 중간쯤에서 적성비의 본문과 그 뒤의 인명기재 부분으로 나뉘는 것은 이미 지적되어 온 터이다. 그런데 문제는 棄弗耽郝失利란 인물의 출신부명이다. 이에 대해서는 앞서 지적하였듯이 本彼部일 가능성이 크다고 본다. 적성비에만 한정하여 본다면 인명기재에서 일정한 원칙이 발견된다. 현재 적성비에서 확인할 수 있는 王京人은 모두 12명인바, 그 가운데 부명이 不明인 것은 2명이며, 인명의 글자를 확인할 수 없는 것은 1명이다. 그런데 이들 인명은 모두 3~4자로 표기되어 있으며, 이들은 모두 존칭의 의미인 智와 夫智로 끝나고 있다. 그러나 유독 棄弗耽郝失利만 6자로 인명을 표기하였으며, 그것도 智나 夫智와는 전혀 관계가 없다. 적성비에 한정하는 한 智나 夫智를 가진 인명은 모두 喙部나 沙喙部 출신이다.

그런데 喙部나 沙喙部 출신자는 부명과 인명을 합치면 모두 6자가 된다. 적성비에서는 여기에 예외가 없다. 이것은 적성비의 인명표기에 하나의 원칙이 있음을 증명하는 것이다. 중고기에 인명을 직명-부명-인명-관등명의 순서로 기재하는 법칙성이 있었음을 상기할 때 적성비의 인명표기 자체에도 그러한 점은 인정해도 좋다. 그러나 이러한 원칙에 어긋나는 것은 오직 棄弗耽郝失利밖에 없다. 그러므로 棄弗耽郝失利를 喙部나 沙喙部로 보기는 어렵겠다. 비편에 ‘本’자가 보이는 것은 이러한 추측을 더욱 뒷받침해 준다고 하겠다. 본피부 이외에 다른 부명일 수도 있으나, 약간 늦은 시기의 진흥왕대 금석문에서는 喙部, 沙喙部, 本彼部 외에는 보이지 않으므로 그럴 가능성은 희박하다. 이상과 같은 사실에 입각하여 그의 출신부명은 본피부임이 틀림없다고 본다.

다음은 19행의 상단부이거니와, 이미 이를 ‘(鄒文)村幢主使人△△△△’로 복원한 견해가 있다.[17] 그러나 여기에는 약간의 문제가 생긴다. 이렇게 복원할 때 不明인 글자가 넉 자밖에 되지 않는데, 鄒文村幢主使人이란 직명을 가진 인물의 출신 촌[城]명, 인명, 관등명(외위)이 들어가야 하기 때문이다. 그렇다면 최소한 여섯 자(출신지명 2자, 인명 2자, 관등명 2자로 가정하여)가 필요하다. 이 까닭으로 그렇게 복원하는 데 반대하는 견해가 있다.[18] 그렇지만 ‘鄒文村幢主使人’의 출신지가 바로 鄒文村이라고 한다면 그의 출신지명을 기재할 필요가 없었을 것이다. 그러면 不明인 넉 자에 인명과 관등명이 동시에 들어갈 수가 있다. 따라서 필자는 이를 ‘(鄒文)村幢主使人△△△△△’로 복원한 견해가 타당하다고 본다. 王敎事 부분에서 鄒文村幢主를 먼저 기재하고 다음에 勿思伐城幢主를 기재한 것을 참고할 때 그 가능성은 더욱 높아지는 것이다. 20행을 살펴보면 그것은 더욱 확실해진다.

19행을 이상과 같이 복원할 때 앞서 본 ‘主, 第次’도 이와 결부될 수 있는 가능성이 높아진다. 즉 19행의 제3자가 主라고 한다면 ‘主, 第次’가 여기에 들어갈 수 있으며, 따라서 20행의 3자와 4자는 ‘第次’가 된다. 이를 확실히 하기 위해 19행부터 20행을 복원하여 연결하면 다음과 같다.

---

17) 鄭求福, 앞의 글, pp.117~121 ; 朱甫暾, 앞의 글, p.8.
18) 武田幸男, 앞의 글, p.17.

(19행)勿思伐城幢主使人那利村
(20행)△△第次△△△△△人勿支次阿尺

이렇게 보면 △△第次는 勿思伐城幢主使人의 직명을 가진 那利村 출신자의 인명이 된다. 지방민의 인명 어미에 '次'가 흔히 사용되고 있음은 남산신성비를 통해서도 알 수 있거니와,[19] 적성비 자체만 보아도 也尒次, 勿支次 등의 용례가 있다. 그러므로 '第次'가 여기에 들어간다고 보아 틀림없을 것이다.

그런데 이 '△△第次'는 넉 자의 인명표기로 也尒次나 勿支次에 비해 볼 때 약간 어색한 감이 있다. 물론 지방민의 인명에 넉 자 이상의 글자를 사용하였을 가능성도 있다. 예컨대 14행의 인명기재를 보면 다음과 같다.

…… 弗兮女道豆只又悅利巴小子刀羅兮 ……

여기의 小子에 해당하는 인명은 道豆只又悅利巴이다. 하지만 이를 한 사람의 인명으로 보기에는 지나치게 길다. 따라서 이를 道豆只와 又悅利巴로 끊어 2명으로 보려는 것이 일반적이다.[20] 그런데 이렇게 끊어 읽는 데도 문제가 있다.

그것은 이 碑文에서도 볼 수 있듯이 개인의 신분 또는 지위 등을 나타내는 용어는 생략하지 않는 것이 상례이다. 직명이나 출신지명이 동일한 경우에는 생략하지만, 개인의 신분을 나타내는 관등과 연령이나 성별의 구분표시인 小子, 女, 小女는 반드시 기재하고 있기 때문이다. 이러한 기재방법(특히 관등의 경우)은 中古의 금석문 전부를 통하여 통용된 하나의 원칙이었다. 이러한 점을 고려한다면 '道豆只又悅利巴'를 1명의 인명으로 볼 수가 있다.

---

19) 李鍾旭,〈南山新城碑를 통해서 본 新羅의 地方統治體制〉,《歷史學報》 64, 1974, p.12.
20) 鄭求福, 앞의 글, pp.117～119 ; 武田幸男, 앞의 글, p.23.

그렇지만 앞서 언급하였듯이 이를 1명의 인명으로 보기에는 또 지나치게 긴 데에 문제가 있다. 그런데 '又'자에 약간 의심이 간다. 이를 접속사로 볼 수도 있다. 그런데 탁본을 보면 이 글자는 '女'에 가까운 듯한 느낌이 든다. 또한 中古 금석문에 잘못 쓴 글자나 탈락이 있는 경우가 있음은 이미 지적되어 온 바이지만, 이를 참고할 때 '女'를 '又'로 잘못 기재하였을 가능성도 높다. 이렇게 보면 '道됴只'는 女이며, '悅利巴'만이 小子가 된다. '道됴只'를 女로 볼 수 있는 또 하나의 가능성은 12행에 '刀只小女'라 하여 여성의 인명 어미에 '只'자가 사용된 점에서 찾아진다.

이상과 같이 볼 때 지방민의 인명은 적성비에 한하는 한 대체로 2~3자라 생각된다. 특히 그 가운데에서도 성인으로 생각되는 '女'나 관등을 가진 인명은 모두 석 자 표기이다. 적성비에서 확인되는 지방민 가운데 성인의 인명에 이와 같은 점은 예외가 없다. 그러한 사실에서 '△△第次'도 석 자의 인명일 가능성이 높아진다. 이 점은 20행 상단부의 글자수가 적었을 것으로 본 앞에서의 추측을 보강해 준다. 따라서 필자는 20행과 21행은 19자가 아니라 18자로 추정한다. 이 점은 다음 22행의 경우를 검토하면 더욱 확실해질 것이다.

이상에서 20행과 마찬가지로 21행도 18자였을 것으로 일단 추정하였거니와, 20행의 하단부가 書人喙部이므로 21행의 상단부는 인명과 관등명이 들어간다. 앞서 지적하였듯이 喙部 출신자의 인명은 넉 자가 원칙이므로 이 부분도 그렇게 보아도 무방하며, 자연히 그 아래에는 관등이 들어가겠다. 이 書人의 관등은 창녕비를 통해 볼 때 그렇게 높지 않았을 것으로 추측된다.[21] 따라서 級飡 이하의 관등이 들어갈 것으로 보이며, 두 자일 가능성이 가장 크다. 이렇게 추측하면 21행과 22행의 남는 부분은 다음과 같아진다.

____

21) 창녕비에는 書人의 관등이 大舍이다.

(21행)△使人石書立人非今皆里村
(22행)△△△△△△△△智大烏之

여기에서는 편의상 22행을 일반적인 견해에 따라 12字로 간주하고 이 구절을 검토하겠다. 이 △使人石書立人은 職名이 아니라 비를 세우는 데 관련된 임시적인 役名으로 보는 것이 타당하다.[22] 이는 아래의 사실에서 자명해진다.

그런데 지금 현재 불명인 글자수는 모두 여덟 자이다. 뒤에 大烏란 관등이 보이므로 그 앞의 '……智'는 王京人임이 틀림없다. 따라서 智 바로 앞에는 大烏의 관등을 가진 인물의 인명과 출신부명이 들어가야 한다. 그렇다면 존칭어미인 智를 제외하고 최소한 이름 두 자와 출신부명 두 자, 합계 넉 자가 필요하다. 이에 불명인 글자는 넉 자가 남는다. 만일 앞의 非今皆里村을 지방민 출신자로 본다면 이에 대해 필요한 것은 인명과 외위명으로 최소한 넉 자이므로 그렇게 보아도 될 법하다. 그러나 이렇게 될 때 大烏의 관등을 갖는 왕경인의 직명은 없어져 버린다. 그러므로 非今皆里村 다음에는 결코 지방민이 올 수 없으며 대오의 관등을 갖는 왕경인의 직명이 여기에 들어가지 않으면 안 된다.[23] 말하자면 비금개리촌은 지방민의 출신지명을 나타낸 것이 아니라, 직명을 나타낸 것이라 생각된다. 그러면 대오의 관등을 갖는 인물은 입비에 관련된 역명과 본래의 직명을 동시에 가진 것이라 하겠다. 이러한 인명표기는 中古 금석문의 인명기재 방법에서는 유례를 찾기 어려운 특수한 예에 속한다.[24]

이상과 같이 볼 때 비금개리촌 다음에 올 직명이 무엇이겠는가가 문제된다. 지금까지의 자료에 따르는 한 왕경인으로서 행정(성)촌명을

---

22) 武田幸男, 앞의 글, pp.16~17. 다만 武田幸男은 石書立人만 役名으로 보았으나, △使人까지도 여기에 포함시키는 것이 타당하다.

23) 위의 글, p.16.

24) 그러한 사례는 적성비와 비슷한 시기의 明活山城作城碑 上人邏頭에서도 확인된 바 있다.

칭하여 직명을 나타낸 것은 軍主, 幢主, 道使(邏頭)의 셋밖에 없다. 그런데 군주나 당주는 이미 앞 부분에 나와 있고, 뿐만 아니라 그들의 관등을 보면 대오와는 현격한 차이가 난다.[25] 따라서 군주나 당주는 결코 될 수가 없으며, 자연히 도사로 비정할 도리밖에 없다. 도사는 남산신성비에도 많은 사례가 보이는바, 행정(성)촌명으로 직명을 나타내고 있으며, 또한 그 관등도 大舍~舍知이다.[26] 이상의 사실로 미루어 보아 비금개리촌 다음에 올 수 있는 직명은 도사뿐이다. 기실 비편에 '道'자가 보이는 것이 그를 방증해 준다. 물론 그렇다고 이 '道'의 원래 위치가 반드시 이곳이라고 단정하기는 어렵겠다. 그러나 그것이 도사가 아니라고 볼 근거는 되지 못한다.

이상에서 필자는 적성비에서도 새로이 도사의 존재를 확인하게 되었다. 따라서 적성비에는 지금까지 알려진 중고기의 지방관명이 모두 기재되어 있는 셈이다. 이는 창녕비에서

……大等與軍主幢主道使與外村主……

라 한 것과도 곧바로 부합한다. 이러한 의미에서 4행의 3·4자를 軍主로 본 견해는 옳다고 믿는다.

앞서 우리는 非今皆里村道使란 직명을 찾게 되었거니와, 그렇다면 22행은

非今皆里村(道使)△△△△△△智大烏之

로 복원된다. 그러면 알 수 없는 여섯 글자와 智는 합하여 부명과 인명이 되겠다. 앞서도 언급하였듯이 적성비의 인명기재는 그 나름의 법칙성을 지니고 있으며, 智의 어미를 갖는 인명은 부명과 합쳐 모두 여섯

─────────────

25) 朱甫暾, 앞의 글, p.9 참조.
26) 金昌鎬, 앞의 글, p.9에서는 南山新城碑 第2碑의 蒕大支村道使의 관등을 大烏로 읽고 있다.

자이다. 이러한 양식은 쉽사리 中古의 다른 금석문에 확대 적용하는
것은 위험하겠으나 적성비에는 결코 예외가 없다. 이러한 원칙을 적용
하면, 22행의 글자수를 12자로 볼 수가 없다. 왜냐하면 비금개리촌(도
사)의 부명과 인명은 모두 합쳐 일곱 자가 되기 때문이다. 이 인명은
존칭어미인 智를 칭하고 있는 점으로 보아 喙部 아니면 沙喙部가 틀림
없다. 그러므로 22행의 불명인 글자수는 다섯 자가 되며 전체 글자수
는 11자로 보아야 한다. 이는 20행과 21행의 글자수를 각각 18자로 추
정한 사실과 일맥상통하며, 그를 더욱 보강해 주는 것이다. 그렇다면
적성비는 총 22행으로 1~19행은 매행 20자, 20행과 21행은 18자, 22행
은 11자 합계 427자가 되는 셈이다.

끝으로 18행의 棄弗耽郝失利의 직명을 검토해 보고자 한다. 앞서 그
의 출신부명을 본피부로 추정하였거니와, 이는 인명기재의 법칙성을
생각한다면 틀림없다고 믿는다. 그런데 '本'자 비편의 윗부분에도 글자
가 보이는바 '又'자로 되어 있다. 이는 사진에 따르면 '使'자의 일부분
임이 거의 확실하다.[27] 그렇다면 이는 道使의 '使'자로 볼 수 있고, 따라
서 棄弗耽郝失利의 직명은 도사가 된다. 사실 그의 관등이 대사인 점
도 그럴 가능성을 높여준다. 비금개리촌(도사)의 존재를 확인한 이상
이를 道使로 보는 것이 타당하리라 생각된다.[28] 이로써 '本'자 앞의 글
자를 '使'로 읽을 때 그의 출신부명이 본피부인 것으로 본 추측도 더욱
확실해진다.

이상으로 필자는 비편을 이용하여 적성비의 부분적인 복원을 시도
해 보았거니와, 종래까지의 견해를 수용하면서 釋文을 작성하면 다음
쪽과 같다.

---

27) 이를 '支'의 片字로 보는 견해도 있으나(武田幸男, 앞의 글, p.34, 주 7)), 다른
곳의 '支'자와 비교하면 크게 어긋난다(《史學志》 12의 사진 참조).
28) 碑片에 보이는 '赤城'이 이곳에 들어갈 가능성도 있다. 그러나 단정할 수는
없다.

[표 2] 단양신라적성비 석문

	1	2	3	4	5	6	7	8	9	10	11	12	13	14	15	16	17	18	19	20
1행	△	△	年*	△	月	中	王	敎	事	大	衆	等	喙	部	伊	史	夫	智	伊	干
2행	支*	沙*	喙*	部*	豆	弥	智	彼	珎	干	支	喙	部	西	夫	叱	智	大	阿	干
3행	支*	△	△	夫	智	大	阿	干	支	內	禮	夫	智	大	阿	干	支	高	頭	林
4행	城*	在*	軍*	主	等	喙	部	比	次	夫	智	阿	干	支	沙	喙	部	武	力	智
5행	阿	干	支	鄒	文	村	幢	主	沙	喙	部	導	設	智	及	干	支	勿	思	伐
6행	城*	幢*	主*	喙	部	助	黑	夫	智	及	干	支	節	敎	事	事	城	也	尒	次
7행	△	△	△	△	中	作	善	善	懷	懃	力	使	使	使	使	使	後	其	妻	妻
8행	△	△	△	△	△	△	△	△	△	△	△	許	利	之	四	年	小	女	師	文
9행	△	△	△	△	△	△	△	△	△	公	兄	郡	文	村	巴	珎	妻	下	干	支
10행	△	△	△	△	△	△	△	△	前°	者	更	赤	城	炯	炯	分	之	後	後	公
11행	兄*	△	△	△	△	△	△	△	△	異	葉	葉	國	法	中	分	與	雖	然	伊
12행	△	△	△	△	△	△	△	△	△	△	子	刀	小	女	爲	禮	之	撰	官	支
13행	△	△	△	△	△	△	△	△	使	法	赤	城	佃	舍	法	爲	小	別	官	賜
14행	△	△	△	△	△	弗	兮	女	道	豆	只	女	悅	利	巴	小	如	刀	羅	兮
15행	△	△	△	△	△	合	五	人	之	別	敎	自	此	後	國	國	如	也	尒	次
16행	△	△	△	△	△	△	懷	懃	力	使	人	事	事	其	生	子	女	子	年	少
17행	△	△	△	△	△	△	△	兄	弟	耶	如	此	白	者	大	人	耶	小	人	耶
18행	△	△	△	△	△	道	使	本	彼	部	棄	弗	耽	郝	失	利	大	舍	鄒	文
19행	村	幢	主°	使°	人°	△	△	△	△	勿	思	伐	城	幢	幢	使	人	那	利	村
20행			△	第°	次°	△	△	△	△	△	人°	勿	支	次	阿	尺	書	人	喙	部
21행				△	△	△	△	△	△	使°	人°	石	書	立	人	非	今	皆	里	村
22행			道°	使	△	△	△	△	△	智°	大	烏	之							

*는 이미 추정복원된 글자, °는 필자가 추정복원한 것임.

3. 碑文의 구성과 本文의 분석

지금까지 碑片을 이용하여 적성비의 부분 복원을 시도해 보았다. 이제 이 절에서는 비문 전체의 구조를 살펴보면서 본문을 분석하기로 하겠다.

비문은 일반적으로 지적되고 있듯이 크게 두 부분으로 구분된다.[29]

(A) 첫머리부터 제18행 3~4자까지의 王敎事와 관련된 부분

(B) 18행 4~5자부터 끝까지의 赤城과 관련되거나 또는 立碑 관계자의 인

---

29) 武田幸男, 앞의 글, pp.3~4 참조. 碑文을 세 단락으로 보기도 하나 크게 두 단락으로 나누는 것이 타당할 듯하다.

명 열거 부분

(A)는 다시 크게 두 부분으로 나눌 수가 있다. 王의 명령을 직접 받아 赤城攻略을 진두지휘한 高官의 인명을 열거한 부분과 節敎事 이하 부분이다. (A)의 후반부가 사실상 적성비의 본문에 해당된다. 따라서 이 절에서는 이곳의 분석을 먼저 하고, (A)의 전반부와 (B)는 절을 달리하여 다루고자 한다.

(A)의 후반부 절교사 이하는 다시 15행의 別敎에서 두 부분으로 나눌 수 있으므로 (A)는 결국 세 단락이 된다.

(A) ① 왕교사 부분(1행 7자~6행 及干支까지)
　　② 절교사 부분(15행 '合五人之'까지)
　　③ 별교 부분(18행 상단부까지)

①은 국왕의 명령을 직접 전달받아 적성공략에 참여한 고관들을 열거한 부분이다. 따라서 △△年△月中[30]의 부분은 立碑의 年月을 나타낸 것이 아니라 이들이 왕명을 직접 받은 때를 나타낸 것이 아닌가 싶다. 그러기에 다른 진흥왕 순수비가 月日까지도 정확하게 기록되어 있는 것과는 달리 '月中'이라 다소 막연하게 표현한 것이라 생각된다. 말하자면 비문에 보이는 年月은 입비 시기와는 약간의 시간적 격차가 있어 보인다. 이렇게 보면 王敎事 자체는 입비 시점에서 과거의 일에 해당한다.

한편 그와는 달리 ②의 절교사는 입비 당시의 현재적 상황을 나타낸다. 왕명을 받아 적성을 공략한 고관들이 공을 세운 지방민들에게 왕명을 전달한 恩典의 내용을 기록한 부분이다. 그러한 의미에서 '節'은 吏讀로 적성비를 건립한 때를 뜻하는 것이 되겠다. 따라서 이는 본문 가운데 본문이라고 할 수 있다.

---

30) 南豊鉉, 앞의 글, p.17 ; 李基白, 앞의 글, p.26.

③의 별교 부분은 현재 사실이 아니라 앞으로 다가올 미래의 일을 기록한 곳이다. 신라가 앞으로 영토를 확장해 가는 데에서 기본적인 방향을 제시한 부분이라고 볼 수 있다. 말하자면 신라에 협력한 對服屬民의 방책에 대한 의지를 나타낸 곳이다.

이상과 같이 볼 때 적성비의 내용은 과거→현재→미래의 시간적 바탕에서 서술되었다고 하겠다. 그러기에 '왕교사', '절교사', '별교'로 문단을 구분하여 달리 표현한 것이다. 따라서 우리의 주된 관심은 자연히 현재 사실을 나타낸 절교사 부분으로 돌려져야 하겠다.

②의 절교사는 다시 크게 셋으로 구분된다.

② ㉠ 赤城也尒次~8행의 許利之
    ㉡ 四年小女師文~13행의 赤城佃舍法爲之
    ㉢ 別官賜~15행 合五人之

㉠은 적성 출신의 인물이며, 이 비의 주인공이라고도 할 수 있는 也尒次의 공적과 그의 처를 비롯하여 그와 일정한 혈연관계에 있는 사람들에 대한 은전을 기록한 곳이다. 也尒次가 세운 공로의 구체적 내용은 알 수가 없으나, 고구려인으로서 신라에 협조한 것으로 본 견해가[31] 타당한 것 같다. 그의 처에 대한 은전의 내용은 알 수가 없으나 8행에 포함되었을 것이다.[32]

㉡은 11행의 雖然을 중심으로 두 부분으로 나누어진다. 전반부는 四年小女師文 등과 公兄의 직명을 가진 인물에 대한 은전을 기록하였으며, 후반부는 刀只小女 등과 爲禮兮撰干支의 은전을 기록하였다. 다시 전반부는 은전의 내용에 따라 두 부분으로 나눌 수 있다. 10행의 9자는 18행에 후자란 단어가 보이는 것으로 미루어 '前'자임이 거의 확실하

---

31) 주 16)과 같음.

32) 적성비의 본문을 분석한 鄭求福, 앞의 글, pp.123~129에서 也尒次의 가족에 대한 恩典의 구체적 내용이 추출되었으나, 武田幸男, 앞의 글, pp.20~27에서 그 잘못이 지적되었다.

다.[33] 그렇다면 전자는 '四年小女師文' 이하의 인물들을 지칭하며, 후자는 '公兄' 이하를 가리킨다고 보아야 한다. 전자에게 주어진 은전은 대략 '更赤城烟去使'이며, 후자에게는 '國法中分與'한 것으로 보인다. 한편 그와는 달리 刀只小女 등과 烏禮兮에게는 '赤城佃舍法'이 은전으로 주어졌다.

ⓒ은 이상과 같은 사람들에 대한 은전과는 달리 刀羅兮 등 5명에 대해 그 내용을 알 수 없으나 은전을 준 것을 기록한 것이다.

그런데 위에서 볼 수 있는 바와 같이 왜 모두에게 동일한 은전을 지급하지 않았으며, 또 이들은 也尒次와 어떠한 관계에 있었을까가 의문시된다. 여기에 은전을 받고 있는 인물들은 모두 적성과는 특별한 관계를 갖고 있는 것은 의심할 나위가 없다. 왜냐하면 19행 이하에 보이는 지방민들은 적성공략에 가담하였으면서도 은전을 받고 있지 않은데, 그 이유는 그들 모두 적성 출신자가 아니라 생각되기 때문이다. 이렇게 볼 때 문제는 9행의 '公兄鄒文村巴珎婁下干支'에 관한 해석이다. 왜냐하면 巴珎婁는 적성 출신자가 아니라 추문촌 출신으로 나와 있기 때문이다. 이 문제를 해결하기 위한 실마리를 일단 ③의 별교에서 찾을 수 있다. 이 문장의 전반부는 ②의 절교사 부분과 유사하다. 이를 대비하면 다음과 같다.

② 節教事赤城也尒次△△△△中作善㾾懷懃力使作(死?)人
③ 別教自此後國中如也尒次△△△△△△△懷懃力使人事

이 두 문장을 비교하면 ②에서는 ③에 보이지 않는 使作(死?)人의 作(死?)이 들어 있다. 이를 作으로 읽는 견해와[34] 死로 읽는 견해가[35] 있다. 탁본을 보면 어느 쪽도 추정 가능한 글자이다. 따라서 문맥을 통하

---

33) 南豊鉉, 앞의 글, p.20.
34) 일반적으로 이렇게 읽고 있다.
35) 鄭求福, 앞의 글, p.124.

여 추측할 수밖에 없다. 이를 使作人으로 읽는다면 ③의 使人과 동일한 뜻이 되므로 '作'은 아무런 의미가 없는 글자가 된다. 그러나 '死'로 읽는다면 그 의미는 달라진다. 앞서 보았듯이 ②는 현재적인 사실이며, ③은 미래적인 내용을 담고 있다. 따라서 ②가 '使死人'이 된다면, 그것은 "사람으로 하여금 시켜서 죽게 하였다"고 풀이되어 과거적인 표현이 된다. 한편 ③의 '力使人事'는 "힘써 사람들로 하여금 일을 시킨다면" 정도의 의미가 될 것이므로 과거적인 사실을 나타내는 '死'란 단어가 필요 없게 된다. 이상의 추론에 모순이 없다면 ②의 후반부는 '作'이라기보다 '死'로 읽는 견해가 타당하다고 본다. 그렇다면 결국 也尒次는 사람을 시켜 신라의 적성공략에서 作善하였는바, 그 자신뿐만 아니라 다른 사람도 죽었다는 의미가 된다. 물론 모든 사람이 다 죽었다는 표현은 아닐 것이다. 이 점에 대해서는 뒤에 말하기로 하겠다.

이상과 같이 볼 때 也尒次의 명령을 받아 신라의 적성공략에 협조한 사람들의 가족에게 은전이 내려진 것이다. 그것은 별교 부분의 '若其生子女年小……'라든가 '……兄弟耶', '大人耶', '小人耶' 등의 구절에서 알 수가 있다. 공을 세운다면 본인은 말할 것도 없고 그의 자녀들, 형제들에게도 大人이건 小人이건 연령의 高下를 불문하고 은전을 베풀겠다는 의미이다.

이렇게 보면 '公兄鄒文村巴珎婁下干支'도 비록 적성이 아니라 추문촌 출신자로 되어 있으나 也尒次의 명령을 받았던 셈이 된다. 그런데 巴珎婁에 대해서 한 가지 의심스러운 것은 그가 公兄이란 직책을 가진 점이다. '兄'은 족장을 의미하는 고구려 계통의 말로서,[36] 신라의 '干'에 해당한다. 고구려에서는 관등에 이 '兄'이 널리 사용되고 있으나, 신라에서는 이것이 관등이나 관직 등에 사용된 용례는 문헌사료나 금석문 사료를 통틀어 보아도 없다. 따라서 이를 고구려 계통의 신라 관직[37]이

---

36) 金哲埈, 〈高句麗·新羅의 官階組織의 成立過程〉, 《韓國古代社會研究》, 지식산업사, 1975.
37) 鄭求福, 앞의 글, p.118.

라기보다 고구려의 관직으로 보는 것이 타당할 것이다. 한걸음 더 나아가 추측하면 고구려의 중앙 관등 또는 관직이 아니라 지방민에게 주어진 관직 또는 관등으로 보는 것이 어떨까 싶다. 그렇다면 파진루는 원래 고구려인이었던 셈이 된다.

이상과 같은 추측이 허용된다면 파진루는 원래 적성 지방에 있던 고구려인이었으나, 신라에 투항한 뒤 추문촌에 정착하게 된 것으로 볼 수 있다. 또는 적성공략 뒤에 추문촌으로 사민되었는지도 모르겠다. 어느 것으로 보든 파진루가 원래 적성의 고구려인이었음은 틀림없다고 본다. 이러한 의미에서 주목되는 것은 四年小女 등과 파진루에게 주어진 은전의 내용이다. 전자에게 주어진 은전은 '更赤城烟去使之'이며, 후자에게 주어진 것은 '國法中分與'이다. '更赤城烟去使之'의 구체적 내용은 알 수가 없으나 '更'을 '다시'란 의미로 본다면[38] "다시 赤城烟으로 가게 하였다"란 뜻으로 풀이된다. 그렇다면 四年小女 등도 원래 적성에 거주하였으나 다른 곳으로 갔다가 다시 적성으로 되돌아온 것이 아닐까. 四年小女 등과 公兄巴珠婁 등을 동시에 나열하면서도 주어진 혜택이 다른 것은 바로 이러한 데서 말미암은 것이라 추측된다. 한편 그와는 달리 刀只小女 등과 烏禮兮 등은 적성에 그대로 살고 있으므로 '赤城佃舍法'을 그대로 용인해 준 것으로 보인다.[39]

요컨대 적성비에서 은전을 받은 사람은 모두 원래 적성인으로서 也尒次와는 일정한 혈연관계에 있는 사람이었다. 그들에게 각기 달리 은전이 주어진 것은 그들이 처한 현실적 상황에 기인하는 것이었다. 적

---

38) 南豊鉉, 앞의 글, p.20.
39) 이상과 같은 필자의 견해가 타당한 것이라면, 赤城은 신라에 의해 함락되기 전 거기에 살고 있던 住民들의 분해작용이 시작된 것이 된다. 이미 이 시기에 고구려의 중앙에서는 外戚勢力 사이의 정권쟁탈전이 벌어지고 있었으며, 그 政亂은 상당히 오랫동안 계속된바, 그 여파는 지방에까지 미치고 있었다.(盧泰敦, 〈高句麗의 漢水流域 喪失의 原因에 대하여〉, 《韓國史研究》 13, pp.31~35) 따라서 그러한 상황이 적성 지방에까지 확대되었다고 보아도 크게 무리하지는 않다. 也尒次 등이 신라에 적극 협조한 배경도 이러한 데서 찾을 수 있다.

성을 떠나 있던 사람에게 '更赤城烟去使之'의 혜택을 주거나, 또는 계속하여 다른 곳에 거주하는 사람에게는 '國法中分與'의 혜택을 주며, 적성에 그대로 있던 사람에게는 '赤城佃舍法爲之'의 혜택을 주었다. 이렇게 볼 때 이들은 서로 어떠한 관계가 있었으며 또한 也尒次와는 어떠한 관계인가가 문제가 된다. 이러한 문제의 해명에 실마리를 제공하는 것은 '六家'란 비편이다.

이 '六家'를 은전으로 주어진 것으로 본 견해도 있으나,[40] 은전을 받은 戶를 지칭하는 것으로 본 견해가[41] 타당하다고 본다. 왜냐하면 적성비 자체에서 여섯 개의 혈연집단을 추출해 낼 수가 있기 때문이다.

먼저 1家로 쉽사리 단정할 수 있는 것은 別官賜에 보이는 '合五人'이다. 이는 그 구체적 인명은 모두 확인할 수 없으나 5人이 동일한 은전을 받고 있으므로 1家로 볼 수 있다. 또 하나의 1家는 7행 '其妻'에서부터 8행 '許利之'까지의 也尒次의 직계가족이다. 也尒次의 가족으로 四年小女師文을 포함시키는 것이 보통이나, 그러나 許利之에서 문장이 일단락되며, 주어진 은전의 내용도 다르기 때문에 결코 그렇게 볼 수는 없다. 주어진 은전이 다른 것은 다른 家에 속하였음을 의미한다. 같은 家에 속한다면 은전의 내용이 달랐다고 보기 어렵기 때문이다.

위에서 일단 두 개의 家를 확인하였거니와, 다음의 4家는 자연히 四年小女~赤城佃舍法爲之에서 찾아져야 한다. 그런데 여기서 주목되는 것은 인명 기재에 약간 의심스러운 곳이 보이는 점이다. 즉 '四年小女師文~公兄鄒文村巴珎婁下干支'와 12행의 '……子刀只小女烏禮兮撰干支' 부분이다. 중고기 금석문의 표기원칙에 따르면 동일한 직명일 경우 관등이 높은 자를 먼저 기재하였는데, 이는 왕경인이나 지방민이나 거의 예외를 찾을 수 없다.[42] 따라서 지방민의 인명 나열에도 일정

---

40) 鄭求福, 앞의 글, p.127.

41) 金昌鎬, 앞의 글, p.18, 주 61). 그러나 六家 또는 6개의 血族集團에 대한 견해는 金昌鎬와는 다르다.

한 원칙이 있었다고 짐작할 수 있다.[43] 그런데 年齡別 인명표기에 대해서는 같은 시기의 자료를 달리 찾기 어려우나, 14행을 보면 '弗兮女道豆只女悅利巴小子刀羅兮……'라 한 것이 하나의 사례에 속한다. 여기에는 인명 나열에 남녀 성별의 구분 없이 年齡制로 기재하고 있다. 이보다 훨씬 늦은 사료이긴 하지만 正倉院 新羅帳籍에서도 비슷한 양상을 찾을 수 있다. 이 문서에 따르면 남녀 성별로 구분하여 丁(丁女) - 助子(助女子) - 追子(追女子) - 小子(小女子) - 除公(除母) - 老公(老母)의 순으로 기재하였다. 물론 力役徵稅가 주된 목적인 신라장적과 적성비를 동일시할 수 없고, 또한 둘 사이에 시간적 격차도 클 뿐 아니라, 人丁의 연령 구분이 반드시 같았다고 볼 수는 없다. 그러나 인명을 열거하는 데 일정한 원칙이 적성비에도 있었다는 점만은 인정해도 좋다고 본다. 말하자면 남녀의 성별 구분 없이 연령이 높은 자부터 기록한 것이 원칙이 아니었나 싶다. 설사 그러한 원칙이 없었다고 하더라도 家의 대표자인 丁男, 즉 관등을 가진 자를 먼저 기록하였다고 보는 것이 타당할 것이다. 따라서 '……子刀只小女'와 '烏禮兮撰干支'는 각각 家를 달리한다고 볼 수 있겠다. 또한 '四年小女師文……'과 '公兄鄒文村巴珎婁下干支……'도 家를 달리하며 이들에게 은전이 구분되어 주어진 것은 이러한 데서 말미암은 것이라 하겠다.

그러면 관등을 가진 丁男이 없는 家가 있는 이유는 무엇일까. 그것은 7행의 '使死人'에서 볼 수 있는 바와 같이 也尒次와 함께 적성공략에 가담하였다가 전사하였기 때문이 아닌가 싶다. 그들은 이미 사망하였기에 그들의 형제자녀에게 은전이 베풀어진 것이라 추측된다.

이상에서 비편 '六家'를 발판으로 그것의 실체를 확인하여 보았거니

---

42) 다만 인명표기가 정착되기 이전 503년의 냉수리비에는 部別로 인명이 열거되어 있다. 578년의 大邱戊戌塢作碑에는 관등순서로 되어 있지 않은 사례가 하나 확인된다.

43) 예컨대 武田幸男, 앞의 글, p.23에서 지적한 바와 같이 年齡階級 또는 혈연관계를 나타내는 小子, 女, 小女의 호칭은 人名 뒤에 표기하는 것이 원칙이었다.

와, 설사 그것이 다른 의미를 갖는다고 할지라도 은전을 받은 혈연집
단이 여섯 개인 것만은 확인할 수 있다. 이제 이들 여섯 개의 집단과
그들에게 주어진 은전 및 그에 관련된 사항을 알기 쉽게 정리하면 다
음과 같다.

[표 3] 功勞에 따라 주어진 은전

집단 구분	인 명	관등 또는 연령 구분	은 전	비 고
1	也尒次 三……	(死亡) 妻	불 명	은전의 내용은 8행의 결락 부분에 기재되었을 것으로 추측된다. '其妻三……'을 3명의 처로 보는 견해도 있으나 이름으로 보는 것이 타당할 듯하다.
2	四年, 師 文……	小女 ?……	更赤城 烟去使	이들의 가장은 也尒次와 함께 사망하였을 것으로 추측된다. 9행의 결락 부분은 이들 가족의 인명을 나열한 것으로 생각된다.
3	巴珎婁	下干支, 公兄	國法中 分與	이는 鄒文村 출신자로 되어 있으나 원래는 赤城人으로 적성공략을 전후하여 鄒文村으로 이주하였을 것으로 추측된다. 관등도 이때 받은 것으로 보인다.
4	…… 刀只	……子 小女	赤城佃舍法	12행의 상단부는 이들 가족에 대한 인명을 열거한 것으로 보인다. 따라서 그 인원은 더 늘어날 것이다.
5	烏禮兮	撰干支	赤城佃舍法	撰干支도 은전으로 주어졌을 가능성이 있다.
6	……弗兮 道豆只 悅利巴 刀羅兮 ?	女 女? 小子 ? ?	別官賜	이들에게 주어진 별관사의 구체적 내용은 14행의 결락 부분에 기록되었을 가능성이 높다.

이 표에서 알 수 있듯이 巴珎婁와 烏禮兮의 경우에는 그들의 가족
이름이 보이지 않는다. 그것이 결락 부분에 기록되었을 가능성도 생각

할 수 있으나, 그보다는 차라리 그들은 한 혈연집단의 長으로서 그들이 받은 은전은 그 가족에게 자연히 승계될 것이므로 일일이 기록하지 않았을 것으로 보고 싶다. 가족의 인명을 일일이 열거한 것은 그 가장의 사망으로 말미암아 그 가족원에게 골고루 혜택을 주기 위한 배려에서 기인하는 것으로 생각된다.

그러면 이들 혈연집단은 적성에서의 지위가 어떠하며 也尒次와는 어떠한 관계가 있었을까가 궁금해진다. 앞서 언급한 것처럼 이들은 모두 적성인이다. 그렇다면 이들을 적성 지방의 토착세력가로 보아 크게 어긋나지 않을 것이다. 그것은 巴珎婁가 公兄이란 고구려의 관직을 소지하고 있는 데서 짐작 가능하다. 뿐만 아니라 신라에 포섭되어 외위를 받고 있음도 그를 증좌한다. 외위는 신라의 지방민 모두에게 주어진 것이 아니라 유력계층에게만 주어졌다. 그리고 외위는 干群과 非干群으로 구분되어 단층을 이루고 있다.[44] 따라서 巴珎婁와 烏禮兮가 각각 下干과 撰干의 관등을 받는 것으로 미루어 이들이 적성의 유력자였다고 결론지을 수 있다.[45]

그런데 이 적성비의 주인공은 사망한 也尒次이다. 따라서 신라의 적성 점령은 也尒次가 이끄는 혈연집단의 도움에 의해서 가능한 것이었다. 그렇다면 也尒次는 적성의 유력계층 가운데 가장 상층부에 있었다고 볼 수가 있다. 요컨대 이들 집단들은 모두 也尒次를 정점으로 그와 일정한 혈연관계를 가진 적성 지방의 유력계층으로 짐작된다.

이상에서 살펴본 바와 같이 신라의 적성 지방 領有는 也尒次 집단의 적극적인 협조에 의해서 가능하였다. 그에 대한 공로로 본인이 사망하였을 경우에는 그의 가족들에게 은전이 주어졌고, 본인이 생존하였을 경우에는 본인에게 직접 은전이 주어졌다. '別敎' 부분에서 알 수 있는 것처럼 이러한 원칙은 이후 신라의 영토확장에 기본적인 방향이

---

44) 이 外位문제에 대해서는 후일 다른 글에서 다룰 예정이다.
45) 鄭求福, 앞의 글, p.116에서는 也尒次의 社會的 身分이 百姓이라 생각하고 있으나, 이는 구체적인 표현은 되지 못한다.

되었다.

 이 적성 지방은 고구려측에서나 신라측에서 전략상 중요한 위치였을 것으로 짐작된다. 적성이 고구려에게는 지리적으로 신라 공격의 전초기지로, 신라에게는 한강유역으로 진출할 수 있는 전초기지로 여겨졌을 것으로 보인다. 그러므로 이 지방을 둘러싸고 치열한 공방전이 전개되었을 것은 상상하기 어렵지 않다. 앞서 본 6개 혈연집단 家長 가운데에서 4명이 사망한 것은 이를 증명한다. 결국 이들의 적극적 협조에 따라 신라가 이 지방을 점령함으로써 한강유역으로 진출할 수 있는 유리한 고지를 점유하게 되는 것이다.

4. 碑文에 보이는 職名

 앞에서 우리는 적성비의 본문을 검토한 결과, 신라의 적성공략은 이곳의 유력세력인 也尒次 집단의 적극적 협조에 따라서 가능하였다는 사실을 알게 되었다. 그런데 이러한 적성공략을 주도한 세력은 역시 왕명을 받은 中央高官들이다. 따라서 여기에서는 이들에 대한 문제들을 살펴보기로 한다.

 中古의 지방통치체제가 군사적 성격을 지니고 있었음은 주지하는 바와 같다. 軍主 - 幢主 - 道使로 이어지는 지방관의 구조는 신라 영토 팽창의 모태가 되었다. 이들은 각기 편제상의 성격을 달리하는 軍團을 통솔하였다.[46] 이들 군단의 연합작전에 의해 신라는 대외적인 전쟁을 수행할 수가 있었다. 그런데 적성비에는 다른 문헌사료나 금석문에 보이지 않는 '大衆等', '高頭林城在軍主等'의 새로운 직명이 나타난다. 이들의 실체를 파악하는 것은 신라 中古의 지방통치체제나 兵制에 대한 이해에 보탬이 될 것으로 생각된다. 우선 편의상 중앙고관들을 정리하면 [표 4]와 같다.

---

46) 朱甫暾, 앞의 글, p.34.

[표 4] 단양신라적성비에 나타난 職名에 따른 양상들

職　名	部　名	人　名	官　等	備　考
大　衆　等	喙　部 沙喙部 喙　部	伊史夫智 豆彌智 西夫叱智 △△夫智 內禮夫智	伊干支 彼珎干支 大阿干支 大阿干支 大阿干支	部名은 추정복원
高頭林城在軍主等	喙　部 沙喙部	比次夫智 武力智	阿干支 阿干支	職名은 추정복원 官等은 추정복원
鄒文村幢主 勿思伐城幢主	沙喙部 喙　部	䢜設智 助黑夫智	及干支 及干支	職名은 추정복원

이 [표 4]에 대해 다음의 몇 가지를 먼저 지적해 두고자 한다.

첫째, 이들은 모두 왕명을 직접 전달받은 자들이란 점이다. 이들은 왕명에 의해 적성을 공략하고 난 뒤, 王의 명령을 직접 대행한 중앙 귀족들이다. 이러한 점에서 적성비의 후반부에 보이는 인물들과는 성격을 달리한다. 따라서 이들을 赤城 經營의 지도층으로 본 견해는[47] 타당하다고 생각된다.

둘째, 이들 고관들은 6部 가운데 喙部와 沙喙部뿐이란 점이다. 이러한 사실은 다른 中古 금석문과 거의 일치하는 것으로서, 신라 6부 가운데 핵심부가 이 2부였으며, 신라사회가 이들에 의해 운영되고 있었음을 뜻한다. 그 가운데에서도 喙部가 6명, 沙喙部가 3명으로, 喙部가 우세하며 따라서 喙部가 권력의 핵심체를 이루어 왕권과 밀접한 관련이 있음을 나타낸다.

셋째, 관등으로 보아 이들은 及干 이상으로 되어 있다. 이러한 점에서도 (B) 부분과는 뚜렷이 구분된다. 이는 둘 사이에는 현저한 격차가 있음을 반영하는 것이다. 특히 당주와 도사 사이에는 분명한 단층이 있었음을 뜻한다.[48] 이것은 중고기 신라의 지방통치체제를 이해하는

---

47) 武田幸男, 앞의 글, pp.10～15.

172 제1편 金石文과 6세기 新羅의 政治

데 음미해 볼 만한 것으로 생각된다.

한편 대중등과 군주, 당주 사이에도 적성비에 따르는 한 관등의 격차를 인정할 수 있으나, 후술하는 창녕비에서는 그렇지 않으므로 단정할 수는 없다. 다만 여기서 주목되는 것은 대중등이 大阿干 이상의 관등을 갖고 있는 점이다. 이것은 대중등에 임명될 수 있는 자격이 진골이었음을 의미하는 것으로 풀이된다.[49] 이 점은 대중등을 이해하는 데 중요한 점이다.

끝으로 喙部와 沙喙部 출신자가 지방관에 被任되는 비율이 동등하다는 사실이다. 앞의 표에서 볼 수 있듯이 군주와 당주가 喙部 각 1명, 沙喙部 각 1명씩이다. 이러한 사실은 창녕비와 마운령비에서도 동일하다.[50] 이것은 우연한 사실이 아니라 지방통치에서 喙部와 沙喙部를 균등하게 배분하기 위한 의도적인 조처에서 기인하는 것으로 보아도 좋을 것 같다.

이상에서 [표 4]에 대해 몇 가지 사실을 지적하였지만 문제는 '대중등'과 '高頭林城在軍主等'을 어떻게 이해해야 할 것인가에 있다. 대중등을 창녕비 등의 大等과 곧바로 직결시켜 이해한 견해[51]가 있으나, 그렇게 단정짓기는 어렵다. 왜냐하면 창녕비 등 진흥왕 순수비는 글자 그대로 왕이 순수하여 세웠으므로 귀족회의의 구성원인 대등이 隨駕한 것이나, 적성비는 왕의 순수에 의해 세워진 것이 아니다. 따라서 단순히 대중등을 대등과 연결짓는 견해에는 찬성할 수가 없다. 그것은 창녕비의 경우를 살펴보면 뚜렷하게 드러난다. 사실 뒤에 말하는 것처럼 지방관에 대해서는 창녕비와 적성비의 기술이 거의 일치한다. 이 두 비를 비교해 보기 위해 창녕비에서 지방관과 관련된 부분만을 정리하면 다음의 [표 5]와 같다.

---

48) 朱甫暾, 앞의 글, p.9.

49) 武田幸男, 앞의 글, pp.13∼14.

50) 李基白, 〈稟主考〉, 《新羅政治社會史硏究》, 일조각, 1974, p.146.

51) 李基白, 앞의 글(1978), p.26.

[표 5] 창녕비의 지방관과 관련한 부분들

	職　名		部　名	人　名	官等名
A	△大等		喙	居七夫智	一尺干
			喙	△　△　智	一尺干
			沙喙	△　力　智	△△干
B	△大等		喙	末　得　智	△尺干
			沙喙	△　聰　智	及尺干
C	四方軍主	比子伐軍主	沙喙	登△△智	沙尺干
		漢城軍主	喙	竹　夫　智	沙尺干
		碑利城軍主	喙	福　登　智	沙尺干
		甘文軍主	沙喙	心麥夫智	及尺干
D	上州行使大等		沙喙	宿　欣　智	及尺干
			喙	次　叱　智	奈　末
E	下州行使大等		沙喙	春　夫　智	大奈末
			喙	就　舜　智	大　舍
F	于抽悉支河西阿郡使大等		喙	比　△　智	大奈末
			沙喙	△△夫智	奈　末

　　창녕비에는 A에 앞서 왕을 隨駕한 대등의 인명이 열거되어 있다. 그런데 이 대등과는 달리 A와 B에는 △大等이란 직명이 보인다. 이 △大等이 대등과 구별되는 것은 두말할 필요가 없다. 이 A와 B의 △大等이 적성비의 대중등과 직접 연결되는 것이 아닐까? 이 △大等은 지방통치와 밀접한 관계를 갖고 있다. 지방관의 직명을 열거한 부분이 창녕비의 제5행과 6행에 걸쳐서 보인다.

(1) 大等與軍主幢主道使與外村主

　　필자는 이미 여기에 보이는 직명들을 창녕비 속에서 찾은 바 있다.[52] 그에 따르면 군주는 C의 四方軍主, 당주는 D, E, F의 2人 가운데 윗부분, 도사는 그 아랫부분으로 비정된다. 그렇다면 대등은 A와 B를 포함

---

52) 朱甫暾, 앞의 글, pp.5～11.

하여 그 윗부분에 기록된 전부를 지칭한 것이 된다. 즉 넓은 의미에서 (1)의 대등 속에는 중앙으로부터 국왕을 수가한 대등을 포함한다고 할지라도 좁은 의미에서는 A와 B를 지칭하는 것이 아닐까. 왜냐하면 대등은 국왕에 직속한 중앙 고관이므로 사실상 지방통치와는 직접적인 관계가 없어 보이기 때문이다. (1)에서 대등이 군주, 당주, 도사, 外村主 등의 지방관명과 나란히 기재된 것을 보면 왕에 직접 직속한 고관을 가리킨다고 보기보다는 차라리 그들과는 구분되는 A·B의 △大等을 지칭한다고 보는 것이 좋을 듯하다. 즉 A·B의 △大等은 국왕 행차시에 수가한 것이 아니라, 이미 比子伐 지방에 파견되어 있던 지방관과 밀접한 관련이 있는 직명이라 볼 수 있다. 따라서 王이 순수하지 않은 적성비의 대중등과 연결지어 볼 수가 있는 것이다. 이렇게 볼 때 우연인지도 모르겠으나, A와 B를 합친 인원이 5명으로 적성비의 대중등과 일치하는 점은 주목해도 좋을 듯하다. 이것도 또한 △大等과 대중등을 직결시킬 수 있는 하나의 근거가 된다.

이상에서 대중등이 창녕비의 △大等과 연결될 수 있음을 지적하였다. 그렇다면 대중등 또는 △大等의 실체는 과연 무엇일까? 이러한 문제의 해결에 하나의 실마리를 제공하는 것은 다음의 사료이다.

(2) 諸軍官 將軍共三十六人 掌大幢四人 貴幢四人 漢山停(羅人謂營爲停)三人 完山停三人 河西停二人 牛首停二人 位自眞骨上堂至上臣爲之……
   (《三國史記》40 職官下 武官條)

이는 중고기 신라 군단의 핵심인 6停의 최고지휘관 구성과 그 관등 범위를 기록한 것이다. 그 가운데 大幢의 장군이 주목된다. 6정 가운데 대당을 제외한 다른 군단은 모두 군주가 거느리고 지방에 파견된 군단이다.[53] 그것은 다음의 사료를 통해서 알 수 있다.

---

53) 위의 글, pp.31~34.

(3) 六停 一曰大幢 眞興王五年始置 衿色紫白 二曰上州停 眞興王十三年置
　　至文武王十三年改爲貴幢 衿色靑赤 三曰漢山停 本新州停 眞興王二十九
　　年 罷新州停 置南川停 眞平王二十六年 罷南川停 置漢山停 衿色黃靑 四
　　曰牛首停 本比烈忽停 文武王十三年 罷比烈忽停 置牛首停 衿色綠白 五
　　曰河西停 本悉直停 太宗王五年 罷悉直停 置河西停 衿色綠白 六曰完山
　　停 本下州停 神文王五年 罷下州停 置完山停 衿色白紫 (《三國史記》40
　　職官下)

이는 6정의 置廢를 전하는 것이나, 미비한 점이 있으므로《삼국사
기》신라본기에 의해 보완할 수 있다.[54] 6정과 그 置廢 문제에 대해서
는 여기에서 상세히 논할 겨를이 없지만, 대당은 다른 군단과 달리 王
京에만 배치되어 있었음은 분명하다. 대당의 移置 기사가 보이지 않는
것은 이를 증명한다. 그렇다면 대당이 왕경 수호의 임무만 담당하고
있었을까? 아마도 그렇지는 않았으리라 짐작된다. 다음의 사료는 그러
한 사실을 보여준다.

(4) ① 九年 春二月 高句麗與穢人攻百濟獨山城 百濟請救 王遣將軍朱玲 領勁
　　　卒三千擊之 殺獲甚衆 (《三國史記》4 新羅本紀 眞興王條)
　　② 十一年 春正月 百濟拔高句麗道薩城 三月 高句麗陷百濟金峴城 王乘兩
　　　國兵疲 命伊湌異斯夫出兵擊之 取二城增築 留甲士一千戍之 (《三國史
　　　記》4 新羅本紀 眞興王條)
　　③ 十二年……王命居柒夫等侵高句麗 乘勝取十郡 (《三國史記》 4 新羅本紀
　　　眞興王條)
　　④ 二年 冬十月 百濟侵西邊州郡 命伊湌世宗出師 擊破之於一善北 斬獲三
　　　千七百級 築內利西城 (《三國史記》4 新羅本紀 眞智王條)
　　⑤ 五十一年 秋八月 王遣大將軍龍春 舒玄副將軍庾信 侵高句麗娘臂城……
　　　(《三國史記》4 新羅本紀 眞平王條)
　　⑥ 五年 夏五月 蝦蟆大集宮西玉門池 王聞之 謂左右曰 蝦蟆怒目兵士之相
　　　也……乃命將軍閼川弼呑等往搜之……(《三國史記》5 新羅本紀 善德王條)

---

54) 末松保和,〈新羅幢停考〉,《新羅史の諸問題》, 1954, pp.328～346.

이상의 사료는 대당 설치 이후에 외적의 침입이 있을 때 왕명을 받아 중앙군단이 出征한 사례를 대충 뽑아본 것이지만, 이들은 분명히 군주가 통솔한 지방파견 군단은 아닐 것이다. 그렇다면 대당으로 비정할 수밖에 없다. 지방에 군주가 거느린 군단이 파견되어 있긴 하였으나 대규모의 전투에서는 이들 지방 파견 군단만으로는 감당하기 어려웠고, 따라서 왕명에 의해 대당이 파견되었다고 생각된다. 그렇다면 대중등은 4명으로 구성된 대당의 장군과 연결지을 수가 있게 된다. 이렇게 볼 때 대중등은 5명으로 되어 있는 반면, 대당의 장군은 4명인 점이 문제이다. 이를 규명할 수 있는 실마리는 대중등 또는 △大等의 첫머리에 기록된 異斯夫와 居柒夫의 관직의 해명에 있다.

이사부는 신라 최초의 군주를 역임하여 于山國을 복속시키는 등 신라의 동북지방 경영에 지대한 공을 세웠으며, 또한 金官加耶·大加耶 등 가야 제세력을 병합하는 데에서도 결정적 공을 세운 당대 제일의 名將이다. 이러한 그가 신라의 서북지방의 경영에 참가한 것은 당연하다고 하겠다. 그러면 그가 적성 경영에 참여할 때의 직명은 무엇이었을까. 여기에 해답을 제공하는 것은

> 二年 春三月 雪一尺 拜異斯夫爲兵部令 掌內外兵馬事 (《三國史記》 4 新羅本紀 眞興王條)

란 사료이다. 당시 그는 內外의 兵馬權을 쥔 兵部令이었다. 그는 어린 나이로 즉위한 진흥왕을 대신해 섭정한 母后에 의해 진흥왕 2년(541)에 병부령에 임명되어 정치·군사적 실권을 장악하였다. 아마도 이후 다른 관직을 역임한 기사가 없는 것으로 보아 사망할 때까지 병부령의 직책을 계속 맡고 있었음이 틀림없다.

거칠부는 이사부와는 상당히 가까운 혈연관계에 있었으며, 젊은 시절 고구려에 다녀온 바 있다. 545년에는 이사부의 추천으로 신라 최초의 역사책인 《국사》 편찬에 주도적인 역할을 다하였고, 551년에는 신라의 한강유역 탈취 작전에 8장군의 한 사람으로 출정하였으며, 眞智

王代는 상대등에 임명되기까지 하였다. 그런데 거칠부가 병부령에 임명되었다는 기사는 보이지 않는다. 이는 이사부가 병부령의 직책에 있었기 때문인 듯도 하다.

그러나 이미 진흥왕 5년에는 병부령 1명이 더 두어졌다. 병부령을 1명 더 증설한 이유는 같은 해에 설치된 대당의 보강을 목적으로 한 것으로 보고, 이때 거칠부가 병부령으로 임명되었다고 추측한 견해가 있다.[55] 물론 병부령이 증치된 바로 그 해에 거칠부가 거기에 임명되었다고 보기 어려운 점이 있다. 왜냐하면 그 다음해에 그는 《국사》를 편찬하고 있는바, 병부령의 직책으로서 그러한 일을 수행했다고 볼 수는 없기 때문이다. 여하튼 거칠부가 진흥왕대에 병부령을 역임한 것으로 본 견해는 타당하다고 생각되나 그 시기는 544년(진흥왕 5)이 아니라 8장군의 한 사람으로 출정하는 551년을 전후한 시기 또는 그 이후라고 보고 싶다. 아마 진흥왕이 親政을 하여 고구려를 침략하게 되는 12년(551년)이 아닐까?

이렇게 본다면 진흥왕대의 제1급 귀족이라고 할 수 있는 이사부와 거칠부는 모두 같은 시기에 병부령을 역임하였던 셈이다. 전자가 적성비에서 大衆等의 첫머리에, 후자가 창녕비의 △大等의 첫머리에 기록된 것은 모두 병부령의 직책에 있었기 때문이라 생각된다. 그렇다면 두 비문에 보이는 5명의 대중등 또는 △大等 가운데 1명은 병부령, 나머지 4명은 대당의 장군으로 볼 수가 있다. 병부령인 이사부와 거칠부를 제외한 4명이 대당 소속 장군과 數에서 일치하는 것은 우연의 소치로 돌릴 수 없다. 그러한 의미에서 대중등이 모두 진골이었다는 사실과 사료 (2)에서 6停의 장군들에 진골만이 임명된다는 것도 둘 사이의 관련성을 생각하는 데 참고로 된다.

이상과 같이 파악한다면 2명의 병부령 가운데 1명은 대당이 설치되

---

55) 申瀅植, 〈新羅의 國家的 成長과 兵部令〉, 《韓國古代史의 新研究》, 일조각, 1984, p.155.

면서 이 군단의 지휘권을 장악하여 때로는 지방에 파견되어 영토 확장을 해갔다고 생각된다. 이미 지방에 파견되어 있던 군주나 당주, 도사의 군사력만으로는 대규모의 전투를 감당하기 어려웠기 때문에 왕명을 직접 받은 대당이 병부령의 지휘 아래에 출정한 것이 분명하다고 본다.

요컨대 적성비의 대중등은 창녕비의 △大等과 그 성격을 함께 하며, 5명 가운데 1명은 병부령, 나머지 4명은 대당 소속의 장군임이 틀림없다고 생각한다.[56]

그러면 '高頭林城在軍主等'의 실체는 무엇일까? 이 가운데 '等'은 복수를 나타내는 어미이며, 같은 직명에 두 명이 임명되었으므로 붙여진 것이다. 이것은 대중등의 경우도 같다.[57] 그런데 같은 직명에 두 명의 군주가 임명된 것을 어떻게 이해해야 할까? 또한 高頭林城在는 무엇을 의미할까?

먼저 군주 複數制 문제부터 살펴보기로 하자. 다음의 사료는 군주가 복수로 임명되었을 가능성을 시사한다.

(5) 十五年 秋七月 修築明活城 百濟王明禮與加良來攻管山城 軍主角干于德伊湌耽知等逆戰失利 新州軍主金武力以州兵赴之 及交戰……(《三國史記》4 新羅本紀 眞興王條)

이 사료는 백제가 점령한 한강 하류의 6郡을 신라가 급습하여 탈취

---

56) 이렇게 보면 창녕비의 두 △大等은 왜 구별하여 기재하였을까가 문제로 되겠다. 그런데 《三國史記》에는 將軍職이라도 大將軍, 副將軍, 將軍 등의 구분이 있다. 이러한 직명 구별의 정확한 이유는 알 수가 없으나, 관등의 고하에 따른 구분이 아닐까 싶다. 창녕비에도 A의 3人의 △大等 가운데 거칠부를 제외한 2人에서 1人은 一尺干이며, B의 2人 가운데 1人은 불명이나, 1人은 及尺干으로 관등이 낮다. 그렇다면 大幢 소속 4人의 장군 가운데서도 관등의 高下에 따른 직명의 구별이 있었다고 보아도 되겠다. 창녕비의 A와 B의 구분은 이러한 데에서 말미암는 것이라 생각된다.

57) 李基白, 앞의 글(1978), p.26.

하자, 백제의 성왕이 가야와 연합하여 신라에 복수전을 행하였음을 보여준다.[58] 그런데 성왕의 군대를 맞이하여 2명의 군주인 于德과 耽知가 함께 싸웠다. 이 직명이 정확하다면 군주는 복수로 임명된 것이 된다. 그렇게 본다면 이 2명의 군주는 어디에 있던 군주일까가 문제된다. 이 2명이 모두 新州軍主는 아닌 듯하다. 553년 新州가 설치될 때 金武力이 군주로 임명되었으며, 사료 (5)에서도 그가 보이므로 이들은 신주 군주는 아니라 생각된다. 당시 州가 설치되어 군주가 파견된 곳은 上州(停)와 東海岸 방면에서 찾아야 한다. 그런데 동해안 지방에는 505년 최초로 州가 설치되어 이사부가 悉直軍主로 되고 512년 何瑟羅軍主를 역임한 이래 州의 置廢 또는 군주 임명 기사가 보이지 않다가, 진흥왕 17년(556) 갑작스레 比列忽州를 설치하고 여기에 군주를 임명한 기사가 나타난다. 비열홀주를 설치하면서 廢止한 州가 없는 점으로 그 사이에 군주가 파견되지 않았을 가능성이 크다. 설사 그렇지 않다고 하더라도 지리적으로 멀리 떨어진 동해안에 파견되어 있던 군주가 백제의 管山城 공격에 가담하였다고 보기란 어렵다. 그렇다면 자연히 上州에 파견된 군주로 비정할 수밖에 없다.

상주는 법흥왕 12년(525)에 이미 州가 설치되고 군주가 파견되었으며 그 뒤의 변화는 알 수 없으나, 사료 (3)에서 볼 수 있듯이 진흥왕 13년(552) 上州停을 설치한 것처럼 되어 있다. 525년의 어느 시점부터 552년 사이에 군주가 파견되지 않았을 가능성도 생각할 수 있다. 그러나 상주 지방은 원래 沙伐國이 있던 곳으로 의외로 일찍부터 신라에 복속된 듯하며,[59] 對고구려, 對백제 작전에서는 지리적으로 대단히 중요한 위치이다. 따라서 그 사이에 州가 폐지되었다고 보기는 어렵다. 특히 진흥왕 12년(551) 王이 娘城에까지 순수하고 있는 것을 보면, 상

---

58) 朱甫暾, 〈加耶滅亡問題에 대한 一考察〉, 《慶北史學》 4, 1982, p.177.

59) 《三國史記》 34, 地理志 尙州條에는 沾解王代로 되어 있다. 이를 그대로 믿기는 어렵다고 하더라도 沙伐國이 신라에 복속된 시기가 상당히 이른 것은 분명하다.

주 지방에 군주가 계속 파견되고 있었다고 보는 것이 타당할 듯하다.

이상과 같이 볼 때 사료 (5)의 2명의 군주는 상주에 파견된 군주로 보는 것이 옳다고 생각한다. 그러면 新州軍主는 金武力 1명만 임명되었는데 왜 상주군주만 복수제를 취하였을까 하는 의문이 생긴다. 이 점은 사료 (2)를 통해서 해명할 수 있을 듯하다. 사료 (2)에서 볼 수 있듯이 大幢과 貴幢, 즉 상주정 소속의 장군은 각각 4명인 반면, 漢山停과 下州停은 3명으로 되어 있다. 상주정이 뒷날 귀당으로 명칭이 바뀌어 대당과 유사한 명칭을 갖는 것을 보면 다른 停보다 중요시되었던 것 같고, 또한 소속 장군의 인원도 다른 停과 달리 대당과 동일하다. 이렇게 보면 상주는 다른 州(停)보다는 격이 높았다고 볼 수가 있다. 그러므로 554년 당시 신주보다 더 많은 군주가 파견되었다고 보아도 크게 무리하지는 않다.

그러면 4명의 군주가 보이지 않고 2명만 보이는 이유는 무엇일까? 그것은 당시 2명의 군주밖에 없었기 때문이 아닐까. 병부령의 경우 법흥왕 3년(또는 4년)에 두어진 이후 진흥왕 5년과 武烈王 6년에 각각 1명씩 추가되었다는 점을 고려하면, 停 소속의 장군도 점차적으로 증가되어 갔다고 보아 어긋나지 않을 것이다.

요컨대 진흥왕대에 신주를 비롯한 여타의 州에는 1명의 군주(장군)밖에 파견되지 않았지만 상주는 對고구려·백제의 군사적 중요성으로 말미암아 2명의 군주가 파견되어 있었다고 생각된다. 이후 점차 신라가 영역을 확장해 가는 과정에서 4명으로(다른 곳은 2~3명) 증가된 것으로 헤아려진다. 그러한 점에서 군주는 뒷날의 都督과는 성격을 달리하며 停의 장군의 前身으로 추측한 견해[60]는 타당하다고 본다.

이상 停의 장군이 바로 군주의 後身이라는 관점에서 상주정에는 진흥왕 당시에 2명의 군주가 임명된 것으로 보았거니와, 이것이 곧 적성

---

60) 朱甫暾, 앞의 글(1979), p.34에서는 이 복수제의 채택시기를 軍主에서 摠管으로 改稱된 시기로 본 바 있으나, 이미 그 이전에도 上州에서는 복수제가 채택되고 있었다고 본다.

비에 보이는 '高頭林城在軍主等'과 직결된다. 그것은 위에서 사료 (5)를 통해서 확실해졌다. 이들을 상주에 파견된 군주로 볼 수 있는 또 하나의 근거는 그 아래의 勿思伐城이나 鄒文村이 上州의 관할로 비정되기 때문이다.[61] 따라서 2명의 '高頭林城在軍主'는 上州에 파견된 군주라 단언하여도 좋을 것이다.

그러면 '高頭林城在軍主等'으로 되어 있는 이유는 무엇인가? 이를 글자 그대로 이해한다면 '高頭林城에 있는 군주들'이란 정도의 뜻이 될 것이다. 군주가 거느린 군단은 일정한 지역에 정주해 있는 것이 아니라 군사적 상황에 따라 그 군영[州治]을 이동하고 있었다. 그렇다면 '高頭林城在軍主等'이란 上州에 파견되어 있던 군주의 군단이 적성 공략에 즈음하여 고두림성으로 이동해 온 것이 된다.

요컨대 '高頭林城在軍主等'은 상주 지방에 파견된 2명의 군주로 그가 거느린 군단이 고두림성에 鎭戌하고 있는 데서 비롯된 직명이라고 본다.

끝으로 당주에 대해서 살펴보기로 한다. 군주가 왕경인으로 편성된 군단을 통솔하고 지방에 파견된 것과는 달리 당주는 지방관으로 편성된 군단을 통솔하고 있었다. 비록 당주가 1개의 行政(城)村名으로 그 직명을 나타내고 있으나, 그의 관할구역은 몇 개의 행정(성)촌출신자로 편성되었다.[62] 군주가 자기 휘하의 군단을 옮기면 그 직명이 바뀌는 것과는 달리 당주는 그 군단을 다른 곳으로 이동하여도 명칭이 바뀌지 않았다. 이것은 군주가 군단장적 성격을 강하게 지닌 것과는 달리 당주가 지방관적 성격을 강하게 지니고 있음을 보여준다. 이러한 점에서도 군주와 당주는 커다란 차이가 있었다.

다음은 적성비의 (B) 부분에 대해 검토해 보기로 하자. 1절에서의 복원을 바탕으로 이를 정리하면 [표 6]과 같다.

---

61) 武田幸男, 앞의 글, pp.19~20.
62) 朱甫暾, 앞의 글(1979), p.22.

[표 6] 적성비와 관련된 또는 立碑 관련자들의 인적사항

	役 名	職 名	出身地	人 名	官 等	備 考
A		……道使 鄒文村幢主使人 勿思伐城幢主使人 ……人	本彼部 鄒文村 那利村	棄弗耽郝失利 ? △第次 勿支次	大舍 ? ? 阿尺	王京人 地方民 地方民 地方民
B	書 人		喙 部	?	?	王京人
C	……使人石 書立人	非今皆里村道使	……部 (喙 또는 沙喙)	……智 (△△△ 또는 △△)	大烏	王京人

위의 표에서 알 수 있는 것처럼 왕경인 3명, 지방민 3명, 모두 6명이 지만, 이를 세 그룹으로 대별할 수 있다. A그룹은 役名을 갖지 않으며 B는 역명뿐이며, C는 역명과 직명을 동시에 갖고 있다. 따라서 엄밀한 의미에서 보면 입비에 직접 관여한 것은 B와 C뿐이다.[63] A는 입비와는 사실상 무관하다고 보아야 한다. B는 직접 적성비문을 작성한 인물이 므로 일단 논의의 대상에서 제외된다.

A는 도사란 직명을 가진 왕경인과 지방민으로 대별된다. 도사는 신 라의 지방통치조직의 근간인 행정성촌에 파견된 지방관임은 두말할 필요가 없다. 鄒文村幢主使人과 勿思伐城幢主使人은 각각 당주에 소 속된 직속관이다. 이들의 출신지가 당주에 붙여진 행정(성)촌명과 같 거나 다르다는 것은 당주가 2개 이상의 행정(성)촌을 통할하고 있었다 는 것을 의미한다.[64] 직명을 알 수 없는 勿支次란 인물은 당주 또는 도 사의 어느 편에 직속된 것인지 알 수가 없다. 두 使人의 예로 보아 그 에 준하여 이해하는 것이 바람직하다고 본다. 이들 지방민들과 도사와 의 관계는 잘 알 수가 없으나, 다만 확실한 것은 그들의 직명으로 보아

---

63) 일반적으로 이들을 모두 立碑 관계자로 생각하고 있으나, 엄밀하게 말하면 役名을 갖는 B·C만 그렇다고 보아야 한다.

64) 朱甫暾, 앞의 글(1979), pp.22~24.

도사의 직접적인 통솔을 받지 않는 점이다.

C의 역명은 '……人石書立人'으로 "비를 쓰고 세우게 한 사람"이라고 보는 것이 타당할 것이다.[65] 아마도 적성비를 쓰고 세우는 데 관여한 총책임자라고 보아야 할 것 같다. 여기서 '石書立'이라고 한 것은 왕경인 출신의 書人이 쓴 글씨를 刻字하고 비를 세우게 했다는 정도의 의미로 보아 좋을 듯하다. 그렇다면 도사의 지휘를 받는 지방민 집단이 따로 있었다고 해야겠다. 이들 지방민들은 모두 도사가 소속한 村이라고 생각된다. 즉 非今皆里村道使를 따라 적성까지 온 지방민이 그에 해당될 것이다. 2명의 도사 가운데 1명이 입비 책임자로 되어 있으나, 이는 그의 본래의 직능은 아닐 것이다. 아마도 이들은 당주의 직접적인 지휘 아래에서 지방민의 동원책임을 받아 적성공략에 참여하였다고 보아야겠다. 그러한 의미에서 이들을 적성 경영의 추진층이라 본 견해[66]는 타당하다고 생각된다.

도사와 당주는 뚜렷한 차이가 있다. 당주가 대중등 및 군주와 함께 王敎를 직접 받는 데 비하여 도사는 거기에서 일단 제외되었다. 또한 관등으로 볼 때도 군주와 당주의 사이에는 관등의 교차가 인정되나, 당주와 도사 사이에는 관등의 교차가 없어 현격한 단층이 보인다.[67] 이러한 점에서 당주는 도사보다는 군주에 가까운 성격을 지니고 있다고 하겠다. 그러나 둘은 모두 지방민을 직접 통솔하고 있다는 점에서는 동질적이다. 그렇다면 당주는 군주적인 성격과 도사적인 성격을 동시에 지닌 중간적 존재로 볼 수 있겠다. 즉 당주는 지방관적이며 동시에 군단장적 성격을 함께 지닌 직명이다. 이는 신라 중고기 兵制와 지방제도의 미분리성을 여실히 증명하는 예라 하겠다.

이상 적성비에 보이는 새로운 職名을 고찰하였다. 요컨대 신라의 적

---

65) '人' 자 앞의 글자는 파괴되어 알 수가 없으나 현재 남아 있는 자획으로 보아 '使'임이 거의 확실하기 때문에 그러한 해석이 가능하다.
66) 武田幸男, 앞의 글, pp.15~20.
67) 주 25)와 같음.

성공략은 중앙에서 파견된 兵部令 및 大幢 소속의 大衆等의 주도 아래 軍主, 幢主, 道使와 함께 지방민의 적극적인 협력에 의해 가능하였던 것이다. 이러한 의미에서 적성비는 창녕비와 지극히 유사한 구조를 갖고 있다고 말할 수 있다.

5. 建碑의 연대문제

赤城碑가 진흥왕대에 건립된 것은 틀림없으나, 그 절대연대에 대해서는 異論이 많다. 그것은 연대를 기록한 제1행의 상단부가 파괴되어 버렸기 때문이다. 그 까닭으로 여러 가지 다른 방법을 동원하여 비의 건립연대를 추적하지 않을 수 없게 되었다.

지금까지 적성비의 연대를 추정한 방법은 대체로 두 가지로 집약되고 있다. 하나는 적성 지방이 신라의 영토로 편입된 시기를 중시하는 입장이며,[68] 또 다른 하나는 비문에 보이는 인명을 문헌사료와 비교하고, 나아가 그들의 관등을 통하여 추정하려는 입장이다.[69] 전자에 따르면 비의 건립연대는 551년 이후가 되며, 후자에 따른다면 551년 이전이 된다. 아래에서 두 견해의 논거를 살펴보고 문제점을 지적하면서 필자 나름의 견해를 피력하고자 한다.

신라의 적성 지방 領有시기를 중시하는 견해는 다음의 사료에 바탕하고 있다.

> (6) ① 十一年 春正月 百濟拔高句麗道薩城 三月高句麗陷百濟金峴城 王乘兩國兵疲命伊湌異斯夫 出兵擊之 取二城 增築 留甲士戌之……(《三國史記》4 新羅本紀 眞興王條)
> ② 十二年 …… 王命居柒夫等侵高句麗 乘勝取十郡(《三國史記》4 新羅本紀 眞興王條)

---

68) 李基白·任昌淳 등을 그 대표로 들 수 있다.
69) 邊太燮에 의해 주장되었으며, 車文燮·武田幸男 등 여러 연구자들이 이에 동조하고 있다.

③ 十二年 辛未 王命居柒夫及仇珍大角湌 比台角湌 耽知帀湌 非西迊湌
  奴夫波珍湌 西力夫波珍湌 比次夫大阿湌 未珍夫阿湌等八將軍 與百濟
  侵 高句麗百濟人先攻破平壤 居柒夫等乘勝取竹嶺以外高峴以內十郡
  (《三國史記》44 列傳 居柒夫傳)

이 사료에 따르면 진흥왕 11년(550) 백제와 고구려 두 나라가 道薩城
과 金峴城을 사이에 두고 치열한 공방전을 전개하고 있을 무렵, 신라
가 이 두 성을 攻取하고, 진흥왕 12년(551)에는 백제와 연합하여 한강
유역을 탈취하였는바, 백제는 한강 하류의 6郡을, 신라는 한강 상류의
竹嶺以外高峴以內의 10郡을 점령하였다.[70] 이 10군의 정확한 위치를
낱낱이 확인하기는 어려우나, 적성 지방도 바로 이때에 신라 영토로
편입하였다는 것이다. 이러한 사실에 충실할 경우 적성비 건립연대의
상한은 곧 551년이며, 더욱이 진흥왕이 이 지역으로 순수하는 때가 진
흥왕 16년(555)이므로 이 사이로 보는 편이 타당하다는 것이다.

이러한 견해에는 몇 가지 문제점이 있다. 첫째, ‘竹嶺以外高峴以內
十郡’의 정확한 위치가 밝혀져야만 한다. 사실 표현 자체에만 치중하
면 적성 지방도 여기에 포함시켜 볼 수도 있지만, 단정짓기는 어렵다.
이보다 앞서 적성 지방이 신라영토로 편입되었을 가능성도 있다. 특히
적성이 한강유역 진출을 위한 전초기지로서의 기능을 갖고 있었다고
한다면,[71] 더욱 그러하다.

둘째, 551년으로 볼 때 이 지역 공략의 주동인물로 《삼국사기》에는
거칠부 등 8장군으로 되어 있으나, 적성비에는 이사부가 적성 지방 진
출의 주동인물로 되어 있어 이에 대한 적절한 해명이 필요하다. 그리
고 진흥왕이 이 지역으로 순수하는 555년으로 보는 것도 문제가 있다.
왜냐하면 적성비에는 진흥왕이 순수한 흔적이 전혀 보이지 않기 때문
이다.

---

70) 朱甫暾, 앞의 글(1982), pp.17~18.
71) 武田幸男, 앞의 글, p.30.

셋째, 551년 이후로 볼 때 무엇보다 중요한 것은 적성비에 보이는 인물의 관등이 《삼국사기》에 보이는 인물의 그것과 일치하지 않는 점이다. 가령 比次夫의 경우 적성비에서는 阿干으로 되어 있으나, 《삼국사기》에는 551년에 大阿干으로 되어 있다. 물론 이 기록이 반드시 정확하다고 단정할 수는 없겠으나, 그렇다고 특별한 근거 없이 이를 부정해 버리는 것도 바람직하지 못하다.

요컨대 적성 지방이 신라에 편입되는 시기를 중시하여, 적성비의 건립연대를 551년, 또는 551년에서 555년 사이라고 보는 견해는 이상의 몇 가지 사실에 대한 적절한 해명이 따라야만 설득력을 가질 수 있다.

다음은 적성비에 나타난 人名과 그들의 官等을 중시하여 551년 이전으로 보는 견해들을 살펴보자.

적성비에 보이는 인물로 史書에 뚜렷하게 확인되는 것은 異斯夫, 比次夫, 武力의 3명이며, 이 밖에 豆彌智를 《삼국사기》의 耽知에,[72] 內禮夫智를 弩里夫[73]에 비정하는 견해가 있다. 여기에 더하여 제3행의 △△夫智를 거칠부로 본다면[74] 전체 6명이 된다. 이 가운데 관등과 관련하여 문제가 되는 것은 비차부, 무력, 탐지, 거칠부 4명이다. 비차부는 사료 (6)의 ③에는 大阿湌으로 되어 있다. 무력은 阿湌으로 신주군주에 임명되었다. 탐지는 551년에는 迊湌이었으며 554년에는 伊湌이었다. 한편 거칠부는 545년에는 대아찬으로 국사를 편찬하였으며, 그 공으로 波珍湌으로 승진하였다. 이들 가운데 비차부, 탐지, 거칠부의 관등을 중시한다면 적성비의 건립연대는 분명히 551년 이전으로 거슬러 올라간다. 그리고 특히 거칠부의 관등을 참작한다면 적성비에는 대아찬으로 되어 있으므로 비의 건립연대는 545년 이전이 되게 된다.

그런데 이러한 견해가 타당성을 지니려면 아무래도 적성 지방의 편

---

72) 위의 글, p.13.

73) 李基白, 앞의 글(1978), p.28.

74) 제2차 학술좌담회에서 車文燮이 그를 지적한 이래 邊太燮·武田幸男 등이 동조하고 있다.

입시기가 문제된다. 관등 문제를 중시하여 편입시기를 551년 이전으로 올려 본다면 신라가 한강유역 진출 후 획득한 '竹嶺以外高峴以內十郡'의 사실이 부정되기 때문이다. 따라서 이에 대한 적절한 해명이 뒤따르지 않는다면 관등에 바탕하여 551년 이전으로 본 견해는 성립하기 어렵겠다. 결국 적성비의 건립연대를 결정하는 관건은 '竹嶺以外高峴以內十郡'의 문제와 관등의 문제를 무리 없이 해명하는 데 있다고 하겠다. 이 까닭으로 武田幸男은 이 문제를 해명하기 위해 다음의 사료를 제시하였다.[75]

(7) 及陽岡王卽位 溫達奏曰 惟新羅割我漢北之地爲郡縣 百姓痛恨 未嘗忘父母之國 願大王不以愚不肖 授之以兵一往 必還吾地 王許焉臨行誓曰 鷄立峴竹嶺以西 不歸於我 則不返也 遂行 與羅軍戰於阿旦城之下 爲流失所中路而死 (《三國史記》 45 列傳 溫達傳)

이 사료를 그대로 받아들인다면 고구려가 '鷄立峴竹嶺以西'의 영토를 陽原(岡)王(545~558)이 즉위하기 이전에 이미 상실한 셈이 된다. 따라서 적성비의 건립연대를 545년 이전으로 볼 수도 있다. 그러나 이 사료를 그대로 믿기는 어렵다. 왜냐하면 온달전에 그가 平原王(559~589)代의 인물로 되어 있기 때문이다. 뿐만 아니라 신라의 한강유역 진출로 장악한 '竹嶺以外高峴以內十郡'의 기사가 사실상 부정되기 때문이다. 그러므로 '及陽岡卽位'는 嬰陽王의 잘못으로 보아야 하며,[76] '鷄立峴·竹嶺以西'도 곧 551년에 상실한 바로 '竹嶺以外高峴以內十郡'으로 보는 것이 순조롭다.

또 하나의 문제는 居柒夫에 관해서이다. 제3행의 첫 인물을 거칠부로 본다면 적성비의 건립을 545년 이전으로 볼 수도 있다. 그러나 이를 거칠부로 추정할 만한 근거는 어디에도 없으며, 따라서 이를 바탕으로

---

75) 武田幸男, 앞의 글, p.31 참조.
76) 李丙燾, 《韓國史》 古代篇, 을유문화사, 1959, pp.457~458.

建碑年代를 비정하는 것은 결코 바람직하지 못하다고 하겠다.

이상에서 적성비의 연대문제를 둘러싼 두 견해를 간략히 검토해 보았다. 두 견해 모두 일면 수긍할 만한 점도 있으나, 보완해야 할 점도 여럿이다. 아래에 그러한 점들을 염두에 두면서 필자 나름의 견해를 제시하고자 한다.

우선 지적해 두고 싶은 것은 적성공략의 주동인물은 異斯夫란 사실이다. 따라서 이사부가 중심이 되어 이 지방을 공략한 기사에 주목하고자 한다.

(8) 十一年 春正月 百濟拔高句麗道薩城 三月 高句麗陷百濟金峴城 王乘兩
   國兵疲 命伊湌異斯夫出兵擊之 取二城增築 留甲士一千戍之 (《三國史
   記》4 新羅本紀 眞興王條 및 《三國史記》44 列傳 異斯夫傳)

550년 백제와 고구려가 道薩城과 金峴城을 사이에 두고 치열한 접전을 벌이고 있을 때 진흥왕이 이사부로 하여금 이 두 성을 공취하게 하고 甲士를 주둔시켰다는 것이다. 앞서 본 것처럼 이사부는 병부령으로서 대당이란 군단을 거느리고 출정하였다. 그런데 이때 공취한 두 城에 대해서는 약간의 의문이 있다. 왜냐하면 신라는 433년 이래 백제와는 군사동맹을 체결하고 있었으므로, 백제의 영토를 점령했다고 보기란 어렵기 때문이다. 더욱이 551년에는 백제와 연합하여 한강유역의 탈취작전을 감행하고 있다. 따라서 신라가 백제의 영토를 영유했다고 보기는 어렵다. 특히 양국이 아무리 지쳐 있었다고 하더라도 두 나라의 쟁탈지역을 신라가 장악한다면 고구려·백제를 모두 적으로 삼는 결과가 된다. 또한 이때 신라가 고구려 영토뿐만 아니라 백제 영토까지도 점령하였다면, 551년 나제연합군의 결성을 보기는 어려웠을 것이다. 이러한 관점에서 보면 신라가 공취한 두 성을 도살성과 금현성으로 보는 것은 적절하지 못하다. 따라서 필자는 신라가 공취한 2城은 도살성과 금현성이 아니라, 명칭을 알 수 없는 또 다른 고구려의 2성이라 생각한다. 물론 문맥상으로 볼 때 2성을 도살성과 금현성으로 보는 것이 적절할 듯하나 그러나 위에서 말하였듯이 전후의 상황에 불합리한 점이 있기 때문이다. 그러므로 필자는 위의 사료를 다음과 같이 이해하는 것이 바람직하다고 본다.

> "春正月에 백제가 고구려의 도살성을 함락하였다. 3월에는 고구려가 백제의 금현성을 함락하였다. 진흥왕은 양국이 피폐한 틈을 타 이사부에게 출병하여 (고구려를) 공격하기를 명령했다. 이사부는 (고구려의) 2城을 공취하여 증축하고 갑사 1千을 주둔시켰다."

이렇게 이해한다면 고구려와 백제가 접경지대인 도살성과 금현성을 사이에 두고 치열한 공방전을 전개하고 있을 때 신라는 나제동맹에 따라서 백제를 원조하면서 고구려의 2성을 공략하고 갑사를 주둔시켰던 결과로 된다. 그 여세를 몰아 551년에는 백제와 함께 한강유역으로 진출하게 되는 것이다.

이상과 같이 이사부가 공취한 2성을 도살성과 금현성으로 보지 않고 이름을 알 수 없는 고구려의 성으로 파악하였다. 그렇다면 이 성의 위치는 어디일까가 문제로 된다. 필자는 이 2성을 적성 지방으로 보고자 한다. 적성비에는 고구려의 성으로 생각되는 적성과 고두림성이 보인다. 따라서 550년에 공취한 두 성이란 바로 적성과 고두림성을 가리키는 것이라 추정한다.

이렇게 볼 때 문제는 이 적성과 고두림성을 '竹嶺以外高峴以內十郡'과 어떻게 관련지어 이해하느냐에 있다. 사실 지리적으로 보아 이 2성을 일단 10郡의 범위 속에 포함시키는 것이 타당할 듯하다. 그러나 이 2성으로 1郡이 형성되는 것이 아니라 1郡 가운데 한 부분이라 보는 것이 좋을 듯하다.[77] 신라는 이 두 성을 전초기지로 삼아 551년 백제와 연합하여 한강 상류의 10郡을 탈취하게 되는 것이 아닐까. 결국 적성과

---

77) 신라의 경우 南山新城碑에 따르면 1郡을 형성하는 城(村)의 수는 대체로 3~4개 이상으로 나타나 있는 것도 이러한 점에서 참고된다.

고두림성을 발판으로 신라는 한강유역으로 진출할 수 있는 기반을 마련하고, 551년 이 두 성을 포함하는 竹嶺以外 高峴以內 10郡의 영토를 점령하게 되는 셈이다.

요컨대 필자는 이사부의 활동에 주목하여 적성비의 건립연대를 진흥왕 11년(550)으로 본다. 550년 고구려와 백제가 도살성과 금현성을 사이에 두고 싸움을 전개하고 있을 때, 이사부가 이끄는 신라 군대는 고구려의 적성과 고두림성을 공취하였으며, 이를 전초기지로 삼아 551년에는 거칠부 등 8장군이 이끄는 군대가 한강 상류의 10郡을 완전히 영토에 편입하게 만들었던 것이다.

적성비의 건립연대를 550년으로 본다면 관등 문제와의 모순도 저절로 해결된다. 즉 비차부는 550년에는 아찬이었으나, 551년에는 대아찬으로 승진하였다. 그리고 무력은 550년에 아찬이었고 553년에도 여전히 아찬이었다. 또 두미지(耽知)는 550년에는 波珍飡이었으나, 551년에는 迊飡, 554년에는 伊飡으로 승진한 것이 된다. 따라서 적성비를 550년으로 볼 때 관등의 문제도 자연스럽게 이해된다.

요컨대 이사부가 중심이 된 적성 지방의 경영은 곧 《삼국사기》 신라본기 진흥왕 11년조와 부합하며, 따라서 바로 이 해가 적성비의 건립연대가 아닐까 싶다.

6. 맺음말

필자가 적성비를 더욱 철저하게 검토해 보려고 생각한 것은 신라 중고기의 지방통치체제와 촌락의 양상 및 그 지배실태에 대한 문제를 해명할 수 있는 실마리를 찾으려는 관심에서였다. 그러한 과정에서 다른 중고기 금석문들도 면밀히 조사해 보게 되었고, 그 결과 판독자들 사이에 견해를 달리하는 부분이 상당히 많음을 발견하였다.[78] 그럼에도

---

78) 筆者가 조사한 바에 따르면, 창녕비의 판독에 견해가 틀린 글자수는 100여 자

일부의 연구자들은 아무런 비판 없이 특정한 석문을 그대로 활용하고 있다. 물론 금석문이 체계적인 사실을 전하고 있는 것이 아니므로 일부 글자에 잘못된 곳이 있다고 할지라도 전체적인 이해에 결정적 영향을 미치지는 않을 수도 있겠으나, 그러나 문헌사료의 신빙성이 항상 논란의 대상이 되고 있는 고대사 분야에서는 그러한 잘못이 의외의 결과를 초래할 수도 있다는 것은 어느 누구도 부인하지는 못하는 사실이다. 따라서 금석문을 사료로써 이용하는 데에는 정확한 석문의 작성이 무엇보다 요구되며 선행되어야 한다.

적성비에 대해서는 다른 中古의 금석문들과는 달리 판독에서 견해차이가 있는 곳은 몇 자밖에 없다. 그러나 비 상단부의 파괴는 비문에 대한 전체적인 이해를 어렵게 하고 있다. 그 가운데서도 무척 다행스럽게 여겨지는 것은 비편이 21字 발견됨으로써 부분적인 복원이 가능해진 점이다. 사료가 빈약한 고대사 연구에서 금석문 자료는 비록 단편적이어서 체계적인 이해에는 한계가 있으나 문헌사료의 결함을 보완하는 데는 거의 절대적이라고 해도 과언이 아니다. 따라서 적성비를 사실의 구명을 위한 자료로서 활용하기에 앞서 가능한 복원에 바탕한 정확한 석문을 작성하고 나아가 본문에 대한 올바른 이해가 선결되어야 할 것으로 생각한다. 그 까닭으로 이 절에서는 미흡하나마 비문 자체의 복원과 분석에 주안점을 두고자 하였다.

적성비에는 신라의 지방통치체제뿐만 아니라, 율령제도, 관등제도 등에 대한 중요한 내용을 포함하고 있다. 특히 赤城佃舍法 등은 다른 사료에서는 전혀 보이지 않는 생소한 용어이다. 또한 국법 등에 대해서도 법흥왕대 반포된 율령과 밀접한 관련을 갖는 것은 분명하나, 佃舍法과 관계되는 구체적인 내용은 분명하지가 않다. 비문의 내용을 보면 알 수 있듯이 진흥왕대에 이미 율령제가 상당히 발달하고 있었다.

에 달한다. 그 밖에 中古의 金石文에 대해서도 비슷한 양상을 보이고 있다. 한층 치밀한 조사가 요망된다.

따라서 적성비에 보이는 율령제와 그와 관련된 토지제도 등에 대해서는 앞으로 더욱 밀도 있는 천착이 필요하다고 본다. 다만 이때 고려의 대상에 넣어야 하는 것은 적성비에 담고 있는 내용이 변경지대의 것으로, 이를 신라 전역에 확대 적용할 수 있는지의 여부이다. 중국의 경우 均田制를 시행하고 있었다고 하나, 전 영토에 걸쳐 시행된 것이 아니라 변경지대에 한정되어 실시되었다고 보는 학설이 유력한 실정이고 보면, 전사법도 이를 고려하여 이해해야 할 것이다.

적성비는 신라 最古의 금석문에 속한다. 특히 對복속민에 대한 시책이나 이후 신라의 새로운 영역에 대한 통치의 기본방향이 나타나 있다. 신라의 영토는 진흥왕대 이후 끊임없이 확대되어 결국 삼국을 통합하게 되거니와, 삼국통일기 對백제·對고구려의 영역지배와 遺民施策과도 관련을 가질 수가 있다. 말하자면 삼국통일 후의 신라의 통치책과도 연결될 수 있다는 점에서도 적성비는 중요하게 다루어져야 할 것이다.

이 글에서 행한 작업은 모두 정곡을 얻은 것이라고 확언할 수 없다. 그러한 의미에서 적성비에 대한 하나의 試論에 지나지 않는다고 하겠다. 그러나 앞으로 이와 같은 작업은 끊임없이 행해져야 할 것이며, 그러한 과정 속에서 우리는 적성비 자체와 그와 관련한 문제점들을 완벽하게 이해할 수 있을 것으로 믿는다. 필자 스스로 이와 같은 작업을 지속적으로 해 나가려 한다.

제**2**편

金石文과 6세기 新羅의 力役動員體制

제5장
明活山城作城碑의 力役動員體制와 村落

1. 머리말

1988년은 한국금석문사에서 특기해도 좋을 한 해였다. 524년에 건립된 蔚珍鳳坪新羅碑가 발견되었을 뿐만 아니라 뒷날 明活山城作城碑(이하 作城碑라 함)로 이름 붙은[1] 6세기 중엽의 새로운 신라비가 왕도였던 경주에서 발견되었기 때문이다.

봉평비는 당시로서는 신라 最古의 비였을 뿐만 아니라 비문이 거의 원상을 갖추고 있고 내용 또한 풍부하여 신라사의 공백을 적지 않게 메워줄 수 있다는 점에서 많은 연구자들의 관심을 끌기에 충분하였다.

그러나 같은 해 발견된 작성비는 의외로 연구자들의 관심을 별로 불러일으키지 못하였다. 그것은 봉평비의 위세에 눌린 탓도 있지만 비문 자체가 591년에 건립된 南山新城碑(이하 '新城碑'라 함)와 유사하여 신라사의 이해에 보탬이 될 만한 새로운 내용이 그렇게 많지 않다고 판단한 선입견 때문이 아닌가 싶다. 이는 이후 몇몇 연구자들이 이 비를 남산비와 대비하여 분석한 내용을 검토하면 잘 드러난다.

지금까지 작성비에 대해서는 판독이나 문장의 구성, 성격, 해석 등

---

1) 朴方龍, 〈明活山城作城碑의 檢討〉, 《美術資料》 41, 1988, p.60.

몇몇 기초적인 작업들이 행하여져[2] 대체적인 이해는 가능하게 되었다. 그렇지만 다음의 몇 가지 점에서 기존의 이해들은 약간의 문제를 안고 있다고 생각된다.

첫째, 작성비를 신성비와 대비하면서 그와 유사한 점만을 중심으로 파악하였지 두 비문의 구성이 보여주는 차이점에는 별로 着目하지 못하였던 점이다. 작성비를 분석하여 그 성격을 밝히는 데는 물론 신성비와의 유사점이 당연히 고려되어야 하겠지만 차이점을 소홀히 하여서는 안 된다. 오히려 차이점을 더 중시하는 것이 두 비문의 성격을 명확히 하는 데는 훨씬 유효한 접근방법이라 생각된다. 둘째, 그와 관련하지만 두 비의 건립은 40년이란 시간적인 격차가 있고, 따라서 그 동안의 신라사회의 변화해 간 모습이 비문 속에 반영되었을 것임에도 불구하고 이 점을 명확하게 인식하지 못한 점이다. 이는 어쩌면 두 비의 차이점보다 유사성을 강조하였던 데서 온 당연한 결과인지 모르겠다. 이러한 변화를 추적해 내지 못할 때 새로운 금석문의 출현이 갖는 의의는 반감될 수밖에 없을 것이다.

이 글은 기왕의 연구에서 드러난 이상과 같은 두 가지 문제점을 인식하면서 작성비의 분석을 토대로 6세기 후반 신라의 촌락지배 실태와 그에 바탕하는 力役동원체제의 한 단면을 밝혀보기 위해 기초한 것이다. 특히 작성비와 신성비의 40년이라는 시간적인 격차를 중시하여 그 변화의 양상에 초점을 맞추어 추적해 보고자 한다.

2. 作城碑의 建立年代와 官等表記

작성비는 전체 9行으로 구성되었으며, 행마다 글자수는 일정하지가

---

2) 朴方龍, 위의 글 ; 南豊鉉, 〈明活山城 作城碑文의 語學的 考察〉, 《二靜鄭然粲先生回甲紀念論叢》, 1989 ; 金昌鎬, 〈明活山城作城碑의 再檢討〉, 《斗山金宅圭博士華甲紀念 文化人類學論叢》, 1989 ; 閔德植, 〈新羅의 慶州 明活山城碑에 관한 考察 ― 新羅王京研究를 위한 일환으로〉, 《東方學志》 74, 1992.

않아 최소 8자에서 최대 21자로 되어 있다. 글자 사이의 간격을 의도적
으로 띄운 듯한 부분도 몇 군데 보이지만 전반적으로 각 글자의 크기
와 간격이 일정하지 않다. 작성비는 풍화작용의 영향을 거의 입지 않
았을 뿐만 아니라 외부의 충격에 의한 파손도 없었던 듯 원형의 모습
을 그대로 지니고 있다. 글자를 얕게 파고 또 당시에만 한정적으로 사
용하던 異體字를 쓴 탓에 몇몇 글자의 판독에 대해서는 이견이 있기는
하지만 그리 큰 차이를 보이고 있지는 않다. 미흡하나마 지금까지의
여러 판독을 토대로 필자의 조사 결과를 약간 덧붙여 원문을 제시하면
다음과 같다.[3]

(1) 辛未年十一月中作城也上人邏頭本波部
(2) 伊皮(?)尒利吉之郡中上人烏大谷仇(?)智支下干支
(3) 匠人比智烋(?)波日幷二(?)人抽兮下干支徒作受長四步
(4) 五尺一寸△叱兮一伐徒作受長四步五尺一寸△△
(5) 利波日徒受長四步五尺一寸合高十步長十
(6) 四步三尺三寸此記者古他門中西南回
(7) 行其作石立記衆人至十一月十五日
(8) 作始十二月二十日了積三十五日也
(9) 書寫人須欣利阿尺

다 아는 바와 같이 비문을 사료로 이용하기 위해서는 먼저 절대연대
가 확정되어야 한다. 그럴 때 이 비의 첫머리에 보이는 辛未란 간지는
절대연대를 추적할 수 있는 실마리가 된다. 이 辛未年을 관등표기로
보아 551년으로 보는 것이 일반적이라고 해야겠으나[4] 비문의 구성이
나 서체로 보아 그보다 1周甲 늦추어 611년으로 보는 견해도[5] 있다. 필

___

3) 원 비문에는 몇 군데에 띄어쓰기를 하고 있으나 여기서는 편의상 이를 고려
하지 않기로 한다. 그리고 異體字도 正字로 고쳤다. 괄호에 ?가 붙은 글자는 약
간 의심이 남는 글자이고 △는 판독되지 않는 글자 표시이다.

4) 朴方龍, 앞의 글, p.76.

5) 南豊鉉, 앞의 글, p.689.

자는 관등표기로 보아 551년이 타당하다고 생각하고 있지만 그 근거에 대해 약간의 소견을 몇 점 덧붙여두고자 한다.

첫째, 吉之란 관등에 대해서이다. 이는 신라 17등 京位 가운데 제14등인 吉士의 異稱으로 추정되고 있다.[6]《삼국사기》38 職官志에 따르면 길사는 稽知, 吉次라고도 하며 稽知를 일명 幢이라 하였던 것으로 미루어 보면 幢도 士吉의 異稱이었던 듯하다. 그것은 幢이 관등으로 사용된 예가 다수 보이는 것으로[7] 증명된다. 吉之도 이러한 吉士의 이칭들 가운데 하나라 생각된다.

그런데 일반적으로 6세기 금석문들에서는 거의 吉之가 사용되고 있는 것으로 미루어 짐작하면 이들 吉士의 이칭들은 원래 吉之에서 유래한 듯하다.[8] 吉之가 처음 보이는 것은 524년의 봉평비이며 여기에서는 吉之智로 표기되어 있다. 다음은 568년의 진흥왕순수비 가운데 마운령비와 황초령비에 吉之가 보이나 이곳에서는 智가 탈락되어 있다. 따라서 6세기 초에는 吉之智라고 하다가 그 후 어느 시기엔가 智가 탈락하고 吉之가 점차 정식표기로 정착되어 간 것으로 보인다. 이 밖에 금석문에서는 吉之의 사례를 알 수가 없으나 591년의 신성비 제3비에서 처음으로 吉士가 나타난다. 신라 17등 경위 전부가 처음으로 등장하는《隋書》나《翰苑》에 인용된《東蕃風俗記》에도 吉士가 보인다.《隋書》나《東蕃風俗記》는 594년의 사정을 전하는 것으로 추정되고 있다.[9] 이상의 사실로 보아 吉之는 6세기 후반 이후의 어느 시점에 吉士로 바뀐 것으로 보아도 무방하겠다. 따라서 이 吉之란 용례로 미루어 작성비는 일단 6세기 이후

---

6) 今西龍, 〈新羅眞興王巡狩管境碑考〉,《新羅史研究》, 1933, p.431.

7)《三國史記》40 職官下 師子衿幢監, 着衿監, 少守, 浿江鎭典의 弟監 등 몇몇 관직의 관등범위로 幢이 이용되고 있으며, 百濟 來投人 가운데 奈率에 해당하는 관등을 幢으로 설정하고 있다.

8) 이들의 언어적 유사성이나 기원에 대해서는 末松保和, 〈新羅幢停考〉,《新羅史の諸問題》, 1954, pp.313~317 참조.

9) 武田幸男, 〈金石文資料からみた新羅官位制〉,《江上波夫教授古稀紀念論文集 歷史篇》, 1977, pp.52~53.

로 내려갈 가능성은 거의 없다고 할 수 있겠다.

둘째, 干群 관등의 표기법에 대해서이다. 경위 干群의 경우 이미 지적되고 있듯이 550년대에는 干支의 支가 탈락되는 변화가 있었다.[10] 외위의 경우에도 그에 준하여 생각하여도 크게 잘못은 없을 것으로 보인다.[11] 다만 578년의 大邱戊戌塢作碑에는 貴干 아랫글자가 支로 판독되고 있어[12] 이를 貴干支로 끊어서 읽을 경우 일부 지역에 따라 '干支' 사용이 다소 뒤늦게까지 계속되었을 가능성이 예상된다. 그러나 오작비의 역역동원이 지방관의 파견에 따른 공식적인 체제로 이루어진 것이 아닌 점을 고려하여 보면 국가의 정식 표기법으로서는 이미 支가 탈락되었으나 당시 政令의 완전한 시행이 이루어지는 시간적인 폭을 고려하고 또한 지역에 따라 또는 비문작성자에 따라 외위 간지가 약간 늦게까지 사용되었을 수도 있다고 생각된다. 그렇게 본다면 이 작성비는 국가의 공식적인 역역동원에 의한 것이므로 간지가 사용되고 있는 것은 오작비의 경우와는 달리 국가의 공식적인 입장이 관철되고 있는 것으로 볼 수가 있겠다. 따라서 외위 간지의 사용례는 이 비의 연대를 결정하는 중요한 실마리가 되며 신성비보다 앞서는 것으로 추정하는 주된 이유의 하나도 여기에서 찾아진다.

그런데 또 하나 주목하고 싶은 것은 관등으로 下干支가 사용되고 있는 점이다. 6세기 후반의 하간지가 외위 11등 가운데 6등인 上干에 대응되는 7등 干의 異稱임은[13] 두말할 필요가 없다. 그러나 《삼국사기》 등의 문헌기록에 下干(支)의 용례가 전혀 없는 것으로 보면 吉之와 마찬가지로 특정한 시기에 한정하여 사용되었을 것으로 추정할 수 있겠다.

하간지는 처음부터 외위 6등인 상간에 대응되는 干이란 의미로 사

---

10) 위의 글, pp.49~70 참조.

11) 朱甫暾, 〈雁鴨池出土 碑片에 대한 一考察〉, 《大丘史學》 27, 1985, pp.7~8.

12) 《한국고대사연구회회보》 2호, 1989.

13) 李基東, 〈新羅 官等制度의 成立年代 問題와 赤城碑의 發見〉, 《歷史學報》 78, 1979 ; 《新羅 骨品制社會와 花郎徒》, 1980, p.388.

용된 것은 아니었다. 처음에는 왕경 6部의 부장이 칭하는 간지에 대응하는 의미로 사용되다가 간군 외위가 성립하는 시기에 이르러 외위 7등인 干으로 사용되었다. 이는 하간지와 간지의 사용례를 추적해 보면 알 수가 있다. 금석문에서 간지가 처음 보이는 것은 503년의 영일냉수리신라비이며, 이후 신성비에 이르기까지 계속하여 보이지만 그 표기 방식이나 의미는 시기마다 차이가 난다. 이해의 편의를 위하여 이를 정리하면 다음과 같다.

冷水里碑	503年	王京人과 地方民(村主)이 간지를 함께 사용.
鳳坪碑	524年	王京人 部長은 干支, 지방민은 下干支.
赤城碑	550年	下干支(지방민)
作城碑	551年	下干支(지방민)
雁鴨池出土碑	554年(?)	干支(지방민)
戊戌塢作碑	578年	干(?)(지방민)
新城碑	591年	干(지방민)

6세기 초인 냉수리비 단계에서는 지방 유력세력인 촌주나 왕경 6부의 部長이 차별 없이 모두 간지라 칭하였다. 이들은 단지 출신지에 의해서 구분되었을 따름이다. 이 점은 금석문뿐 아니라 6세기 이전의 문헌사료에서도 입증된다.[14] 이는 원래는 왕경인이건 재지세력이건 그들이 가진 기반이 동일하였음을 의미하는 것으로 이해된다. 재지세력은 신라에 복속되었지만 6세기 초에 이르기까지 아직 그 기반을 해체당하지 않았으므로 왕경인과 지방민의 차별의식이 그렇게 뚜렷하지 않았고, 또한 아직 지방민을 따로 편제할 일원적인 기준이 마련되지 않았기 때문에 지방 유력세력과 왕경 부장이 간지란 호칭을 공유한 것으로 보인다. 그와 같은 사정이 냉수리비 단계까지 계속된 듯하다.

---

14) 문헌에 나타나는 干의 성격에 대해서는 朱甫暾, 〈6세기초 新羅王權의 位相과 官等制의 成立〉, 《歷史敎育論集》 13·14합집, 1990, pp.255~269 및 하일식, 〈6세기 新羅의 地方支配와 外位制〉, 《學林》 12·13합집, 1991, pp.27~28 참조.

그런데 봉평비 단계에 이르러서는 왕경의 부장은 여전히 간지라 칭하고 있으나 재지세력은 그와는 달리 하간지라 일컫고 있다. 이 하간지를 물론 외위 6등인 상간지에 대응되는 것으로 볼 수도 있으나 524년의 시점에서는 아직 간군 외위가 성립하였다는 근거가 전혀 없으므로 이 하간지는 상간지에 대응한다기보다는 부장이 칭한 간지에 대응하는 의미로 해석된다.[15] 말하자면 503년 이후 524년에 이르는 어느 시점에서 경위체계가 갖추어지고, 또 干 이하의 외위 5등체계가 정비되면서 왕경인에 대한 지방민의 차별이 심화되고 그 결과 왕경의 부장은 여전히 간지라 칭하였으나 재지세력은 그에 대응하여 하간지로 격하된 것이 아닌가 한다. 그런 의미에서 '下'는 왕경과 지방의 차별의식이 들어간 표현이며, 따라서 6세기 초 지배체제의 정비과정에서 지방민에 대한 차별로 말미암아 왕경의 부장과 구별하기 위하여 재지세력들의 경우에는 하간지로 불렀다고 하겠다.[16]

524년 이후 어느 시점에서 왕경의 부장이 칭하던 간지도 소멸하고 또 외위 간군도 분화되기 시작하였다. 간군이 분화하여 11등체계로 외위가 완성되는 계기가 된 것은 신라의 加耶 복속이 아닌가 싶다.[17] 가야의 경우에도 신라에 복속되기 이전에는 유력세력을 旱岐(干支)라 칭하였으며 국가에 따라 그 분화의 정도는 달랐다. 분화의 정도가 다른 피복속세력들을 신라의 지배체제 안에 편제하기 위하여서는 기존의 외위체계만으로는 불가능하였고, 따라서 새로운 간군 외위의 설정이 불가피하였을 것이다. 그 결과 기존의 下干을 정점으로 하는 외위체계에서 간군이 상향적으로 분화해 간 것으로 생각된다. 그 분화는 530년

---

15) 朱甫暾, 위의 글, pp.261~269 참조.

16) 鳳坪碑에서 지방민을 奴人으로 표현하고 있는 것은 그 자체 왕경인과 지방민의 차별의식을 반영하는 것이다. 왕경을 新羅 6部라 표현한 것도 바로 그것을 방증한다. 봉평비의 文面으로 보아 이러한 차별의식은 法興王 7년(520)의 律令 속에서 이미 성문화되었던 듯하다. 따라서 下干支의 사용은 이때로부터 잡을 수 있을 것 같다.

17) 朱甫暾, 앞의 글(1990), pp.267~268.

대에서 540년대에 걸치는 시기에 진행된 것으로 보인다. 그것은 550년에 건립된 것으로 추정되는 적성비에 하간지와 함께 撰干支가 보이는데서 확인된다. 이로 미루어 짐작하면 11등 阿尺에서 1등인 嶽干에 이르는 11등체계 전부의 완성 여부는 잘 알 수 없지만 간군 외위의 분화가 이때에 거의 이루어진 것이 확실하다고 생각된다. 그렇다면 적성비의 하간지는 봉평비의 그것과는 달리 상간에 대응되는 干의 異稱으로 보아 구별하는 것이 타당하다고 하겠다.

작성비의 경우 하간지가 사용되는 최후 단계에 해당된다. 이 이후는 하간지가 보이지 않고 모두 干(支)으로 표기되기 때문이다. 이로 보면 작성비 이후 어느 시기에는 하간지가 干으로 바뀌었다고 하겠다. 그런데 이와 관련하여 우리의 주목을 끄는 것은 雁鴨池 護岸石築에서 출토된 비편이다. 이 비편이 출토된 뒤 한동안 이를 신성비의 하나로 간주하여 그 제7비로 명명하였으나 그러나 비문의 구조나 표기법 등으로 보아 신성비가 아님이 확실하다. 필자는 1985년 안압지 호안석에 대한 지질학적인 검토[18]와 문헌기록의 분석을 통하여 이를 明活山城築城碑의 하나일 것으로 보고 그 연대를 554년으로 추정하였다.[19] 그 후 1988년 명활산성작성비의 출현으로 연대의 차이는 있지만 그러한 추정이 거의 입증된 것으로 보고 있다.[20]

여하튼 여기서는 안압지 출토 비편에 간지가 보이는 사실에 주목하

---

18) 金鳳均,〈地質學的 考察〉,《雁鴨池發掘調査報告書》, 1978, pp.429～431 참조.
19) 朱甫暾, 앞의 글(1985), pp.8～13.
20) 안압지 출토비와 作城碑가 동일한 비라는 점은 현재 두 비문을 대조하여 보아도 거의 확실할 듯하다. 干支란 표기를 사용하고 있는 점, 특히 官等＋徒의 형태로 집단별 受作距離를 나눈 점 등에서 안압지 출토비는 작성비의 하나로 입증된다. 다만 작성비에는 下干支로 표현된 점, 匠尺이 大工尺으로 되어 있는 점이 다르나 이는 뒤에 말하겠지만 명활산성의 작성비들이 각 城村別로 시차를 달리하여 작성된 데서 오는 당연한 현상으로 풀이된다. 명활산성은 4년에 걸쳐 이루어진 것으로 보이는 만큼 안압지 출토비를 반드시 551년으로 못박을 필요는 없다고 본다. 閔德植, 앞의 글, pp.118～122에서는 필자의 추정을 타당성 있는 것으로 받아들이고 있다.

고자 한다. 이로 보면 하간지와 간지가 竝用된 단계가 있었을 것으로 보인다. 그 시기는 구체적으로 알 수가 없지만 왕경의 부장에게 주어지던 간지가 소멸하고 외위 상간이 성립되어 정착한 이후로 보인다. 말하자면 외위 간군이 분화된 이후의 어느 시점에서는 하간지는 간지와 같은 의미로 함께 사용된 것이 아닌가 싶다. 그러다가 점차 간지로 통일되고 또 표기의 변화도 수반되어 支가 탈락하여 干으로 정착된 것이 아닌가 한다. 이상에서 언급해 온 '干'의 변화를 관등문제와 관련지어 몇 단계로 구분하여 정리하면 다음과 같다.

㉠ 제1단계 : 냉수리비단계. 왕경의 부장과 지방유력세력이 함께 간지를 칭함. 아직 경위 17등이나 외위 11등이 완성되지 못한 관등제 성립 초기 단계.

㉡ 제2단계 : 냉수리비에서 봉평비에 이르는 단계. 왕경의 부장은 간지를 사용하지만 지방세력은 하간지를 사용. 이 하간지는 외위 6등인 상간에 대응하는 것이 아니라 왕경의 간지에 대응되는 의미. 경위 17등은 완성되었으나 외위는 하간지를 정점으로 하는 5등만이 성립한 단계.

㉢ 제3단계 : 봉평비 이후 창녕비 이전의 단계. 여기에는 적성비, 작성비, 안압지 출토비가 포함. 외위 간군이 분화되어 11등체계가 거의 갖추어짐. 재지세력은 하간지와 함께 간지를 병용. 이때의 하간지는 외위 6등인 상간에 대응되는 의미.

㉣제4단계 : 561년의 창녕비를 전후한 시기 이후의 단계. 하간지가 간지로 통일되면서 그 표기도 干으로 바뀜. 때로는 지방에 따라 부분적으로 간지가 사용되기도 하였을 터이나 그것이 공식적인 표기는 아니라 생각됨.

이상과 같은 몇 단계의 과정을 거쳐 관등제가 성립 발전하고 외위체계가 정착되어 갔다. 《삼국사기》에는 6세기의 금석문에 보이는 관등의 異稱이나 표기법이 보이지 않는 것은 7세기 이후 정비된 모습을 전하기 때문이다. 이러한 관등표기법의 변화로 미루어 보아 작성비의 건립연대를 6세기 이후로 내려잡을 수는 없으며, 따라서 작성비의 冒頭에 보이는 辛未年이 551년임에는 재론의 여지가 없다고 하겠다.

3. 碑文의 구조적 특징과 力役動員體制

작성비의 성격이나 역역동원체제를 이해하기 위해서는 비문의 구조
적인 특징을 살펴볼 필요가 있다. 그를 위해서는 일단 다른 비와 대비
해 보는 방법이 유효할 듯하다. 그럴 때 비교의 대상으로 먼저 고려되
는 것은 新城碑와 戊戌塢作碑가 되겠다. 그것은 이들이 모두 역역동
원과 관련되는 비이기 때문이다.

작성비의 비문 구조는 언뜻 보면 신성비와 유사한 일면이 있다. 그
러나 좀더 세밀하게 검토하여 보면 전체적인 체제는 신성비보다는 오
히려 오작비에 더 가깝게 느껴진다.[21] 그럼에도 불구하고 여기서는 작
성비의 구조적인 특징과 그를 통한 역역동원체제를 밝히기 위하여 다
음과 같은 몇 가지 이유로 말미암아 오작비보다는 신성비와 대비시켜
그 차이점을 검토해 보고자 한다.

첫째, 작성비와 신성비 둘 모두 지방민을 동원하여 왕경에 소재하는
성을 쌓는 것과 관련되지만 오작비는 축성을 위한 역역동원도 아닐 뿐
더러 그것도 지방에 소재하는 塢의 축조라는 점이다. 둘째, 둘은 지방
관을 매개로 한 역역동원인 반면 오작비는 2명의 승려가 주도한 역역
동원인 점에서 그와는 성격을 달리한다. 셋째, 오작비는 하나의 성촌
을 역역대상으로 하며[22] 그 자체로서 완결된 역역동원이지만 이들 둘
은 전국적인 역역동원으로서 많은 비문 가운데 한 부분에 불과하며,
이 밖에 다수의 역역동원집단이 존재한다는 점이다.

이상과 같은 몇 가지 이유로 작성비의 구조적인 특징을 검토하면서
도 그와 유사한 문장구성을 갖추고 있는 오작비를 선택하지 않고 신성

---

21) 朴方龍, 앞의 글, pp.67~68에서는 작성비의 비문이 오작비와 유사하다고 본
　　반면, 南豊鉉, 앞의 글, p.688에서는 신성비와 가깝고 오작비와는 거리가 있는
　　것으로 보고 있다.
22) 朱甫暾, 〈新羅 中古期의 郡司와 村司〉, 《韓國古代史研究》 1, 1988, pp.58~61.

비를 비교의 대상으로 삼으려는 것이다. 이 두 비 사이에는 40년이라는 시간적인 격차가 있고, 따라서 역역동원체제나 촌락구조상의 변화가 그 속에는 반영되어 있을 것이다. 그 까닭으로 둘의 대비는 곧 신라 사회가 변화하는 한 측면을 엿볼 수 있는 유력한 방법이 될 것으로 보인다. 기왕에 작성비를 분석하면서 이 점은 간과해 버렸다.

작성비는 크게 다섯 단락으로 구분된다. 첫째는 築城年月을 표시한 부분(1行 11字까지), 둘째는 축성에 관여한 사람들의 인명과 分團의 구분 및 그들이 책임진 受作距離를 열거한 부분(작업 거리를 표시한 부분으로 1行 12字부터 6行 6字까지), 셋째는 내용이 불확실한 면은 있으나 비를 세운 위치를 표시한 것으로 추정되는 부분(6行 7字부터 7行 6字까지), 넷째는 축성작업의 기간을 열거한 부분(7行 7字부터 8行 마지막까지), 다섯째는 비문작성자의 인명을 기록한 부분(9行)이다. 이를 더 한층 세분할 수도 있겠으나,[23] 신성비와 비교하여 차이점을 파악하는 데는 크게 다섯 문단으로 구분하여 접근하는 것이 유효하리라 생각된다.

이상과 같이 단락을 지어놓고 보았을 때 작성비와 신성비의 구성의 차이로서 먼저 손꼽을 수 있는 것은 후자의 첫머리에 '城이 3년 내에 붕괴되면 처벌을 받는다'는 盟誓를 한 구절(이하 誓事라 함)이 있으나, 전자에는 그것이 보이지 않는다는 점이다. 이 서사 부분이 신성비에서는 핵심 구절이다. 지금까지 발견된 모든 신성비에 이 구절이 공통적으로 들어 있는 사실에서 그 중요성을 짐작할 만하다. 서사의 유무는 신성비와 여타의 비를 구별하는 기준이 되기도 한다. 그런데 이 서사에서 역시 핵심이 되는 것은 법에 의한 처벌이다. 이 점은 524년의 봉평비에서는 당시 율령이 시행되고 있었음에도 불구하고 지시사항에 따르지 않을 때 天에게서 어떠한 罪를 얻을 것이라고 한 것과는 좋은 대조를 이룬다. 이는 520년 율령을 반포한 후 그에 따른 지배체제가 그

---

23) 朴方龍, 앞의 글은 7단락, 南豊鉉, 앞의 글은 13文, 金昌鎬, 앞의 글은 9단락, 閔德植, 앞의 글은 6단락으로 구분하여 차이를 보인다.

만큼 진전된 결과로 이해된다.

그러면 작성비에는 왜 이러한 구절이 없을까 하는 의문을 당연히 가져볼 수 있겠다. 현재 남아 있는 비문만으로는 그 이유를 가늠할 수 없지만 눈여겨볼 만한 것은 모든 신성비에는 공통적으로 '辛亥年二月二十六日'이란 날짜가 명시된 반면 작성비에서는 그 내용 속에 축성을 시작한 날짜와 마친 날짜를 정확하게 기록하고 있었음에도 불구하고 (넷째 단락) 冒頭에는 '辛未年十一月中'이란 다소 막연한 표현을 쓰고 있는 점이다. 둘 사이에 보이는 이러한 차이는 비를 세운 근본목적이 달랐기 때문이 아닌가 하는 의문을 갖게 한다. 신성비에는 공통적으로 서사가 들어 있을 뿐만 아니라 또한 모든 비에 똑같은 축성일자가 새겨져 있는 것으로 보아 남산신성을 완성하고 난 후[24] 일시에 비를 세워 맹세하게 하였음이 분명하다. 그런 의미에서 맹서 자체는 축성의 완성을 기념하는 의미도 동시에 내포하고 있다고 하겠다.

그러나 작성비에는 서사가 없는 점, 그리고 冒頭에 연월일이 명시되지 않은 점 등으로 미루어 신성비와는 달리 기재 내용이 더 중요한 의미를 가지며, 따라서 명활산성의 완성을 기념하기 위하여 세운 것이 아닐 것으로 추측된다.[25] 뒤에도 말하겠거니와 작성비도 다수가 세워졌을 터이지만, 그들이 모두 동일한 연월일을 가졌던 것은 아니었을 듯하다. 일시에 역역동원이 이루어지고 또 그것이 축성을 시작할 때건 마쳤을 때건 비가 동시에 세워졌더라면 그렇게 막연한 표현이 사용되었을 리가 없기 때문이다. 이 점은 이 비의 성격을 생각하는 데 우선적으로 고려되어야 할 사항이다.

둘째, 지방관이 1명만 보일 뿐 아니라 축성 거리가 동원된 역역집단

---

24) 秦弘燮, 앞의 글, p.156에서는 《三國史記》와 관련지어 이를 착공일로 보았으며, 이러한 견해가 일반적이 아닌가 생각된다. 그러나 이를 준공일로 보는 견해가 타당하다고 생각된다.(朴方龍, 앞의 글, p.77)

25) 閔德植, 앞의 글, p.139에서는 작성비에 誓事는 없으나 실제로는 국가에 대한 서사를 하였으며, 따라서 이 비의 건립목적은 기념비적인 데 있는 것이 아니라 국가에서 책임을 지우기 위한 강제적인 성격의 것이라고 보았다.

의 개별단위로 각각 표현되어 있는 점이다. 각 개별집단이 담당한 축성 거리를 쓰고 이를 합하여 전체 수작 거리를 다시 명시하고 있다. 이는 작성비의 동원체제를 이해하는 데 중요한 시사를 제공하는 점이다. 지나치게 신성비를 의식한 나머지 작성비도 郡 단위로 역역동원이 행해졌을 것으로 보는 견해가 일반적이나[26] 그러나 그렇게 단정짓기에는 다음의 두 가지 점에서 문제가 남는다. 첫째, 지방관이 1명밖에 보이지 않는다는 점이다. 여기에 보이는 邏頭의 실체는 분명하지는 않으나[27] 성촌을 단위로 파견되었으며, 도사에 비견되는 지방관으로 보는 견해가 유력하다. 그렇다면 이 점은 작성비의 역역동원 범위를 짐작하는 데 참고가 된다. 둘째, 지방민의 출신지명으로 이 비에서 烏大谷 하나밖에 보이지 않는다는 점이다. 신성비를 비롯한 여타의 6세기 금석문에서는 왕경인이건 지방민이건 인명의 표기에는 그 출신지를 밝히는 것이 하나의 관례였다. 물론 503년의 냉수리비에서처럼 예외가 없는 것은 아니나[28] 그 경우도 지방민의 출신지는 그보다 앞서 보이는 촌명이 그들을 대신하고 있다. 만일 작성비에 보이는 지방민의 출신지가 郡을 하나의 동원단위로 하였다면 서로의 출신지를 구별하기 위하여 재지세력의 인명에는 각자의 출신 城村名이 붙어 있어야 하겠지만 오대곡을 제외하고는 아무런 성촌명이 없다. 따라서 작성비에 보이는 재지세력은 모두 동일한 오대곡 출신자로 보는 것이 타당하다.[29]

---

26) 朴方龍, 앞의 글, pp.70~72 ; 하일식, 앞의 글, p.35.

27) 邏頭에 대해서는 기왕에 신성비 1비와 4비에서 확인된 바 있으며, 작성비는 그 세 번째에 해당한다. 그 실체에 대해서는 여러 견해가 엇갈려 있으나 城村을 하나의 지배영역으로 한 지방관이었던 것만은 분명하다. 필자는 과거 이를 561년의 창녕비 이후에 幢主의 후신으로 새롭게 두어진 것으로 이해한 적이 있으나(朱甫暾, 〈新羅 中古期의 地方統治組織에 대하여〉, 《韓國史研究》23, 1979, pp.23~30), 작성비의 출현으로 그런 추정이 잘못되었음이 판명되었으므로 철회한다.

28) 냉수리비에서도 村主의 출신지명이 기록되어 있지 않다. 그러나 이는 그들의 출신지명을 기록하지 않더라도 서로를 구분할 정도였기 때문에 의도적으로 생략한 것이라 이해된다.

29) 李宇泰, 〈新羅 中古期의 地方勢力研究〉, 서울대 대학원 박사논문, 1991, p.128 ;

　요컨대 이상과 같은 두 가지 점에서 작성비의 역역동원은 오대곡을 범위로 한 역역동원이었음이 분명하다. 그런데 이 오대곡은 郡을 출신 지명으로 사용한 예가 없는 것으로 미루어 군으로 보기는 어렵다. 따라서 작성비는 군을 단위로 한 역역동원이 아니었음은 분명하다고 하겠다. 군 단위의 역역동원으로 보려는 주된 이유의 하나는 아마도 郡中上人이란 직명이 보이는 데 있는 듯하나, 그것이 갖는 의미는 달리 찾아져야 한다. 그에 대해서는 뒤에 말하기로 하겠다.

　작성비의 역역이 郡이 아닌 오대곡을 단위로 하였다면 이 오대곡은 어떤 성격의 행정단위인가가 문제가 되겠다. 일단 지방관 邏頭가 보이는 것으로 미루어 행정(성)촌[30]으로 볼 수밖에 없다. 그럴 때 이에 대해서는 두 가지 해석이 가능하다. 하나는 오대곡을 행정촌으로 보는 경우이다. 신성비에서 알 수 있듯이 행정(성)촌 가운데 村의 경우에는 동일한 비에서 생략하기도 하였다. 가령 신성비 제1비 阿良村의 경우 촌을 생략하여 阿良이라 하기도 하고, 제5비의 경우 古生村을 古生으로 표현하기도 한 사례가 있다.[31] 이로 보아 村은 생략되었을 가능성이 높다고 하겠으며 오대곡도 그렇게 볼 수가 있겠다. 둘째, 谷 자체를 하나의 독자적인 행정단위로 보는 경우이다. 신라의 경우에는 谷이 행정단위로 사용된 사례가 없지만 고구려의 경우 몇 가지 사례가 엿보인다.[32]

閔德植, 앞의 글, p.91.

30) 이 글에서는 지방관 道使나 邏頭가 파견된 거점을 행정성촌이라 부르고 그들 예하에 소속되어 있으면서 지방관이 파견되지 않은 지역을 自然村으로 간주하여 구별하기로 한다.

31) 신성비 4비 7行의 "……古生城上"을 古生城으로 끊어읽어 古生城 내에는 다시 古生村이 있는 것으로 이해하는 견해가 있으나(浜田耕策, 〈新羅の城村設置と州郡制の施行〉, 《朝鮮學報》 84, 1977, pp.14~15), 이는 古生과 城(使?)上으로 끊어 읽어야 할 것을 잘못 읽은 결과이다. 후자는 하나의 合字로 사용되고 있기 때문이다. 따라서 여기서도 古生村의 村은 생략될 수 있는 존재임이 확인된다.

32) 《三國史記》 15 高句麗本紀 太祖大王 55年條의 '東海谷守', 《三國史記》 16 故國川王 13年條의 '……鴨喙谷左勿村乙巴素' 등의 사례로 보아 고구려에서는 일정시기에 谷이 하나의 행정단위로 기능하였던 것은 틀림없다.

신라의 城村制가 고구려의 영향을 많이 받았던 만큼 谷이 하나의 독자
적인 행정단위로 기능하였을 가능성을 배제할 수는 없지만 어쨌든 그
렇게 보더라도 오대곡이 행정(성)촌이었던 점에서는 변함이 없다. 여
하튼 오대곡이란 행정(성)촌에 邏頭란 지방관이 파견되었고, 이를 하
나의 단위로 하는 역역동원이 행해졌음을 보여주는 것이 곧 작성비라
고 하겠다. 작성비의 역역동원이 城村을 단위로 하였다면 이 점에서도
신성비와는 다르다.

 이상과 같이 작성비의 역역동원이 오대곡이란 하나의 행정(성)촌을
단위로 하여 이루어졌다면 抽兮下干支徒 이하의 3명이 이끄는 徒에
대한 이해도 어느 정도 가능해진다. 徒란 글자 그대로 무리란 뜻으로
서 집단, 단체를 의미하는 것으로 보인다.[33] 따라서 이들 외위를 소지
한 3명은 그들 단체의 우두머리로 추정해 볼 수 있겠다. 이 徒의 구성
원들이 바로 비문의 후반부에 보이는 衆人이 아닌가 싶다. 이 중인은
축성을 위한 노동을 직접 제공하는 雜役夫들로 추정된다. 그렇다면 중
인으로 구성된 이들 徒의 실체는 무엇일까.

 먼저 고려해 볼 수 있는 것은 오대곡이 행정(성)촌인 만큼 각각 그
하부의 자연촌을 단위로 하여 구성되었을 가능성이다. 그렇게 보면 오
대곡은 3개의 자연촌으로 구성된 행정(성)촌이 되는 셈이다. 이 경우
자연촌의 자립도는 상당히 높았던 셈이 된다. 행정(성)촌을 단위로 역
역을 동원하였지만 그것이 직접 부과되는 기본단위는 자연촌이 되기
때문이다. 둘째, 행정(성)촌인 오대곡을 하나의 단위로 하여 출신 자연
촌의 구분 없이 새롭게 편제하였을 가능성이다. 말하자면 행정(성)촌으
로서의 오대곡은 3개 이상의 자연촌으로 구성되었을 터이나 역역동원
체제에 맞도록 세 집단으로 재편되었을 것이다. 이들 자연촌들의 정치
적 사회경제적인 위상은 각기 달랐으며, 따라서 정치적인 자립도가 지

---

33) 이 徒를 作과 같은 의미의 동사로 사용된 것으로 보는 견해가 있으나(閔德植,
   앞의 글, p.129), 이는 잘못이라 생각된다.

극히 낮아 자연취락에 가까웠던 자연촌은 훨씬 유력한 자연촌에 예속
되어 재편된 것이다. 이렇게 보면 하나의 徒는 여러 개의 자연촌 출신
자들로 구성된 셈이 된다. 세 집단의 수작 거리가 모두 동일하였던 점,
세 집단의 지도자인 외위 소지자의 개별적인 출신 자연촌이 명시되지
않은 점 등으로 미루어 보면 후자일 가능성이 한층 높다고 하겠다.

　이렇게 보면 역역 편제는 자연촌의 자립성을 무조건 인정하기보다
는 행정(성)촌을 중심으로 재편하는 방향으로 진행되었을 듯하다. 그
럴 때 행정(성)촌 가운데 중심자연촌의 재지세력은 여타 자연촌에 대
해 강한 영향력을 행사하였을 것이다. 말하자면 자연촌을 기본적인 단
위로 하되 행정(성)촌 재지세력의 영향력이 강하게 작용하여 인위적으
로 편제된 집단이 바로 徒라고 이해된다.[34] 자연촌은 부분적으로 독자
성을 가지고 있으면서도 행정(성)촌의 통제를 받고 있었던 만큼 그에
대한 예속성이 점차 높아져가고 있었다. 국가에서는 기본적으로 자연
촌의 자립성을 가능하면 억제하고 중심촌으로부터의 이탈을 방지하려
하였을 것이다. 그를 위한 방편으로 점차 자연촌 출신자들에까지 외위
를 지급하여 행정(성)촌의 행정에 직접 참여시키려 하였을 것으로 보
인다. 그것이 자연촌에까지 지방관을 파견할 수 없고 따라서 재지세력
을 매개로 하는 촌락통치에서는 지방민을 효과적으로 통제하기에 한
결 유리한 방법이었기 때문이다.

　이러한 역역동원을 통해 자연촌의 자립성은 점차 해소되어 가고 마

---

34) 《三國志》30 魏書 東夷傳 辰韓條에 보면 "相呼皆爲徒"라 하여 어떤 집단을
　서로 불러 徒라 하였다고 한다. 《三國史記》에서는 "外位 文武王十四年以六徒
　眞骨出居於五京九州 別稱官名"(《三國史記》40 職官下 外位條)이라 하여 6部
　의 별칭으로 사용되었고, 侍衛府에 三徒가 있었다고 한 사례(같은 자료)로 보
　아 徒는 어떤 인위적인 조직체라 생각된다. 아마도 이들 사례들로 미루어 徒가
　군대조직과도 관련되어 사용되기도 한 듯한데, 이 작성비에 보이는 徒도 곧 平
　時에는 노동에 동원되는 집단을 의미하지만 戰時에는 군대조직으로 전환할 수
　있는 조직체인지도 모르겠다. 그 점에서 이 徒도 곧 法幢軍團과 관련이 있었는
　지도 모른다.

침내 국가권력이 자연촌에까지 침투하게 되는 것이다. 국가권력이 개별 촌락 깊숙이까지 침투하면서 한편으로는 분산적으로 지배하는 것이 아니라 통제하기에 편리하도록 이들을 묶어내는 수단을 마련하기도 하였으니 그것이 곧 성촌의 상위 단위인 郡의 활용이었다고 하겠다. 말하자면 촌락에 대한 지배는 외위를 매개로 자연촌에까지 침투하는 반면에 동시에 그들을 더 큰 단위에서 묶어내는 정책을 취함으로써 郡의 비중을 높여 나갔다고 하겠다. 이러한 과정을 밟아 기존의 촌락질서는 재편되어 갔다. 이에 대해서는 뒤에 말하기로 하겠다.

그 다음, 신성비와 작성비의 차이는 비를 세운 위치를 표시한 점[35]과 축성기간과 일수를 명시한 점이다. 신성비에서는 이들에 대한 언급은 전혀 없다. 이는 두 비의 건립목적 차이를 생각하게 하는 대목이므로 좀더 구체적으로 검토되어야 한다. 먼저 衆人이 11월 15일에서 만들기 시작하여 12월 20일에 작업을 완료하였다고 하고서 다시 그 기간을 35일이라 명시한 점이 주목된다. 그런데 흔히 이 35일이란 기간을 명활산성의 전체 축성을 완료한 시일로 잡고 있는 듯하나 그렇게 보기에는 축성기간이 너무 짧다는 느낌을 떨치기 어렵다.

지금까지의 기록을 검토하여 보면 명활산성의 둘레는 1,906步, 3,000步, 7,818尺 등으로 각기 달리 나타나며,[36] 현재에 남아 있는 부분은 4, 5킬로미터의 包谷式 石城과 퇴뫼식 토성으로 되어 있다고 한다.[37] 축성거리를 최소치인 7,81(?)8尺으로 보고 이를 1步 6尺으로 환산하면 1,303步가 된다. 하나의 행정(성)촌이 담당한 축성 거리를 작성비에 따라 평균 14步로 잡으면 약 93개 집단이 동원된 것으로 계상된다. 이는 물론

---

35) 이를 朴方龍, 앞의 글, pp.66~67에서는 축성 담당구역의 위치로 보았다. 이 점도 일견 타당하다고 생각되나 다만 7行의 '其作石立記'란 표현으로 보아 정확하게는 비를 세운 위치 표시로 이해된다. 閔德植, 앞의 글, pp.94~99에서는 古他門을 工事者들의 동원지역일 가능성이 있을 것으로 추정하고 있다.
36) 《三國史記》 34 地理志에는 1,906步, 新羅本紀 眞平王 15年條에는 3,000步, 《新增東國輿地勝覽》에는 7,818尺으로 되어 있다.
37) 朴方龍, 앞의 글, p.57.

최소치이며 1,906步일 경우 136개 성촌, 3,000步면 약 214개의 성촌이 동원된 셈이 된다. 이로서 앞서 말하였듯이 작성비가 적어도 郡 단위의 역역동원이 아님은 입증된다. 왜냐하면 당시 군의 수가 그렇게 많지 않았을 터이기 때문이다. 명활산성의 현재 거리를 토대로 축성을 위하여 郡을 단위로 35일 동안 200개의 집단이 일시에 동원된 것으로 생각하기도 하였으나[38] 이는 40여 년 동안의 변화를 전혀 고려하지 않은 점에서 문제가 된다. 명활산성을 축조하는 시점은 신라가 이제 막 한강유역으로 군사적인 진출을 꾀하려는 때였고, 특히 가야의 극히 일부 지역만 장악된 상태였으므로 郡 단위로는 말할 것도 없고, 성촌이 단위였다고 보아도 200여 개의 집단이 일시에 동원되었다는 것은 결코 상정키 어렵다.

게다가 축성의 難易度를 감안하면 35일 동안 명활산성을 완성하였다고는 도저히 생각되지 않는다. 이 작성비가 발견된 당시의 상황뿐만 아니라 비문에 보이는 古他門의 존재에서 알 수 있듯이 축성지역은 명활산성의 출입구로서 평지에 가까운 지역이다. 따라서 이곳은 작업이 비교적 용이한 지역이라 하겠다. 그렇다면 대부분 그보다 작업이 훨씬 까다로운 지역을 포함, 몇 킬로미터에 달하였을 축성 거리를 노동력을 일시에 동원하여 작업을 시작한 후 35일 만에 완료할 수 있었을까? 필자는 당시의 역역동원 단위인 행정(성)촌의 수로 미루어 명활산성 축조가 일시의 역역동원을 통해 35일 만에 이루어진 것으로 보지 않는다. 더욱이 이때는 한강유역을 둘러싸고 삼국 사이에 긴장감이 크게 고조되던 시기였기 때문에 일시에 전국적으로 역역을 동원하였을 리는 없다. 뒤에 말하듯이 한편으로는 전쟁을 치르면서 또 다른 한편으로는 축성을 하였으므로 전체 인민을 한꺼번에 동원하기란 어려운 상황이었다.

사실 비문의 어디에도 축성을 완성하였다는 내용은 들어 있지 않다.

---

38) 위의 글, p.72.

비문의 첫머리에는 완성시기를 명시한 것이 아니라 11월 중에 성을 짓는다[作城]는 표현을 하고 있을 따름이다. 만일 한꺼번에 역역동원을 하여 명활산성 전체를 완성하였다면 시작일이건 완성일이건 명확한 날짜를 표시하였을 것이 아닌가? 11월중이라고 그저 막연하게 표현한 것은 축성을 위한 노동력을 동원하였던 시기를 의미하였을 뿐이다. 지금까지 대체로 첫머리의 作城이란 표현이나 8行의 '字'로 미루어 12월 20일을 명활산성의 축성이 완성된 날로 잡았다. 그러나 이는 국가로부터 부여받은 높이 10步, 길이 14步 3尺 3寸의 거리를 35일 만에 오대곡에서 동원된 집단이 완성하였다는 한정적인 의미이지 그 자체 명활산성의 완성을 의미하는 것은 결코 아니다. 첫머리에 구체적인 날짜나 또는 국가에 대한 서사와 같은 형식이 없는 것도 바로 그 때문이라 생각된다. 그렇다면 이 비는 명활산성의 완성을 표시하고 그를 기념하기 위하여 세웠다기보다는 당해 집단이 辛未年에 국가에 대해 역역에 동원되었음을 증명하기 위하여 세운 것으로 해석된다. 그런 의미에서 이 비에서 가장 핵심이 되는 것은 35일이란 일수의 표시가 아닐까 싶다. 11월 15일부터 12월 20일까지의 작업기간을 명시하고 다시 35일을 '積三十五日'이라 하여 문장을 앞뒤로 띄어 표시한 것도 바로 그 점을 강조하기 위한 의도적인 표현이 아닌가 한다. 이 35일이 辛未年 한해 동안 국가에 부담하는 공식적인 역역(요역)일수의 전부라고 생각되지는 않으나 그를 명시하기 위한 목적이 이 비문 속에 깃들어 있는 것은 분명하다고 생각된다.

이상과 같이 파악하면 비문에 보이는 辛未年은 명활산성의 완성을 의미하는 해는 아니다. 그 점에서 신성비가 그 자체 완성을 뜻하는 것과는 내포하는 의미가 다르다고 하겠다. 명활산성의 축성을 위한 역역동원은 그 다음 해에도 계속되었다고 생각된다. 각 집단은 일시에 그를 작성한 것이 아니라 주어진 작업이 완료되면 그러한 사실을 증명하기 위하여 축성 거리와 작업한 일수를 표시한 비를 세웠을 것으로 보인다. 비문에 비를 세운 위치나 축성작업을 행한 장소를 명시한 것도 바로 그 때문이 아닐까.

　그런 의미에서 명활산성의 완성은 551년이 아니라 《삼국사기》가 보여주듯이 554년으로 보고 싶다. 말하자면 551년에 축성을 시작하여 마무리한 것은 554년으로서 명활산성은 4년에 걸친 역역동원을 통하여 완성된 것으로 추정된다.[39] 신성비의 사례로 보아 《삼국사기》의 축성 기록도 쉽사리 무시할 수 없기 때문이다. 이 기간 동안 다수의 집단이 교대로, 때로는 같은 집단이 되풀이하여 해마다 동원되고, 그때마다 비를 작성하여 역역에 동원된 기간과 거리를 표시하였을 것이다. 따라서 辛未年 이후 554년에 이르기까지 여러 형태의 비가 작성되었을 것으로 보이며 앞서 본 안압지 출토비도 바로 그 가운데 하나라 생각된다.[40]

　그러면 과연 그처럼 장기간에 걸쳐 명활산성을 축성하였을까에 대한 의문이 제기될 수가 있겠으나 5세기 후반 보은 지방에 위치한 三年山城을 축조하는 데 3년이 소요된 사실을 특기하고 있는 점으로 미루어 6세기 중엽에, 그것도 왕경의 핵심이 되는 산성을 4년에 걸쳐 축조하였다고 하여 조금도 이상할 것이 없다. 그렇다면 왜 이처럼 장기간에 걸쳐 명활산성을 축조하였을까가 문제가 되겠다.

　명활산성의 축조가 시작된 것으로 추정되는 551년은 진흥왕이 연호를 開國으로 바꾸고 백제, 가야와 함께 연합세력을 구성하여 고구려의 영역으로 되어 있던 한강유역으로 진출한 해였다.[41] 백제는 한강 하류 지역 6郡의 땅을, 신라는 한강 상류 지역 10郡의 땅을 장악하였다. 이로 보면 이때에는 한강유역을 둘러싼 삼국 사이의 긴장 관계가 고조되고 있을 무렵이었다. 따라서 전국적인 역역동원을 바탕으로 한 왕경의

---

39) 閔德植, 앞의 글, pp.107~108에서도 그러한 가능성을 제시하고 있다.

40) 앞서 雁鴨池 出土碑片을 明活山城作城碑의 하나로 보면서도 그 年代를 확정해 두지 않은 것도 바로 이 때문이다. 앞에서 보았듯이 작성비에는 외위 제5등인 干이 下干支로 되어 있으나 안압지 출토비편에는 干支로 되어 있어 차이를 보인다. 이것이 이와 같은 시간적인 차이를 반영하는 것인지, 아니면 작성자인 書人이 다른 데서 오는 것인지도 모르겠다.

41) 《三國史記》 4 新羅本紀 眞興王 12年條.

대대적인 축성을 바로 이 문제와 별개로 생각하기는 어려울 것으로 보인다. 553년 신라는 백제가 장악하고 있던 한강 하류 지역을 일시에 급습하여 탈취하고 여기에 새로이 新州를 설치하였다.[42] 554년 7월 명활산성이 완성되었으며 이 해에 백제 성왕이 한강유역 상실에 대한 보복으로 신라를 공격하다가 管山城 싸움에서 대패하고 말았다.[43]

이러한 사정으로 미루어 보면 명활산성의 축조는 신라가 한강유역으로의 진출을 시도하면서 만약의 사태에 대비하여 수비의 목적에서 만든 것이 아닌가 한다. 말하자면 대외적으로는 영토확장을 위한 전쟁을 수행하면서 대내적으로는 왕성의 수비를 위한 대책 마련의 일환으로 명활산성을 새롭게 축성한 것이라 생각된다. 전쟁기였고 또한 그만큼 왕성의 수비에 명활산성이 중요한 비중을 차지하고 있었기에 4년 가까운 기간이 소요되었다고 하여 조금도 이상하지가 않다. 명활성이 慈悲麻立干 18년(475)부터 炤知麻立干 10년(488)까지의 10여 년 동안 왕성으로 활용된 것으로[44] 미루어 짐작하면 진흥왕대의 장기간에 걸치는 명활산성 축조는 곧 긴장되어 가던 국제관계에 적절히 대비하기 위한 전략적인 필요에서 유사시 왕성으로 사용할 목적으로 축조한 것이라 보아도 큰 잘못은 없을 듯하다.

요컨대 명활산성은 551년의 35일 동안 축조된 것이 아니라 554년에 이르는 기간 동안 몇 년에 걸쳐 전략적인 목적에서 축조한 것이며, 따라서 작성비는 이후에도 年次的으로 세워졌을 것으로 보인다. 작성비의 내용은 바로 이 점을 잘 반영한다고 하겠다. 이 비의 건립목적은 명활산성의 완성을 기념하는 데 있었던 것이 아니라 일정한 거리를 표시하여 그를 완료하는 데 소요된 일수, 즉 국가에서 부여한 역역동원 기간을 증명하기 위한 데에 있었다. 그 점에서 신성비와는 건립목적을 전혀 달리하는 성격의 비라 하겠다.

---

42) 《三國史記》 4 新羅本紀 眞興王 14年條.
43) 《三國史記》 4 新羅本紀 眞興王 15年條.
44) 李元根, 〈三國時代城郭研究〉, 단국대 대학원 박사논문, 1981, p.365.

4. 作城碑에 보이는 촌락과 그 변화

앞서 살펴보았듯이 작성비는 오대곡이란 행정(성)촌을 단위로 한 역역동원의 실태를 보여준다. 그런 만큼 이 비에는 당시의 촌락조직이 반영되었을 것으로 짐작된다. 특히 약간의 차이는 있을 것이지만, 신성비와 유사한 촌락조직을 통하여 역역동원을 하였을 듯하므로 이 절에서는 이들 두 비의 비교를 통하여 40년 동안 촌락구조가 변모해 가는 양상을 추적해 보고자 한다.

작성비에서는 축성에 동원된 그룹이 크게 넷으로 분류된다. 첫째, 왕경 6부의 하나인 本波(彼)部 출신으로 京位 吉之를 소지한 上人邏頭, 둘째, 郡中上人 및 匠人이란 직명을 가진 인물 및 제일 마지막에 기록된 書寫人을 포함하는 그룹, 셋째, 抽兮 등 3명의 외위를 소지한 지방민, 넷째, 衆人으로 표현된 그룹이다. 다만 이들 중인들은 앞서 말하였듯이 抽兮 등 3명의 徒 집단을 구성하는 잡역부를 지칭하는 것으로 생각된다. 이들 각 그룹들이 작성에서 수행한 역할도 물론 달랐겠거니와 그 자체 촌락에서 차지하는 평상시의 기능도 역시 달랐을 것이다. 아래에서는 이들의 상호 관계나 역할을 통하여 촌락의 실상을 살펴보기로 하자.

먼저 上人邏頭란 직명을 가진 왕경인 출신에 대해서이다. 상인나두는 신성비의 사례로 미루어 본다면 上人은 촌명이 되며 나두는 지방관명이므로 上人에 파견된 나두가 된다. 그러나 신성비에도 上人의 사례가 있으므로 上人을 촌명으로 보기는 어렵겠다. 상인나두를 나두에서 파생된 하나의 별개 직명으로 보아야 할까. 그렇게 본다면 이러한 사례는 처음인 셈이다. 그렇지만 上人과 나두가 각각 직명으로 사용된 사례가 있으므로[45] 이를 분리하는 것이 순조로울 듯하다. 그럴 때 上人

---

45) 이에 대해서는 뒤에 말하기로 하겠으나 某某上人의 사례는 많다.

은 이 축성을 위한 필요에서 붙은 역명이며[46] 나두는 지방관이 가진 직명이 되겠다. 인명을 표기하는 데 역명과 직명을 동시에 표현한 예도 있기 때문에[47] 그렇게 보아도 별로 문제는 없다고 생각된다. 이 上人에는 여러 가지 뜻이 있겠으나 일단 글자 그대로 윗사람이란 의미로 보는 것이[48] 무난할 듯하다. 이에 내재된 구체적인 의미에 대해서는 뒤에 말하기로 하겠다.

나두는 지금까지의 사례로 보아 성촌을 단위로 파견된 지방관임이 틀림없다. 나두가 파견된 성촌은 작성비에서 찾을 수밖에 없다. 이 비에서 지명으로 보이는 유일한 예는 오대곡이므로[49] 나두는 오대곡에 파견된 지방관으로 보는 것이 순조로울 듯하다. 나두는 흔히 지방관이 그러하듯이 파견지역의 지방민을 국가의 명령에 따라 역역동원하고, 이를 관리 감독하는 총책임자로서 전체 14步 3尺 3寸의 축성 거리와 그 작업을 하는 데 35일이 소요되었음을 확인하여 주는 역할을 담당하였을 것이다. 上人은 바로 그러한 역할에 어울리는 역명이라 하겠다.

다음은 郡中上人, 匠人 등에 대해서이다. 이들은 나두와는 달리 모두 지방민이다. 장인은 신성비의 匠尺의 사례에서 알 수 있듯이 축성에 관련하는 기술자이며, 書寫人은 신성비의 文尺처럼 문자해독 능력을 바탕으로 문서를 담당하는 기술자라 생각되므로 별다른 문제는 없다. 그러나 군중상인은 이 비에서 처음 나타나는 직명이므로 그 실체를 파악하기가 쉽지 않다.

군중상인이란 앞서 언급한 上人의 사례로 비추어 郡에서의 上人, 郡의 上人, 즉 郡의 윗사람이란 의미가 되겠다. 그런데 上人이란 직명은

---

46) 閔德植, 앞의 글, p.88에서는 上人을 명활산성 축조를 위한 임시직으로 추측하였다.
47) 武田幸男, 〈眞興王代における新羅の赤城經營〉, 《朝鮮學報》 93, 1979, pp.16~17 ; 朱甫暾, 〈丹陽新羅赤城碑의 再檢討〉, 《慶北史學》 7, 1984, pp.10~11 참조.
48) 朴方龍, 앞의 글, p.73.
49) 古他門도 지명일 것으로 본 견해가 있으나(金昌鎬, 앞의 글, p.612), 이는 城門名이라 판단되므로 따르기 어렵다.

신성비에서 몇 가지 사례가 확인되므로 이를 주목해 볼 필요가 있다. 제2비 (村)作上人, 제3비의 里作上人, 面石捉上人, 小石捉上人, 제4비의 △石捉上人, 小石捉上人, 제5비의 城作上人 등의 용례가 보인다. 이러한 사례들로 미루어 上人이란 그 외형적 규모는 일단 차치하고라도 어떤 단위집단의 윗사람이라는 의미가 되겠다.

그 단위는 크게 두 종류로 나누어진다. 하나는 어떠한 행정단위가 붙는 上人이다. 里·城村은 각각 왕경과 지방의 행정구역이다. 따라서 里, 城村作上人이란 里나 행정(성)촌에서 城을 만드는 데 참여한 사람 가운데 윗사람이라는 의미가 된다. 다른 하나는 小石·面石 등등이 붙는 上人이다. 한두 사람으로 구성되었다거나 기술자 자체인 경우에는 上人이라고 하지 않았다. 가령 신성비에서 匠尺이나 文尺은 소수로서 특정한 기술자였으므로 上人이라고 하지 않았다. 이렇게 보면 소석·면석 등 여러 형태의 돌을 다루는 다수의 인간들이 포함된 소집단들이 존재하며 小石捉上人·面石捉上人 등의 上人들은 바로 이들의 우두머리란 의미가 아닌가 한다. 여하튼 上人이란 다수로 구성된 어떤 집단의 윗사람, 우두머리란 의미라 하겠다.

그렇다면 군중상인이란 곧 郡이란 다수의 인간들로 구성된 집단의 윗사람이란 뜻으로 보아도 무방하겠다. 이렇게 보면 上人의 위에 붙는 수식어는 그 上人이 소속하는 집단을 제약하는 뜻을 내포하고 있다고 보아도 되겠다. 郡, 城村, 里, 小石, 面石 등의 上人은 곧 그들이 소속한 집단의 범위, 바꾸어 말하면 이들 세력이 미치는 범위를 의미한다. 그렇다면 아무런 접두어가 붙지 않는 上人에 대한 의미도 저절로 드러난다. 나두를 그냥 上人이라 부른 것은 이들이 소집단, 소세계에 소속되지 않는다는 뜻을 내포하고 있다. 이는 지방민들의 왕경인에 대한 신분의식이 바탕에 깔린 표현이라고 하겠다. 왕경인은 관등, 관직의 고하를 막론하고 上人으로 인식되고 있었으며, 따라서 그의 활동범위를 제한하는 한정적인 수식어가 붙지 않았던 것이다. 이상과 같이 보면 군중상인에 대한 이해도 어느 정도 가능하지 않을까 싶다.

종래 신성비 제2비의 郡中△△를 제1비의 郡上村主를 원용하여 郡中村主로 推讀한 견해가[50] 일반적으로 받아들여졌으나 작성비로 말미암아 군중상인으로 읽는 편이 옳다고 판명되었다.[51] 그러면 이 군중상인을 지방민이 가진 새로운 직명으로 볼 것이냐 아니면 촌주의 동의어로 볼 것이냐가 문제가 된다. 앞서 본 것처럼 上人이란 상설된 직명이 아니라 윗사람을 의미하는 보통명사이며, 따라서 郡의 윗사람으로 해석되는 점, 신성비 제1비의 군상촌주처럼 촌주가 들어가야 할 자리에 군중상인이 자리잡은 점 등으로 미루어 촌주와 동의어로 사용되고 있었다고 보아도 무방할 듯하다. 그러나 上人이 곧 촌주와 동의어가 되는 것이 아니라 군중상인이 촌주와 동의어가 된다고 하겠다. 그렇다면 기존의 촌주에 대한 이해도 상당 부분 달라지지 않으면 안 된다.

기왕에 신성비 제1비의 군상촌주와 제2비의 군중촌주를 근거로 군하촌주도 상정하여 촌주가 군을 단위로 3등으로 등급이 구분되어 있었던 것으로 추정하거나 아니면 郡 사이의 등급서열을 반영하는 것으로 이해하여 왔다.[52] 그러나 위에서 말하였듯이 군중촌주는 존재하지 않았고 군중상인이 곧 촌주라고 한다면 기왕에 촌주를 上, 中, 下로 등급지어 이해하거나 그를 토대로 한 여러 해석은 마땅히 재고되어야 한다.[53] 오히려 군상촌주의 上은 등급을 구분하는 의미가 아니라 위치를 나타내는 것으로서 中과 마찬가지로 사용되어 郡 위의 촌주란 의미로 이해된다.[54] 물론 촌주가 上, 中, 下로 등급구분 되었을 가능성을 전혀

---

50) 武田幸男, 〈新羅의 骨品體制社會〉, 《歷史學硏究》 299, 1965, p.11.

51) 朴方龍, 앞의 글, p.73. 필자도 신성비 2비의 탁본을 세밀하게 관찰한 결과 郡中上人임을 확인할 수 있었다.

52) 姜鳳龍, 〈新羅 中古期 州制의 형성과 운영〉, 《韓國史論》 16, 1987, p.113에 그에 대한 여러 견해들이 소개되어 있다.

53) 필자도 기존의 설을 좇아 이러한 입장에서 논지를 전개하였으나 이는 잘못이므로 철회한다.[朱甫暾, 앞의 글(1988), p.48] 따라서 그에 입각한 촌주에 대한 이해도 상당 부분 수정되어야겠다.

54) 金在弘, 〈新羅 中古期의 村制와 地方社會構造〉, 《韓國史硏究》 72, 1991, p.43에서 上, 中을 모두 우리말의 '의'란 뜻으로 이해하였다.

배제할 수는 없지만, 이미 외위가 郡을 단위로 재지세력의 위상을 반영하고 있는데[55] 다시 또 다른 기준을 마련하여 촌주를 등급구분할 필요가 있었을까 하는 의문이다. 이를 고려하면 따로 上, 中, 下의 등급구분이 있지 않았다고 보는 편이 순조로울 듯하다. 이상과 같이 이해한 위에 신성비 1비와 2비의 비교를 통하여 촌주에 대한 문제를 새롭게 검토해 보기로 하겠다.

신성비 제1비에서의 역역동원 주체는 阿良村이다. 제1비에는 아량촌에 파견된 지방관인 나두와 아량촌 출신의 촌주 및 匠尺 1명이 보이는 것도 그 때문이라 생각된다. 아량촌은 제1비에 보이는 성촌으로 구성된 郡의 중심촌이거니와 아량촌 중심의 역역동원이기 때문에 이들이 참여한 것이다. 제2비의 경우는 阿大兮村 중심의 역역동원이다. 이 비의 첫머리에 보이는 阿旦兮村道使가 곧 阿大兮村道使라면[56] 그가 도사 가운데 첫머리에 기재된 것은 아대혜촌 중심의 역역이었기 때문일 것이다. 그런데 위에서 언급하였던 제1비의 예에 따르면 제2비에도 아대혜촌 출신의 촌주가 있어야 한다. 그럼에도 불구하고 아대혜촌 출신의 촌주는 물론 없거니와 郡을 단위로 동원된 文尺과 匠尺에도 아대혜촌 출신은 보이지 않는다. 제2비를 보면 그를 구성하는 중심촌이 지방관은 보이지 않지만 沙戸(刀)城임은 쉽사리 짐작할 수가 있다.[57] 그렇다면 과연 아대혜촌에는 촌주가 있었을까 하는 의문이 든다.

그런데 아대혜촌 출신자로 가장 높은 관등을 소지한 직명으로는 (村)作上人이 보인다. 그에 대응되는 직명이 제1비에는 아량촌 출신자로 城使上으로 되어 있다. 아량촌은 행정촌이므로 이 성사상의 城은 축성대상인 남산신성을 의미하는 것임이 분명하다. 이처럼 제1비에 (村)作上人이 들어갈 자리에 城作上이란 한정적인 의미로 표현한 것

---

55) 朱甫暾, 〈新羅 中古期 村落構造에 대하여〉, 《慶北史學》 9, 1986, pp.30~31.

56) 李鍾旭, 〈南山新城碑를 통하여 본 新羅의 地方統治體制〉, 《歷史學報》 64, 1974, p.12.

57) 金在弘, 앞의 글, p.42.

은 아량촌 출신의 上人인 촌주가 따로 있었기 때문이[58] 아닌가 싶다. 말하자면 아량촌의 上人은 곧 郡의 촌주이기도 하였으므로 아량촌 출신의 역역동원에서 그의 역할을 대행하는 재지세력은 (村)作上人이 아닌 城使上으로 표현된 것이라 생각되며, 아대혜촌의 (村)作上人은 그와는 의미가 다르다. (村)作上人은 그 자체 아대혜촌의 윗사람이므로 그와 같은 표현을 쓴 것이라 생각된다. 바꾸어 말하면 아대혜촌의 윗사람인 (村)上人은 당해 郡의 촌주가 되지 못하였기 때문에 제2비에서는 아대혜촌 출신의 촌주가 보이지 않는 것으로 이해된다.

이상과 같이 보면 촌주에 대해서는 몇 가지 새로운 이해가 가능하다. 첫째, 모든 행정(성)촌에서 촌주를 배출한 것은 아니란 사실이다. 하나의 군을 구성하는 성촌 가운데 유력한 성촌의 上人은 촌주가 되지만 그렇지 못한 성촌은 촌주를 배출하지 못하였던 것으로 보인다. 지금까지 알려진 사례에 따르면 촌주는 대체로 2명씩 보인다. 따라서 한 郡을 단위로 하여 대체로 2명 정도의 촌주가 임명된 것이 아닌가 싶다. 물론 한 군에 반드시 2명씩 한정되어 있었다고는 생각되지 않으나 그러나 그보다는 그렇게 많지는 않았을 것이다.[59] 둘째, 上人 가운데 촌주로 임명되는 기준은 아마도 관등이지 않았을까 싶다. 성촌의 정치적 사회경제적인 형편에 따라 재지세력의 관등이 결정된 만큼 관등의 高下에 따라 촌주가 선임된 것은 지극히 자연스런 현상이었을 것이다. 셋째, 모든 성촌에서 군의 행정에 간여하는 촌주를 선임하지 않은 것

---

58) 위의 글, p.43.

59) 위의 글, p.43에서는 각 촌에는 촌주가 있으며 이들 가운데 유력한 村의 村主 2명이 郡의 村主로 임명되어 군 단위의 행정결정에 책임을 진 것으로 보았다. 金在弘은 上人이 곧 村主라고 본 점에서 필자와는 차이가 난다. 앞서 보았듯이 필자는 上人이 아니라 郡中上人이 村主인 것으로 이해하였다. 한편 李宇泰, 앞의 글, pp.126~128에서는 郡中上人을 촌주와 같은 역할을 담당하였을 것으로 생각되나 촌주는 아니라고 보면서 촌주는 郡을 단위로 복수로 임명되는 존재로 간주하였다. 城村의 上人 가운데 村主가 되는 층과 그렇지 못한 층이 구별되면서 점차적으로 이들 사이의 身分層이 형성된 것이 곧 眞村主, 次村主가 아닌가 싶다. 이렇게 보면 城村上人도 곧 村主層으로 보아도 무방하겠다.

은 그들끼리의 경쟁을 유발하고 서로 대립시켜 정치적인 결합을 꾀하
지 못하도록 하여 촌락지배를 관철시키려는 정치적인 목적이 깃들어
있지 않았을까 싶다. 관등을 성촌마다 차등 있게 지급한 것과 마찬가
지로 촌주를 한정적으로 임명한 것도 의도적인 촌락지배의 한 방법이
지 않았을까 한다. 넷째, 나두가 파견된 지역은 군의 중심성촌인 만큼
제1의 촌주가 배출되지 않았을까 싶다. 그런 측면에서 본다면 제2비의
沙刀城이 바로 나두가 파견된 곳으로 추측된다. 이 밖에 그에 버금가
는 성촌의 上人이 촌주로 임명되었을 것이다. 다섯째, 촌주는 각기 출
신 성촌의 上人이면서 동시에 郡中의 上人이기도 하였다는 사실이다.
따라서 郡政은 모든 성촌에 공평하도록 운영된 것이 아니라 중심성촌
을 비롯한 촌주가 배출되는 성촌을 중심으로 운영되어 갔다고 하겠다.
이렇게 보면 행정(성)촌 중심체제였던 중고기를 통하여 郡이 점차적으
로 발달해 가는 이유는 바로 이러한 촌주제의 운영방식에서 기인한다
고 생각된다.

  이상과 같이 작성비의 군중상인은 오대곡의 上人이면서 곧 촌주였
다고 하겠다. 匠人은 촌주를 보좌하면서 축성의 기술지도를 담당하였
다. 그런데 작성비 단계에서 이들이 군을 구성하는 여타의 성촌에까지
직접 영향력을 얼마만큼 행사하였는지는 의문이다. 작성비가 각 성촌
단위로 작성된 것은 그러한 사정을 반영한다. 6세기 후반 촌락지배가
강화되면서 점차 郡의 비중이 높아져 갔을 것으로 보인다. 이 점이 작
성비와 신성비에 보이는 촌락지배의 두드러진 차이였다고 생각된다.
즉 작성비 단계에서는 郡이 존재하였으나 그 기능은 형식적인 데에 그
쳤으며[60] 신성비의 군에 비할 바는 아니었다. 촌락이 재편되면서 郡이

____

60) 郡의 형식적인 기능을 강조하여 몇몇 성촌을 묶는 행정구역으로는 설정되어
    있었으나 州-郡-城村으로 이어지는 지방지배의 중간 단위도 아니었고 따라서
    정식으로 郡에는 지방관이 파견된 것도 아니라고 본 견해도 있다.(하일식, 앞의
    글, p.62) 그러나 6세기를 통하여 군이 갖는 기능을 전부 그렇게 파악해서는 곤
    란하다고 본다. 점차적으로 郡의 기능이 강화되어 가는 추세에 있어 일률적으
    로 보아서는 안 되기 때문이다.

가지는 비중이 변모하여 신성비 단계에서는 郡 중심으로 지방통치가 상당히 조직화하여 갔던 것으로 보인다. 그러한 변화의 일단을 재지세력이 가진 관등의 대비를 통하여 살펴보고자 한다.

작성비에 보이는 군중상인은 촌주이면서도 관등은 下干支에 머물러 있다. 이로 보아 아마도 郡을 구성하는 다른 행정(성)촌의 재지세력도 비슷한 상황이 아니었을까 싶다. 그런데 같은 하간지이면서도 군중상인이 되지 못하고 잡역부를 거느리고 직접 축성에 참가한 재지세력도 존재하였다. 이 점은 하나의 성촌에서 간군 외위 소지자가 증가하고 있었던 저간의 사정을 반영한다. 냉수리비나 봉평비에 따르면 원래 하나의 성촌에서는 1명의 간지가 존재하였을 따름이다. 그러나 간군 외위의 분화로 외위 11등체계가 완성된 후에는 하나의 행정(성)촌에서도 간군 외위 소지자의 수가 확대되어 간 것이 아닌가 싶다. 이는 동일한 성촌 내에서도 재지세력들을 상호 견제하기 위한 촌락통치의 일환으로 여겨진다. 요컨대 작성비 단계에서는 간군 외위가 거의 완성되어 있었음에도 불구하고 관등 지급은 상당히 제한되어 그 전대의 전통이 거의 그대로 유지되고 있었던 것으로 보인다. 적성비에 따르면 포상으로 하간지와 撰干支가 동시에 보이는 것으로 보아 하간지 이상의 관등은 군공포상이나 또는 유력한 투항세력 등 특수한 경우에 한정하여 지급하였던 것이 아닌가 싶다.[61] 그런데 신성비에 이르면 여기에는 상당한 변화가 보인다. 아래에서는 이 점을 검토하여 40년 동안에 촌락지배가 강화되어 가는 모습을 살펴보기로 한다.

작성비와 신성비의 무조건적인 1 대 1의 대비에는 문제가 있다. 앞

---

61) 통일기에 군공포상으로 관등을 지급하는 사례들을 재음미해 볼 필요가 있다. 특히 外位의 경우 관료조직 아래에서 일정한 체계를 갖고 운영되었다기보다는 국가에 대한 충성도 등이 제1차적인 관등 승진의 요건이었을 듯하다. 이 점에서 같은 관등이라고 하더라도 엄연하게 관료조직체계 아래에서 운영되었을 경위는 외위와 뚜렷하게 차이가 난다고 생각된다. 통일로 말미암아 군공포상의 기회를 상실하게 되자 외위가 저절로 소멸되는 것은 당연한 일이라 생각된다. 외위 소멸의 또 다른 이유는 이러한 데서도 찾아진다.

서 보았듯이 작성비는 하나의 성촌에서 동원된 반면 신성비는 郡 단위의 동원이기 때문이다. 그러므로 둘을 대비하기 위해서는 신성비에서 하나의 성촌이 선택되어야 한다. 그럴 때 고려의 대상이 되는 것은 신성비 제1비의 아량촌이다. 아량촌을 작성비의 오대곡과 대비할 수 있는 근거는 양쪽에 파견된 지방관이 邏頭로 동일하다는 점, 따라서 郡 가운데 중심촌으로서 동등한 행정(성)촌이란 점, 그리고 이들에는 모두 촌주가 보인다는 점 등이다. 둘을 비교하기 위하여 작성비에 보이는 외위 소지자와 신성비 제1비 가운데 아량촌 출신자를 정리하면 다음과 같다.

[표 7] 작성비 및 신성비 제1비에 보이는 外位 소지자 비교

	職　名	人　名	官　名
	郡中上人	仇　智　支	下　干　支
	匠　　人	比　智　烋	波　　日
作　城　碑		抽　　兮	下　干　支
		△　叱　兮	一　　伐
		△　△　利	波　　日
	書　寫　人	須　欣　利	阿　　尺
	郡上村主　匠尺	今　　知	撰　　干
	城　使　上	末　丁　次	干
	匠　　尺	沒　奈　生	上　　干
	文　　尺	阿△△次	干
新　城　碑	面　捉　上	竹　生　次	一　　伐
	……捉上	珎　　巾	……
	……捉上	知　礼　次	……
	小石捉上	首　尒　次	
		辱　尔　次	

둘을 비교하면 먼저 촌주의 관등이 상당한 차이가 나는 점이 주목된다. 작성비의 촌주는 7등인 하간지인 반면, 아량촌은 5등인 撰干이다. 이렇게 보면 작성비는 촌주가 모두 간지를 칭하고 있는 6세기 초 촌주의 성격을 거의 그대로 답습하고 있는 것으로 판단된다. 말하자면 작성비 단계에서는 아직 차등적인 외위에 따른 촌주제가 정착되기 이전

의 전통이 그대로 유지되고 있었던 것이 아닌가 싶다. 그러나 신성비 단계에서는 중심성촌의 재지세력에게 干만이 아니라 그보다 훨씬 더 높은 외위를 지급하고 그것도 행정(성)촌마다 상당한 차등을 두었다. 촌주의 관등 지급에 차등을 두었다는 것은 차별적으로 촌락통치를 수행하였음을 뜻한다. 여기서는 중앙에 대한 정치적인 충성도가 철저히 고려되었을 것임은 상상하기 어렵지 않다. 이를 통하여 촌락의 횡적인 결합보다는 중앙정부에 대한 예속성을 드높여갔을 것으로 보인다.

둘째, 간군 외위 소지자 수가 뚜렷하게 증가한 점이다. 작성비의 오대곡에서는 2명의 하간지가 보이는 반면 아량촌에서는 판독의 불완전함으로 명확하지는 않지만 적어도 4명의 간군 소지자가 보인다. 그나마 작성비에서는 2명도 하간지에 지나지 않았지만 신성비에서는 撰干 1명, 上干이 1명, 干이 2명이며, 그 밖에 확인되지 않는 것까지 합치면 그 수는 늘어날 가능성이 높다.[62] 이는 干群 외위를 소지한 사람의 인원이 작성비에 비하여 훨씬 늘어났음을 의미하는 것이다. 특히 간군 외위 소지자는 봉평비에서 알 수 있듯이 중심촌의 1명으로 국한되어 있었으나 이제는 자연촌에 이르기까지 전반적으로 확산되어 가는 추세였다. 작성비에 보이는 2명의 하간지 소지자가 동일한 자연촌 출신자인지는 확인할 수가 없으나 행정(성)촌의 중심촌은 말할 것도 없고 이미 자연촌에 기반하는 유력세력에게까지도 간군 외위가 확산되기 시작한 듯하며, 그것이 신성비 단계에서는 일반화된 것으로 보인다.

셋째, 간군 외위 소지자의 증가란 결국 외위 소지자의 수가 전반적으로 확대되었음을 의미한다. 이는 현재 두 비에 나타난 것만으로는 직접적인 비교가 되지 않으나 그것은 자료 자체가 갖는 한계 때문이라 여겨진다. 아마도 작성비에 비해 볼 때 전반적으로 관등 소지자의 수가 늘어난 것이 아닌가 싶다. 관등 소지자 수가 증가하였다는 것은 곧

---

62) 하일식, 앞의 글, p.45에서 6세기 후반 외위 소지자의 증가를 지적하고 있다. 이는 작성비와 신성비가 모두 동일하게 郡 단위의 역역동원일 것으로 보는 데 입각한 단순비교의 결과이지만 참고로 된다.

국가와 직접적으로 정치적인 관계를 맺는 재지세력이 증가하였음을 뜻하며, 이는 곧 촌락에 대한 통치가 그만큼 진전되었음을 방증한다. 말하자면 재지세력 사이의 횡적인 결합보다 국가를 정점으로 하는 종적인 연결이 훨씬 더 강화되었음을 증명하는 것으로 풀이된다.

이상과 같이 외위 지급의 확대로 말미암아 신라 중앙정부는 촌락에 대한 지배를 강화시켜갔고, 마침내 기존의 재지사회가 갖고 있던 전통적인 질서는 상당 부분 극복되었을 것으로 보인다. 그 점이 작성비와 신성비가 보여주는 촌락질서의 뚜렷한 차이라 하겠다. 새로이 편제된 재지질서를 바탕으로 하여 촌락을 재편함으로써 이제 점차 지방 지배의 새로운 중심으로 부상되는 것이 바로 郡이었다. 郡制가 도입된 시기는 6세기 전반임이 확실하나 그것은 명칭상의 것일 뿐 실제로는 거점으로서의 성촌을 중심으로 하는 지방지배체제였다. 小國 단계의 질서가 강인하게 잔존하고 있는 상황에서는 군제의 시행이란 사실상 불가능하였던 것이다. 국가권력이 외위를 매개로 하여 자연촌에까지 침투하게 되고, 마침내 기존의 질서가 재편되는 바탕 위에서만 명실상부한 군제의 시행이 가능하였던 것이다. 이로써 6세기 후반에는 행정단위로서의 郡이 독자적인 기능을 하게 되는 郡縣制가 정착할 수 있는 발판이 마련되어 갔다. 외위는 이처럼 신라의 촌락지배에 유력한 수단으로 그 기능을 다한 것이었다.

그러나 촌락통치와 재편을 위한 외위의 과도한 남발은 결국 관등인플레 현상을 초래하여 중앙과 지방의 차이를 심화시키는 결과를 가져왔다. 말하자면 외위를 매개로 한 촌락지배는 6세기 후반 이후에 이미 한계점에 도달하고 있었던 것이다. 그 까닭으로 새로운 방법을 강구하지 않을 수가 없었으니 7세기 초 삼국 사이의 항쟁이 격화되면서 지방민에게도 외위 대신 경위를 지급하게 되는 것도 중앙과 지방관의 모순관계를 다소나마 완화해 보려는 미봉책의 결과였다. 그런 의미에서 신성비는 외위제를 매개로 하는 촌락지배의 기능이 그 정점에 이른 시기의 사정을 반영한다고 할 수 있다. 그에 비해 작성비는 외위제를 통하여 촌락지배를 실현하여 가는 초기 단계의 모습을 보여주고 있다고 하겠다. 작성비와 신성비 사이의 40년이란 시간은 이처럼 촌락질서가 급속히 변모하여 전통적인 지배질서가 신라적인 지배질서로 자리잡아가고 있던 시기였다고 하겠다.

5. 맺음말

지금까지 1988년 발견된 명활산성작성비에 대하여 나름대로의 분석을 시도하고 이를 바탕으로 약간의 견해를 피력하여 보았다. 기왕에 이 비를 다룬 몇몇 논고들이 있었으나 대부분 신성비와의 유사점만을 지나치게 의식한 나머지 작성비가 갖는 성격을 제대로 추출해 내지 못하였다고 인식하여 다른 시각에서 접근하여 보았다. 특히 이들 견해들이 신라사의 변화해 가는 측면을 거의 도외시하였다고 판단하여 이에 중점을 두었다.

축성을 위한 역역동원이라는 점에서는 동질적이면서도 碑文構造의 분석을 토대로 구체적으로 살펴보면 작성비는 신성비와는 여러 점에서 성격을 달리하는 비로 생각된다. 신성비는 그 자체 축성의 완성을 의미하는 비로서, 국가에 대한 맹서와 동시에 이를 기념한다는 의미도 내포하고 있었지만 작성비는 지방민이 일정한 기간동안 명활산성의 축성에 역역동원이 되어 주어진 특정한 거리를 작업하였음을 명시하기 위하여 세웠던 것이다. 따라서 작성비의 초점은 35일이란 力役動員 日數와 그에 따르는 축성 거리에 있었다. 이 비에 보이는 동원단위는 郡이 아니라 행정(성)촌이었으며, 이 점도 신성비와의 뚜렷한 차이였다. 이후에도 554년 명활산성이 완성되기까지 축성을 위한 역역동원은 계속되었으며 따라서 연대를 달리하는 다수의 비가 발견될 가능성이 있음을 지적하여 두어야겠다.

다음은 이 비와 신성비의 비교를 통하여 551년에서 591년에 걸치는 40년 동안 신라의 촌락지배가 강화되어 가는 모습을 단편적이나마 확

인할 수가 있었다. 이미 지적되어 왔듯이 신라가 촌락지배를 실현하여
가는 유력한 수단으로 창출해 낸 것이 바로 외위라는 지방민만을 대상
으로 하는 관등체계였다. 외위는 복속세력의 질서를 신라적인 그것으
로 전환하여 일원적인 촌락지배를 실현하기 위한 수단으로 6세기를
통하여 적절히 이용되었다. 이들 두 비는 외위 11등체계가 거의 완성
된 이후의 것인 점에서는 같지만 둘을 비교하여 보면 재지세력의 외위
소지 양상은 상당히 다르게 나타난다. 작성비에서는 간군이 소수인 점,
그 등급이 낮은 점, 그리고 관등 소지자의 수가 비교적 적은 점 등에서
보아 6세기 전반의 성격을 많이 지닌 반면, 신성비에서는 그와는 상당
히 다르다. 그러한 점에서 작성비는 외위체계가 지방촌락지배에 이용
되는 초기적인 모습을 보여준다면 신성비는 그 절정에 달한 시기의 모
습을 보여준다고 하겠다. 이는 40년이란 기간 동안 신라의 촌락지배가
급속히 강화되어 간 결과라 하겠다. 그로 말미암아 6세기 후반에는 기
존의 전통적인 재지질서가 상당 부분 청산되고 그에 따라 신라적인 촌
락으로 재편되면서 새로운 모습으로 바뀌어 갔던 것이다. 이로써 7세
기 郡縣制를 실현할 수 있는 바탕이 마련되었다.[63] 그러나 그 속에서
다시 중앙정부와 재지세력 사이의 모순관계가 심화되었으니 그것이
곧 지방민에 대한 경위지급으로 나타났다. 이렇게 보면 외위는 6세기
의 촌락지배를 통해 그 기능을 다한 셈이라 하겠다.

이상이 지금까지 살펴본 내용의 대강이지만 무리한 추측과 해석이
적지 않을 것으로 생각된다. 미흡한 점은 후일 기회를 달리하여 보완
해 가기로 하겠다.[64]

---

63) 기왕에 중고기의 郡이 小國의 질서를 그대로 수용한 위에 두어진 것으로 생
   각하여 왔으나 6세기 촌락재편과정에서 상당히 변모되었다고 생각된다.
64) 閔德植의 앞의 글은 이 글이 완성된 후 출간된 것이며, 그 까닭으로 뒤늦게
   서둘러 註로 처리한 탓에 원래의 의도를 곡해한 부분이 있을런지도 모르겠다.
   이 점은 추후 수정하기로 하겠다.

제6장
雁鴨池出土碑에 대한 고찰

1. 머리말

1975년 3월부터 1976년 3월까지 만 1년에 걸쳐 文化財管理局 慶州古蹟發掘調査團은 안압지를 발굴하였다. 그 결과 遺構가 노출되고 많은 유물들이 출토됨으로써 국내외 학계의 커다란 관심을 불러 일으켰음은 다 아는 사실이다. 특히 木簡이 나온 것은 획기적인 일로서 실로 우리나라에서는 처음 있는 일이었다.[1]

한편 이 글에서 다루고자 하는 비편이 石築에서 우연히 발견되었으나, 당시에는 별로 관심을 끌지 못하였다. 1978년 간행된 《雁鴨池發掘調査報告書》에는 비문의 판독은 말할 것도 없고 그 출토 사정이나, 상태·현상 등 기초적인 사항에 대해서는 단 한 줄의 언급조차 하지 않은 채 겨우 2枚의 圖版만을 싣는 데 그쳤다.[2]

이 비가 그처럼 별로 주목을 받지 못하였던 주된 이유는 그것이 비편이었을 뿐만 아니라, 이미 널리 알려진 남산신성비와 유사한 기재양식으로 되어 있기 때문이다. 그 까닭으로 이 비가 학계에 처음 소개되

---

1) 이 木簡에 대해서는 李基東, 〈雁鴨池에서 出土된 新羅 木簡에 대하여〉, 《慶北史學》 1, 1979 ;《新羅 骨品制社會와 花郎徒》, 1980 참조.
2) 文化公報部 文化財管理局, 《雁鴨池發掘調査 報告書》, 1978, 圖版 36, 37 참조.

었을 때 곧바로 남산신성비 제7비로 명명되었다.[3] 그러나 후술하는 것처럼 이를 여러 가지 면으로 미루어 보아 남산신성비의 하나로 보기는 매우 어려우며,[4] 그에 선행하는 진흥왕대의 碑로 추정된다. 그러한 뜻에서 이 비에 대해 새롭게 검토해 볼 필요성을 갖게 되었다.

사실 이 비는 그 자체 斷片에 불과하며, 또한 현재 남아 있는 글자도 몇 자 되지 않으므로 이에 대해서 완전한 이해에 도달하기란 불가능하다. 그렇지만 가능한 범위에서 문헌자료와 결부시켜 보면 어느 정도의 접근이 가능하리라 생각된다. 따라서 이 글에서는 나름대로 문헌자료를 통하여 이 비를 분석하고, 나아가 그것이 갖는 의의를 추적해 보고자 한다. 비록 비편이라고 하더라도 종래까지의 중고기 금석문에 대해서 몇 가지 새로운 知見을 더할 수 있을 것으로 생각되기 때문이다.

2. 碑文의 判讀

이 비는 안압지의 中島 護岸石의 하나로 사용했던 것이다. 안압지가 흙으로 메워져 오랫동안 땅속에 파묻혀 있었던 탓인지, 현재 남아 있는 비문 자체는 거의 마멸이 되지 않았다. 비편의 크기는 대략 길이 30센티미터, 폭 20센티미터 정도, 비문의 字經은 2~3센티미터, 현재 남

---

3) 이 비가 처음으로 소개된 것은 黃壽永에 의해서가 아닌가 싶다. 《韓國學報》 제5집(1976년 겨울)에서 〈金石文의 新例〉란 題下에 새로 알려진 몇 개의 金石文을 소개하고, 그 附記로서 약간의 설명과 함께 碑文을 싣고 있다. 黃壽永은 그 후 《韓國金石遺文》(增補版, 1978)에서 釋文에 몇 자 수정을 가하여 이를 轉載하였다. 이 비는 許興植 編, 《韓國金石全文》 古代篇(1984)에도 실려있다. 이들은 모두 이 비를 南山新城碑로 간주하여 第7碑로 명명하였다.

4) 이 비에 대해서 관심을 표명하며 南山新城碑가 아닐 것으로 지적한 견해는 다음과 같다. 田中俊明, 〈新羅의 金石文(第8回)〉, 《韓國文化》 1984년 3월호, pp. 39~40 ; 金昌鎬, 〈金石文으로 본 新羅 中古의 地方官制〉, 《歷史敎育論集》 6, 1984, p.15 ; 權悳永, 〈新羅外位制의 成立과 그 機能〉, 한국정신문화연구원 석사논문, 1984, p.20. 특히 金昌鎬와 田中俊明은 황수영과는 碑文을 다르게 읽고 있을 뿐만 아니라 그 연대를 6세기 前半으로 추정하고 있어 주목된다. 그러나 달리 그 구체적인 의미를 추적하지는 못하였다.

아 있는 비문은 4行 26字의 楷書體로서, 원비의 하단부로 추정된다.[5] 비문은 마멸되지 않았으나, 서체 자체가 까다롭고, 또한 일부분밖에 남아 있지 않으므로 판독에 약간 문제가 있다. 黃壽永이 작성한 비문을 소개하면 다음과 같다.[6] (행의 번호와 밑줄은 필자가 편의상 붙인 것임)

(1) 村道使喙部
(2) 干支^(A)大△一尺伮兮之
                        ?
(3) ^(B)一尺豆婁知干支
(4) 一伐徒十四步

이 비는 상술한 것처럼 원비의 하단부에 해당하지만, 한층 정확하게 말하면 좌하단부라고 함이 옳다. 왜냐하면 남산신성비(이하 신성비라 함)로 미루어 짐작하면 제4행은 그 자체로서 문장이 일단락되지만 제1행의 전반부에는 더욱 많은 글자가 들어갈 가능성이 있기 때문이다. 그러므로 원비는 적어도 4行 또는 그 이상으로 구성되었다고 하겠다.

신성비와는 달리 행마다 글자수가 일정하지가 않으며, 또한 글자 사이의 간격도 매우 불규칙하다. 이 점에서 일단 이 비는 신성비와 다르다고 하겠다. 비 상단부의 없어져 버린 글자수는 정확하게는 말할 수 없지만, 최소한 10자 이상에 이를 것으로 추측된다. 그렇게 볼 근거는 1행과 2행에 있다. 1행의 마지막이 '……村道使'란 직명을 가진 인물의 부명으로 끝났으므로 2행의 상단부에는 그의 인명과 관등이 기재되었을 것임은 틀림없다. 그런데 2행의 첫 부분인 '……干支'는 도사란 직명을 가진 인물의 관등으로 보기는 어렵다. 왜냐하면 지금까지의 금석문에 따르는 한 도사의 관등은 大舍~大烏이기 때문이다.[7] 그렇다면 이 '……간지'란 관등을 가진 인물은 신성비의 예로 미루어 지방민으

---

5) 黃壽永, 앞의 책, p.458.
6) 위와 같음.
7) 朱甫暾, 〈丹陽新羅赤城碑의 再檢討〉, 《慶北史學》 7, 1984a, pp.11~12 참조.

로 보아야 한다.[8] 따라서 2행의 상단부에는 도사란 직명을 가진 인물의 인명과 관등, 그리고 '……간지'란 외위를 소지한 지방민의 직명과 출신촌명 및 인명과 관등의 일부[9]가 오는 것이 타당하다. 그렇다면 2행의 상단부에는 최소한 10字 이상이 더 있었을 것이며,[10] 따라서 이 비는 원비의 아주 일부분에 지나지 않는 것으로 판단된다. 이상과 같은 추측을 염두에 두고 이 비를 검토해 보기로 하자.

1행에 대해서는 별다른 의문이 없다. 다만 구체적인 촌명이 남아 있지 않은 것이 약간 아쉬울 따름이다. 그런데 2행의 (A)부분을 大△一尺으로 판독하는 데는 문제가 있다. 그렇게 보면 大△는 인명, 一尺은 외위 11階 가운데 9等이 될 것이다. 그렇지만 이를 인명과 관등으로 보기에는 차지하는 공간이 다른 부분에 비해 지나치게 좁다. 뿐만 아니라 실제 비문을 보면 알 수 있듯이 △一을 두 자로 보기는 어렵다. 따라서 △一을 한 자로 읽어 工으로 본 견해가 있다.[11] 그러면 (A)부분은 大工尺이 되어 그 다음에 오는 '佁兮之……'의 직명에 해당된다고 보겠다. 이처럼 (A)를 大工尺으로 읽은 견해가 타당하다고 생각한다.

다음은 3행의 (B)이다. 언뜻 보면 이를 一尺으로 판독할 수 있는 가능성도 크다. 그러나 그렇게 보면 그 다음에 오는 豆婁知가 인명일 경우 문제가 된다. 중고기의 금석문에서 흔히 동일한 직명을 가진 인명을 기재할 경우에는 관등이 높은 자부터 먼저 기록하는 것이 하나의 원칙이었음은 이미 잘 알려진 사실이다. 그렇다면 (B)를 一尺이란 관

---

8) 新城碑에는 道使가 먼저 기록되어 있고, 그 관등도 大舍와 小舍이다. 그렇다면 王京人으로서 道使보다 늦게 기록된 干群京位를 가진 人物을 상정하기는 어렵다. 그러므로 '……干支'란 관등을 가진 인물은 지방민임이 분명하다.
9) 2행은 干支 자체로 관등이 완전하지는 않다. 그러므로 여기에는 한 자가 더 있을 가능성이 높다.
10) 이상과 같이 가정한 것은 地方民이 한 명만 기재되어 있을 것을 전제로 한 것이다. 그러나 지방민이 2명 이상 기재되었다고 가정하면 없어져 버린 상단부는 훨씬 더 클 것이다.
11) 田中俊明, 앞의 글, p.39 ; 金昌鎬, 앞의 글, p.15 ; 權悳永, 앞의 글, p.36.

등으로 볼 때 그 아래에 외위 7等인 간지가 나오므로 그러한 원칙에 어긋난다. 그래서 이 간지를 달리 읽은 견해도 있다.[12] 그러나 간자는 분명하며, 支字는 약간의 문제가 있기는 하나,[13] 이를 간지로 읽는 것이 타당하다고 보인다. 혹시 豆婁知를 직명과 인명의 결합으로 볼 수도 있겠으나, 그러나 이는 인명으로 보는 것이 가장 적절할 듯하다.

이상과 같이 보면 (B)를 외위 一尺으로 보는 데는 문제가 있다. 그러므로 필자는 一尺의 一이 지금 현재 완전하지가 못하므로 상부가 없어져 버린 글자의 획으로 본다. 바꾸어 말하면 이는 관등이 아니라 '……尺'이 되어 그 아래에 오는 豆婁知란 인명을 가진 직명이 아닌가 싶다. 尺字를 말미에 갖는 직명이 이 비의 大工尺뿐 아니라, 신성비의 文尺, 匠(工)尺, 戊戌塢作碑의 道尺 등의 용례가 있으므로 그렇게 보아 크게 어긋나지 않으리라 생각된다.

4행의 세 번째 글자는 불분명하나, 徒의 異字體가 아닐까 싶다.

이상에서 기왕의 판독에 대해 몇 가지 문제점을 검토하였거니와, 이를 정리하면 다음과 같다.

(1) 村道使喙部
(2) 干支大工尺伖兮之
(3) △尺豆婁知干支
(4) 一伐徒十四步
　　(다만 글자 사이의 간격은 일정하지 않고 불규칙적임)

이 비는 1행부터 4행의 一伐까지 인명을 열거한 부분과 4행 후반부의 受作 거리를 나타낸 부분의 두 단락으로 크게 구분된다. 인명을 열

---

12) 예컨대 金昌鎬, 위의 글, p.15에서는 명확하지 않은 글자로 파악하였다.
13) 黃壽永도 干字에는 의문을 제기하지 않았으나, 支字에 대해서는 단정하지를 못하였다. 그것은 2행에 보이는 干支의 支字와 字形이 약간 다르기 때문이었던 것 같다. 그러나 干字의 아래 획인 十이 支의 윗 획인 十과 共有하는 것으로 이해하면 이는 干支임이 확실하다.(田中俊明, 앞의 글, p.39 참조)

거한 첫째 단락은 다시 京位를 소지한 왕경인과 외위를 소지한 지방민
을 열거한 부분으로 구성되어 있다. 그 밖에 신성비의 경우처럼 연월
일과 誓事한 부분도 있었을 가능성이 크지만 지금 현재로서는 단정할
수가 없다.[14]

이상과 같이 보면 이 비는 전체 구조가 신성비와 아주 비슷하다. 그
까닭으로 당초 이를 신성비의 하나로 보는 데 주저함이 없었다. 그러
나 여러 가지 점에서 이는 신성비로 볼 수가 없다. 다음에는 절을 달리
하여 이 비가 신성비일 수 없는 이유와 그 年代 문제에 대해 생각해
보기로 하자.

3. 建碑의 下限年代

앞서 언급하였듯이 이 비를 신성비의 하나로 단정한 것은 비문의 전
체 구조가 서로 비슷하다는 점에 있다. 그러나 좀더 구체적으로 들여
다보면 반드시 그렇지도 않다. 이미 지적한 것처럼 비문의 기재양식이
불규칙한 점에서 신성비와는 다르기 때문이다. 이 비는 행마다 글자수
가 일정하지 않을 뿐만 아니라, 글자 사이의 간격도 매우 불규칙하다.[15]
더욱이 신성비에는 築城을 담당한 特定集團의 공사 거리를 대체로 ‘受
作……步’로 나타낸 반면, 이 비에서는 ‘受作’ 대신 ‘徒’로 표시하고 있
다. 물론 이러한 차이점만으로 이 비를 신성비가 아니라고 단정할 수
는 없다. 이 비를 신성비로 볼 수 없는 결정적인 근거는 관등표기법의
차이에 있다.

신라 금석문자료의 분석을 통하여 관등, 특히 京位表記法의 변화를

---

14) 지금 남아 있는 碑의 右側面을 보면 原碑의 原形을 그대로 남기고 있는 듯도
    하다. 그렇다면 誓事에 해당하는 부분이 원래부터 기록되지 않았을 수도 있다.
    이렇게 보면 비는 4行으로 구성되어 있으며, 또한 이 碑片은 下端部가 되어 南
    山碑와는 비문의 구성을 달리하는 셈이 된다. 그러나 단정은 피하고 싶다.
15) 신성비는 글자 사이의 간격이나 행마다 전체 글자수는 대단히 정연하다.

추적한 武田幸男의 견해에 따른다면 경위표기에는 각 시기마다 일정한 경향성을 찾을 수 있고, 특히 6세기 전반의 표기방식과 6세기 후반의 그것은 크게 차이가 난다고 한다.[16] 즉 武田幸男은 6세기 전반에는 이른바 干群 京位가 모두 간지란 어미를 가지나, 6세기 후반에는 支字가 탈락한다고 보았다. 한편 大舍, 小舍, 大烏도 6세기 전반에는 대체로 존칭어미인 知(또는 第, 帝智)가 붙어 있으나 6세기 후반에는 그러한 현상이 보이지 않는다고 한다.[17] 이와 같은 관점에 입각하여 종래 절대연대가 의문시되기도 했던《梁書》나《南史》와 같은 문헌사료나 蔚州의 川前里書石, 永川菁堤碑 丙辰築堤記 등 금석문의 연대를 확증하는 성과를 올렸다. 武田幸男이 이러한 6세기 관등표기법의 변화를 추적하는 데 기준으로 삼은 것은 561년에 건립된 창녕 진흥왕순수비였다. 따라서 이른바 간군 경위의 기재방식이 干支에서 干으로 변화하는 下限年代를 561년으로 잡을 수가 있었다. 武田幸男의 이상과 같은 추정은 1978년 단양신라적성비의 발견으로 거의 입증된 느낌이 든다.

적성비의 건립연대에 대해서는 많은 異說이 있지만,[18] 아무리 늦추어 잡아도 555년을 내려가지 않는다는 데는 일치한다. 이 비에는 大衆等을 비롯한 高官의 관등이 伊干支, 彼珎干支, 大阿干支, 阿干支, 及干支로 표기되어 있어 간군 경위에는 모두 예외 없이 支字가 붙어 있다. 그러므로 武田의 관등표기 변화에 대한 견해는 적성비가 발견됨으로써 거의 입증되었다고 생각된다.

그런데 적성비에는 大舍와 大烏란 경위가 보이나, 어느 것도 第나 帝智 등의 존칭어미가 붙어 있지 않다. 이는 아마도 적성비가 성립되기 이전의 어느 시기에 大舍~大烏에 붙던 존칭어미가 먼저 탈락했기

---

16) 武田幸男,〈金石文資料からみた新羅官位制〉,《江上波夫教授古稀記念論集 歷史篇》, 1977, pp.49～70 참조.

17) 위의 글, p.60에서 永川菁堤碑 丙辰築堤記에서 小烏에 존칭어미인 第字가 붙어 있지 않는 점에 착목하여, 이에 대해서는 단정을 피하고 신중한 입장을 취하였다.

18) 朱甫暾, 앞의 글(1984a), pp.36～42 참조.

때문이 아닌가 싶다. 말하자면 간군 경위 표기의 변화에 앞서 大舍~
大鳥에 먼저 변화가 일어났다고 생각된다. 요컨대 적성비에 간군 경위
의 어미가 간지로 되어 있는 것으로 보아, 간지에서 干으로의 변화시
기는 바로 550년대의 어느 시점이라고 보아 틀림없을 것이다.

　이상에서 간군 경위의 변화에 대해서 살펴보았거니와, 이러한 경향
성은 외위의 경우에서도 찾아진다. 6세기 후반의 금석문에 보이는 간
군외위를 들면 다음과 같다.

　　㉠ 昌寧巡狩碑(561)……述干
　　㉡ 戊戌塢作碑(578)……貴干, 干[19]
　　㉢ 南山新城碑(591)……貴干, 撰干, 上干, 干

　이상 6세기 후반의 금석문 자료에서는 간군 외위의 어미가 모두 干
으로 표기되어 있고 간지로는 되어 있지 않다. 그러나 적성비에는

　　㉣ 公兄鄒文村巴珍婁下干支, 烏禮兮撰干支

라 하여 下干支[20]와 撰干支가 보이거니와 모두 간지로 표기되어 있다.
말하자면 적성비에는 경위뿐만 아니라 외위도 간군은 간지로 표기되
었으나 창녕비 이하 6세기 후반의 금석문에는 支字가 모두 탈락되어
있다. 물론 이 적성비 하나만으로 간군 외위의 기재방식이 간지에서
干으로 바뀌었다고 단정할 수는 없겠으나, 그러나 간군 경위에서의 변
화를 아울러 고려하면 외위도 동시에 변화하였다고 간주해도 크게 무
리하지는 않을 것 같다.

---

19) 權惠永, 앞의 글, p.35에서는 이 밖에도 戊戌塢作碑에 上干이란 외위도 있을
　　것으로 보았다. 그러나 이를 확인하기는 어렵다.

20) 이 下干支를 外位 7等인 干으로 본 견해가 있는바(李基東, 〈新羅 官等制度의
　　成立年代問題와 赤城碑의 發見〉, 《歷史學報》 78, 1978 ; 《新羅 骨品制社會와
　　花郎徒》, 1980, p.388), 후술하듯이 雁鴨池出土碑에 의해서 확실해졌다고 생각
　　된다.

요컨대 간군 경·외위의 표기는 모두 550년대 이후 561년 이전의 어느 시기에 일시에 干支에서 干으로의 변화가 있었다고 생각된다. 그렇다면 이 글에서 문제삼는 이 비의 하한연대도 대체로 짐작할 수가 있다.

이 글에서는 간군 외위로 '……간지'와 '간지'의 두 개가 보이는바, 모두 561년 이전의 표기방식에 해당한다. 그러므로 이 비의 연대는 561년을 내려오지 않는다고 해야 하겠다. 이 까닭으로 이 비를 신성비의 하나로는 결코 볼 수가 없는 것이며, 그렇게 본 견해는 수정되어야 마땅하다. 그렇다면 이제 이 비의 절대연대는 달리 검토되어야 할 것이다. 다음에는 절을 바꾸어 그에 대해서 살펴보고자 한다.

4. 建碑의 絶對年代와 明活城

우리는 앞 절에서 이 비의 하한연대가 대략 561년을 내려갈 수 없으며, 따라서 이를 신성비의 하나로 본 견해는 시정되어야 함을 지적하였다. 그러면 이를 어떤 비로 이해해야 할 것인지가 문제된다. 이 절에서는 문헌사료와 함께 안압지 발굴 결과를 토대로 이에 접근해 보고자 한다.

이 비의 하한연대는 561년으로 확정될 수 있으나 상한선을 먼저 설정하지 않으면 안 된다. 이에 주목되는 것은 외위의 성립연대와 도사란 지방관의 파견이다. 지금까지의 연구에 따르는 한 외위 11等의 성립연대는 6세기를 넘어서지 않는다. 대체로 외위는 智證王代(500~513) 또는 法興王代(514~540)의 어느 시기에 경위와 동시에 성립되었다[21]고 보아 크게 무리하지는 않을 것이다. 아마 법흥왕 7년(520)에 반포된 율령에 그것이 포함되어 있었던 것이 아닐까 싶다. 여하튼 이 비에는 一伐이 나타나므로 외위 11等이 이미 완성된 이후임이 틀림없다.[22] 따

---

21) 武田幸男, 〈新羅官位制の成立〉, 《旗田巍記念朝鮮歷史論集(上)》, 1979, p.179. 앞서 언급하였듯이 干群官等의 변화가 京位와 外位에 동시에 나타나는 것도 이러한 점에서 참고로 된다.

라서 아무리 올려잡아도 6세기 이전의 것으로 보기는 어렵겠다. 이는 도사의 파견에서도 찾아진다. 신라에서 처음으로 지방관을 파견한 것은《삼국사기》에 따르면 지증왕 6년(505) 悉直軍主의 설치로 잡고 있으므로 도사도 이에 준하거나, 그보다 약간 빠른 시기로 보아 틀림없다.[23] 아마 外位制가 성립하여 지방민이 재편되면서[24] 지방관이 파견되므로 둘은 거의 비슷한 시기에 진행된 것으로 보아도 좋겠다. 이렇게 본다면 이 비는 아무리 빨리 잡아도 지증왕 또는 법흥왕대를 거슬러 올라가지는 못할 듯하다. 즉 이 비의 절대연대는 넓게 잡아 500년 이후 561년 사이의 어느 시점이 되겠다. 이 사이에 도사란 지방관을 통하여 지방민을 왕경의 土木事業에 대대적으로 동원할 수 있는 사례를《삼국사기》에서 적출하면 다음과 같다.

A) ① 十年春正月 置京都東市 (新羅本紀 4 智證王條)
　　② 五年春二月 築株山城 (新羅本紀 4 法興王條)
　　③ 十八年春二月 命有司修理隄防 (新羅本紀 4 法興王條)
　　④ 十四年春二月 王命所司築新宮於月城東 黃龍見其地 王疑之 改爲佛寺 賜號曰皇龍 (新羅本紀 4 眞興王條)
　　⑤ 十五年秋七月 修築明活城 (新羅本紀 4 眞興王條)

이상 모두 다섯 사례를 찾을 수 있거니와 이 비가 지방민을 전국적으로 편성 동원하여 왕경 내에 대규모의 力役事業을 행하였을 때 세운 碑란 점[25]을 염두에 두면서 上引 사료 A)를 하나씩 검토해 보기로 하자.

---

22) 외위 성립에 대한 필자의 구체적인 견해에 대해서는 〈6세기초 新羅王權의 位相과 官等制의 成立〉, 《歷史敎育論集》 13·14합집, 1990 참조.
23) 신라에서 지방관 파견의 구체적인 시기와 배경에 대해서는 朱甫暾, 〈麻立干 時代 新羅의 地方統治〉, 《嶺南考古學》 19, 1996 ;《新羅 지방통치체제의 정비 과정과 촌락》, 1998 참조.
24) 武田幸男, 앞의 글, pp.178～179.
25) 이 비가 전국적인 力役動員을 보여주는 신성비와 유사한 체제를 갖추고 있다는 점에서 그러하다. 특히 受作距離가 14步였던 점에서 보면 이 비와 관련된 集團外에 전국에서 동원된 다수의 집단이 있었다고 보아도 좋겠다.

먼저 ①은 京都에 東市를 설치하였다는 것으로, 사실상 이 비와는 거의 관련성이 없다고 생각된다. 왜냐하면 京都內에 市肆를 설치하면서 그 구조물이 아무리 크다고 하더라도 지방민을 대규모로 동원하여 축조했다고 보기는 어렵기 때문이다. 특히 이 비에는 受作 거리가 14步로 되어 있는 점으로 보아 이는 지금까지의 금석문에 따르는 한 堤防이나 築城과 밀접한 관계가 있다고 판단되기 때문이다. 그러한 의미에서 ④의 皇龍寺 創建에 관한 기사도 일단 배제하는 것이 자연스럽겠다.[26]

③은 有司로 하여금 堤防을 수리하게 하였다는 것으로 이 비와 일단 관련될 수가 있다. 5, 6세기는 水利事業을 포함한 신라 농업의 일대 발전기로서 대대적인 제방축조나 수리가 행해졌거니와,[27] 이때에 왕경에 있던 제방을 수리하기 위해 지방민을 동원하였을 가능성을 상정할 수 있다. 이 시기 水利 등 농업기술의 발전으로 말미암아 농업생산력이 크게 진전되어, 신라는 이러한 국내경제력을 발판으로 대외적인 발전을 활발히 추진해 갔다. 말하자면 국가의 힘에 따른 수리사업의 수행이 중앙정부의 지방통제력을 강화하고 국가조직을 집권화시키는 효과를 가져다 주었을 것은[28] 틀림없다. 사료 A) ③은 그러한 선에서 이해되거니와, 그러나 그것은 대부분 지방에서의 수리사업이었지 왕도에서의 일은 아니었다고 생각된다.[29] 그러므로 ③은 이 비와는 크게 관련이 없다고 본다.

---

26) 물론 新宮이나 皇龍寺를 지으면서 지방민을 동원하였을 가능성은 충분히 있다. 그러나 이 비가 안압지의 護岸石으로 사용되고 있는 것으로 미루어 짐작하면 이는 新宮이나 皇龍寺와는 거리가 멀다고 하겠다.

27) 李基白, 〈永川 菁堤碑 貞元修治記의 考察〉, 《考古美術》 102, 1969 ; 《新羅政治社會史研究》, 1974, pp.284~286.

28) 위의 글, pp. 284~286.

29) 《三國史記》, 《三國遺事》나 《新增東國輿地勝覽》 등의 사료에서도 王京과 관련된 水利施設이 있었음을 찾아보기는 어렵다. 따라서 수리사업의 주된 대상은 지방이었다고 생각된다.

이렇게 보면 남는 것은 ②의 株山城 축조와 ⑤의 明活城 修築이다. 이 비가 신성비와 거의 비슷한 구조를 하고 있음도 그것이 築城과 관련된 것임을 암시해 준다. 그러한 의미에서도 東市 설치(①)나, 제방 수리(③), 신궁이나 사찰 건립(④)과 이 비는 관련성이 거의 없다고 하겠다.

②의 주산성은 이외에 다른 사료가 없어 그것이 왕경과 관련된 성인지, 또는 지방에 있었던 것인지조차도 불분명하다. 혹시 주산성이 왕경 안에 있었다고 하더라도 이 비가 그와 관련될 가능성은 적다고 본다. 왜냐하면 이 성이 축조된 것은 법흥왕 5년(518)이므로 외위 11階의 성립연대를 법흥왕 7년(520)의 율령반포와 관련짓는 견해[30]도 있어 만전을 기하기 어렵기 때문이다. 그리고 주산성의 축조시 전국적인 동원을 하였다면, 이 성은 상당히 비중이 있는 것으로 보아야 된다. 그러므로 그에 대해서는 달리 기록이 있었을 법도 한데 전혀 보이지 않는 것을 보면, 왕경에 있는 성이 아니거나,[31] 또는 왕경에 있다고 하더라도 전국적인 역역동원을 하여 축성하였을 것 같지가 않다. 따라서 이 비와 주산성을 연결짓고 싶지 않다.[32]

이상과 같이 보면 문헌사료에서 이 비와 가장 관련성이 높은 것은 명활성의 修築이라 하겠다. 물론 이 비와 관계된 문헌기록이 전혀 남아 있지 않을 수도 있다. 그러나 신성비와 곧바로 연결되는 기록이 《삼국사기》 신라본기 진평왕 13년(591)조에 보인다.

---

30) 李基東, 앞의 책, p.390에서는 外位制의 성립연대에 대해서는 직접 언급하지 않았으나, 520년에는 이미 京位 17等이 성립된 것으로 보았다. 따라서 外位도 이에 준하여 생각해도 좋을 듯하다.

31) 井上秀雄, 〈新羅王畿の構成〉, 《新羅史基礎研究》, 1974, p.416에서는 王都 및 그 부근의 성으로 金城, 半月城, 滿月城, 明活城, 南山新城, 獨山城, 富山城, 北兄山城 등을 들고 있다. 따라서 이 견해에 따르면 株山城이 王京 안의 성이었을 가능성은 희박하다.

32) 株山城이 만약 王京 안에 있었다고 하더라도, 후술하듯이 이 비의 원래의 위치를 고려하면 주산성과는 관계가 없다고 본다.

十三年秋七月 築南山城 周二千八百五十四步

여기에는 城의 자세한 크기까지 기록되어 있다. 또한 비록 中代의 예이긴 하나, 근자에 발견되어 주목을 받은 바 있는 關門城에 관한 기록을 다음과 같이 찾을 수 있다.[33]

① 二十一年冬十月 築毛伐郡城 以遮日本賊路 (《三國史記》8 新羅本紀 聖德王條)
② 開元十年壬戌十月 始築關門於毛火郡 今毛火村 屬慶州東南境 乃防日本塞垣也 周廻六千七百九十二步五尺 役徒三萬九千二百六十二人 掌員元眞角干 (《三國遺事》2 紀異 2 孝成王條)

관문성의 銘文은 城壁에 刻字한 石刻으로 이 성의 축조를 위해 왕경인과 지방민을 동원하였음을 보여주거니와,[34]《삼국사기》와《삼국유사》에는 築城의 시기와 목적, 성의 규모와 동원인원, 그리고 축성의 책임자까지 상세하게 기록하고 있다.[35]

이와 같이 中古에서나 中代에서 지방민을 전국적으로 동원하여 대규모적인 토목사업을 하였을 경우 그것은 대단히 중시되었을 것은 틀림없고, 따라서 문헌에도 기록되었을 개연성이 높은 것이다. 그러한 추측이 가능하다면 전국적인 역역동원을 보여주는 이 비와 관련된 문헌기록이 남았을 공산이 크며, 그것이 바로 명활성의 修築記事가 아닐까 싶다. 명활성에 관한 기록이 뒤에서 살펴보겠거니와 다른 城에 관

---

33) 朴方龍,〈新羅關門城의 銘文石 考察〉,《美術資料》31, 1982 참조.

34) 위의 글, pp.23~24.

35) 關門城의 城壁石刻은 더욱 많은 발견이 예상된다. 지금까지 朴方龍에 의해 10개 정도 찾아졌다. 그 밖에 城壁이 무너져 原形을 잃은 부분을 복원하면 많은 새로운 金石文資料에 접할 수 있을 듯하다. 하루 빨리 성벽이 복원되기를 기대한다. 그런데 이 石刻은 전체적인 상황은 전하고 있지 않다.《三國遺事》의 기록은 그를 전체적으로 종합한 것으로 내용이 구체적인 것으로 미루어 보아 그러한 사실을 담은 비가 있었을 가능성이 높다. 따라서 앞으로 關門城 築城碑도 발견될 수 있음을 지적해 둔다.

한 기록보다 훨씬 더 많이 남아 있는 것으로 보아 굉장히 중요시되었을 것은 틀림없다. 이 명활성의 수축 기사가 남아 있는 것도 결코 우연한 일은 아닐 것이다.

이상에서 필자는 이 비가 진흥왕 15년(554) 명활성의 수축과 관계 있을 것으로 추측하였거니와, 그를 뒷받침해 주는 결정적인 근거는 안압지 護岸石의 出處地에 대한 지질학적 연구 결과이다.

안압지 發掘報告書의 지질학적 고찰[36]에 따르면, 石築으로 사용된 石材는 花崗岩, 혼펠스, 安山岩, 石英斑岩, 閃綠岩으로 이 가운데 대부분이 黑雲母花崗岩이며 그 다음이 혼펠스인바, 이들은 안압지에서 그리 멀지 않은 곳에 산재해 있으며, 그 유력한 산지는 현재의 普門池 부근의 암석과 안압지에서 사용한 암석들을 육안과 현미경을 통하여 보면 동일한 것이 틀림없다고 한다. 요컨대 이 보고서는 안압지 축조 때 사용한 모든 석재는 보문지 부근의 계곡에서 그 근원지를 찾을 수 있다고 결론 맺고 있다.

그렇다면 이곳은 곧 현재의 명활성 바로 아래이다. 이는 이 비가 명활성 축조와 밀접하게 관련되었을 것으로 본 앞서의 추측을 방증해 준다. 안압지를 조성할 당시, 또는 그 이전에 명활성의 일부가 붕괴되면서 그곳에 있던 이 비도 함께 계곡으로 굴러 떨어져 호안석 석축으로 사용된 것이 틀림없다고 본다.

요컨대 이 비는 문헌으로나 안압지에 사용된 석재에 대한 지질학적 연구결과에서 보나, 진흥왕 15년(554) 명활성을 수축할 때의 비임이 분명하다고 본다. 이러한 추론이 타당하다면 이를 명활산성비라 불러도 좋을 듯하다.

---

36) 金鳳均, 〈地質學的 考察〉, 《雁鴨池發掘調査 報告書》, pp.429~431.(이하의 서술은 주로 이 글에 의거하였다.)

5. 明活城의 築造와 그 변모

앞 절에서 우리는 문제의 이 비가 명활성 수축 때의 것임을 논증하였다. 그러면 왜 그것이 안압지의 석축으로 사용되었을까. 거기에는 어떠한 이유가 담겨 있었던 것은 아닐까 추측해 봄직하다. 다음에는 명활성에 관한 사료들을 음미하면서 그 문제를 살펴보자.

명활성은 지금 현재 경주의 시가지에서 동쪽으로 3~4킬로미터 떨어진 곳에 위치해 있다.[37] 지금은 많은 부분이 붕괴되어 원형을 거의 잃고 있으나 축성 당시의 모습을 미루어 짐작할 수 있다. 화강암의 자연석을 가공하지 않고 깨뜨려 그대로 쌓았으며, 붕괴를 방지하기 위해 석축 사이에 긴 석재를 간간이 배치하였던 듯하다.[38]

명활성이 언제 처음 축성되었는지는 알 수 없으나 南山城, 西兄山城, 北兄山城 등과 함께 일찍부터 왕도 수호를 위한 요새지로 중시되었던 듯하다. 처음에는 이곳에 토성이 있었던 것 같으며,[39] 그 후 삼국의 항쟁이나 倭의 침입에 대비하기 위한 목적에서 여러 차례에 걸쳐 石城을 쌓았던 것 같다. 뒤에 말하겠지만 명활성은 일시에 완성된 것이 아니라 몇 차례의 수축과 개축을 거쳤다.

명활성이 위치한 명활산은 이른바 斯盧六村의 하나인 高耶村의 중심지였으며,[40] 金山加里村의 村長 祗沱의 降臨地이기도 하다.[41] 《삼국사기》32 雜志 1 祭祀條에는 명활성 남쪽 態殺谷에서 立春後의 亥日에 先農祭를 지냈다고 하는 것으로 보면 명활산 자체도 신라인의 제사와

---

37) 《新增東國輿地勝覽》 21 慶州府 山川條에는 明活山이 府東 11里에 위치한 것으로 되어 있다.

38) 李元根, 〈三國時代城郭研究〉, 단국대 대학원 박사논문, 1981, p.368.

39) 위의 글, pp.367~368에는 土城의 존재를 확인하고 있다.

40) 《三國史記》 1 新羅本紀 赫居世居西干卽位條 및 儒理尼師今 9年條 ; 《三國遺事》 1 紀異 2 新羅始祖 赫居世王條.

41) 《三國遺事》 1 紀異 2 新羅始祖 赫居世王條.

밀착된 山嶽崇拜의 대상지였을지도 모르겠다. 여하튼 명활산은 굉장히 일찍부터 신라인들에 의해 중시되고 있었던 것은 분명하다.

그런데 이곳에 언제 석성이 축조되었는지를 명확하게 알려주는 기록은 없으나 다음의 사료로부터 상당히 일찍 축성되었음을 짐작할 수 있다.

B) 初赫居世二十一年 築宮城 號金城 婆娑王二十二年 於金城東南築城 號月城或號在城 周一千二十二步 新月城北有滿月城 周一千八百三十八步 又新月城東有明活城 周一千九百六步 又新月城南有南山城 周二千八百四步 (《三國史記》 34 地理志 1)

여기에서는 王城이었던 金城, 新月城, 滿月城 및 南山城과 함께 명활성이 열거되어 마치 婆娑王 22년(102)에 동시에 축조된 것처럼 보이나, 이를 그대로 믿기는 어렵다. 한편 《三國遺事》 1 王曆 慈悲麻立干條에는

C) 己未年 倭國兵來侵 始築明活城入避 來圍梁州二城 不克而還

이라 하여, 자비왕대(458~478)에 왜병의 침입을 받아 명활성을 시축하고, 이곳을 국왕의 임시피난처로 이용한 것처럼 기록되어 있다. 그러나 사료 C)의 내용을 모두 자비왕대의 사실로는 받아들이기 어렵다. 왜냐하면 기미년이 자비왕대에는 보이지 않는 간지이기 때문이다. 그까닭으로 이를 자비왕 말년(479)의 기미년으로 보는 견해가 있으나,[42] 그러나 이보다 앞서 명활성에 대한 기록들이 있으므로 그대로 따를 수 없다.

D) ① 四年夏四月 倭兵來攻明活城 不克而歸 王率兵 要之獨山之南 再戰破之 殺獲三百餘級 (《三國史記》 3 新羅本紀 實聖麻立干條)

---

42) 三品彰英 撰, 《三國遺事考證(上)》, 1975, p.158.

   ② 十五年夏四月 倭兵來侵東邊 圍明活城 無功而退 (《三國史記》3 新羅本紀
      訥祗麻立干條)
   ③ 五年夏四月 倭人襲破活開城[43] 虜人一千而去 (《三國史記》3 新羅本紀
      慈悲麻立干條)
   ④ 十六年秋七月 葺明活城 (《三國史記》3 新羅本紀 慈悲麻立干條)
   ⑤ 十八年春正月 王移居明活城 (《三國史記》3 新羅本紀 慈悲麻立干條)

    명활성에 대한 최초의 기록은 ①의 實聖麻立干 4년(405)의 것이므로
그를 시축한 것은 그보다 앞선 시기로 볼 수 있겠다. ④의 명활성 修葺
은 ③의 倭의 침입에 의한 파괴로 말미암은 듯하며, 또한 수즙의 결과
자비왕은 ⑤에서처럼 명활성으로 移居한 것이다. 명활성에 대한 위의
일련의 기사를 그렇게 볼 수가 있다면 사료 C)의 기미년 기사는 D)의
여러 사실들이 混淆되어 기록된 것으로 판단된다. 바꾸어 말하면 기미
년은 실성왕 4년 이전의 어느 시기이며, 왜병의 침입은 곧 자비왕 5년
(462)의 사실에 해당되고, 명활성을 시축하였다는 것은 바로 자비왕 18
년(475)의 移居를 뜻하는 것이 아닐까 싶다. 왕력의 기록은 그 성격상
많은 사실들이 한꺼번에 씌어진 탓으로 그러한 혼란을 초래하였을 것
으로 보인다.

    요컨대 명활성은 실성왕 이전의 어느 시기에 축조되었으며, 특히 동
해안으로부터 간헐적으로 침입해 오는 倭에 대항하는 요새지로서의
기능이 강하였다.[44] 자비왕 5년에는 왜의 침입으로 성이 파괴되기까지
하였으나 얼마 후 수리하여 국왕이 임시거소로 사용하였다. 소지왕 10
년(488) 月城을 수리하여 여기로 옮기기까지 명활성은 왕성으로 이용
되었다.[45]

---

43) 같은 내용의 기사가 《東史綱目》에는 明活城으로 되어 있다. 따라서 이 活開
   城은 명활성의 잘못임이 분명하다.
44) 明活城에 관한 사료들이 대부분 倭와 관계되고 있는 데서 그러한 추측이 가
   능하다.
45) 李元根, 앞의 글, p.365.

이상에서 살펴본 것처럼 명활성에 대한 기록은 5세기에 집중적으로 나타나지만 6세기에 들어와서는 이 비와 관계 있는 진흥왕 15년의 수축기사가 처음으로 나타난다. 달리 기록이 없어 그간의 사정을 전혀 헤아릴 수는 없다. 다만 이때에 전국적인 역역동원을 하여 수축한 것으로 미루어 보면, 성 자체에 어떠한 변화가 있었을지도 모르겠다. 혹시 단순한 수축이 아니라 원래의 성과는 다른 새로운 성을 쌓았던 것인지도 알 수 없다. 그 뒤에 명활성은 다시 개축되었다.

E) 十五年秋七月 改築明活城 周三千步 西兄山城 周二千步 (《三國史記》4 新羅本紀 眞平王條)

진평왕 15년(593)에 개축된 명활성의 둘레가 3,000步라고 한 것으로 보아 그 규모는 상당히 큰 듯하다. 앞에서 본 사료 B)에서는 둘레가 1,906步로 되어 있어 크게 차이가 난다.[46] 혹시 진흥왕 15년 수축시에는 1,906步였던 것이 이때에 개축하면서 3,000步로 확장되었을지도 모르겠다.[47] 이때에는 역역동원을 어떻게 하였는지는 알 수가 없지만, 그보다 2년 앞선 591년 남산신성을 축조할 때 전국적인 동원을 한 것으로 미루어 보면, 역시 그와 마찬가지가 아니었을까 싶다.[48]

명활성에 관한 최후의 기록은 유명한 毗曇의 내란사건에서 찾아진다.

---

46) 《新增東國輿地勝覽》 21 慶州府 古跡條에는 명활성의 둘레가 7,818尺으로 나와 있다. 1步를 6尺으로 하여(朴方龍, 앞의 글, p.23) 환산하면 1,303步가 되어 前二者와도 차이가 난다.

47) 眞興王 15년의 修築時와 眞平王 15년의 改築時의 力役動員의 규모를 비교하면 후자가 훨씬 대규모였을 것으로 추측된다. 왜냐하면 전자는 大加耶를 비롯한 많은 加耶가 新羅에 의해 멸망되기 이전의 일이며, 후자는 그 이후의 일이기 때문이다. 따라서 築城의 규모도 전자보다 후자가 클 것으로 보여진다.

48) 혹시 이 글에서 문제삼고 있는 이 비가 제자리에 있지 않고 계곡으로 굴러 떨어져 방치된 것이 바로 眞平王 15년의 改築時일지도 모른다. 그것은 改築으로 말미암아 이 비의 존속 의의를 상실했을는지도 모르기 때문이다. 그러나 뒤에 말하겠지만 그보다는 毗曇의 內亂과 더 밀접한 관련이 있을 것으로 본다.

F) ① 十六年春正月 毗曇廉宗等謂女主不能善理 因謀叛擧兵 不克 (《三國史
　　　記》5 新羅本紀 善德王條)
　　② 十六年 丁未 是善德王末年 眞德王元年也 大臣毗曇廉宗謂女主不能
　　　善理擧兵欲廢之 王自內禦之 毗曇等屯於明活城 王師營於月城 (《三國
　　　史記》41 列傳 金庾信傳上)

毗曇의 내란은 신라사의 흐름에 하나의 전환을 가져온 대사건으로
이미 그 난의 원인이나 결과에 대해서는 많은 연구자들이 주목을 한
바 있거니와,[49] 대체로 왕위쟁탈을 목적으로 비담을 비롯한 일군의 귀
족들이 일으켰다고 하는 점에서는 의견이 일치하고 있다.[50] 이 반란세
력은 일시 왕궁을 포위하여 선덕여왕을 敗死시킬 정도의 위세를 떨치
긴 하였으나,[51] 결국 김춘추와 김유신 연합세력의 반격을 받아 진압됨
으로써 실패로 끝나고 말았다. 여기에서 주목하려는 것은 명활성이 반
란군의 거점으로 이용된 점이다. 王軍은 월성에, 叛軍이 명활성에 포
진하여 대치한 것으로 보면 이 성의 비중이 대단하였음을 알 수 있다.
진흥왕·진평왕대의 수축·개축을 거치면서 성이 더욱 견고해져 왕도
내의 요충으로 이용되었던 모양이다.

　비담의 내란으로 한때 잠시나마 커다란 진통을 겪은 신라는 이후 승
리자였던 김춘추·김유신 연합세력을 주축으로 운영되고, 곧이어 이들
에 의해 삼국이 통합되면서 中代專制王權을 구축할 발판을 마련하거
니와, 이 시기 명활성의 향방이 어떠하였을까가 궁금하다. 위의 기록
이후 명활성에 대한 기사가 다시는 나타나지 않는다. 이는 비담의 반
란이 진압된 뒤 명활성이 파괴되었을 가능성을 추측하게 한다. 반란의

---

49) 비담의 내란을 다룬 주요 논문으로는 李基白, 〈上大等考〉, 《新羅政治社會史研
　　究》, pp.99~101 ; 井上秀雄, 〈新羅政治體制의 變遷過程〉, 《新羅史基礎研究》, pp.
　　440~441 ; 李基東, 〈新羅 奈勿王系의 血緣意識〉, 《新羅骨品制社會와 花郎
　　徒》, pp.83~84 등이 있다.
50) 필자의 비담의 난에 대한 입장은 〈毗曇의 亂과 善德王代 政治運營〉, 《李基
　　白敎授古稀紀念 韓國史論叢》, 1994 참조.
51) 朱甫暾, 〈新羅時代의 連坐制〉, 《大丘史學》 25, 1984b, p.28.

주모자인 비담의 일족에게 九族을 멸하는 連坐刑으로[52] 가혹하게 처벌
하는 것으로 미루어 짐작하면 반군의 거점으로 이용된 명활성에 대해
서도 일대타격을 가하였을 가능성이 크다. 5세기에서 6세기에 걸쳐 왕
도 수호의 요충이었고, 때로는 국왕의 임시궁성으로까지 사용되어 빈
번하게 기록에 나타났던 명활성이 이 사건 뒤에는 전혀 보이지 않는
것이 결코 우연한 일로는 받아들여지지가 않는다. 또한 비담의 내란사
건이 발발한 647년의 시점에서는 명활성이 견고했을 터이나, 이로부터
20여 년밖에 지나지 않은 674년 안압지의 축조시[53] 위에서 떨어진 大小
의 岩塊가 산재한 명활성 계곡으로부터 석재를 가져다 쓴 것[54]은 우연
한 일은 아니라 생각된다. 이는 비담의 내란으로 말미암아 명활성이
고의로 파괴되지 않고서는 도저히 불가능한 일이다.[55] 그러므로 필자
는 명활성이 비담의 사건으로 말미암아 고의로 파괴됨으로써 이 비와
함께 城壁의 일부가 안압지의 석재로 사용되었다고 본다. 앞서 이 비
가 계곡에 방치되었을 1차 가능성으로서 진평왕 15년의 명활성 개축을
손꼽았으나, 비담의 내란으로 보아야 하는 이유는 바로 여기에 있다.

　요컨대 안압지의 석축에 이용된 대부분의 석재는 비담의 난 후 명활
성이 파괴되면서 계곡에 굴러떨어진 돌이었다고 보인다. 이 비도 원래
성내에 있었을 것이지만, 성이 붕괴되면서 계곡으로 떨어져 있었을 것
으로 생각된다.

　中代專制王權이 출발하는 계기를 가져다 준 비담의 내란사건에서

---

52) 위의 글, p.28.

53) 崔永禧, 〈歷史的 背景〉, 《雁鴨池發掘調査 報告書》, p.7.

54) 金鳳均, 앞의 글, p.430.

55) 명활성이 붕괴되지 않은 상태로 있었다고 하면 그 계곡에서 안압지 축조를
　　위한 많은 石材를 구하기가 쉽지 않았을 것이다. 왜냐하면 眞興·眞平王代에 築
　　城을 하면서는 많은 石材가 필요하였을 것이고, 따라서 안압지에 사용될 정도
　　의 돌이 그 주변에 많았다고 보기는 어렵기 때문이다. 더욱이 명활성이 647년
　　까지 견고하였던 것으로 보면 그 이전에 위로부터 커다란 돌이 굴러 떨어져 계
　　곡에 산재하였을 가능성은 거의 없다고 생각된다.

반군의 거점으로 이용된 명활성 석벽의 일부를 가져다가 문무왕이 왕권을 과시하기 위한 목적에서 만들었다고 보이는 안압지의 석축으로 사용한 것은 그 자체 의도적인 목적이 깃들어 있는 것으로 추측된다. 즉 그렇게 함으로써 反王的 귀족세력에 대한 일종의 경계로 삼고자 했던 것이 아닐까.

이상과 같이 보면 명활성은 中古末 中代初 이전에만 왕도의 요충지로서 이용되고 그 이후에는 기능을 상실한 셈이 된다. 中代 이후에 명활성에 대한 기록이 전혀 보이지 않는 이유는 바로 여기에 있다.

6. 雁鴨池出土碑가 지닌 의의

이상에서 이 비를 신성비가 아니라 진흥왕 15년에 건립된 명활산성비의 하나로 보고, 그에 관련된 문제를 대략 고찰하였다. 그렇다고 한다면 이 비는 지나칠 수 없는 몇 가지 의의를 지닌다.

첫째, 종래까지 전국적인 규모로 노동력을 동원한 사례로서 中古에는 신성비, 中代에는 관문성 石刻이 알려졌으나, 그에 선행하는 것으로서 이 비가 확인된 점이다. 이는 왕경이나 그 주변의 대규모 토목사업에 전국적인 노동력 징발이 일반적인 현상이었음을 추측하게 한다. 진평왕 15년에 명활성의 개축과 함께 축조된 西兄山城도 마찬가지가 아니었을까 싶다. 그렇다면 中古의 금석문자료, 특히 역역동원을 보여주는 자료는 앞으로도 더욱더 많이 발견될 가능성이 있다. 이 비에만 한정하여 보더라도 受作 거리가 14步라는 점을 고려하면 100基 이상의 비가 있었을 것으로 헤아려진다.[56] 그러므로 신성비와 함께 이러한 새로운 자료들이 연구자들의 노력 여하에 따라 얼마든지 추가될 수 있을

---

56) 앞에서 본 것처럼 명활성의 둘레에 대해서는 史料마다 일정하지 않으나 어느 쪽을 취하든 이 비의 14步를 기준으로 보면 100基 이상이었던 것은 분명하다. 이 가운데 상당수가 안압지의 石築으로 사용되었을 듯하다. 발굴 당시 이를 철저히 조사하지 못한 것은 매우 유감이다.

것으로 본다.

둘째, 그와 관련하여 또 하나 지적해 두고 싶은 것은 지금까지 역역 동원을 보여주는 碑를 모두 신성비라고만 보아왔으나, 그렇게 단정을 짓기가 어렵게 되었다는 점이다. 그런 의미에서 이미 신성비라고 간주해 온 것 가운데, 干支가 없어 연대설정이 불확실한 것은 재고되어야 마땅하다. 신성비와 유사하나 간지가 탈락된 비가 출현할 때는 세심한 주의를 기울여 그 연대를 결정해야 한다.

셋째, 이 비는 관등표기법의 변화시기를 확정짓게 해 주었다는 점에서도 중요한 의의가 있다. 종래 干群官等 어미를 간지로 표기한 것은 561년 이전의 어느 때일 것으로 추측하였으나, 적성비와 이 비로 말미암아 554년 이후 561년 이전의 어느 때에 간지에서 干으로 바뀌는 커다란 변화가 있었음을 알게 되었다. 특히 지금까지 경위에의 변화만을 지적해 왔으나, 간군 외위의 표기도 마찬가지였음을 알 수 있었다. 이는 결코 우연적인 현상이 아니라, 국가적인 강제에 의해 취해진 조처로 보인다. 여하튼 관등표기의 변화를 알 수 있는 연대의 폭이 한층 좁혀짐으로써 앞으로 발견될 중고기 금석문의 연대추정은 훨씬 쉬워지게 되었다. 그리고 이 비에 간지란 외위가 보이는 것으로 미루어 적성비의 하간지가 외위 7等인 干임을 확정지을 수 있었다.[57]

다음 이 비에 도사란 지방관명이 보이는 점이다. 지금까지 알려진 금석문에서 이의 존재를 뚜렷하게 확인할 수 있었던 最古의 것은 창녕 순수비였다.[58] 필자는 이미 적성비에 2명의 도사가 보이는 것으로 추정하였거니와,[59] 이 비로 말미암아 그러한 추정이 거의 확실시되었다. 또한 창녕순수비에 보이는 (行)使大等이란 직명을 가진 2명 가운데 1명을 도사로 본 견해가[60] 타당성이 있음을 확신하게 되었다. 이와 아울러

---

57) 주 20) 참조.
58) 이후 道使에 관한 자료는 524년의 蔚珍鳳坪新羅碑, 503년의 迎日冷水里新羅碑의 발견에서 상당히 많이 축적되었다.
59) 朱甫暾, 앞의 글(1984a), pp.11～12.

도사의 출신부명이 喙部인 것도 주목해 볼 만하다. 신성비에 보이는
도사의 출신지는 모두 沙喙部다. 이 비에 따라 喙部 출신자도 도사로
임명되었음을 확정지을 수 있게 되었으며, 따라서 적성비에서 본피부
출신의 도사를 상정한 견해[61]도 타당성이 있다고 하겠다. 한편 신성비
제5비의 2행에 보이는

　　道使△△喙部

의 △△를 幢主로 읽은 견해[62]는 문제가 있음을 지적해야겠다. 그렇게
판독함으로써 중고기의 지방통치조직에 대하여 이견을 제시하였으나,
이는 中古에 대한 이해가 부족한 소치로 여겨진다. 이미 우리는 창녕
순수비나 적성비를 통하여 당주와 도사가 별개의 지방관임을 알고 있
으며, 더욱이 당주가 도사보다 관등이 훨씬 높고 둘 사이에는 뚜렷한
단층이 지워져 직제상 상하관계를 형성하고 있었다.[63] 따라서 둘은 결
코 하나의 관직이 될 수 없으며, 설사 겸직으로 본다고 하더라도[64] 창
녕비에서처럼 당주도사로 기재되어야 할 것이다. 실제 제5비를 보아도

---

60) 朱甫暾, 〈新羅 中古의 地方統治組織에 대하여〉, 《韓國史硏究》 23, 1979, pp.
　　4~9. 필자는 이 (行)使大等을 幢主와 道使를 가리키는 汎稱으로 이해하였으나
　　(위의 글, pp.10~11), 이를 부정적으로 보는 견해도 있다.
61) 朱甫暾, 앞의 글(1984a), p.12와 李鍾旭, 〈南山新城碑를 통하여 본 新羅의 地
　　方統治體制〉, 《歷史學報》 64, 1974, p.17에서 이미 本彼部 출신자도 지방관으
　　로 임명되었을 가능성을 지적한 바 있다.
62) 秦弘燮, 〈南山新城碑의 綜合的 考察〉, 《三國時代의 美術文化》, 동화출판공
　　사, 1976, pp.143~145. 이 글은 《歷史學報》 26, 1965에 실렸던 같은 제목의 舊稿
　　를 改稿한 것인바, 제5비는 새로 첨가하였다. 秦弘燮은 이 비의 道使幢主가 어
　　떤 지방행정구역의 長인 동시에 그 지방에 배치되었던 部隊의 長도 겸하는 직
　　책으로 보았다. 그 밖에 金昌鎬, 앞의 글, p.16과 田中俊明, 앞의 글, p.36에서도
　　이를 따르고 있다.
63) 朱甫暾, 앞의 글(1979), p.9.
64) 주 58) 참조. 道使幢主를 겸직으로 볼 수 있다고 하더라도 직책상 높은 위치
　　에 있던 幢主가 먼저 기재되는 것이 中古 金石文 表記의 원칙이었다. 이는 赤
　　城碑에서도 확인된다.

△△이 당주로 판독되지 않는다.[65] 그리고 이를 무리하게 牟梁部로 비정한 견해[66]도 재고되어야 한다. 따라서 판독 불능의 이 부분을 그대로 △△喙部로 남겨 두는 것[67]이 가장 바람직하다. 왜냐하면 판독될 수 없는 글자를 억지로 추정하여 멋대로 읽음으로써 자칫 실상을 그르칠 수 있기 때문이다.

끝으로 이 비에 의해 외위 11등제의 성립 하한연대를 재차 확인할 수 있게 되었음을 지적해야겠다. 이미 적성비가 발견됨으로써 관등제의 단계적 성립설은 무너졌거니와,[68] 이 비에 干, 一伐 등의 외위가 보이므로 적성비의 撰干, 干, 阿尺과 아울러 생각하면 550년대에는 일단 외위 11등제가 완성되어 있었다고 해야겠다. 외위제는 아무리 늦어도 법흥왕 7년(520) 율령을 반포할 때는 완성되었다고 보아야 할 것이다.[69]

7. 맺음말

이상으로 종래 南山新城碑의 하나로 알려진 안압지 護岸石 출토 비편에 대해서 살펴보았다. 그 결과 이는 진흥왕 15년의 명활산성비라고 결론을 내리게 되었다. 그렇게 볼 때, 비록 지금 현재 20여 자밖에 남아 있지 않으나, 中古 금석문에 대한 이해에 몇 가지 새로운 知見을 더할 수 있었다. 그 가운데 특기할 것은 왕도와 그 부근의 대규모 축성공사에는 지방민을 전국적으로 동원하는 것이 일반적인 현상이었음을 알 수 있게 된 점이다. 따라서 앞으로 문헌사료를 발판으로 검토하면

---

65) 제5비의 탁본을 보면 幢主의 童은 비슷하기도 하나 巾은 忄(마음 心변)으로 읽을 수 있으며, 主는 달리 판독되어야 할 글자이다. 결코 主로는 읽을 수 없다.
66) 李文基,〈金石文資料를 통하여 본 新羅의 六部〉,《歷史敎育論集》2, 1982, p. 101.
67) 李鍾旭, 앞의 글, p.2 ; 黃壽永, 앞의 책, p.42.
68) 李基東, 앞의 책(1980), p.387.
69) 이때 완성된 것은 사실상 외위 11등제가 아니라 제7등인 干에서 11등인 阿尺에 이르는 非干群 외위임이 확실시되었다.[朱甫暾, 앞의 글(1990) 참조]

새로운 금석문을 발견할 소지가 많다는 사실을 확인하게 되었다. 한층 많은 자료가 추가되기를 기대한다. 끝으로 이 비를 검토하면서 느꼈던 점을 몇 가지 지적하면서 결론을 맺고자 한다.

먼저 금석문을 자료로서 이용하는 데에 선입견을 배제해야겠다는 점이다. 물론 이는 문헌사료의 경우에도 마찬가지이다. 얼마 전 우리는 적성비가 발견되었을 때, 거기에 보이는 高頭林을 고구려계의 인명으로만 생각하는 고정관념에 사로잡힘으로써 그 후 발견된 비편을 전혀 이용하지 못한 커다란 잘못을 범한 적이 있다. 이 비에 대해서도 근자에는 새로운 견해가 나오기는 하였으나, 신성비의 하나로 단정함으로써 이를 다른 문헌사료와 대비해 볼 기회를 갖지 못하였다. 그러므로 기왕에 알려진 금석문에 대해서도 자료로서 이용하기 위해서는 더욱더 면밀한 검토가 필요하다고 생각된다.

둘째, 발굴상의 문제점을 지적하고 싶다. 이 비에 대해서 안압지 발굴 보고서에 석문이나 아무런 경위 설명도 없이 안이하게 겨우 2枚의 도판만 실은 것은 지나치다고 생각된다. 특히 안압지의 정확한 축조연대를 알려주는 뚜렷한 문헌기록이 없는 점을 감안하면 이 비가 하나의 유력한 단서가 될 수 있었을지도 모른다. 그럼에도 아무런 학술적인 조사와 검토를 거치지 않은 것은 아무래도 이해가 되지를 않는다. 또한 이 비가 발견되고 나서 바로 다른 석축을 좀더 철저하게 조사하였더라면 새로운 금석문을 접할 수 있었지 않았나 하는 아쉬움을 떨쳐버릴 수 없다. 고대사 분야에서 문헌사료의 신빙성이 항상 논란되고, 또한 어떤 면에서는 사료의 한계성마저 일컬어지고 있는 실정이고 보면 비편 하나라도 아쉽기 때문이다.

셋째, 앞으로 금석문에 대한 더욱 많은 관심을 쏟아야겠다는 사실이다. 1960, 70년대에는 이렇다 할 굵직한 금석문의 출현으로 관심 있는 연구자들을 일시에 흥분의 도가니로 몰아넣은 적이 있다. 그럼에도 한 두 차례의 학술좌담회를 통하여 결론이 도출되면 그 자체 연구가 완결된 것으로 생각하는 경향이 있는 듯하다. 최근 발견된 중원고구려비나 적성비가 그를 단적으로 시사한다.[70] 우리는 광개토왕릉비의 辛卯年記事나 七支刀가 비록 짧기는 하나 100년 이상이나 끊임없이 검토되고 논란되어 왔다는 사실을 잘 알고 있다. 그 점을 상기하면 비록 비편이라도 계속 새롭게 검토하여야 할 것이다.

　이상과 같은 지적을 필자 스스로에 대한 반성의 발판으로 삼고자 한다. 앞으로 새로운 금석문이 발견될 가능성이 많으나 이는 연구자들 자신의 부단한 노력 여하에 달려 있는 것임을 덧붙여 말해 둔다.

---

70) 이러한 점에서 李基白, 〈回顧와 展望(總說)〉, 《歷史學報》 104, 1986, pp.139~140의 金石文 자료 활용에 대한 기왕의 문제점 지적은 깊이 생각해 보아야 할 것이다.

제7장
南山新城의 축조와 南山新城碑 제9비

1. 머리말

1994년 1월, '제9비'로 이름 붙은 새로운 남산신성비가 발견 보고되었다.[1] 이 제9비는[2] 남산신성의 성내에서 발견된 것이라는 점,[3] 그리고

---

1) 이 비는 朴方龍에 의해 《韓國古代史硏究會會報》 33호(1994)에 〈南山新城碑 第9碑 發見略報〉라는 제목으로 처음 개괄적인 내용이 소개되었고, 그 뒤 〈南山新城碑 第9碑에 대한 檢討〉(《美術資料》 53, 1994)라는 논고로 정식 보고되었다. 두 글의 내용에서 약간의 出入이 있으나 朴方龍의 제9비에 대한 견해는 후자에 따른다.

2) 이 9비가 발견되었을 당초에는 10비라고 명명되었으나 소개될 때에는 9비로 고쳐 부르게 되었다. 그것은 지금까지 남산신성비의 하나로 알려져 제7비로 명명되었던 것은 남산신성비가 아님이 명백하게 밝혀졌기 때문이다.(朱甫暾, 〈雁鴨池出土 碑片에 대한 一考察〉, 《大丘史學》 27, 1985) 그러므로 원보고자의 견해대로 9비로 보는 것이(朴方龍, 위의 글, p.2) 옳다고 보아 이에 따른다. 이를 여전히 10비로 부르려는 견해도 있어(姜鳳龍, 〈新羅 地方統治體制硏究〉, 서울대 대학원 박사논문, 1994), 자칫 혼동이 있을지 모르므로 주의해야겠다.

3) 朴方龍은 이 비가 발견된 곳을 비가 세워진 원래의 위치라고 보았다.(위의 글, p.18) 물론 비가 세워진 상태에서 출토되었다는 점에서 그럴 가능성을 전적으로 배제할 수는 없으나 단정짓기는 어렵다. 왜냐하면 통일기에 文武王 19년(679) 增築의 과정을 거치면서 원래의 위치에 여전히 그대로 놓였다고 보기는 어렵기 때문이다. 남산신성의 증축에 대한 기록이 남아 있는 것으로 미루어 그 규모를 짐작할 수 있는바, 이때에 다른 곳으로 옮겨졌을 가능성은 충분히 예상된다. 특히 비문이 그 기능을 하는 기한이 3년이었던 점을 고려하면 그보다 80

파손 없이 원형을 거의 그대로 유지하고 있다는 점에서 그것이 갖는 의의가 자못 크다. 무엇보다 이 비에는 기왕에 알려진 完形의 몇몇 남산신성비와 비교할 때 비문의 구조나 내용의 몇 가지 점에서 독특한 면을 띠고 있다는 점에서 주목을 끌기에 충분하다. 이를 근거로 남산신성비를 새롭게 분석하여 종합적으로 검토하면 6세기 후반의 신라사회에 대한 새로운 知見을 적지 않게 더할 수 있을 것으로 보인다.

이 글에서는 그 점을 고려하면서 먼저 6세기 후반 남산신성을 축조하게 된 목적이랄까 그 시대적인 의미를 생각하여 보고자 한다. 지금까지 알려진 남산신성비를 통하여 볼 때 남산신성의 축성을 위하여 역역동원이 전국에 걸쳐 이루어졌음이 확실한데, 거기에는 당시의 상황으로 미루어 그럴 만한 목적성이 개재되어 있을 듯하기 때문이다. 남산신성비가 지니는 의미를 제대로 파악하기 위해서는 그 점에 대한 이해가 선행되지 않으면 안 된다. 기왕에 남산신성비의 구조적인 분석에 대해서는 많은 관심을 기울여 적지 않은 성과를 거두어 왔으면서도 정작 그 축성 자체가 가지는 정치 사회사적인 의미에 대해서는 거의 도외시하였다. 다 아는 바와 같이 경주의 남산은 신라시대에 聖所로 인식될 정도로 헤아릴 수 없이 많은 佛事가 이루어진 곳이거니와, 이들도 남산신성의 축조와 결코 무관하지는 않을 것으로 추정된다.

이상과 같은 인식을 바탕으로 제9비가 가지는 구조적인 특징과 내용을 다른 남산신성비와 비교를 통하여 분석하기로 하겠다. 제9비는 구조에서 기존의 남산신성비와 차이가 나고, 또한 새로운 내용이 상당히 포함되어 있다. 따라서 이를 통하여 얻어진 결론으로부터 6세기 신라사에 대한 이해를 훨씬 심화시킬 수 있는 어떤 시사점을 제공받을 수 있을 것으로 믿는다. 이 점이 이 글을 기초한 또 다른 까닭이기도 하다.

년 이상이 지난 증축시의 시점에서 이들이 오히려 성벽으로 이용되었을 가능성이 높은 것으로 보인다. 지금까지 알려진 완형의 남산비들이 모두 성 밖에서 발견된 것도 그와 무관하지는 않을 것이다.

2. 南山新城의 축조와 그 의미

지금까지 알려진 모든 남산신성비의 冒頭에는 예외 없이 공통적으로 다음과 같은 구절이 있어 주목된다.

(A) 辛亥年二月二十六日南山新城作節如法以作後三年崩破者罪敎事爲聞敎
  令誓事之

辛亥年 2월 26일 남산신성을 만들고 이때에 법과 같이, 만든 후 3년 안에 붕괴되면 죄를 주기로 하고 그를 맹세하게 하였다는 것이 그 대략의 내용이다.[4] 34자로 된 이 구절은[5] 흔히 誓事로 불리거니와 지금까지 발견된 남산신성비에는 모두 공통적으로 들어 있으므로 일단 그 중요성을 암시받을 수 있다. 아마도 남산신성비 외에는 어떠한 비에도 이러한 서사가 들어가지 않았을 것으로 추정된다. 왜냐하면 뒤에 말하겠지만 이 서사에는 남산신성 축조 당시인 진평왕대의 특수한 사정과 관련된 정치적인 의도가 강하게 깃들어 있는 것으로 판단되기 때문이다. 그런 의미에서 이 서사는 모든 축성비에 다 들어간 것이 아니라 오로지 남산신성비에만 붙어다니는 표징으로서, 그 유무가 곧 남산신성비인지 아닌지를 결정하는 하나의 주요 기준이 된다고 보아도[6] 좋을 듯하다.

서사의 첫머리에 보이는 '辛亥年'이 여러 가지 면으로 보아 진평왕 13년(591)임은 이론의 여지가 없다. 특히 《삼국사기》 4 신라본기 진평

---

4) 이 구절에 대한 정확한 해석은 전체의 내용에도 영향을 미치므로 뒤에서 다시 시도하도록 하겠다.
5) 제2비에는 '以作後三年'의 作이 빠져 33자로 되어 있다. 이는 별다른 의미를 가지는 것은 아니며 刻字할 때 잘못으로 탈락된 것이다.
6) 朱甫暾, 〈明活山城作城碑의 力役動員과 村落〉, 《西巖趙恒來敎授華甲紀念 韓國史學論叢》, 1992, p.41.

왕 13년조 및 《삼국유사》紀異 2 文虎王法敏條에 보이는 남산성 축조 기사와 月日에서 차이가 날 뿐 연대가 꼭 그대로 일치한다. 금석문과 기존의 문헌사료가 일치하는 드문 사례로서 남산신성비의 절대연대를 확정지을 수 있다는 것은 곧 그 사료적인 활용가치를 드높여 주는 것이라 하겠다.

그런데 당대 기록인 이 비와 史書의 모두가 城의 명칭을 달리 표현하고 있음은 주목되는 사실이다. 이 비에서는 남산신성이라 한 반면 기존의 문헌사료에서는 남산성으로 되어 있는 것이다. '新城'이라는 명칭만을 고려하면 舊城의 존재가 당연히 예상된다. 따라서 남산성은 기존에 있었던 옛성이며, 남산신성은 그 뒤 새로 만들어진 듯한 느낌이 언뜻 든다. 이러한 입장에서 秦弘燮은 남산성이 이미 진평왕 13년 이전에 존재하고 이때에 이르러 대대적으로 修築 내지는 改築하여 면모가 一新되었으므로 '新城'이라 부르게 되었다는 것이며, 진평왕 13년 이후에는 둘이 혼용되었다고 주장한다.[7] 이 견해에 따른다면 남산신성과 남산성은 동일한 곳에 선후하여 위치한 셈이 되나 본래의 남산성이 어떠한 성이었는지 분명하게 밝히고 있지는 않다. 이 점을 분명히 적시한 것은 朴方龍의 견해이다. 朴方龍은 역시 舊城의 존재를 인정하면서도 현재 남아 있는 남산신성에 대한 현장조사를 통하여 볼 때 개축의 흔적이 전혀 발견되지 않는다는 점, 그 이전 시기의 토성이 불과 500미터 거리에 위치하였다는 점 등에서 남산성과 남산신성이 동일한 곳이 아니라 장소를 달리하며 舊城은 곧 남산토성이라고 논증하였다[8].

필자는 일단 현장조사에 입각한 후자가 더 설득력이 있는 것으로 보는 입장이지만, 그것은 어쨌든 기존의 城과는 떨어져 위치하였던 곳에 새로운 石城을 축조하면서 하필 남산신성이라고 명명하였다는 점에서 '新城'이란 표현에는 옛성에 대신한다는 의미인 단순히 '새로운 성' 이

---

7) 秦弘燮, 〈南山新城碑의 綜合的 考察〉, 《歷史學報》 26, 1965 ; 《三國時代의 美術文化》, 1978, pp.153~154.

8) 朴方龍, 〈慶州 南山新城考〉, 동아대 대학원 석사논문, 1994, pp.11~12.

상의 좀더 큰 의미가 함축되어 있지 않을까 싶다. 그것은 우선 이 성만을 新城이라고 이름 붙였다는 사실에서 감지되거니와[9] 무엇보다 남산신성을 축조한 진평왕 13년이 예사롭게 보아 넘길 수 없는 시기로 짐작되기 때문이다. 이를 해명하기 위해서는 잠시 당시의 정치동향으로 눈을 돌릴 필요가 있을 것 같다.

진평왕(579~631)의 즉위는 순조로운 상황 속에서 이루어졌던 것이 아니라 진지왕(576~578)의 폐위란 정변의 과정을 거쳤다. 진지왕의 폐위에 대해서는 다른 데에는 전혀 보이지 않고 오직 《삼국유사》에만 다음과 같은 단편적인 기록이 전해질 뿐이다.

御國四年 政亂荒淫 國人廢之

진지왕의 재위 4년 만에 정치가 어지러워졌고 왕이 음란하여 國人이 그를 폐위하였다는 것이다. 이와 같은 빈약하기 짝이 없는 기록만으로는[10] 그 원인이나 과정을 잘 알 수가 없다. 그 까닭으로 진지왕의 폐위에 대해서는 논자에 따라 견해가 엇갈려 서로 합치되지 못하고 있는 형편이다. 그것은 여하튼 표피적으로는 진지왕의 개인적인 失政에 따른 것임은 분명하지만 '政亂'으로 보아 내면적으로는 6세기 초 이후 왕권을 중심으로 하는 지배체제의 강화과정에서 쌓여 온 귀족 사이의 갈등이 팽배해진 결과였던 것 같다.

즉위한 뒤 진평왕은 1, 2년(579, 580)에 걸쳐 상대등, 갈문왕, 병부령을 새로이 임명하고 난 이후 전례 없이 대대적으로 중앙행정 官府나 관직을 신설하거나 증설하는 등 관료조직을 강화하는 조치를 취하였

---

9) 明活山城의 경우 기존의 土城이 있었던 곳에 새로이 修築하였음에도 불구하고 '作城'한다고 하였을 뿐 그 명칭을 新城이라고 하지는 않았다. 남산신성과 비슷한 시기인 진평왕 15년(593)에 축성된 西兄山城도 그 築造碑가 없으므로 단정할 수는 없지만 新城이라는 의미는 없었을 듯하다. 그것은 오직 남산신성만을 신성으로 표현한 것으로 보이기 때문이다.
10) 《三國遺事》 紀異 2 桃花女 鼻荊郎條.

다. 진평왕 6년(584)에 이르러 建福이란 새 연호를 사용한 것은 마치 그 신호탄이었던 듯이 보인다. 아마도 그 이전 수년은 진지왕 폐위의 정치적인 혼란을 수습하는 데 소요된 기간이었으며, 이제 건복이란 새 연호를 사용함으로써 그 전과는 차별화된 '진평왕시대'라는 새로운 시대의 도래를 표방한 것이 아닐까 싶다. 位和府(581)의 설치를 필두로 船府署의 大監과 弟監(583), 調府令(584), 乘府令(584), 禮部令(586), 執事部 大舍(589), 兵部 弟監(589), 領客府令(591) 등 관부나 관직을 신설하거나 增置하였다.[11] 이때는 신라사상 제도적인 정비가 가장 두드러지게 행해졌던 시기의 하나라 하겠다.[12]

이러한 제도적인 정비의 방향이 국왕 중심의 권력집권화와 밀접하게 연관되었을 것임은 두말할 필요가 없겠다. 따라서 아마도 그 결과는 왕권을 정점으로 하는 지배체제의 강화로 귀결되었을 것임은 예상하기 어렵지 않다. 신라 三寶의 하나로서 왕권의 상징물로 기능하였을 것으로 여겨지는 天賜玉帶가 진평왕대에 마련되었던 점이나,[13] 또는 진평왕의 가까운 혈족을 석가모니의 일족으로 동일시하게 하는 이른바 釋迦族 의식[14] 등이 창출되었던 것도 그와 같은 사정의 일단을 방증한다. 이러한 지배이데올로기를 진평왕대에 창출해 낼 수 있었다는 사실 자체는 당시 왕권이 그만큼 강화된 결과로 보인다. 그러한 지배이데올로기가 만들어진 시점은 잘 알 수가 없지만 지배체제 정비를 위한 제도적 개혁이 진행된 이후였던 것만은 분명하다고 생각된다.

---

11) 이에 대해서는《三國史記》4 新羅本紀 眞平王條 및 같은 책 38 雜志 職官上 참조.

12) 진평왕대에 행해진 제도정비의 성격에 대해서는 李晶淑,〈新羅眞平王代의 政治的 性格 ― 所謂專制王權의 成立과 關聯하여〉,《韓國史研究》52, 1986 및 金瑛河,〈新羅 中古期의 政治過程試論 ― 中代王權成立을 위한 前提〉,《泰東古典研究》4, 1988 참조.

13)《三國遺事》紀異 1 天賜玉帶條.

14) 文暻鉉,〈新羅王族의 骨制〉,《大丘史學》11, 1976 ;《新羅史研究》, 경북대출판부, 1983, pp.188~190.

　그와 같이 진평왕 초기에 단행된 국왕 중심의 정치적 개혁이 마무리 된 시점은 사실 진평왕 13년이었다. 진평왕의 재위기간은 무려 54년에 이르거니와 진평왕 13년 이후 다시 제도의 신설이나 증치 등 약간의 변화가 보이는 것은 그 말년에 이르러서이기 때문이다. 따라서 진평왕 13년 領客府令의 설치를 끝으로 초기에 행해진 제도 개혁은 일단락되 었다고 보아도 좋을 듯하다. 말하자면 이는 建福이란 연호 개원으로 출발한 진평왕적 체제 자체의 완성을 의미하는 것이다. 이 해가 바로 남산신성이 축조된 바로 그 해이다. 그렇다면 남산신성의 축조가 진평 왕대 초반에 진행되어 왔던 이른바 정치개혁과 결코 무관하다고 보기 는 어렵지 않을까 싶다.

　이상과 같이 보면 남산성이라 하지 않고 굳이 '新城'이라고 명명한 裏面에는 단순히 토성에 대신하는 '새로운 성'이란 이상의 의미가 깔 려 있는 것으로 추정하여도 크게 무리하지는 않을 듯하다. 바꾸어 말 하면 '新城'이라고 이름한 것은 진평왕대에 진행된 개혁의 일환으로서, 그를 마무리하고, 나아가 새로워진 지배체제의 면모를 과시하려는 정 치적인 의도가 깃들어 있는 것이 아닌가 한다. 그와 관련하여 놓칠 수 없는 것이 앞서 제시한 誓事에 보이는 법에 대한 문제이다.

　서사에서 가장 중심이 되는 것이 역시 법의 준수와 맹세임은 두 말 할 필요가 없다. 이 법이 곧 율령을 지칭함은 분명하다. 그런데 이 법 의 내용에 대해서는 약간의 문제가 제기된다. 사료 (A)의 '……南山新 城作節如法作後三年崩破者……'를 '……남산신성을 법대로 만듦에 있 어 만든 후 3년 이내에 崩破하면……'이라고 풀이한 견해가[15] 있기 때 문이다. 그렇게 보면 결국 남산신성과 같은 城을 축조하는 방식이 법 에 규정되어 있는 것으로 된다. 그러나 율령의 편목 조문에 축성방식 에 대한 내용까지 들어 있다고 해석되는 점에서 근본적인 문제가 있으 려니와, 게다가 節에 대한 이해도 타당하지 않아 보인다. 節은 이두로

---

15) 秦弘燮, 앞의 글, p.123.

서 때[時]를 의미하기도 하는 만큼 節을 중심으로 문장이 앞뒤로 나누어지는 것으로 볼 수 있겠고, 그럴 때 위와 같이 축성방식이 율령의 한 편목으로 설정되어 있는 듯이 보는 오류를 피할 수 있을 것 같다. 따라서 위의 문장은 일단 '南山新城作'과 '節' 이하의 두 문장으로 이루어진 것으로 보아야 뜻이 선명해진다. 그렇다면 '如法'에 바로 대응되는 구체적인 내용은 '作後三年崩破者'가 된다. 말하자면 율령의 편목 속에 條文化되어 있는 것은 만든 후 3년 사이에 붕괴되면 처벌한다는 내용이 되는 셈이다. 이상과 같은 이해를 토대로 위의 문장을 다시 해석하면 '……남산신성을 만든(들었)다.[16] (이)때에 법대로, 만든 후 3년 만에 붕파되면……'과 같다. 이렇게 풀이할 때에만 이 구절은 비로소 전후의 맥락이 닿을 수 있을 것으로 보인다. 이를 통하여 이제 우리는 6세기 후반 당시 율령 조문의 구체적인 片鱗 하나를 확인할 수 있게 되었다.

신라에서는 3년을 誓約, 修鍊, 義務 등[17] 어떤 행위의 단위로 삼는 것은 오랜 淵源을 가지고 있으며, 그것이 거의 일반 관행화되어 있었던 듯하다. 따라서 위의 사료는 그러한 관행이 어느 시점에서 율령의 조문화하여 정착되었음을 보여준다고 보아 크게 틀리지 않을 것 같다. 그렇다면 3년을 단위로 삼는 그러한 조문이 만들어진 시기는 언제쯤일까.

신라에서 율령이 반포된 것은 법흥왕 7년(520)이다. 당시 율령 편목의 내용이나 그 성격을 둘러싸고 상당한 논란이 있어 왔으나 524년에 건립된 울진봉평신라비가 발견되고 그곳에 奴人法이라는 구체적인 율령 편목과 함께 율령 반포의 사실이 보여 여러 견해들 가운데 17관등제를 비롯한 다양한 편목이 포함되었을 것으로 본 견해가 타당함이 입

---

16) 이에 대한 해석은 단정 짓기 어렵다. 왜냐하면 建碑의 시점을 둘러싸고 준공일로 보는 설과 착공일로 보는 설로 나누어져 있는바, 이를 어떻게 보느냐에 따라 이 구절에 대한 풀이는 달라질 수 있기 때문이다.

17) 李基東, 〈新羅 花郎徒의 社會學的 考察〉, 《歷史學報》 82, 1979 ; 《新羅 骨品制社會와 花郎徒》, 한국연구원, 1980, pp.338~339.

증되었다.[18] 그러나 과연 이때에 벌써 3년을 단위로 삼는 것과 관련되는 세세한 조문이 율령 속에 들어 있었을까는 의문이다. 왜냐하면 율령이 반포된 뒤임에도 불구하고 봉평비에서는 잘못을 범하면 그 罪에 대한 처벌이 법에 따른 것이 아니라 하늘로부터 주어진다고 명시하고 있는 것으로 미루어 율령이 곧바로 정착되지 못하고 전통적인 의식이 여전히 강하게 잔존하였음이 확인되며, 그러한 시기에 그와 같은 세밀한 사실까지 명문화하였다고 보기는 어렵겠기 때문이다. 따라서 위의 내용은 율령반포 당시부터 조문화되어 있었다고 보는 것은 무리한 일이며, 그 뒤의 어느 시기에 이르러 조문으로 정착하였음이 분명하다고 생각된다. 그럴 때 가능한 대상 시기로 떠오르는 것은 진흥왕대(540~575)와 진평왕대이다.

율령이란 본디 시대적인 상황에 따라 變改되는 것이므로 법흥왕대에 반포된 그것이 계속 고정불변하지는 않았을 것임은 자명하다. 그런 의미에서 법흥왕 이후 정치 사회적인 변동을 겪으면서 기존의 율령 편목은 상당히 달라지고 또 새로운 편목이 점차 추가되어 갔을 것임은 쉽사리 짐작된다. 예컨대 진흥왕대의 단양신라적성비에 赤城佃舍法이란 편목이 보이는 것은 그를 입증한다. 이와 같은 율령 편목의 정비는 특히 영역이 확대되고 제도의 정비가 본격적으로 이루어지는 진흥왕과 진평왕 양대에 활발하게 행해졌을 것으로 보인다. 그 까닭으로 어느 시기인지 선뜻 단정짓기는 어렵지만 필자는 그와 같은 세세한 사실까지 조문화하게 되는 것은 중앙행정제도가 두드러지게 정비되는 진평왕대일 가능성이 한층 높을 것으로 판단한다. 아마도 이와 같은 제도적인 정비에는 틀림없이 율령의 정비도 동시에 수반되었을 것임이 분명하고 그럴 때 그와 같은 조문도 만들어졌을 것으로 보이기 때문이다.[19]

---

18) 이에 대해서는 朱甫暾, 〈蔚珍鳳坪新羅碑와 法興王代 律令〉, 《韓國古代史硏究》 2, 1989, pp.126~131 참조.

19) 551년에 건립된 것으로 추정되는 明活山城作城碑에는 그러한 흔적이 보이지 않는 것으로 미루어 만약 진흥왕대라면 그 이후로 보아야 할지 모르겠다.

요컨대 남산신성비의 서사에 보이는 법이란 곧 3년을 단위로 하는 하나의 율령 조문으로서 진평왕대에 성문화한 것으로 추정된다.[20] 이 점은 뒤에 말하겠지만 당시 誓幢이라는 새로운 군단이 만들어지고 또 기존의 부대를 바탕으로 法幢이 조직화되는 것도 바로 이 시기라는 사정에 의해서도 방증된다.

사료 (A)에서 알 수 있듯이 역역에 동원된 民들에게 법, 즉 율령에 따라 3년 이내에 완성된 성벽이 무너진다면 죄를 받는다는 사실을 알려주고 이를 서약하게 하였다. 율령의 집행자는 다름아닌 국왕이므로 誓事의 직접 대상은 바로 국왕이라고 보아도 좋겠다. 말하자면 이 서사하는 행위 자체는 일차적으로는 법에 대한 복종이면서 한걸음 더 나아가 보면 그 시행자로서의 국왕에 대한 충성의 맹세를 동시에 뜻한다. 역역에 동원된 民들은 모두 국왕에 대한 충성의 서약을 하였던 셈이다. 이 民은 곧 王民이었다. 그렇다면 남산신성을 축조한 목적 자체도 그와 어떤 연관이 있을 것으로 보인다.

앞서 언급한 것처럼 남산신성의 축성은 진평왕 13년 지배체제 정비가 완료되는 시점에서 이루어졌다. 굳이 '新城'이란 城名을 사용한 것도 바로 이러한 새로운 시대의 성립을 선포한 것이다. 그런 의미에서 '新城'을 축조하면서 전국에 걸쳐 民을 역역동원하여 법에 맹세하게 한 것 자체가 새로운 모습으로 출범하는 진평왕적 지배체제에 대한 충성의 서약이었던 것으로 풀이된다. 바꾸어 말하면 진평왕대 초반에 진행된 정치개혁을 마무리하고, 나아가 새로운 체제의 성립을 對內外에 선포 또는 과시할 목적으로 왕경인뿐만 아니라 전국에 걸치는 지방민을 동원하여 국왕에 대한 충성을 맹세시키고자 남산신성을 축조하였

---

20) 당시 格式이 갖추어져 있었는지 어떤지는 확인되지 않는다. 격식에 관한 내용이 확실하게 나타나는 것은 통일기에 와서의 일이다. 따라서 남산비에 보이는 내용이 格式의 형태로 되어 있었는지 어떤지는 단정할 수가 없지만 이 글에서 사용하는 율령이란 바로 격식까지를 포괄하는 것이므로 그것은 전혀 문제가 되지 않는다.

던 것이다. 굳이 전국을 대상으로 한 民의 동원을 통하여 남산신성을 축조하고자 하였던 까닭도 여기에서 찾아진다[21].

이상과 같은 사실로 미루어 보면 진평왕대에는 개혁의 일환으로 지방을 대상으로 한 대대적인 정비도 동시에 이루어졌을 것이라 짐작된다. 남산신성비에서 드러나듯이 역역동원의 조직에는 일정한 체계적인 틀이 갖추어져 있었다. 이러한 조직이 일시적인 필요에 의해서만 만들어진 임시조직이라고는 도저히 생각되지 않는다. 진평왕대 초기에 행해진 중앙의 행정조직 정비와 함께, 전국에 걸쳐 지방과 재지세력에 대한 재편작업도 동시에 이루어졌던 것이다. 남산신성의 축조를 위해 체계적이고 조직적인 역역동원이 가능하였던 것도 바로 그 때문이었다. 진평왕 당시에 행해졌던 지방편제의 방향은 남산신성비에 따르는 한 郡縣이 일원적인 체계로 운영되도록 묶어두는 작업이었을 것으로 보인다.

전국에 걸치는 지방재편의 가능성은 우선 진평왕 6년(584) 調府의 설치에서 찾아진다. 조부는 원래 稟主가 관장하고 있던 재정 담당 기능 가운데 民으로부터 거두어들이는 收取 부분을 따로 떼내어 이를 전담하기 위해서 설치한 官府로 이해되고 있다.[22] 조세수취를 전담하는 기구로서 조부가 설치되었다는 것은 곧 그와 관련이 있는 지방 재편이 이루어졌음을 방증하는 사실이다. 또는 조부 설치 이후 조세체계의 정

---

21) 明活山城 등도 전국적인 역역동원으로 이루어졌을 가능성이 높지만 둘에 내포된 의미는 같지 않았을 것으로 보인다. 명활산성의 축조는 역역동원의 날수에 비중이 두어진 만큼 충성에 대한 서약이라기보다는 徭役 자체에 비중이 두어졌다. 따라서 동일한 시기의 동원이라도 같은 형식을 취할 필요도 없었다. 반면 남산신성의 축조에서는 뒤에 말하겠지만 비록 장기간에 걸치는 역역동원이 실제로는 집단의 교체를 통하여 이루어졌을 것으로 보이지만 적어도 동일한 시점을 설정하여 동원되었다는 형식을 취하고 이를 서약케 하였다는 점에서 근본적인 성격이 다르다고 하겠다. 교대로 동원한 것이 아니라 일시에 동원하였다고 하더라도 둘의 차이는 분명하다.

22) 李基白, 〈稟主考〉, 《李相佰博士回甲紀念論叢》, 1965 ; 《新羅政治社會史研究》, 일조각, 1974, pp.141~143.

비과정에서 그와 관련하여 지방재편이 진행되었을 가능성도 높다. 따라서 이 조부 설치와 지방정비는 틀림없이 밀접한 연관이 있을 것으로 여겨진다.

이러한 지방정비는 영토의 확장에 따른 성촌의 증가와 체계적인 지배의 필요성에서 찾아진다. 법흥왕대까지만 하더라도 《梁書》54 열전 신라전에 보이는 52邑勒에서 알 수 있듯이, 지방관이 파견된 성촌의 수는 52개에 지나지 않았다.[23] 그러나 70년 뒤인 남산신성이 축조되는 시점에서 보면 이미 그 수는 150개 이상으로 증가하였다.[24] 가야의 병합을 비롯하여 한강유역의 진출 등 영역확장에 따른 증가도 있었겠고, 또 지방지배의 강화에서 비롯된 지방관의 增派에 따른 증가도 있었을 것임이 예상된다. 이처럼 늘어난 지방에 대한 지배를 원활히 하기 위하여 끊임없는 지방재편이 이루어졌을 터인데, 그 가운데 진평왕대에 이르러 대대적인 개편이 있었다고 보아도 그리 지나친 추정은 아니리라 여겨진다.

이상과 같이 진평왕대에 중앙과 함께 지방재편이 행해진 후 구축된 새로운 지배질서를 과시하고, 나아가 율령적인 지배체제에 대한 전 지

---

23) 朱甫暾, 〈新羅 中古期의 郡司와 村司〉, 《韓國古代史研究》 1, 1988, pp.43~44.

24) 남산신성비에서 각 집단이 담당한 축성의 受作距離와 현재 남아 있는 신성의 거리를 대충 비교해 본 결과 적어도 200여 개의 집단이 동원되었을 것으로 추정되고 있다.(秦弘燮, 앞의 글, p.159와 李鍾旭, 〈南山新城碑를 통하여 본 新羅의 地方統治體制〉, 《歷史學報》 64, 1974, p.25) 이를 액면 그대로 받아들인다면 역역동원된 집단은 王京에서는 里, 지방에서는 城村을 단위로 한 것이므로 전체 里와 城村의 수가 200여 개인 셈이 된다. 신라의 왕경이 가장 잘 정비되고 최대의 규모를 가졌던 통일기에 里의 수가 55개였으므로 이를 고려하여도 城村의 수는 150개 이상으로 산출된다. 그렇다면 6세기 초에 비해 6세기 말에는 城村의 수가 무려 3배 이상 증가된 셈이 된다. 《三國史記》 地理志에 따르면 尙州·良州·康州에 소속된 郡縣의 수는 120여 개에 지나지 않는다. 따라서 위에서 150개 이상으로 추정한 것은 한강유역이나 강원도 내륙, 동해안 북부까지 포함할 때 가능해진다. 그렇다면 역역동원을 위한 범위는 당시 신라영역으로 포섭된 전 범위를 포괄한 것으로 보아야 하며, 또한 이들 지역에도 신라영역으로 편입된 당초에는 알 수가 없지만 진평왕대에 지방개편이 이루어진 시점에서 모든 지역에 지방관이 파견되었던 것으로 보아야 한다.

방민의 복종을 강요할 목적에서 남산신성을 축조하고 전국에 걸치는 역역을 동원한 것으로 보인다. 그런 의미에서 서사는 곧 새로이 편제된 王民의 국왕에 대한 충성의 맹세였다고 할 수 있다. 진평왕 5년(583)에 국왕에 직속하는 군단으로서 통일 이후 신라 중앙군단의 핵심이 되는 9誓幢의 始原인 誓幢이 창설된 점도 그와 관련하여 참고로 된다. 이 誓의 대상이 곧 국왕임은 이미 지적되고 있는[25] 터이다. 그리고 그 명칭으로 보아 율령과 관련되며, 그 기반이 촌락에 있었던 것으로 보이는[26] 法幢이 조직화되었을 것으로 추정되는 점 등도[27] 당시의 법에 따른 지배와 국왕에 대한 충성의 확대 등의 사정과 밀접한 관련이 있을 것으로 보인다. 이러한 군단들은 진평왕 당시 체제정비로 법에 따른 지배가 강화된 결과 국왕에 대한 충성을 보여주고 있기 때문이다. 한편 이보다 약간 늦은 시기이기는 하나 忠孝 등의 덕목을 강조하는 원광의 세속오계가 나오게 되었던 것도 이러한 당시 사정의 일단을 반영한다.

요컨대 이상에서 언급하여 왔던 것처럼 진평왕대에는 중앙뿐만 아니라 지방에 대한 재편도 아울러 진행되었고, 그 결과 왕권을 정점으로 하는 새로운 율령제적인 지배체제가 출범하였다. 그것이 한 단계 마무리된 시점이 바로 진평왕 13년이었다. 그런 의미에서 남산신성의 축조는 단순히 외적의 침입에 대비한 피난성으로서의 방어적이며 소극적인 의미보다는 지배체제의 출발을 알리는 적극적인 의지를 내포

---

25) 末松保和, 〈新羅幢停考〉, 《新羅史の諸問題》, 1954, p.349.
26) 井上秀雄, 〈新羅兵制考〉, 《新羅史基礎硏究》, 1974, p.166.
27) 法幢의 설치시기나 그 성격, 法의 의미 등에 대해서는 논란이 많다. 필자는 이를 진평왕대에 지방민을 바탕으로 조직되었으며 律令에 입각한 부대였을 것으로 보고 있다. 법당을 구성하는 다수의 개별적인 부대가 성립되는 시초는 6세기 초까지 소급 가능하나 그것이 法幢이라는 이름의 큰 군단으로 조직화되는 것은 진평왕대 초반의 개혁과 관련하는 것으로 본다. 眞平王 46년(624) 誓幢과 함께 기록에 처음 보이는 것은(《三國史記》 47 列傳 訥催傳) 그를 방증한다. 法幢에 대해서는 후일 다루어볼 작정이다.

한 상징이었던 것으로 볼 수밖에 없다. 전국에 걸치는 民을 동원하여 서약하게 한 것도 바로 그 때문이었다. 진평왕대의 개혁으로 왕권은 한층 강화되었다. 율령 반포 이후 봉평비 단계에서 보이던 天의 지배를 벗어나 이제 法을 매개로 하는 강력한 지배의 출발을 상징하는 것이 바로 남산신성의 축조였다. 그런 의미에서 ‘新’에는 새로운 중앙집권적 지배체제의 성립과 출발을 함축하고 있었던 것이라 하겠다.

새 시대의 출발을 알리는 남산신성의 축조 이후 남산의 비중은 점차 높아져 갔다. 남산에 관한 기록이 그 이전에는 거의 보이지 않다가 이후에 자주 등장하는 것은[28] 그를 방증한다. 특히 7세기 이후 신라 왕경의 중심지역으로 자리잡아 가면서 남산은 佛法 구현의 중심지로 기능하였다. 남산에는 현재 곳곳에 절터와 佛塔, 佛像들이 산재하여 수많은 佛事가 이루어졌음을 알 수 있거니와 이들의 상한은 지금까지의 연구에 따르는 한 대체로 7세기 초라고 한다.[29] 그렇다면 그것이 진평왕대의 남산신성 축성과 관계가 없을 수 없겠다. 法은 구체적으로는 율령을 의미하는 것이지만 더 넓게는 佛法을 뜻하기도 한다. 당시 신라에서는 율법과 불법의 조화로운 具現體가 국왕으로 인식되고 있었다. 그것은 율법의 실행자인 진평왕이 近親王族을 釋迦族이라 자처한 데서 알 수가 있다. 율령을 정비한 진평왕이 왕경을 중심으로 궁성의 배후지라 할 남산을 선택하여 축성하고, 이를 ‘新城’이라 명명함으로써 일신된 면모를 과시하려 한 뒤에는, 이를 불법 실현의 중심적 대상지로 삼으려는 의도가 동시에 깃들어 있었던 것이 아닐까 싶다. 이로써 남산은 불교의 성지화하여 佛國土 실현의 구심점이 되었던 것이다. 그것은 이후 통일기를 거치면서 꾸준히 구체화되어 갔던 것이라 하겠다.

---

28) 南山에 대한 최초의 기록은 진평왕 9년에 보인다. 아마도 남산신성이 축조되기 이전에도 남산에는 몇몇 사찰이 있었던 것 같다. 그런데 남산신성의 축조 이후 善德王의 행차나, 長倉이나 祭祀와 관련하여 남산의 이름이 자주 등장한다.

29) 文明大, 〈慶州 南山 佛蹟의 變遷과 佛谷龕室佛像考〉, 《慶州南山의 考察》(동국대 신라문화연구소 학술회의 발표요지), 1994, pp.22~24.

그런 의미에서 남산신성의 축조에는 단순히 防禦山城 축조 이상의 큰 역사적인 의미가 내포되어 있다고 보아도 무리한 해석은 아니리라 여겨진다.

3. 南山新城碑의 기재양식과 제9비

남산신성의 축성이 가지는 이상과 같은 의미는 남산신성비 자체를 분석하면 한층 구체적으로 드러날 것으로 보인다. 따라서 이 절에서는 먼저 남산신성비의 기재양식에 보이는 특징을 간단히 살펴보고자 한다. 그것이 남산신성비 자체에 대해서뿐만 아니라 당시의 신라사에 대한 이해를 드높이는 데 필요하다고 판단되기 때문이다. 특히 제9비는 그 점을 생각하는 데 적지 않은 시사점을 제공한다.

남산신성비는 지금까지 대체적으로 9기가 알려진 것으로 간주되고 있다.[30] 이들은 모두 앞서 언급한 서사를 첫머리로 하면서 그 이하의 기재양식이 기본적으로 동일하다고 보아도 좋다. 그러나 면밀히 검토하여 보면 각 비 사이에는 상당한 차이점도 발견된다. 남산신성비 모두가 원형을 유지하고 있지는 않으므로 모든 비를 분석의 대상으로 삼을 필요는 없을 것 같다. 비교적 상태가 양호하여 판독이나 전체 내용의 파악에 별 어려움이 없는 제1, 2, 3비를 기준으로 삼고, 필요하면 다른 비를 부분적으로 활용하기로 하겠다.

모든 남산신성비가 크게 세 부분으로 구성되어 있다고 보는 점에서는 거의 이견이 없다. 그 세 부분이란 서사를 비롯하여 인명을 열거한 부분, 그리고 각 집단이 담당해야 할 축성의 수작 거리를 나타낸 부분이다. 이들 세 부분이 각기 하나의 단락 즉 문단을 이루고 있으며 이를 좀더 세부적으로 분석하면 각 단락은 다시 몇 개의 소부분 즉 문장으

---

30) 그러나 이 가운데 제6비의 경우 남산신성비로 볼 수 있는 뚜렷한 근거가 없으므로 이를 부정하는 견해도 있다.

로의 구분이 가능하다. 그러나 이들의 배열순서는 한결같지가 않으며
몇 가지 유형으로 분류된다.

경남 함안으로 추정되는 阿良村을 역역동원의 대상으로 삼고 있는
제1비는 서사, 인명 열거, 수작 거리의 순서로 되어 있다. 인명 열거 부
분은 다시 크게 阿良邏頭를 위시한 3명의 지방관 부분과 외위를 소지
한 지방민을 열거한 부분으로 나뉜다. 그리고 지방민은 다시 크게 두
그룹 또는 다시 더 세분된 그룹으로의 분류가 가능하다. 그에 대한 더
구체적인 검토는 다음 절로 미루기로 한다. 한편 충북 옥천 부근으로
비정되는[31] 阿大兮村을 역역동원의 대상으로 삼고 있는 제2비도 축성
을 직접 담당한 아대혜촌을 첫머리에 내세운 점에서는 약간의 차이가
엿보이나 이는 예외적인 듯하다. 그 점을 제외하면 제2비는 기본적으
로 제1비와 동일한 기재양식으로 되어 있다. 이 두 비만으로 미루어 짐
작하면 서사, 인명 열거, 수작 거리의 순서로 된 양식이 하나의 정형을
이룬 듯한 느낌이 든다.(이를 편의상 제1형이라 부르기로 함)

그러나 왕경인 喙部 主刀里를 역역동원의 대상으로 삼고 있는 제3
비는 그와는 기재양식을 약간 달리한다. 서사를 첫머리에 제시한 점은
동일하나 그 다음에는 수작 거리를 먼저 기재하고 끝 부분에는 인명을
열거하고 있다. 게다가 축성을 책임진 집단을 '喙部主刀里受作二十一
步一寸'과 같은 형식으로 구체적으로 명시한 점에서 제1, 2비의 양식과
는 차이가 난다. 상단부의 파손으로 명확하지는 않지만 古生이라는 지
역을 역역동원의 대상으로 삼고 있는 것으로 보이는 제4비도 현재 글
자가 남아 있는 상태로 미루어 짐작하면 제3비와 유사한 기재양식을
취하고 있는 듯하다.[32](이를 편의상 제2형이라 부르기로 함)

---

31) 秦弘燮, 앞의 글, p.133 ; 李鍾旭, 앞의 글, pp.11~12.
32) 金昌鎬, 〈新羅 中古 金石文의 人名表記(2)〉,《歷史敎育論集》4, 1983, p.10. 한
    편 田中俊明, 〈新羅의 金石文 — 南山新城碑 第3, 4碑〉,《韓國文化》6-1, 1984,
    p.39에서도 그럴 가능성이 지적되고 있다. 그러면서 金昌鎬는 제4비가 1형일 가
    능성이 있음도 같이 지적하였다. 秦弘燮, 앞의 글, p.142에서는 마지막 다음 행인
    제9행에 수작 거리가 있을 것으로 보았으나 이는 판독의 잘못에 기인한 듯하다.

　수작 거리가 서사의 다음이 아니라 인명을 열거한 가운데에 끼어 있을 가능성도 상정된다. 이는 제5비의 경우가 그러하다. 이 비는 하단부가 떨어져 나가고 또한 판독의 문제가 있으므로 단정지을 수는 없지만 가령 5행의 첫자를 步로 판독하는 것이 타당하다면[33] 인명을 열거한 가운데에 수작 거리가 삽입되어 있는 셈이 된다.[34] 이처럼 이해하면 제5비는 수작 거리가 지방민들을 열거한 부분 가운데 郡과 성촌 출신자를 구분하는 사이, 바꾸어 말하면 직접 축성을 담당하는 집단을 열거한 위에 있는 것이다. 다른 한편 인명을 열거한 부분이면서도 지방관을 열거한 부분과 지방민을 열거한 부분 사이에 들어 있었을 가능성도 후술할 제9비로 미루어 충분히 예상된다. 여하튼 이들을 또 다른 양식으로 분류한다.(이들을 편의상 모두 제3형이라 부르기로 함)

　이렇게 보면 지금까지 확인되는 남산신성비의 기재양식은 크게 3종으로 나누어지는 셈이다. 아마도 앞으로 발견될 남산신성비의 양식도 약간의 차이는 있을지 모르지만 대체로 이들 세 범주에 들어갈 것이 거의 확실하다. 이러한 비문의 기재양식에서 변함없은 위치에 놓인 것은 역시 첫머리의 서사 부분이다. 이를 통해서도 서사가 남산신성비에서 가장 핵심임을 확인할 수 있다. 한편 비문기재에서 다른 부분들에 異同이 있는 것은 서사를 제외하고는 재지세력 가운데 문자, 문서에 관련되는 제반사무를 담당하였을 文尺의 자의에 맡겨졌음을 의미한다. 이 점은 비문의 구성뿐만 아니라 역역동원의 방식 등에 대한 이해에서도 참고되어야 할 사항이다.

　이상과 같은 기재양식을 염두에 두면서 이 글에서 본격적인 분석의 대상으로 삼고 있는 제9비를 구체적으로 검토하여 보기로 하겠다. 편의상 비문의 전문을 먼저 제시하면 다음과 같다.

---

33) 秦弘燮, 앞의 글, p.143 ; 金昌鎬, 앞의 글, p.12.

34) 이곳에 수작 거리가 있었을 가능성에 대해서는 秦弘燮, 위의 글, p.144 ; 田中俊明, 〈韓國の金石文 — 南山新城碑　第5~7碑〉, 《韓國文化》 6-3, 1984, p.37. 그런데 金昌鎬, 위의 글, p.12에서는 이 步를 職名의 일부분으로 보았다.

[표 8] 남산신성비 제9비의 판독문

	1	2	3	4	5	6	7	8	9	10	11	12	13	14	15	16
I	辛	亥	年	二	月	卅	六	日	南	山	新	城	作	節	如	
II	法	以	作	後	三	年	崩	破	者	罪	敎	事	爲	聞	敎	
III	令	誓	事	之	伋	伐	郡	中	伊	同	城	徒	受	六	少	
IV	郡	上	人	*	安	知	撰	干	生?	伐	*	文	上	干	匠	
V	尺	同	村	內	丁	上	干	*	谷	村	*	利	支	文	尺	
VI	*	伐	只	次	*	禾	城	促	上	人	伊	同	村	母#	尸	兮#
VII	上	干	工	尺	*	大	次#	村	入	犬?	*	禾	文	尺	伊	同
VIII	村	*	次	兮	阿	尺	*	促	伯	干	支	村	支	刀	尺	面
IX	捉	同	村	西	*	阿	尺	*	捉	人	伊	同	村	*	*	尐栔
X	*	*	*	*	*	*	*									

   * : 현재로서는 판독이 불가능한 것으로 판단되는 글자
   ? : 일단 原報告者의 견해를 따랐으나 여전히 의문이 남는 것
   # : 필자가 달리 읽은 것[35]

위의 판독문은 두 차례에 걸쳐 이루어진 필자의 직접조사 결과를 바탕으로 하고 그 뒤 오랫동안 탁본과 사진을 대조하여 작성한 것이다. 기본적으로 원보고자의 그것에 충실히 따르면서도 가능하면 모호하여 달리 읽혀질 수 있어 의심이 남는 글자에 대해서는 무리하게 推讀하지 않는다는 자세를 유지하였다. 그것은 단정을 보류하여 새롭게 읽을 수 있는 여지를 남겨 둠으로써 후일을 기약하는 것이 바람직하다고 판단하였기 때문이다. 따라서 이 석문은 원보고자의 그것과 부분적으로 차이를 보일 수밖에 없다.

제9비는 서사, 수작 거리, 인명 열거의 순서로 기재되어 있다. 이러한 기재양식은 언뜻 보면 제2형으로 분류될 수 있을 것 같다. 다만 제9비에는 지방관이 기재되지 않았다는 점을 고려하면 수작 거리가 인명 열거 사이에 끼어 있는 제3형에 속할 가능성도 배제할 수는 없겠다. 그

---

35) 원보고자인 朴方龍은 6行 14字를 미상으로 처리하고, 16字를 丁으로 읽었으며, 7行 7字도 公과 비슷한 不詳의 글자로 판독하였다.

런데 수작 거리를 담당한 집단을 '仮伐郡中伊同城徒受六步'라 하여 구체적으로 명시한 점에서 제3비와 동일하다고 보아도 무방하겠다. 이렇게 보면 수작 거리를 가운데에 기재할 경우에는 축성작업을 책임진 주체를 명시하는 것이 하나의 정형임을 느끼게 된다. 다만 제3비는 '喙部主刀里'라고 한 반면 여기에서는 '仮伐郡中伊同城徒'라고 하여 中과 徒를 넣어 표기한 점에서 약간의 차이를 보인다. 中은 제2비에 보이는 '군중상인'의 '中'과 같은 의미를 가진 것으로서 금석문에서 흔히 보이는 이두식 표현이다.[36] '군중상인'을 명활산성작성비에서는 '郡上人'이라 한 것을 보면 이 中은 별다른 의미를 갖지 않거나 단순히 '에(의)'라는 의미를 가진 것으로 풀이된다.[37] 그렇다면 '仮伐郡中伊同城徒'는 伊同城이 仮伐郡에 소속되어 있는 행정(성)촌의 하나임을 나타내는 것으로 보면 되겠다. 이 표현에 따른다면 역역동원의 큰 단위는 仮伐郡이지만 그 가운데 구체적인 축성작업의 중심집단은 伊同城이었음을 알 수 있다. 이는 기왕에 발견된 남산신성비를 통하여 추정하여 왔던 지방통치체제나 역역동원에 대한 이해가 타당한 것이었음을 입증하여 준다. 말하자면 하나의 군은 다수의 행정(성)촌으로 구성되었으며, 남산신성의 축조를 위하여 크게는 군 단위의 역역동원이 행해지고, 축성의 직접 담당은 그 가운데에서도 행정(성)촌별로 이루어지고 있었던 것이다.

한편 '徒'란 용어가 사용된 것도 주목되는 사실이다. 금석문에서 그와 같은 의미로 쓰인 徒의 용례는 명활산성작성비 및 그와 동일한 것으로 추정되는 안압지 출토 비편에 보인다. 이 비에서는 伊同城徒라 하여 행정(성)촌을 표현한 반면 이들에서는 '下干支徒', '一伐徒', '波日

---

36) 예컨대 丹陽新羅赤城碑에 '……月中', 明活山城作城碑에 '辛未年十一月中'등과 같은 사례가 보인다.

37) 이를 한문 그대로 읽어 '仮伐郡 가운데 伊同城徒'라 하여도 급벌군이 여러 성촌으로 구성되었고, 제9비의 역역동원이 이동성을 중심으로 이루어졌다는 기본 뜻에서는 별다른 차이가 없다.

徒' 등으로 행정(성)촌의 아래에 직접 축성을 담당한 집단을 지칭한 것으로 되어 있다. 이로 미루어 보면 '伊同城徒'에는 여러 집단들이 구성되어 있음을 알 수가 있고, 그것이 바로 뒤에서 말하듯이 이 비에서 확인되는 자연촌이 아닐까 추정된다.

요컨대 제9비는 지방민의 역역동원이면서도 왕경인을 대상으로 한 제3비와 기재양식에서 유사한 측면이 보이므로 제3형으로 분류할 수 있다. 다만 구체적으로 들여다보면 둘 사이에는 약간의 차이점도 발견된다. 특히 인명 표기방식에서는 기왕의 어떤 비와도 다른 점이 엿보인다. 이 점은 지금까지 알려진 것 가운데 제9비만이 가지는 특징으로 생각된다. 그런 의미에서 이는 우리에게 새로운 知見을 제공할 듯하므로 절을 바꾸어 검토하여 보기로 하겠다.

4. 제9비의 구조적 특징과 그 의의

위에서 제9비의 기재양식이 동일한 지방민을 대상으로 한 제1, 2비의 그것과 다르다는 점을 지적하였다. 그런데 자세히 보면 제9비는 그뿐만 아니라 인명을 열거하는 방식에서도 현격한 차이를 보인다. 이는 제9비를 이해하는 데 크게 주목되어야 할 사실이다.

지금까지 알려진 남산신성비에 열거된 인명은 뒤에 말하듯이 크게 3개의 집단으로 분류가 가능하다. 그 가운데 가장 먼저 기재된 그룹은 지방관이다.(아래에서는 이를 기존 관례에 따라[38] 편의상 A집단이라 함) 완형의 제1, 2비를 보면 인명을 열거하는 첫머리에 공통적으로 邏頭, 道使 등 행정(성)촌에 파견된 3명의 지방관이 기록되어 있다. 파손으로 전모를 파악할 수 없는 제4, 5비의 경우에도 나두와 도사가 보이는 것으로 미루어 역시 제1, 2비와 동일하였을 것으로 보인다. 한편 왕경인을 대상으로 한 제3비에도 왕경의 행정구획인 部에 소속한 官吏로

---

38) 李鍾旭, 앞의 글, pp.5~6에서 그렇게 분류한 이후 대체로 이 견해를 따른다.

추정되는 2명의 部監이 보인다. 이로 보면 지금까지 알려져 있는 남산신성비에서는 모두 지방관이 기재된 셈이다. 그러나 제9비에는 지방관이 한 명도 기재되지 않았다. 이는 다른 남산신성비들과 제9비의 인명 열거 방식에서 보이는 중요한 차이점의 하나이다.

사실 제9비가 발견되기 이전 지방관인 A집단의 구성에 대해서는 기존의 남산신성비를 근거로 하여 몇 가지 가능성이 제기되어 있었다. 첫째, 할당된 수작 거리의 축성을 직접 담당한 집단(C집단)이 바뀌더라도 동일한 郡에서는 A집단의 구성이 같은 다수의 비가 존재하였을 것이란 견해이다.[39] 이 견해는 200개 이상 존재하였을 것으로 추정되는 모든 남산신성비에 A집단이 공통으로(물론 구체적인 내용은 군을 단위로 다르지만) 기재되었을 것임을 전제하고 있다. 둘째, 역시 200여 개로 추정되는 모든 남산신성비에 A집단이 당연히 기재되었을 가정을 전제로 하면서 C집단이 달라질 때마다 A집단의 구성이 바뀌었을 것으로 보는 견해이다.[40] 이는 지방관 특히 나두와 도사의 역할을 차별지어 이해하려는 점에서 첫번째 견해와는 다르다. 셋째, A, B그룹을 같이하면서 C그룹만 다르게 기재한 비가 다수 존재하였을 것이라는 가정과, 이를 토대로 유추한 남산신성비 200개 이상 존재설을 부정하고 남산신성비는 30∼40개 정도만 존재하였을 것으로 보는 견해이다.[41] 이 견해는 남산신성의 축조를 위한 역역동원이 전국에 걸쳐 일시에 이루어졌을 것으로 보는 기왕의 통설적 주장 대신 교대로 동원되었다는 새로운 입장을 바탕으로 하여 제기된 것으로서, 지금 남아 있는 비들은 591년 2월 26일을 축성 착공일로 보면서 서약이 행해지던 당시의 시점에 현장에 있던 작업책임자만을 기록한 것이라 한다. 뒤이어 동원된 작업집단들은 서약도 하지 않고 비문도 작

---

39) 위의 글, p.20.

40) 姜鳳龍, 〈新羅 '中古'期 '州'制의 형성과 운영〉, 《韓國史論》(서울대) 16, 1987, pp.115∼117 및 앞의 글, pp.69∼70. 이 견해는 지방관이 없는 제9비가 발견되었음에도 불구하고 기왕의 自說을 그대로 고수하고 있는 점이 특징적이다.

41) 河日植, 〈6세기말 신라의 역역 동원 체제〉, 《역사와 현실》 10, 1993, pp.204∼216.

성하지 않았을 것이라 추정하고 있다.

이상과 같은 세 견해는 모두 제9비의 발견으로 수정되지 않으면 안 되게 되었다. 제9비에서는 지방관이 한 명도 기재되어 있지 않기 때문이다. 지방관이 기재되지 않았다는 의미에서 제9비는 특이한 사례에 속하는데, 이는 남산신성비를 몇 가지 점에서 새롭게 검토해 볼 수 있는 여지를 제공한다. 제9비에 지방관이 기재되어 있지 않은 사실을 놓고 이미 두 가지 해석이 제기되어 있다.

하나는 지방관은 파견되었으나 기재되지 않았을 따름이라는 朴方龍의 견해이다. 이 견해는 기존의 남산신성비에 지방관이 파견된 점을 고려하면서 경북 榮豊으로 비정되는 伋伐郡이 고구려와 접경지대에 위치한 중요한 지역이었으므로 지방관이 파견되지 않았을 리가 없다는 것이다. 지방관명이 기록되지 않았던 이유는 확실하게는 알 수가 없지만 남산신성비의 力役體制가 임시적이기 때문으로 풀이하였다.[42]

필자도 伋伐郡에는 지방관이 파견되어 있었으나 어떤 사유로 기재되지 않았다고 보는 점에서는 동의하면서도 다만 그 근거에 대해서는 문제가 있는 것으로 간주한다. 영풍 지역이 소백산맥 남쪽에 위치하여 그 以北으로 나아가는 중요한 길목이라는 입지 때문에 정치·군사·상업의 요충지였음은 틀림없다고 생각되나, 6세기 말의 시점에서도 여전히 고구려와의 접경지대라 하기는 어렵다. 원래는 고구려의 정치적 영향력 아래에 있었으나 적성비에서 알 수 있듯이 늦어도 550년을 전후한 시기에는 신라영역으로 완전히 편입된 지역이다. 따라서 이후 고구려와 신라의 전선은 훨씬 북으로 올라가 있었기 때문에 이 지역이 고구려와 접경지대라고 볼 수는 없다. 한편 지방관이 기재되지 않았던 이유를 임시적 역역체제이기 때문이라고 보았으나, 그것이 다른 남산신성비에는 지방관이 보이는데 하필 제9비에만 보이지 않는 데 대한 적절한 설명이 되지는 못한다.

---

42) 朴方龍, 앞의 글(1994), p.19.

　다른 하나는 제9비에 지방관이 보이지 않는 이유가 伋伐郡 등에는 애초부터 지방관이 파견되지 않았기 때문이라는 姜鳳龍의 견해이다.[43] 朴方龍의 견해와[44] 마찬가지로 급벌군을 《삼국사기》 지리지에 보이는[45] 及伐山郡에 해당시켜 경북 榮豊郡 順興面 지역으로 비정하면서, 이곳은 6세기 후반까지 독자성이 강하여 邏頭와 道使 등의 지방관을 파견해 적극적인 통제를 가하는 대신 재지세력을 매개로 하는 예외적인 방식으로 지배하였을 것이라 한다. 伋伐郡이라는 하나의 군에서 그를 구성하는 여러 성촌들을 망라하여 오직 하나의 작업분단만 조직하고 작업 거리도 6步로 짧게 설정한 것은 이곳에는 지방관이 파견되지 않았기 때문에 상징적으로 징발하였던 데서 온 결과라는 것이다. 이 견해는 급벌군에서는 성촌의 구별 없이 하나의 단위로 작업분단이 조직되었다고 봄으로써 제9비의 역역동원을 기존의 남산신성비와는 아주 다르게 예외적인 것으로 파악하는 점이 특징적이다.

　아무런 고려 없이 현재의 비문에 보이지 않는다는 사실 자체만을 중시한다면 물론 지방관이 파견되지 않았다고 해석할 수도 있다. 그러나 姜鳳龍도 기존의 견해를 받아들여 다른 남산신성비에 대해서 지적하고 있듯이[46] 지방관명이 보이지 않는다고 하여 거명되어 있는 행정(성)촌에 지방관이 파견되지 않았다고 보기는 어려운 것이다. 게다가 순흥 지역만 예외적으로 재지세력의 독자성이 강인하였을 것으로 볼 하등의 이유가 발견되지 않는다. 姜鳳龍은 이 지역에 고구려 계통의 벽화고분이 존재하고, 특히 595년의 於宿知述干墓에서 述干이란 외위를 소지한 재지세력이 존재한 점 등을 손꼽고 있으나, 이는 한때 고구려의 영향권 아래에 있었음을 보여주는 증거는 될지언정 그 자체 독자세력이었음을 증명하는 근거로 삼기는 어렵다. 당해 지역에서 최고의 위치

---

43) 姜鳳龍, 앞의 글(1994), pp.79~82.
44) 朴方龍, 앞의 글(1994), pp.13~15.
45) 《三國史記》 35 地理志 朔州條.
46) 姜鳳龍, 앞의 글(1994), p.67.

에 있었을 것으로 추정되는 재지세력이 외위 2등인 述干을 소지한 것
으로 미루어 정치적으로 이 지역만 유독 독자성이 강하였다고는 도저
히 생각되지 않는다.[47] 게다가 이 견해에서는 伋伐郡을 구성하는 행정
(성)촌을 통틀어 편성한 하나의 역역집단만이 상징적으로 동원된 것으
로 짐작하였는데, 이는 뒤에 말하듯이 신라 중고기의 모든 村을 행정
(성)촌으로 보는 선입견에 바탕하여 비문을 잘못 읽은 데서 비롯된 결
론일 따름이다. 제9비의 어디에도 급벌군을 구성하는 모든 행정(성)촌
에서 오직 하나의 작업집단만을 조직하였다고 볼 증거는 없다. 비문
자체에 '伋伐郡中伊同城徒受六步'라 한 데서 단적으로 드러나듯이, 제
9비는 어디까지나 급벌군의 이동성을 직접적인 역역동원의 대상으로
편제하였음을 보여준다. 요컨대 지방관이 보이지 않는다고 하여 기존
의 남산신성비와는 달리 제9비에 보이는 역역동원을 예외적이라고 파
악하는 것은 그 근거가 박약하다고 하겠다.

사실 제9비에 보이는 지방민들의 인원수나 그들의 직명과 관등(외
위)의 구성을 다른 남산신성비와 비교하면 차이점이 거의 발견되지 않
는다.[48] 이는 역역동원에서 제9비에 보이는 지역이 지방관이 파견되지
못할 정도의 예외적인 곳이 아님을 입증하는 것이다. 게다가 伋伐郡
도 비문에 나타나듯이 다른 지역과 마찬가지로 郡과 행정(성)촌으로
편제되었음이 명백한데, 이곳에만 굳이 지방관이 파견되지 않았다고
볼 수 있을지는 의문이다. 지방관이 파견되지 않아 예외적인 취급을
받는 지역이라면 그곳은 애초에 성촌으로 편제되지도 않았겠거니와
역역동원의 대상에서도 제외되었을 것으로 해석하는 편이 합리적이
다. 따라서 伋伐郡 지역에도 역시 지방관이 파견되었으나 어떤 다른
이유로 말미암아 제9비에는 기재되지 않았다고 보는 것이 순리라 생

---

47) 姜鳳龍은 독자성을 증명하기 위하여 《三國史記》 3 新羅本紀 照知麻立干 22
年(500)條의 기사를 손꼽고 있으나 이는 어디까지나 100년 전인 5세기 후반의
사정일 따름이다.
48) 다만 직명에 약간의 異同이 있기는 하지만 이는 판독의 문제일 수도 있다.

각한다. 그렇다면 왜 지방관명이 기재되지 않았을까.

지금 상황으로서는 짐작하기는 어려우나 다음의 몇 가지 가능성을 지적하여 두고 싶다. 첫째, 만약 남산신성을 축조하기 위한 역역동원이 일시에 이루어졌다는 기존의 통설적 견해가 타당하다면 郡을 단위로 하여 그를 구성하는 행정(성)촌이 중심이 된 특정한 하나의 비문에만 지방관을 기재하였을 가능성이다. 둘째, 만약 역역동원이 일시에 이루어진 것이 아니라 교대로 되었다는 新說이 타당하다면 처음 동원된 집단을 대상으로 할 때만 지방관이 포함된 완전한 형식의 비문을 작성하고 그 뒤의 역역동원에는 서사만 그대로 기록하되 지방관을 기재하지 않았을 가능성이다. 이때에는 사실 지방관이 축성 현장에 직접 있지는 않았다고 보아야 한다. 그런 의미에서 보면 지방관이 역역동원에서 차지하는 역할은 재검토되어야 한다. 셋째, 역역동원의 방식이 어떠하든 상관없이 지방관은 기재하여도, 기재하지 않아도 좋았을 가능성이다. 그러나 남산신성비의 기재에 지방관을 기재하지 않았던 사실을 포함하여 어떤 원칙성이 보이는 점으로 미루어 그 가능성은 희박하다고 하겠다. 넷째, 기록을 담당하였을 文尺의 실수로 지방관에 대한 기록을 빠뜨렸을 가능성이다. 이때에는 제9비만 예외로 취급되어야 한다. 비문 작성에서 한둘의 오자나 탈자는 보이지만 지방관 전부가 빠졌을 가능성은 적다.

이들 가운데 단정짓기는 어렵지만 필자는 둘째의 가능성이 가장 높을 것으로 추정한다.[49] 그것은 여하튼 교대로 역역동원되어 비문이 작성되었으면서도 여전히 동일한 시점을 나타낸 서사를 그대로 기재하였던 셈이 되는데, 이는 서사가 가지는 중요성을 암시한다. 앞으로도 동일한 서사를 가지면서 지방관이 기재되지 않은 새로운 남산신성비는 계속 출토될 것이다.

---

49) 그렇게 보면 신해년 2월 26일은 南山新城의 준공일이 아니라 착공일일 가능성이 높아진다. 이에 대해서는 河日植, 앞의 글, p.102 참조.

이상과 같이 伋伐郡에도 지방관이 파견되었으나 그곳에 속해 있던 행정(성)촌인 伊同城이 담당한 축성작업을 나타내는 비문의 작성에 모종의 이유로 말미암아 지방관명이 기재되지 않았다면 남산신성의 축성에서 지방관이 차지하는 역할에 대해서는 재고해 볼 여지가 있다. 지금까지 그에 대해 다양한 견해가 제기되어 있으나[50] 지방관들의 역할은 한정적으로 이해되어야 한다. 지방관을 기재하지 않은 남산신성비가 여럿 존재한다는 것은 서사의 궁극적인 대상이 지방관이 아니라 지방민이었음을 의미하기 때문이다.

사실 지방관이 기재되지 않았다는 것은 그들이 구체적인 축성에 대해서는 형식적인 책임밖에 지지 않았음을 뜻한다. 아마도 그들은 축성 자체보다는 각 성촌 및 郡으로부터 왕경의 축성현장에까지 중앙정부에 의해 지정된 날짜에 할당된 인원을 동원하는 책임을 맡지 않았을까 싶다. 따라서 재지세력들이 축성 그 자체에 대한 전반적인 책임을 졌던 것과는 역할이 달랐다고 하겠다. 그런 의미에서 축성을 위한 실질적인 조직과 그 결과에 대한 책임은 물론 크게는 지방관의 통제 아래에 놓여 있었겠으나 그 운용에서 재지세력의 자율성이 상당히 높았을 것으로 보인다. 이는 중고기 지방통치 운영상의 일단을 보여주는 것으로서 주목되는 사실이다. 물론 이러한 역역동원이 임시적인 편제라기보다는 진평왕대에 정비된 郡司나 村司라는 恒常的인 조직체계를 통해서 이루어졌을 것으로 보지만[51] 그 속에서 재지세력은 상당한 자율성을 부여받고 있었던 점도 아울러 추측 가능하게 한다.

앞서 필자는 남산신성의 축조를 위한 역역동원이 일시에 행해진 것이 아니라 상당한 기간에 걸쳐 교대로 이루어졌다는 견해가 타당하다고 보았다. 남산신성비가 축조되던 6세기 후반 당시가 隋의 남북왕조

---

50) 李鍾旭, 앞의 글, pp.17~18 ; 朱甫暾, 앞의 글(1988), p.47 ; 姜鳳龍, 앞의 글(1994), p.17 ; 河日植, 앞의 글 ; 金在弘, 〈新羅 中古期의 村制와 지방사회 구조〉, 《韓國史硏究》 72, 1991, p.35 참조.
51) 朱甫暾, 위의 글, pp.47~48 참조. 이를 부정하는 견해도 있다.

통일 여파로 야기된 대외적인 긴장이 고조되어 간 시기였던 점에서 전
국적인 역역동원을 일시에 할 필요가 있었을까 하는 점, 農繁期 등의
문제가 고려되지 않으면 안 되는 점, 그리고 숙소나 작업장 등의 객관
적인 여건상 한꺼번에 수만 명을 장기간 왕경에 거주시키는 것이 가능
하였을까, 또 그렇게 하는 것이 과연 효율적이었을까 하는 등등을 고
려한다면 일정한 시간적인 간격을 두고 교대로 동원되었다고 보는 편
이 훨씬 설득력이 있기 때문이다.[52] 게다가 앞서 말하였듯이 6세기 후
반은 調府의 설치 등으로 율령적 조세체계가 상당히 정비된 시기이고
보면, 일정한 기준 없이 무차별적이고 무한정하게 역역이 동원되었다
고는 도저히 생각하기 어렵다. 또 실제 그보다 앞선 551년 명활산성을
축조할 때에도 교대로 동원하였던 사례가 있었으므로[53] 남산신성비 축
조시에서도 그러하였을 가능성은 충분히 예상된다고 하겠다. 그럴 때
지방관은 지방민들을 설정된 계획과 일정 아래에 왕경에 도착하여 각
郡 단위로 부여받은 수작 거리의 축성이 순조롭게 이루어지도록 하는
기본적인 역할을 맡았을 것으로 보인다. 따라서 남산신성의 축성을 매
개로 지방민으로 하여금 새로운 모습으로 출범하는 진평왕대적인 율
령체제와 국가에 대한 충성의 맹세를 하도록 할 의도를 지닌 만큼 지
방관은 기재되기는 하였지만 실제로는 서사의 직접 대상에서 제외되
었다고 보는 것이 타당하다고 하겠다. 요컨대 제9비에 지방관이 보이
지 않는 점은 지방관의 역할, 재지세력이 지방통치에서 차지하는 위치
및 역역동원의 방법 등을 생각하는 데 시사하는 바가 많다.

　제9비가 보여주는 또 다른 기재상의 특징은 재지세력의 인명 표기
방식에서 확인된다. 기왕의 남산신성비와는 전혀 다른 방식으로 기재
되어 있기 때문이다. 이는 지방 촌락의 구조를 이해하는 데 중요한 새
로운 사실을 제공하여 준다. 그 점을 확인하기 위하여 우선 인명 열거

---

52) 河日植, 앞의 글 참조. 다만 河日植이 상정한 작업방법에 대해서는 再考의 여
　　지가 많아 수용하기 어렵다.
53) 朱甫暾, 앞의 글(1992), pp.45~46.

부분을 표로 작성하면 다음과 같다.

[표 9] 남산신성비 제9비의 인명 표기

집 단		순 서	직 명	출신지	인 명	관 등
B	a	1	郡 上 人	生? 伐	*安知	撰 干
		2			* 文	上 干
	b	3	匠 尺	同 村	內 丁	上 干
		4		* 谷 村	*利支	一 尺
		5	文 尺	* 伐	只次 *	一 伐
C	a	6	城促上人	伊 同 村	母尸兮	上 干
		7	工 尺	*大次村	入夫?*	一 伐
		8	文 尺	伊 同 村	*次兮	阿 尺
	b	9	* 促 伯	干 支 村	支 刀	一 尺
		10	面 捉	同 村	西 *	阿 尺
		11	* 捉 人	伊 同 村	*	*
		12	小石捉人	* * *	* *	*

인명은 기왕에 행해져 온 관례에 따라 크게 A, B, C의 세 집단으로 분류하고,[54] 다시 B, C를 각각 두 개의 소그룹으로 나누었다. 기존의 남산신성비를 치밀하게 분석한 견해에 따르면[55] B는 郡을 단위로, C는 행정(성)촌을 단위로 구성된 것이라는 점에서 차이가 난다고 한다. 이러한 분류가 일반적으로 타당한 것으로 받아들여지고 있으므로 여기에서도 그에 따랐다. 아래에서는 위의 표를 근거로 다른 남산신성비와 비교하여 제9비의 재지세력 인명표기에서 드러나는 몇 가지 특징적인 사례를 검토해 보기로 하겠다.

먼저 지방민이 가진 직명에 대해서이다. 첫머리에 2명의 郡上人이

---

54) 앞의 주 35)와 같음. 이것을 토대로 C집단만을 세분하는 견해도 있으나 필자는 B와 C집단을 모두 세분하였다. 그 근거에 대해서는 朱甫暾, 앞의 글(1988) 참조.

55) 李鍾旭, 앞의 글, p.13.

보인다. 1명의 직명은 기재되어 있지 않으나 다른 비의 사례에 따르면 위의 직명과 같으므로 생략된 것임이 분명하다. 군상인은 처음 보이는 직명이기는 하나 제2비나 명활산성작성비의 군중상인과 동일한 성격의 것으로 이해하면[56] 크게 잘못이 없을 듯하다. 후자의 '中'은 앞서 말한 것처럼 단지 '……에(의)' 정도로서 별다른 큰 의미를 가지지 않고 사용되었기 때문이다. 그런데 제1비에서는 가장 유력한 재지세력 2명의 직명을 君上村主라 하였는데, 제9비에서는 왜 촌주라 하지 않고 군상인이라고 하였을까. 말하자면 둘은 같은 직명의 다른 표현인가 아니면 전혀 다른 직명인가가 문제된다. 물론 표기되어 있는 외형적인 면 자체만을 중시하면 당연히 다른 직명으로 보아야 한다. 그러나 전국에 걸쳐 동일하게 郡과 행정(성)촌이란 일원적인 행정단위 아래에 재지세력을 편제하면서 각 郡, 또는 성촌별로 각기 다른 체제를 취하지는 않았을 것이란 점, 군상촌주와 군상인의 관등이 서로 엇비슷한 점, 둘 모두 郡을 단위로 하는 직명이라는 점에서 유사성이 있다는 사실, 그리고 군상인의 의미가 '군의 윗사람'으로 풀이될 수 있어 그 자체 촌주와 성격상 다르지 않다는 점 등에서 둘은 같은 직명의 다른 표기일 것으로 본다.[57] 그런 의미에서 군상인은 촌주의 위치를 더욱 구체적으로 나타낸 것이라고 하겠다.[58]

직명에 대해서 또 하나 지적하고 싶은 것은 다른 제9비의 직명은 여타의 남산신성비와 동일하나 C-b에서 일부는 다르게 표현되어 있는 점이다. 이는 판독의 문제에서 비롯된 것일 수도 있겠으나, 만약 판독에 문제가 없다면 이 부분의 직명은 상설직명이 아니라 축성을 위해 임시로 부여한 직명이기 때문에 각 비마다 차이가 있는 것인지도 모르

---

56) 朴方龍, 앞의 글, p.11.

57) 朱甫暾, 앞의 글(1992), pp.49~50에서 村主와 郡中上人이 동일한 점에 대해서 이미 말한 바 있다.

58) 둘을 달리 표현한 이유는 알 수가 없지만 村主는 중앙정부에서 공식적으로 부여한 직명인 듯하고 郡(中)上人은 촌주의 職能을 토대로 그와 동일한 뜻으로 지방민들이 불렀던 비공식적인 직명이었을지 모르겠다.

겠다.[59]

　다음, 출신지명의 표현방식에서 보이는 특징이다. 2명의 군상인 가운데 먼저 기록된 1명(제1의 군상인)의 출신지명이 표시되지 않은 점이다. 신라 중고기 금석문의 인명표기에서 바로 위의 인명과 출신지명이 동일할 경우에는 생략하는 것이 일반적이었다. 따라서 뒤에 기록된 군상인(제2의 군상인)의 출신지명이 표시된 것으로 미루어 둘이 동일한 성촌의 출신자가 아님은 명백하다. 이는 다른 남산신성비에서도 2명의 촌주(군중상인) 출신지가 동일하지 않은 것과도 일치하는 사실이다. 그런데 먼저 기록된 제1 군상인의 출신지를 생략한 것은 어딘가 이상하다. 물론 503년으로 추정되는 영일냉수리신라비나 561년의 창녕진흥왕 순수비에도 재지세력의 출신지명을 생략한 사례가 있으므로 별달리 문제시될 것도 없지만, 그러나 이들에서는 모든 재지세력의 출신지명이 다 생략된 공통성을 띠고 있는 반면 제9비에서는 오직 제1 군상인의 출신지만 기재되지 않았던 점에 차이가 난다. 냉수리비나 창녕비에서 출신지명이 기재되지 않았던 것은 단순한 누락이 아니라 그들 사이를 서로 구별할 필요가 없을 정도로 당해 비문을 통해서 저절로 그들의 출신지가 드러났기 때문에 자연스레 생략된 것으로 보인다. 제9비에서 제1 군상인의 출신지가 생략된 것도 같은 맥락에서 이해된다.

　이러한 이해를 바탕으로 하면 다음의 두 가지 가능성을 생각해 볼 수 있다. 하나는 제9비의 역역동원을 직접 담당한 伊同城을 출신지로 보는 경우이다.[60] 이는 가장 손쉽게 내릴 수 있는 결론으로서 전혀 가능성을 배제할 수는 없지만 단정짓기는 어렵다. 다른 하나는 伋伐郡의 郡治이기 때문에 생략된 것으로 보는 것이다. 그것은 다른 남산신

---

59)　유독 이 부분만 지금까지의 남산신성비에서 약간의 차이를 보인다. 그런 의미에서 村主를 비롯한 文尺, 匠(工)尺, (城,村作)上人 등은 郡司나 村司와 관련된 상설직인 반면 이들은 축성에서 담당한 직능의 성격상에서 부여된 임시적인 職名(役名)일 가능성이 높다.

60)　朴方龍, 앞의 글, p.14 ; 姜鳳龍, 앞의 글(1994), p.78.

성비의 사례로 보아 제1 군상인(촌주)의 출신지가 곧 군치일 것으로 보아도 무방할 것이기 때문이다. 그럴 때 군치를 어디로 보아야 할지가 문제가 된다. 이동성을 곧 군치로 보는 견해가 있지만[61] 제9비의 비문으로는 그러한 흔적이 전혀 나타나지 않는다. 사실 이동성을 군치로 보는 것은 그 명칭으로 보아 문제가 있다. 가령 제1비의 경우 군치로 보이는 아량촌이 곧 군명으로도 사용된 사례가 있고, 또 봉평비의 悉支軍主와 悉支道使에서 알 수 있듯이 城村名이 州名으로 전용되기도 하기 때문이다.[62] 이러한 논리에 따른다면 급벌군의 군치는 伋伐이 될 듯하다.[63] B-b의 文尺이란 직명을 가진 인물의 출신지명이 *伐로 되어 있는데, 곧 판독상의 문제로 확인하기는 어려우나 伋伐일 가능성이 높다.[64] 따라서 아직 섣불리 단정짓기는 어려우나 필자는 제1 군상인의 출신지가 급벌일 가능성이 있을 것으로 본다.

---

61) 姜鳳龍, 앞의 글(1994), pp.76~78에서는 伊同城을 伋伐郡의 중심촌, 즉 郡治로 이해하였다. 그러나 姜鳳龍은 제1 군상인의 출신지가 군치이기 때문이 아니라 단지 이동성 주도의 역역이었을 것이기 때문에 출신지가 생략된 것으로 보았다. 사실 伊同城이 급벌군의 군치라고 볼 수 있는 근거는 어디에도 없다. 그럼에도 姜鳳龍이 이동성을 급벌군의 군치로 파악하는 것은 앞서 언급한 것처럼 비문에 보이는 城村을 잘못 본 것과 맥락을 같이한다.

62) 만약 창녕비에 보이는 于抽悉支河西阿郡使大等의 悉支를 하나의 郡名으로 본다면 하나의 성촌명이 곧 郡名으로도 사용된 사례가 하나 더 추가되는 셈이다. 그러나 필자는 창녕비단계에서는 아직 悉支가 郡으로 편제되지 않았다고 보는 입장을 취하기 때문에[朱甫暾, 앞의 글(1988), p.39] 이를 하나의 사례로 제시하기를 유보한다.

63) 伊同城을 군치로 보기 어려운 점은 《三國史記》 35 地理志 朔州條에 及伐山郡의 領縣인 隣豊縣이 高句麗 때 伊伐支縣이었다고 한 사실에서 보강된다. 물론 단정을 할 수 없지만 이 伊伐支縣이 伊同城이라는 견해(朴方龍, 앞의 글, p.15)에 따른다면 이동성이 급벌군의 군치일 가능성은 그만큼 줄어든다. 이 까닭으로 급벌산군을 급벌군으로 보는 姜鳳龍은 伊同城이 伊伐支縣일 가능성을 지적하면서도 단정짓기를 피하였다.

64) 朴方龍은 이를 生으로 읽었으나 字形으로 보아 生일 가능성은 거의 없고 伋과 상당히 유사하다. 필자가 제9비를 처음 조사하고 남긴 메모에 따르면 朴方龍도 비문을 공개하기 이전에 처음 작성하였던 판독문에서는 제6행의 첫글자를 伋伐의 伋과 같은 글자로 읽은 것으로 되어 있다.

또 하나 출신지명 기재에 보이는 특징은, 同村이라는 표현이 보이는 점이다. 이것이 단독의 성촌명일 가능성도 부정하기는 어려우나 제5비에 출신지명을 기재하였을 곳에 '同'자가 보이고 특히 제6비의 경우 출신지명이 들어갈 곳이 확실한 첫 글자가 '同'이며 그 아래 글자의 좌변이 木으로 판독되기도 하여[65] 村일 가능성이 높다. 이처럼 제6비에 동촌이 있다면 제9비의 동촌도 고유한 성촌명이라기보다는 위의 村과 같다는 의미로 보인다. 특히 뒤에 말하겠지만 郡을 단위로 한 B집단과 행정(성)촌이 그 단위가 된 C집단의 출신지명이 모두 동촌으로 된 것은 이들이 '위와 같은 촌'이라는 뜻임을 단적으로 말하여 준다. 직명이 다르지만 출신지명이 같았을 때 생략한 사례가 제1비와 제2비에 보이므로 군상인과 匠尺의 출신지명이 같다면 이를 동촌이라고 표기하여도 하등 이상스러울 바가 없다고 하겠다.

그런데 앞의 표에서 알 수 있듯이 C집단 재지세력들의 출신촌명이 낱낱이 기재되어 있는 점은 기존의 남산신성비에서는 전혀 찾아볼 수 없는 최초의 사례로서 주목해 볼 만하다. 다른 남산신성비에서는 C집단의 출신지를 첫머리의 (城)促上人만을 나타내고 그 이하는 출신 행정(성)촌이 모두 같으므로 생략한 반면 제9비에서는 각각의 출신지명을 모두 기록하였을 뿐만 아니라 그 출신지도 제각각 다르게 되어 있다. 과거 C집단을 B집단과 구분지운 중요한 이유도 C집단의 출신지가 모두 하나의 성촌이라는 사실에 있었다. 그런 의미에서 보면 제9비의 C집단 기재는 파격적인 표현으로서 6세기 당시 신라 촌락구조의 일단을 밝힐 수 있는 주요한 실마리가 된다. 이 점이 제9비가 지닌 가장 중요한 특징이다. 아래에서는 그를 추적하여 보도록 하겠다.

C집단에 보이는 촌명을 B집단에 보이는 그것과 동일시하려는 견해가 있으나[66] 이는 명백한 잘못이다. 그것은 다음의 몇 가지 이유에서

---

65) 田中俊明, 〈新羅の金石文 — 南山新城碑 總括〉, 《韓國文化》 6-4(1984), p.37.
66) 朴方龍, 앞의 글, p.19 ; 姜鳳龍, 앞의 글(1994), pp.79~81.

드러난다.

첫째, B집단과 C집단을 구분한 근거는 B집단이 하나의 郡을 단위로 한 반면 C집단은 郡內의 하나의 행정(성)촌을 단위로 한 데에 있었다는 사실이다. B, C집단에 각각 匠尺이나 文尺 또는 (城, 村)上人 등 동일한 직명이 기재되어 있으면서도 이들의 역할이 각기 달랐다고 본 것도 그 때문이었다. 이러한 구분을 시도하면서도 동시에 B, C집단에 보이는 모든 村을 같은 성격으로 동일시하는 것은 모순된다고 하겠다. 따라서 C집단을 B와는 따로 구분하는 한 지금까지 알려진 것처럼 그에 기재된 인물들의 출신지는 동일한 행정(성)촌 출신자들로 보아야 타당하다. 이는 B, C집단의 직명 및 관등 구성에서 제9비가 다른 비와 비슷하다는 점에서 거의 의심의 여지가 없는 사실이다.

둘째, C집단이 모두 동일한 행정(성)촌 출신이라는 것은 '伋伐郡中伊同城徒受六步'라 한 데서 알 수 있다. 제9비의 축성을 직접 담당한 집단은 모두 하나의 행정(성)촌인 이동성 출신이었음이 명백하다. 그러므로 C집단이 하나의 이동성 출신자들이라면 그곳에 보이는 촌들은 당연히 이동성을 이루는 하부단위일 수밖에 없다. 따라서 모든 촌들을 동일한 선상에 놓고 보아서는 곤란하다.

셋째, 이동성에서 축성을 책임졌으므로 출신지를 나타낼 때 이동성이라고 하여야 하는데, C집단에서는 이동촌이라고 표현한 사실이다. 이를 城과 村이 동일한 성격임을 보여주는 근거로 삼으려 하지만[67] 그것은 잘못 도출된 결론이다. 물론 행정성과 행정촌은 그 성격이 본질적으로 동일하지만 그렇다고 村으로 불리고 있는 모든 집단이 동일하였던 것은 아니기 때문이다.[68] C집단에 출신자들을 나타낼 때 이동성이라 하지 않고 굳이 이동촌으로 달리 표현한 것은 C집단은 모두 이동성 출신이기는 하였으나 그들이 이동촌 출신은 아니었기 때문이다. 그

---

67) 朴方龍, 앞의 글, p.15.
68) 朱甫暾, 앞의 글(1988) 참조.

렇다면 하나의 행정(성)촌으로서의 이동성은 이동촌을 비롯한 다수의 村으로 구성되어 있다고 보아야 한다. 그런 의미에서 C집단에 보이는 村은 곧 이동성을 구성하는 하부의 村이라 하겠다.

넷째, C집단에 보이는 촌명과 B집단의 그것이 전혀 중복되지 않고 각각 다르다는 점이다. 만일 두 집단에 보이는 촌이 동일한 성격의 것이라면 C집단에 보이는 촌명이 하나라도 B집단에 보이지 않을 리가 없다. 둘 사이에 중복이 전혀 없다는 것은 그들이 동일한 성격의 행정(성)촌이 아님을 의미한다.

이상과 같은 몇 가지 이유로 C집단에 보이는 촌은 B집단의 성촌과 동일한 것이 아니라 이동성이란 성촌을 이루는 하부의 촌명이라고 해야겠다. 말하자면 이들은 행정(성)촌이 아니라 그를 구성하는 자연촌이었던 것이다. 우리는 신라 중고기 지방통치의 기본단위인 행정(성)촌을 구성하는 자연촌도 역시 村으로 불리고 있었다는 중요한 사실을 제9비를 통하여 입증할 수 있게 되었다. 필자는 과거 578년의 대구무술오작비에 보이는 村을 행정(성)촌을 이루는 하부단위로서 자연촌으로 파악하고, 그 위에 행정(성)촌이 있었으며, 둘 다 촌으로 불리는 것으로 미루어 그 본질에서는 동일하나 지방관의 파견 유무를 통하여 구분하여야 한다고 논증한 적이 있다.[69] 과거 이를 부정하려는 견해도 제기되었으나[70] 제9비의 발견으로 더 이상의 논란이 필요 없게 되었다. 기실 자연촌의 존재를 부정하려는 견해는 첫째, 모든 출신지 표현은 동일하여야 한다는 당위론적 인식, 둘째, 그와 함께 村으로 표현된 모든 지역을 동일시하려는 선입견에서 비롯된 것이었다.

그러나 출신지 표현은 서로간의 소속의 동일체의식과 차별의식을 동시에 드러내려고 한 것이었기 때문에 상대적일 수밖에 없었다. 가령

---

69) 朱甫暾, 앞의 글(1988), pp.53~62.

70) 金昌鎬, 〈金石文 자료로 본 古新羅의 村落 構造〉, 《鄕土史硏究》 2, 1990, pp. 152~156 ; 李銖勳, 〈新羅 村落의 성격 ─ 6세기 금석문을 통한 행정촌·자연촌 문제의 검토〉, 《韓國文化硏究》 6(부산대), 1993, pp.27~32.

郡의 내부에서 서로를 구별지을 필요가 있었을 때는 행정(성)촌을, 행
정(성)촌의 내부에서 서로를 구별짓기 위해서는 그보다 하위단위를 갖
고 출신지를 표현하려 하였던 것이다. 따라서 城이나 村으로 되어 있
다고 이를 모두 동일시하려는 것은 피상적인 관찰에 지나지 않는다.[71]
한편 모든 村을 동일시하려는 것도 촌의 원래적인 기능을 잘못 파악한
데서 나온 선입견이다. 촌이란 용어를 처음 만든 중국에서나, 그를 도
입하여 사용한 고구려나 백제에서는 촌이 지방관이 파견되는 독립된
(행정)단위로 기능하였던 적은 없었다. 반면 그를 뒤늦게 수용한 신라
에서는 지방관이 파견되는 지방행정의 기초단위가 (행정)城과 村이었
다. 이 점에서 신라의 독자성이 찾아지거니와, 신라에서도 처음부터
그러하였던 것은 아니었다. 503년의 鳳坪碑에서 보이는 珍而麻村의
사례에서도 알 수 있듯이 지방관이 파견되어 지방에 대한 직접통치가
정착되기 이전에 이미 村이란 명칭이 먼저 수용되고 있었던 것이다.
따라서 행정(성)촌으로 정착하기에 앞서 촌이란 용어는 도입되어 일정
한 지역공동체를 나타내는 것으로 사용되었다.[72] 이들 가운데 중심이
되는 村에 지방관이 파견됨으로써 그곳은 행정(성)촌화하고 여타 주변
의 촌은 그에 부속하는 자연촌으로 기능하였던 것이다. 필자가 사용한
자연촌을 간혹 聚落을 지칭하는 것으로 받아들여 오해를 불러일으키
기도 하는데, 자연촌은 행정(성)촌을 구성하는 하부단위를 나타내어
그와 구분하기 위한 편의적인 표현일 따름이지 단순한 자연취락은 아
니다. 행정(성)촌도 원래는 어디까지나 행정적인 기능을 하도록 묶은
여러 자연촌 가운데 중심 자연촌이었을 따름이다. 자연촌이란 자연취
락을 다수 포괄하는 지연공동체를 의미한다. 이렇게 보면 행정(성)촌
의 하부를 이루는 자연촌이 출신지명으로 사용되었다는 것은 오히려
당연하다고도 생각된다. 요컨대 하나의 행정(성)촌은 정치적인 기능을

---

71) 朱甫暾, 앞의 글(1988), pp.59~60.
72) 《삼국사기》 45 列傳 朴堤上傳에 보이는 水酒村, 一利村, 利伊村은 그 단적인
　　사례로 손꼽을 수 있다.

하지만 그 하부에는 다시 독자적으로 기능하는 여러 지연공동체가 존
재하였으나 그것이 바로 자연촌이었다.

이상에서 언급한 것처럼 C집단은 하나의 행정(성)촌인 이동성 출신
자들로 편성되었다고 하겠다. 그렇다면 제9비에 따르는 한 일단 행정
(성)촌인 이동성은 伊同村, *大次村, 干支村, 익명의 촌 등 여러 자연촌
으로 이루어졌던 셈이다. 외위 소지자가 없는 자연촌도 예상되므로 제
9비가 그 전모를 보여주는 것은 아니겠으며, 따라서 이동성을 구성하
는 자연촌이 4곳보다 많았을 것이나 이들은 그 가운데 외위 소지자들
을 배출하는 유력한 자연촌들이었다.

이동촌이 이동성을 구성하는 중심 자연촌임은 재론의 여지가 없겠
다. 그것은 이미 그 명칭에서도 상정되거니와 C집단 가운데 관등이나
나열순서로 가장 유력자임이 분명한 城促上人이 이동촌 출신자라는
데서도 알 수가 있다. 이로 보면 행정(성)촌의 명칭은 여러 자연촌 가
운데 중심 자연촌에서 유래한 것임도 아울러 확인된다. 말하자면 다수
의 자연촌은 서로 경제적인 우열은 있었을지라도 원래는 동등하여 횡
적인 관계였으나 지방관이 중심 자연촌에 파견되어 그곳이 정치적인
중심지로 기능함으로써 행정(성)촌의 명칭도 거기에서 유래하게 되고,
이로 말미암아 자연촌 사이의 관계도 외위 소지자들을 매개로 점차 종
적인 관계로 바뀌어 가고 있었던 것이다. 이들의 관계가 고정불변하였
던 것은 아니며 때로는 바뀐 경우도 예상된다. 이 점은 간지촌이라고
한 자연촌명에서 유추되는 흥미로운 사실이다.

간지촌은 그 명칭으로 보아 원래 간지를 배출하였던 데서 붙은 특징
적인 촌명으로 보인다. 지방민이 가지는 외위 11등 가운데 7등인 干의
古式표기로서의 '干支'를 사용한 下限은 대체로 550년대 무렵이지만
왕경의 部長에 대비되는 정치세력으로 '干支'가 사용된 것은 6세기 초
이전으로 올라간다.[73] 그렇다면 늦어도 550년 또는 6세기 초 이전에는

---

73) 朱甫暾, 〈6세기초 新羅王權의 位相과 官等制의 成立〉, 《歷史敎育論集》 13·

'干支'를 배출하는 간지촌이 이들 지역의 정치 중심지였을 것으로 보아도 무방하겠다. 그러나 앞의 표에서 보듯이 간지촌 출신자의 관등이 1명에 지나지 않고, 그나마 간군 외위가 아니라 겨우 9등인 一尺에 지나지 않는다. 이로 보면 간지촌의 정치적 비중은 점차 약화되어 갔음을 예상할 수 있다. 그에 대신하여 6세기의 어느 시기에 정치적인 중심이 간지촌에서 이동촌으로 이동되었던 것이다. 이처럼 자연촌의 정치적인 성장과 변동은 때에 따라 적지 않게 있었을 것으로 생각된다.[74] 이는 신라의 정치적인 변화나 지방통치체제의 강화과정과 짝하여 진행된 현상이었을 것으로 풀이된다.

집단 B는 그 전부라고는 말할 수 없겠으나 伋伐郡을 구성하는 주요한 행정(성)촌이다. 그렇다면 크게 伋伐郡은 伊同城을 비롯하여 生(?)伐, *谷村, *伐로 구성되었던 것이다. 이 가운데 첫번째 군상인을 배출한 곳이 郡의 중심 행정(성)촌이라 하겠는데, 앞서 언급한 것처럼 그것이 이동성인지 아니면 급벌로 불리었을 곳인지는 이 비만으로는 단정짓기 어렵다.

요컨대 제9비에 특징적으로 보이는 인명 기재방식의 분석을 통하여 역역동원에서 지방관이 차지하는 역할이나 종래 논란이 되어 온 행정(성)촌과 자연촌 등 중고기 촌락구조 문제 등이 해명될 수 있는 실마리를 얻었다는 점에서 제9비의 출현이 갖는 의의는 적지 않다고 하겠다.

5. 맺음말

이상에서 591년에 건립된 남산신성비 제9비의 출현을 계기로 기존

14합집(1990), pp.261~269 참조.

74) 《삼국사기》 34 地理志 壽昌郡條에 보면 八居里縣의 경우 그 일명이 北耻長里, 仁里 등으로 나타난다. 팔거리와 후자는 음운이나 내용상 거의 상관성이 없어 보이는데, 이는 중심지 이동의 결과로 풀이된다. 따라서 재지세력의 消長에 따라 중심지가 이동하고 그로 말미암아 행정(성)촌의 이름이 바뀌는 사례를 얼마든지 상정하여도 무방할 듯하다.

의 몇몇 남산신성비들을 새롭게 검토하면서 얻어진 성과를 몇 가지로 나누어 살펴보았다. 그 결과 제9비는 다수의 남산신성비에 또 하나를 단순히 추가한다는 의미를 뛰어넘는 상당히 새로운 내용을 내포한 것이었음을 확인할 수 있게 되었다. 아래에서는 이를 간략히 요약함으로써 결론을 맺고자 한다.

기왕에 남산신성비의 분석을 통해 신라사를 재구성하려는 시도가 다각도로 이루어져 왔으나, 정작 남산신성의 축성 자체가 가지는 역사적인 의미는 전혀 다루어지지 못하였음에 착목하여 이를 진평왕대의 정치 동향과 관련지어 새롭게 추적하여 보았다. 특히 남산신성비의 冒頭에 보이는 誓事의 중요성을 인식하여 분석의 실마리로 삼았다. 하필 新城이라고 명명한 것은 진평왕대의 정치적 개혁과 상관관계를 가진 것으로 보고, 나아가 남산신성의 축성이 단순히 피난을 위해서가 아니라 진평왕대의 새로운 지배체제의 출범을 알리는 상징적인 성격을 띠었으며, 그에 걸맞게 전국적인 역역동원을 함으로써 지방민들이 법, 즉 국왕에 대한 충성서약을 하도록 하는 목적이 바탕에 깔려 있었던 것으로 이해하였다. 남산신성의 축조 이후에 비로소 남산에 그 유례를 찾기 어려울 정도로 많은 佛事가 이루어지게 되는 것도 그러한 사정과 밀접한 관련이 있는 것으로 추정하였다.

다음은 제9비가 보여주는 기재양식의 특징을 바탕으로 기존 남산신성비의 기재양식을 몇 가지로 분류하였다. 외형적으로는 모든 남산신성비가 동일한 듯이 보이면서도 구체적으로 살펴보면 그 유형은 달랐다. 그러나 서술순서에서 변함없은 위치를 차지하는 것은 역시 서사였다. 이 점은 서사가 남산신성비를 작성할 때 가장 중시한 부분임을 입증하여 주는 것으로 풀이되었다. 이 점에서도 남산신성의 축성이 가지는 의미가 심상치 않음을 확인할 수 있었다.

제9비는 다른 남산신성비들과 비교하여 보면 크게 두 가지 점에서 두드러지게 다른 기재방식을 취하고 있었다. 먼저 지방관이 기재되어 있지 않았다는 점이다. 이에 대해서는 지방관이 당해 지역에 애초부터 파견되지 않았다는 견해와, 파견되었음에도 불구하고 기재되지 않았을 따름이라는 견해로 엇갈려 있으나 후자가 타당한 것으로 논증하였다. 따라서 지방관과 재지세력이 축성뿐만 아니라 한걸음 더 나아가 지방통치에서 차지하는 역할은 새롭게 검토되어야 함을 지적하였다.

그 다음, 제9비가 인명의 열거에서 이른바 C집단의 출신지명을 하나하나 다 밝히는 독특한 방식을 취하고 있는 점이다. 종래 이 C집단은 하나의 행정(성)촌 출신들로 구성되었던 것으로 봄이 일반적이었고, 같은 지방민들이면서도 B집단과 C집단으로 분류하는 까닭도 거기에 있었다. 제9비도 여러 가지로 보아 그렇게 이해되어야 타당성을 가질 수 있다. 그럴 때 같은 村이라도 동일한 성격을 가진 것이 아니라 크게 지방관이 파견된 행정(성)촌과 그렇지 않은 자연촌으로 나누어짐이 명백하게 되었다. 기왕에 村의 성격을 둘러싸고 약간의 논의가 있어 왔으나 이로써 이제 재론의 여지가 없이 일단락된 것으로 확인된다.

제9비의 출현은 여러 측면에서 신라사의 새로운 이해에 상당한 보탬이 될 수 있을 것으로 보인다. 다만 이번 검토를 통하여 강하게 느꼈던 것은, 이미 발표된 自說을 고수하는 태도로는 새로운 자료의 진면목을 제대로 볼 수 없다는 사실이다. 필자에게는 이 점이 제9비의 분석을 통하여 새삼스레 얻어낸 값진 성과였다.

제 **3** 편

木簡과 古文書

제8장
二聖山城 출토 木簡과 道使

1. 머리말

다 아는 바와 같이 한국고대사 분야에는 관련 사료가 지극히 빈약하다. 따라서 아무리 사실에 대한 논증이 치밀하게 이루어진다고 하더라도 사료가 적기 때문에 사상누각을 쌓아가는 것처럼 느껴지는 경우가 적지 않다. 그 까닭으로 고대사 전공자들은 끊임없이 새로운 자료의 출현을 갈망한다. 그런 기대에 부응이라도 하듯 이따금씩 굵직한 금석문이 발견되어 연구자들을 홍분의 도가니로 몰아넣기도 한다.

여기에서 소개하려는 木簡은 1990년 6월 한양대 박물관 주관으로 경기도 하남시 춘궁리에 소재한 二聖山城의 3차 발굴 때 출토된 것이다.[1] 출토된 목간은 전체 12점에 이르나 이 가운데 墨書의 흔적이 확인된 것은 겨우 4점이고, 그나마 글자의 윤곽을 더듬어 제대로 판독하여 사료로 이용 가능한 것은 1점뿐이다. 이 1점은 출토 당시에는 墨書가 더 선명하였던 모양이나 지금은 원형을 상당히 잃고 있는 것 같다. 목간은

---

1) 漢陽大學校·京畿道, 《二聖山城》(3次發掘調査報告書), 1991. 이하 이를 《보고서》라 하며, 목간에 대한 설명은 구체적인 근거를 밝히지 않더라도 모두 이 《보고서》에 따른 것이다. 그리고 목간 출토 상황에 대한 전반적인 내용은 《보고서》를 참조하기 바람.

그 성질이 건조 상태에서는 물의 장력 때문에 그 원형을 잃는 것이 보통이므로 檢出과 동시에 판독하는 것이 상식이라고 한다.[2] 현재《보고서》에 실린 사진으로 보면 앞으로 거기에서 소개된 이상의 새로운 판독을 기대하기 어려운 것도 그 때문이다. 이 점은 목간을 실제로 보지 못한 채 이를 소개하는 필자에게 약간의 위안이 되게 한다.

이 목간의 글자수가 적고 또 판독이 완벽하게 이루어지지 못해 아쉬움이 크지만 새로운 내용을 담고 있다는 점에서 기왕의 신라사에 대한 이해에 상당한 보탬이 되리라 생각된다. 여기서는 그런 점을 염두에 두면서 이 목간을 사료로서 활용하기 위해서 필수적으로 선행되어야 할 연대문제와 목간에 보이는 도사와 관련한 몇 가지 성격 문제를 간략하게 검토해 보고자 한다.

2. 木簡의 연대

이번에 출토된 12점의 목간은 길이가 2.1센티미터에서 33.4센티미터에 이르는 것까지 다양하며 그 모양도 장방형, 삼각형, 타원형 등 여러 가지이다. 이 가운데 묵서가 판독되는 목간은 현재의 길이가 15센티미터, 폭 1~4.6센티미터, 두께 2.9센티미터이나 하단부가 파손되어 원형을 잃고 있으며, 단면의 형태는 직사각형이다. 이 목간에는 전면과 측면 그리고 후면의 3면에 글자가 縱書로 墨書되어 있다. 전체 글자수는 하단부의 잘려 나간 부분을 제외하고 현재 35자를 확인할 수 있으나 판독 가능한 글자는 26자이다. 그를《보고서》그대로 소개하면 다음과 같다.[3]

(전면) 戊辰年正月十二日朋南漢城道使……

---

2) 李基東, 〈雁鴨池에서 出土된 新羅 木簡에 대하여〉,《新羅 骨品制社會와 花郎徒》, 1980, p.396.

3)《보고서》에 소개하고 있는 몇몇 글자에 대해서는 異見이 있을 수 있다.

(측면) 須城道使村主前南漢城△△……

(후면) △△蒲△△△△△△……

글자수가 적고 또 전부가 판독되지 못할 뿐만 아니라 하단부가 파손되어 전체적인 내용을 파악하기 어렵지만 먼저 도사나 촌주 등의 직명이 보이는 점이 주목된다. 이는 이 목간이 적어도 신라에서 제작된 것임을 알게 한다. 고구려나 백제에서도 道使란 직명이 있기는 하였으나 적어도 村主의 경우는 신라 재지세력에게 주어진 직명이다. 그러므로 이 두 직명이 동시에 보이는 것으로 미루어 이 목간은 일단 신라에서 제작된 것으로 단정해도 좋다. 이 점은《보고서》에서도 지적하였듯이[4] 이성산성이나 그 부근에서 출토된 유물이 신라계인 점과 부합한다. 또 이를 신라의 것으로 볼 수 있는 근거는 목간에 보이는 南漢城에서 찾아진다.

남한성의 현재 위치는 잘 알 수가 없지만 이성산성 또는 그 부근의 성인 것만은 틀림없다. 이 지역은 원래 백제 王都가 있었던 지역으로《삼국사기》백제본기를 훑어보면 백제에서는 이 일대를 慰禮城, 漢城, 漢山으로 불렀다. 이들 지역 명칭의 상호 관계는 분명하지 않으나[5] 남한성으로 부른 사례는 없다. 물론 백제 개로왕 21년(457) 고구려 장수왕의 공격을 받아 왕성이 함락되었을 때 이를 北城과 南城이라 한 기록이 보이고[6] 또 왕도가 한성으로도 불리었던 만큼 이 南城을 남한성으로 보기는 어렵겠다.

그런데《삼국사기》신라본기나 지리지 등에도 남한성이란 지명은 보이지 않는다. 이와 유사한 지명으로 南漢州, 南漢山城, 南漢山 등이 보일 따름이다. 그러나 한성을 한주, 한성주라고도 일컬었던 것을 보

---

4)《보고서》, pp.460~469.

5) 이들 지명의 상호관계에 대해서는 金起燮,〈百濟前期 都城에 관한 一考察〉,《淸溪史學》7, 1990 참조.

6)《三國史記》25 百濟本紀 蓋鹵王 21年條.

면, 남한성을 남한주, 남한산성, 남한산과 혼용하였을 것으로 보아도 무리하지는 않을 듯하다. 그리고 남한성은 북한성의 존재를 전제로 하고 있는 만큼 《삼국사기》 신라본기에 북한산성, 북한산주 등의 지명이 보이는 것도 아울러 고려하면 이 남한성은 신라의 성인 것만은 틀림없다. 아마도 원래 이 성은 백제에서 한성으로 불렀으나 553년 신라가 장악한 후 한동안 한성으로 부르다가 진흥왕 16년(555) 왕이 북한산으로 순행하여 이 지역의 영토를 확정하고 난 뒤 진흥왕 18년(557) 신주정의 소재지가 북한산 지역으로 옮겨지면서[7] 한성을 남한성으로 부르게 된 것이 아닌가 싶다.[8]

이상과 같이 이 목간이 일단 신라의 것으로 확인된다면 이를 사료로 이용하기 위해서는 다시 그 절대연대가 밝혀져야 한다. 다행히 전면의 첫머리에 이 목간의 연대를 결정할 수 있는 실마리를 제공하는 戊辰이란 간지가 보인다. 이 목간은 신라의 것인 만큼 자연히 그 상한연대가 550년대를 소급할 수 없음은 자명하다. 그런데 《보고서》에서는 무진년을 608년으로 추정하였다. 그 이유로 첫째, 도사와 관련되는 자료들은 6세기에서 7세기 초에 걸쳐 보인다는 점, 둘째, 묵서의 서체가 6, 7세기의 서법을 따르고 있다는 점, 셋째, 그곳에서 출토되는 유물들이 통일 이전의 것들인 점 등을 손꼽고 있다. 대체로 그와 같은 연대 추정 자체는 별로 틀린 것 같지는 않으나 그렇게 보기 위해서는 한층 엄밀한 검토가 전제되어야 한다. 특히 《보고서》에서 제시하고 있는 것 가운데 앞의 두 가지 근거는 모두 문제를 안고 있다.

먼저 목간의 서체에 대한 부분이다. 《보고서》에 따르면 이 목간에 사용된 서체는 楷書體인바 그것은 唐代에 편찬된 《翰苑》의 서체와 유

---

7) 《三國史記》 4 新羅本紀 眞興王 18年條.

8) 한편 北漢山에 新州停이 소재하고 있을 때인 561년에 세워진 昌寧眞興王巡狩碑에 漢城軍主가 보이는데 북한산성도 한성이라고 불리었는지 모르겠다. 李丙燾, 〈(僞)北漢山州의 置廢問題〉, 《韓國古代史研究》, 博英社, 1976에서는 《三國史記》에 보이는 북한산주를 모두 漢山州의 잘못으로 간주하였다.

사하다는 것이다. 《한원》은 다 아는 바와 같이 660년 무렵 당의 張楚
金이 撰하고 雍公叡가 주를 붙여 완성한 事類로서, 원래는 30권이었으
나 현재는 그 가운데 30권인 蕃夷部 한 권만 남고 나머지 29권은 모두
逸失되어 버린 희귀본이다. 이 蕃夷部 한 권은 筆寫되어 일본 규슈(九
州)에 있는 太宰府의 天滿宮에 소장되어 왔으며 1954년 일본 국보로
지정되었다.

　이 《한원》에는 현재 전하지 않는 7세기에 편찬된 《高麗記》가 인용
되어 고구려사에 관한 귀중한 사료를 제공하고 있을 뿐만 아니라 그
밖에 한국고대사와 관련한 적지 않은 내용이 실려 있는 중요한 사서로
평가되고 있다.[9] 다만 필사할 때의 잘못으로 誤寫된 부분이 적지 않은
것이 큰 단점이라고 한다. 그런데 이 《한원》이 필사된 것은 대체로 일
본 헤이안(平安)시대라 하므로[10] 9세기를 소급하지는 않는다. 그렇다면
이 《한원》은 빨라도 9세기 무렵의 일본 서체를 보여주는 셈이 된다.
따라서 이를 가지고 목간과 서체에서 유사한 점이 보인다고 하여 연대
결정의 근거로 제시하는 것은 보고자의 착각이 아닌가 한다.

　다음은 道使란 직명의 존재시기에 대한 문제이다. 《보고서》에서 이
목간의 연대를 608년으로 보고 있는 유력한 근거는 바로 이 도사이다.
지금까지 도사란 직명이 보이는 최초의 사료는 503년으로 추정되는 영
일냉수리신라비이며, 가장 늦은 시기의 사료는 591년의 남산신성비이
다. 도사란 직명이 사용되기 시작한 명확한 시점은 알 수 없지만 냉수
리비로 보아 5세기까지 거슬러 올라갈 듯하다. 그런데 문제는 그 하한
연대이다. 《보고서》에서 주장하듯이 도사란 직명이 쓰였던 하한이 7
세기 초라면 이 목간의 연대는 608년이라 단정해도 무방하다. 그러나
아직은 그렇게 단정지을 결정적인 근거는 찾을 수 없다. 그런 까닭에
서 이에 대해서는 좀더 면밀한 검토가 요망된다.

---

9) 竹內理三 校訂·解說, 《翰苑》, 1977 ; 吉田光男, 〈《翰苑》註所引高麗記につい
　　て〉, 《朝鮮學報》 85, 1977.
10) 竹內理三, 위의 책, pp.144～145.

도사는 지금까지의 일반적인 견해에 따르면[11] 중앙에서 파견된 지방
관으로서 모두 왕경인이 임명되었다. 이들은 6세기 당시 지방행정 단
위의 제일 말단인 城(村)에 파견된 지방관이며, 이 성(촌)은 뒷날의 어
느 시점에서 縣으로 개편되는 만큼 이때에 도사도 현령으로 그 명칭이
바뀌었다. 뒤에 말하겠지만 근자에 도사에 대한 이와 같은 이해에 반
론을 제기한 견해도 있으나 아직은 달리 볼 근거가 찾아지지 않는다.
그러므로 우리는 도사란 지방관이 존재한 시기의 하한은 성(촌)이 현
으로 편제되고 현령이 출현하는 시기로 잡아도 무방하다고 본다.

縣에 대한 기사는 《삼국사기》 신라본기 초기 기록에서부터 보이지
만, 이는 흔히 지적되듯이 어디까지나 후대의 附會에 지나지 않는다.
縣이나 縣令에 관해서 믿을 만한 최초의 기사는 《삼국사기》 4 신라본
기 진평왕 33년(611)조이다. 백제가 假岑城을 공격하여 왔을 때 縣令
인 讚德이 이를 사수하다가 함락되고 그는 전사하였다 한다. 현령인
찬덕의 사망연대가 진평왕 33년이라면 그가 현령에 임명된 것은 그보
다 앞선다. 《삼국사기》 47 열전 奚論傳에 따르면 찬덕은 진평왕 建福
27년(610) 가잠성 현령으로 임명되었다. 이렇게 보면 현령에 관한 최초
의 기록은 610년이 되는 셈이다. 만일 이를 그대로 따른다고 하면 목
간의 연대는 이후로는 내려오지 않으며 따라서 이 목간의 연대는 608
년으로 단정지을 수 있다. 거꾸로 이 목간을 통해 도사에서 현령으로
개칭되는 시점은 608년에서 610년 사이라는 중요한 사실을 확인할 수
있게 된다. 그런데 이렇게 볼 경우 다음과 같은 두 가지 점에서 불안
이 남는다.

첫째, 讚德이 假岑縣의 현령이라면 모르겠으나 假岑城 현령으로
되어 있다는 점이다. 이는 아직도 縣制가 수용되지 않고 성(촌)제가 그
래도 존속하고 있었음을 보여주는 것인데, 과연 성(촌)제는 그대로 유

---

11) 李鍾旭, 〈南山新城碑를 통하여 본 新羅의 地方統治體制〉, 《歷史學報》 64,
　　1974 ; 朱甫暾, 〈新羅 中古의 地方統治組織에 대하여〉, 《韓國史硏究》 23, 1979
　　참조.

지하면서 지방관명만 도사에서 현령으로 바뀌었을까 하는 점은 의문이다. 물론 그럴 가능성을 전적으로 배제할 수는 없지만[12] 도사가 《삼국사기》에는 전혀 보이지 않는다는 사실을 고려에 넣는다면 이 현령은 도사의 잘못이란 느낌도 든다. 둘째, 성(촌)을 현으로 바꾸고 도사를 현령으로 개칭한다면 이는 지방통치체제의 큰 변화라고 하겠는데, 이 시기에는 그러한 흔적을 찾기가 어렵다는 사실이다. 물론 그런 기록이 당연히 누락될 수도 있다. 그러나 성(촌)제가 현제로 바뀐다고 하는 것은 다른 제도의 변동도 수반한 지방통치의 커다란 변동일 것이며,[13] 따라서 어떤 형태로든 사료에 반영되어 있을 것으로 봄이 타당하다. 요컨대 이상과 같은 두 가지 의문은 610년을 전후한 시기가 현제 수용의 시기라고 보는 데 대한 약점이 되며, 따라서 이 목간을 608년으로 단정짓는 것은 아직 잠깐 유보되어야 한다.[14]

縣制 수용의 또 다른 시기로 손꼽을 수 있는 시기는 선덕, 진덕왕대이다. 이 시기의 현과 현령에 관한 사료는 다음과 같다.

① 春秋與訓信沙干　聘高句麗　行至代買縣　縣人豆斯支沙干······ (《三國史記》 41 列傳　金庾信傳　上)
② 永徽六年 ······ 先是 租未押級湌爲天(夫?)山縣令 ······ (《三國史記》 42 列傳 金庾信傳　中)
③ 匹夫　沙梁人也　父尊臺阿湌　太宗大王以百濟高句麗······以匹夫爲七　重城下縣令 (《三國史記》 47 列傳　匹夫傳)

①은 선덕왕대, ②와 ③은 무열왕대의 것이다. 따라서 이 사료를 그대로 받아들인다면 현제, 현령의 또 다른 수용시기로는 선덕왕대 전후의 시기를 손꼽을 수 있다. 村上四男은 선덕왕대나 진덕왕대 중국문물

---

12) 李文基, 〈統一新羅의 地方官制 硏究〉, 《國史舘論叢》 20, 1990, p.15.
13) 이에 대해서는 뒤에 말하기로 한다.
14) 필자도 한때 7세기 초에 도사가 현령으로 개칭된 것으로 생각하였으나 지금은 이를 유보하고 있다.(朱甫暾, 앞의 글, p.20)

의 수용이나 侍仲 설치 등과 관련지어 현제로 이행하는 시기를 이때로 보았다.[15] 이 시기에 정치·제도에서 큰 변화가 일어난 만큼 지방통치에도 성(촌)제의 현제로의 변동이나 현령제의 수용시기로 설정해도 무방할 듯하다. 다만 지금까지의 사료에 따르는 한 아직 이 시기에는 지방제도와 관련하여 어떤 큰 변화가 있었다는 징후가 보이지 않는다는 사실은 약점이 된다. 그것은 어떻든 이 시기를 현제 수용의 시기로 본다면 목간의 연대를 608년으로 보아도 무방하겠다.

현제 수용의 또 다른 시기로 설정할 수 있는 시기는 현령 관계 기사가 집중적으로 나타나는 문무왕 15년(675)과 16년(676) 즈음이다.

① 十五年……唐兵與契丹靺鞨兵來圍七重城 不克 小守儒冬死之 靺鞨又圍赤木城滅之 縣令脫起率百姓拒之 力竭俱死 唐兵又圍石峴城拔之縣令仙伯悉毛等力戰死之……（《三國史記》7 新羅本紀 文武王條）
② 十六年……唐兵來攻道臨城拔之 縣令居尸知死之（《三國史記》7 新羅本紀 文武王條）

이 두 사료는 신라가 고구려·백제 멸망 후 그 영토를 집어삼키려는 야욕을 드러낸 唐과 치열한 전투를 벌이고 있던 시기의 것이다. 이 사료에서 특히 주목되는 것은 현령과 함께 小守가 보이는 점이다. 신라에서는 현제를 수용하면서 현을 두 종류로 나누어 縣令 파견 현과 小守 파견 현으로[16] 구분하였다. 구분의 기준이 무엇인지는 확언할 수 없지만 人口나 田丁의 多寡에 따른 정치·경제적인 비중의 차이에 있는 것이 아닌가 한다.[17] 성(촌)제가 현제로 개편된 것은 단순한 명칭의 변경이 아니라 田丁의 多寡에 따른 지방행정의 전면적인 개편이며, 따라

---

15) 村上四男,〈新羅における縣の成立について〉,《朝鮮古代史研究》, 1978, p.176.
16) 末松保和,〈新羅郡縣制, 特にその完成期の二三の問題〉,《學習院大學研究年報》12, 1975.
17) 朱甫暾,〈統一期 新羅 地方統治體制의 整備와 村落構造의 變化〉,《大丘史學》37, 1989, pp.37~38.

서 이후 신라지방 통치에는 질적인 변화가 수반된 듯하다. 현령과 소수가 동시에 보인다는 사실은 이 사료의 신빙성을 높여주는 것으로 보이며, 현제 수용의 하한으로 잡을 수 있는 시기는 바로 문무왕 15년에서 그리 멀지 않은 시기가 아닌가 한다.

그런데 이 시기에 지방통치와 관련하여 주목해 볼 만한 것은 문무왕 13년(673)에 각 州에 2명, 郡에는 1명씩의 外司正을 파견하고 문무왕 15년(675)에는 銅으로 百司와 州郡의 印을 배포하였다는 사실이다. 이는 그 자체 지방통치의 큰 변화를 의미한다. 그리고 문무왕 14년(674)에는 六徒(王京6部)의 진골귀족을 5京 9州에 出居시켰을 뿐만 아니라 종래 재지세력이 갖고 있던 외위를 없애고 지방민에게도 모두 경위를 지급하는[18] 등 대대적인 개혁을 단행하였다. 이와 같은 일련의 사건은 별개의 것이 아니라 지방에 대한 전면적인 개편과 관련되는 것으로 생각된다. 그런 의미에서 성(촌)제의 현제로의 개편이나 도사의 현령, 소수로의 개칭도 바로 이 시기에 있었다고 보아 그렇게 무리하지는 않을 듯하다. 현령과 소수에 대한 사료가 이 시기에 함께 보이는 것도 그 때문이 아닐까.

요컨대 문무왕 13년에서 15년에 걸치는 시기는 지방제도에 대한 대대적인 개편이 있었던 시기이고, 그 일환으로 현제가 수용되었을 가능성이 높다. 다만 현이 보이지 않고 성이 집중적으로 나타나는 것이 이 주장의 약점으로 지적될 수도 있지만, 현은 행정구획인 만큼 당시의 사정으로 전투와 관련하여서는 성이 나타날 수밖에 없다는 점, 그리고 현제와 성(촌)제가 이후 한동안 並稱되었을 가능성도 있는 만큼 이는 별로 문제시되지 않을 수도 있다. 이상과 같이 현제의 수용을 이 시기로 본다면 목간에 보이는 戊辰을 608년으로 단정할 수는 없으며 668년도 유력한 시기의 하나로 부상된다.

---

18) 三池賢一, 〈三國史記職官志外位條の一解釋 — 外位の復元〉, 《駒澤大學研究紀要》 5, 1970, p.129 ; 武田幸男, 〈新羅骨品制の再檢討〉, 《東洋文化研究所紀要》 67, 1975, p.172.

또 하나, 현제 수용시기로 상정 가능한 것은 신문왕 5년(685)이다.[19] 이 해는 통일 이후 이른바 9주 5소경제가 완비된 때이다. 이후 약간의 변동이 있기는 하였으나 통일기 지방통치체제의 기본적인 골격은 사실 이때에 잡혔던 것이다. 따라서 이 9주 5소경제의 정비와 함께 현제가 새로이 수용되었다고 볼 수도 있겠다. 신문왕 6년(686) 石山, 馬山, 孤山, 沙平 등의 4현을 설치하였다는 것도 그 방증이 된다. 이 견해에 따르더라도 목간의 연대를 608년으로 단정하는 것은 보류되어야 한다.

지금까지 《보고서》에서 목간의 연대 설정 근거로 들고 있는 도사란 직명의 존속시기에 대한 문제를 살펴보았다. 그 결과, 도사란 직명의 존속 하한을 7세기 초로 볼 수만은 없다는 사실이 판명된 만큼, 그를 근거로 목간의 연대를 쉽사리 608년이라 결정짓는 데는 일정한 한계가 있다고 하겠다. 그것은 668년도 결코 배제할 수 없기 때문이다. 물론 필자도 현재로서는 608년일 가능성이 가장 높다고 생각하지만 《보고서》가 제시하고 있는 근거만으로는 이 목간의 연대를 608년으로 확정 짓기는 주저된다는 점을 지적해 둔다.

3. 木簡과 道使

이상에서 이성산성 출토 목간의 연대 문제를 살펴보았거니와, 다음에는 이를 토대로 이 목간이 가지는 사료상의 문제를 검토해 볼 차례이다.

《보고서》에서는 이성산성에서 어떤 중대한 일이 발생하여 주변지역의 도사들이 모여 논의하는 과정에서 목간이 기재되었을 것으로 추정하고 있다.[20] 현재 목간의 묵서만으로는 그 구체적인 내용을 알기 어려우나 일단 타당성이 있는 추정이라 생각한다. 어쩌면 전면에 보이는

---

19) 李文基, 앞의 글, p.16. 다만 李文基는 縣制와 縣令의 수용시기를 분리하여 이 해하고 있다.

20) 《보고서》, p.444.

'朋'이란 글자에 이를 풀어낼 수 있는 실마리가 담겨 있을 것으로 여겨
지기도 하나 아직 그 의미를 알지 못하겠다.[21]

그런데 이 묵서에서 주목되는 것은 표기방법이다. 그것은 현재의 목
간에는 직명이 기재되어 있으면서도 인명은 보이지 않는다는 사실 때
문이다. 우리는 이에 대해 다음의 두 가지 가능성을 생각해 볼 수가 있
을 듯하다. 하나는 원래 신라 중고기의 일반적인 인명 표기방식대로
직명 다음에는 출신지명, 인명, 관등명의 순서로 기재되어 있으나, 현
재 직명만 남고 그 이하는 破失되어 버린 곳에 포함되었을 경우이다.
그럴 때 전면에 기재된 '南漢城道使'의 경우에는 별다른 문제가 없다.
그러나 측면의 첫머리에 보이는 '須城道使'의 경우에는 약간의 문제가
뒤따른다. '수성도사'의 경우 그 아래에 없어져 버린 부분에 인명이 있
었을 것으로 가정한다면 이와 같은 인명 표기방식은 당시의 일반적인
관례와는 아주 다르다. 즉 수성도사는 목간이 제작될 당시 지방세력이
가지는 촌주를 겸직하였으며, 게다가 그의 前職까지도 인명의 표기에
썼던 셈이 되는데, 이는 지금까지의 금석문 자료들을 통해서 확인할
수 있는 6, 7세기 당시의 인명 표기와는 아주 다른 방식이다. 7세기에
들어와 인명 기재방법에 변화가 야기되었을 가능성이 전혀 없는 것은
아니지만, 만약 그럴 때 지방관인 도사가 촌주를 겸직하였다고 볼 수
밖에 없다. 그렇다면 이는 기왕의 신라사에 대한 인식의 상당 부분에
대한 수정을 가하지 않으면 안 되는 중요한 사실이다. 《보고서》에서
도 그럴 가능성을 지적하고 있다. 그러나 직명과 인명을 표기하면서
兼職官名이라면 또 모르겠으나 그와 함께 前官名을 아울러 기록하였
다고 보는 것은 아무래도 어색하다. 그런 의미에서 이 목간에 직명과
함께 인명이 나열되었을 가능성은 희박하다고 하겠다.

---

21) 年月日 다음에 '朋'이 사용되고 있어 시간과 관련되었을 가능성도 있으나 지
   금까지의 금석문 자료에 따르는 한 그런 사례가 아직 없다. 또 이 '朋' 아래에는
   뒤에 말하겠지만 직명이 계속하여 나열되어 있으므로 朋의 사전적인 의미대로
   '무리'(群)란 의미인지도 모른다.

　다른 하나는, 전면에 기록된 무진년 정월 12월 어떤 사건이 일어났을 때 함께 모여 논의하였던 사람들의 직명만을 나열하였을 경우이다. 이때에는 破失된 하단부에는 인명은 기재되지 않고 現職名이나 前職名이 계속 나열된 셈이 된다. 이렇게 되면 도사가 촌주를 겸직한 것과 같은 사례는 적어도 이 목간으로는 확인이 안 된다. 아마도 이 목간의 묵서는 후자일 가능성이 높다고 하겠다. 그러나 이 목간을 근거로 한 것은 아니지만 재지세력도 도사에 임명되었다는 새로운 견해가 근자에 제기되어 있는[22] 만큼 지방관인 도사와 관련된 문제를 살펴보지 않을 수 없다.

　도사는 《삼국사기》에서는 전혀 보이지 않는 직명이다. 그런데 《한원》을 비롯한 중국측 사서에 따르면 고구려와 백제에는 지방관으로 도사가 존재하였다고 한다.

① 又諸大城置褥薩比都督 諸城置處閭(近支)比刺史 赤謂之道使 道使治所名之曰備 諸小城置可邏達比長史 又城置婁肖比縣令 (《翰苑》30 高句麗條)
② 又有五方 若中華之都督方 皆建(達)率領之 每方管郡多者至十 小者六七 郡將 皆恩率爲之 郡縣置道使 亦城名(名城)主 (《翰苑》30 百濟條)

　고구려의 경우 지방지배체제에 郡縣이 존재하지 않고 城 중심의 독자적인 체제를 갖추고 있었는데, 大城에는 褥薩이 그 아래의 諸城에는 處閭(近支)가 두어졌는바, 그 一名이 도사란 것이다. 고구려의 도사는 唐에 비한다면 군 단위에 파견된 지방관인 刺史와 유사하다고 한다. 백제의 경우 6세기 이후에는 方郡城(縣)체제를 갖추고 있었는데, 중국의 군현제를 부분적으로 모방하였으나 지방관명은 독자적이다. 그런데 군에는 郡將이, 郡縣에는 도사가 지방관으로 있었다고 한다. 이 군현을 郡과 縣으로 보는 견해도 있지만 郡의 縣이란 의미로 봄이 타당할 듯하다.[23] 따라서 백제의 경우에는 도사를 현 단위에 파견된 지방관

---

22) 徐毅植, 〈新羅 中古期 六部의 部役動員과 地方支配〉, 《韓國史論》 23, 1990.

으로 보면 틀림이 없을 듯하다. 백제의 지방관명 도사는 고구려의 영향을 받아 성립하였을 것으로 추정되는데, 그러나 둘의 파견 단위가 달랐던 점에서 차이가 난다.

그런데 신라의 경우 도사란 직명은 중국측 문헌사료에도 보이지 않고 오직 금석문 자료에만 나타난다. 도사란 직명이 보이는 금석문은 창녕비를 비롯한 남산신성비와 근자에 발견된 524년의 울진봉평신라비, 503년으로 추정되는 영일냉수리신라비 등이다. 종래 도사란 직명은 막연하게 지방에 군주가 파견되는 지증왕 6년(505) 또는 그 이후의 어느 시점에 두어진 것으로 보아왔으나, 냉수리비의 발견으로 그 설치 시기를 5세기까지 소급해 볼 수가 있게 되었다. 신라는 5세기 전반의 일정한 기간 동안 고구려에 의한 정치적 군사적인 예속상태에 있었으므로 그 영향을 받아 이후의 어느 시기에 도사란 직명을 사용하였음이 분명하다. 그러나 신라의 도사가 지방의 말단 행정단위인 성(촌)에 파견된 지방관이며, 그런 의미에서 고구려와는 다르고 오히려 백제의 도사와 유사한 측면이 엿보인다. 이는 삼국 상호간의 관련성과 독자성을 파악할 수 있게 하는 흥미로운 사실이다.

이처럼 도사는 내용에서 약간의 차이가 있으나 삼국 모두에 공통적으로 존재하는 지방관이라는 의미에서 특이한 존재로 주목된다. 앞서 말하였듯이 신라의 경우에는 도사가 중고기에는 성(촌)에 파견된 지방관명으로 왕경인이 임명되었으며, 뒷날 현제가 수용되면서 현령으로 명칭이 바뀌는 것으로 보는 것이 통설이다. 그러나 근자에 이와는 전혀 다른 새로운 견해가 제기되었으므로 이를 검토해 볼 필요가 있다.

먼저 도사가 성(촌)에 파견된 지방관이 아니라 郡에 파견된 지방관으로 보는 견해에[24] 대해서이다. 중고기 신라에서는 성(촌)까지 지방관이 파견되지 않았고 군 단위까지만 지방관이 파견되었는데, 이곳에 파

---

23) 李鍾旭, 앞의 글 ; 盧重國, 《百濟政治史研究》, 1988, p.250.
24) 崔在寬, 〈新羅 中古期 地方統治制度〉, 《慶熙史學》 13, 1987.

견된 지방관이 도사란 것이다. 그런데 이 도사는 군마다 1명씩 파견된 것이 아니라 3명이 함께 파견되었는데, 이들 3명은 모두 군치에 주재하지 않고 군내의 주요 성(촌) 세 곳에 주재함으로써 재지세력인 촌주를 견제하면서 성(촌)에 대한 중앙의 통제력을 확대해 갔다고 한다. 그 근거로 제시되는 것은 군을 단위로 力役을 동원한 남산신성비에 3명의 도사(나두도 포함)가 보이는 점,《北史》에 백제에도 郡에 파견된 지방관으로 3명의 郡將이 있었다고 한 점과, 고구려와 백제의 경우 도사가 군에 파견된 지방관으로 보이는 점 등이다.

그런데 군을 단위로 파견된 도사가 다시 중요한 성(촌)에 常駐하였다면 이는 어디까지나 성(촌)에 파견된 지방관으로 보아야 되지 군에 파견된 지방관으로 보기는 어렵다. 그리고 앞서 보았듯이 고구려에는 일찍이 군현제가 수용되지 않았던 만큼 비록 도사가 파견된 諸城이 唐의 郡에 비견될 수 있다고 하더라도 이를 곧바로 군과 연결시켜서는 곤란하며, 또 백제의 경우에는 도사가 성(현)에 파견된 지방관이므로 그를 방증하는 것으로 보기는 어렵겠다. 더욱이 이 도사제가 고구려·백제의 영향을 받았으면서도 거기에는 여전히 신라 나름의 독자성도 들어 있을 것임도 아울러 고려해야 한다. 따라서 남산신성비를 비롯한 여타의 금석문 사료에 '……村道使……' 城道使로 되어 있듯이, 도사는 최하위 행정단위인 성(촌)에 파견된 지방관으로 보는 것이 현재로서는 가장 타당하다. 다만 군을 구성하는 성(촌)에 파견된 만큼 도사도 郡 전체의 행정이나 軍事와 결코 무관할 수 없었을 것임은 분명하다고 하겠다. 이와 같은 점을 고려하면 성(촌)에 파견된 도사가 어떤 형태와 방식으로 군 전체의 행정과 군사에 참여하였는가 하는 점은 앞으로 더 면밀하게 추구되어야 할 과제라 하겠다.

다음에는 도사가 중앙정부에서 파견된 지방관이 아니라 왕경 6부에 소속된 직명이란 견해에 대해서이다.[25] 말하자면 도사는 지방관이 아

---

25) 徐毅植, 앞의 글.

니란 것이다. 이 견해는 중고기를 통하여 지방에 대한 지배가 중앙정부에 의해서 이루어진 것이 아니라 6부가 각기 지방에 대한 支配權과 緣故權을 가지고 당해 지역민에 대해 지배를 실현하여 갔다고 하여 지금까지와는 아주 다른 새로운 문제를 제기하면서 도사가 6부 소속으로 部에서 파견되었다는 것이다. 그렇게 주장하는 주된 근거는 남산신성비에 보이는 邏頭나 道使가 모두 같은 부 소속이라는 사실에 있다. 말하자면 역역동원의 한 주체라 할 수 있는 도사나 나두가 같은 부에 소속되었다는 것은 지방이 6부에 의해 분산 지배되었음을 뜻한다는 것이다. 한걸음 더 나아가 도사는 왕경인이 아니라 재지세력인 촌주 등의 자제들이라고 한다. 요컨대 중고기의 지방통제구조는 왕명을 대행하는 지방관을 통한 것이 아니라 6부가 각기 독자적으로 지방을 통제하였으며, 특히 촌주 등 재지세력의 자제들에게 京位를 지급하여 6부의 행정체계에 편입시켜 도사직에 앉힌 다음 이들을 통하여 지방의 역역을 동원하고 조세를 수취하는 체제였다고 한다.

이와 같은 주장은 지금까지 신라사에 대한 일반적인 인식과는 너무도 다른 내용을 포함하고 있어 참신하다고 해야 할지 당혹스럽다고 해야 할지를 모르겠다. 기왕과는 전혀 다른 새로운 내용을 손꼽는다면 중고기의 지방지배를 지방관이 아니라 6부에 의한 분할 지배로 본 점, 따라서 도사 등을 지방관이 아니라고 파악한 점, 그리고 지금까지 중고기에 지방민에게는 왕경인에게 지급한 관등인 경위 대신 외위를 지급하여 차별적인 신분체계 속에 편제하였다고 보아 왔으나 재지세력의 자제들에게는 이미 중고기부터 경위를 지급하였다고 본 점 등이다.

그런데 이 新說의 출발이 되는 것은 앞서도 말하였듯이 남산신성비에 보이는 도사나 나두가 모두 같은 부에 소속되었다고 본 점에 있다. 그러나 이미 지적되고 있듯이[26] 남산신성비 제2비에 보이는 笒大支村道使의 출신지는 같은 비문의 다른 도사 2명이 沙喙部인 것과는 달리

---

26) 韓國古代史硏究會,《한국고대사연구회회보》18, 1990.

牟喙部, 즉 牟梁部(漸梁部)이다. 그렇다면 이 새로운 주장은 논의의 출발에서부터 사료 이용에서 잘못을 범하고 있는 셈이 된다. 중고기의 지방지배가 6부에 의한 분할지배 형태를 취하고 있었다는 주장은 잘못임이 명백하다. 게다가 방증 근거로 들고 있는 김유신과 충북 보은 지방과의 관계에 대한 이해에도 문제가 있다. 김유신 가문이 그 조부 김무력 때부터 보은 일대의 지역과 일정한 관계가 있었음은 주지하는 바이지만, 이것은 곧 부에 소속한 지배자들이 각 지역에 대해 실질적인 지배권을 확보하고 있는 증거란 것이다. 그러나 이는 특정 가문과 특정 지역의 관계이므로 6부와 지방의 관계로 置換해서는 곤란하다.

　신라에서는 국가에 대한 공로를 세울 경우 특정 지역에 대한 지배권을 부여하는 食邑制 또는 귀족관료에 대한 祿邑制가 시행되고 있었다. 유력한 귀족은 식읍이나 녹읍을 받은 지역과는 斷續的으로 일정한 관계를 맺어갔을 것임은 충분히 상정할 수 있을 것이다. 따라서 김유신의 사례는 식읍이나 녹읍 등을 매개로 한 특정 귀족과 특정 지역의 관계로 보아야지 이를 6부의 지방지배로까지 확대하여 이해해서는 안 된다. 이처럼 이 新說은 새로운 문제제기이지만 사료 해석에 근본적인 문제점을 갖고 있으므로 하나의 가정에 불과하다고 할 수밖에 없다. 그런 의미에서 자연히 도사가 지방관이 아니라고 하는 주장도 성립될 수 없음은 자명하다.

　사실 6부 중심의 정치 운영이 탁부와 사탁부의 2부 중심으로 바뀌기 이전, 즉 6부의 독자성이 堅持되던 6세기 이전에는 6부가 지방지배의 주체였을 가능성이 높다. 이때에는 중앙에서 왕명을 집행하는 지방관의 파견은 없었고 6부에 소속된 官吏(?)[27]가, 곳에 따라서는 재지세력이 지방에 대한 통제력을 행사하였을 것으로 추측된다. 필자는 이와 같은 지방지배의 형태를 간접지배라 부르고 있거니와, 아마도 지방관

---

27) 이를 관리하고 해야 할지 어떨지 적절한 용어가 떠오르지 않아 편의상 그렇게 사용하였다.

이 직접 파견되기 시작하는 6세기 이전에는 이러한 간접지배형태가
일반적이지 않았나 한다. 그러다가 6세기에 들어와 지배체제가 정비되
고 왕권 중심의 중앙집권력이 강화되면서 점차 6부가 지녔던 독자적
인 기능은 상실되고 탁부와 사탁부의 2부 중심체제로 바뀌어 가거니
와 이때에 지방에 대한 지배방식도 간접지배에서 지방관을 파견한 직
접지배로 전환해 갔던 것으로 생각된다. 따라서 이 신설이 제기하고
있는 6부에 의한 分割的 지방지배방식은 중고기가 아니라 6세기 이전
의 방식이라 이해하면 일견 타당성이 있는 것으로 보인다.[28]

그런데 여기에서 문제삼고 있는 목간과 관련하여 또 하나 검토해야
할 것은 촌주 등 재지세력의 자제들이 도사란 직책에 임명되었다고 본
점이다. 이는 이미 말하였듯이 《보고서》에서도 하나의 가능성으로 제
시한 도사의 촌주 겸직 문제와 맥락을 같이한다. 도사가 촌주를 겸직
하였다면 역시 마찬가지로 촌주 등 재지세력도 도사에 임명될 수 있었
음을 뜻하기 때문이다.

지금까지의 사료에 따르는 한 6세기에는 지방민이 경위를 받았던
사례는 없다. 따라서 경위소지자만 임명되었을[29] 지방관에 외위를 지
급받는 지방민이 임명되었다고 보기는 어렵다. 그러나 7세기에 들어와
軍功이 있는 경우에 한하여 일부 지방민에게도 외위 대신 경위를 지급
하기 시작하다가 삼국통일 후인 문무왕 14년(674)에는 경위와 외위 대
비표를 설정하여 일시에 전체 지방민에게 경위를 지급하였다. 이로써
사실상 외위는 소멸하게 되고 관등은 경위로 일원화되었다. 지방민이
외위를 지급받았을 때는 별다른 문제가 없지만, 그들이 왕경인과 차등
없이 경위를 받기 시작하였을 때도 과연 지방관에 취임할 수는 없었을
까 하는 데 대해서 의문이 생긴다. 왜냐하면 비록 지방민들과 왕경인
과의 신분적인 차별이 완전히 해소된 것은 아니나 이제는 경위를 소지

---

28) 5세기 지방통치에 대해서는 나중에 따로 정리할 작정이다.

29) 다만 냉수리비에는 도사가 아무런 관등을 갖지 않고 있어 여러 가지 억측을
　　불러일으키고 있다.

하였으므로 적어도 외형으로는 지방민도 지방관에 임명될 수 있는 자
격요건을 갖추었기 때문이다. 그런 의미에서 7세기 이후에는 지방민인
촌주가 도사를 겸직하였을 가능성도 얼마든지 상정할 수 있는 것이다.

그러나 이런 가정은 아마도 전체 지방민이 경위를 소지하게 되는
674년 이후에나 설정 가능하지 않을까 싶다. 극히 일부에 한정하여 지
방민이 경위를 받았다고 하여 그들을 지방관으로 임명하였다고 보기
는 어렵기 때문이다. 설사 그런 사태가 있다고 하더라도 이는 예외였
을 따름이다.

그렇다면 문제는 전 지방민이 경위를 소지하게 되는 통일 이후의 시
점에서 그들에 대한 대우는 어떠하였으며, 특히 지방민이 어떠한 지방
관에 임명되었을까 하는 점이다. 이는 지금까지 신라사에서 해명되지
못한 궁금한 문제 가운데 하나이다. 경덕왕 때의 《華嚴經》寫經에 의
해서[30] 알 수 있듯이, 통일 이후에도 지방민과 왕경인의 출신지 구별이
완전히 사라진 것은 아니었다. 게다가 下代의 예이기는 하지만 재지유
력세력인 촌주들은 진골과 6두품이 받을 수 있는 沙湌까지의 관등을
지급받았으나 그들에 대한 대우는 실제는 5두품 또는 4두품에 준하였
던 것이다. 이로 보면 지방민은 경위를 받았더라도 골품제에 편입된
것 같지는 않으며, 여전히 왕경인에 비하여 차별 대우를 받았던 듯하
다. 통일기에 골품에 따른 重位制를 신설하고 있는 것으로 보면, 통일
이전보다도 통일 이후에 지배귀족들은 오히려 그들의 특권을 영속시
키기 위하여 제도적인 차원에서 골품제를 더욱 폐쇄적으로 운영한 느
낌이 든다. 이로 말미암아 각 관직에는 골품에 따라 취임할 수 있는 관
등 범위를 통일 이후에 더욱 엄격하게 규정하여 운용하였던 것으로 보
인다.

이처럼 골품제에서 제외된 지방민은 통일 이후 도대체 어떠한 관직

---

30) 李基白, 〈新羅 景德王代 華嚴經 寫經 關與者에 대한 考察〉, 《歷史學報》 83,
1979.

에 취임할 수가 있었을까. 《삼국사기》 직관지를 일별하면 알 수 있듯이 각 관직에는 임명될 수 있는 관등 범위가 설정되어 있다. 따라서 지방민도 외형으로는 그 관등 요건만 갖추어진다면 차별 없이 해당 관직에 취임 가능한 것이다. 그러나 지방민들이 골품제의 외적인 존재로 취급받았다면 관등 범위에 해당하는 관등을 소지하였다고 해서 모든 관직이 그들에게 개방된 것은 아니었을 터이다. 관등이란 관직에 취임할 수 있는 필요조건일 따름이지 충분조건은 아니었기 때문이다. 그런 의미에서 지방민이 나아갈 수 있는 관직에도 여전히 제약이 있었을 것임은 충분히 예상된다. 말하자면 지방민은 골품제 속에는 편입되지 못하였지만, 경위를 지급받았기 때문에 부분적으로 중앙관직에 임명될 수가 있게 된 것으로 보아야 한다. 그렇다면 어떠한 관직에까지 취임하였을까가 문제로 되겠다. 이를 밝혀낼 수 있는 직접적인 사료는 전혀 없다. 그러므로 우회적인 접근을 꾀하는 도리밖에 없을 듯하다.

앞서 보았듯이 통일기에 제일 말단 행정구역에 파견된 지방관은 현령과 小(少)守였다. 둘의 차이는 분명하지 않으나 직관지의 기재 순서로 미루어 짐작하면 소수가 上位職이었던 것 같다. 이들의 상위에는 州에는 都督, 郡에는 太守, 그리고 小京에는 仕臣이 파견되었다. 그런데 이들 지방관에 취임할 수 있는 관등 범위를 비교해 보면 현령의 경우 여타의 지방관과는 현저하게 다른 점이 주목된다.

현령과 그보다 격이 높은 소수의 관등 범위를 비교해 보면 下限은 낮지만 上限은 높다. 특히 진골만이 임명되어 관등의 상한 설정이 골품의 界線과 상관성이 없는 都督과 仕臣의 경우를 제외하면, 다른 지방관직의 관등 상한은 모두 골품의 界線인 6등 阿湌이나 10등인 大奈麻이지만, 오직 현령만은 8등인 사찬까지로 설정해 놓았다. 이 까닭으로 우리는 왜 현령의 관등 상한만이 사찬까지인가에 대해서는 의문을 품지 않을 수가 없다. 그럴 때 지방민이 가질 수 있는 관등의 상한이 사찬인 점과, 지방관 현령의 관등 상한이 사찬이란 사실은 결코 우연의 일치로만 돌리기 어렵다. 특히 다른 지방관의 관등 상한이 골품제와 밀착되어 설정되었다고 하면, 현령의 관등 상한 설정도 당연히 그와 유사하게 생각할 수 있겠고, 그럴 때 우리의 고려대상이 되는 것은 지방민밖에 없다. 따라서 관등 범위에만 한정하여 보면 지방민이 취임할 수 있는 관직은 여럿이지만, 그 가운데 지금 현재 확인 가능한 것은 현령이라고 하겠다. 이 밖에 다른 지방관직에 대한 사정은 현재로서는 확인할 길이 없으나 그 관등 상한이 현령보다 낮게 설정된 것으로 미루어 짐작하면 지방민에게 개방되었을 가능성은 거의 없어 보인다.

그와 관련하여 비록 下代의 사례이긴 하지만 唐에서 유학하고 돌아온 子玉이란 인물이 楊根縣小守에 임명되었을 때 執事史인 毛肖가 文籍出身이 아니라는 이유로 자옥의 소수 취임의 부당성을 지적한 사실[31]은 주목된다. 이는 물론 國學과 관련한 문제로 이해되고 있지만 당에 유학하기까지 한 인물이 소수 임명에 문제가 될 정도였다면 지방민의 경우는 두말할 필요가 없겠다. 지방민이 소수에조차 임명되지 못하였다고 한다면 다른 지방관직은 거론의 대상이 안 된다. 이렇게 보면 현을 소수 파견 현과 현령 파견 현으로 구분한 까닭은 물론 정치와 경제의 비중 차이 때문이었겠으나, 정치적인 비중이 낮았던 현의 지방관만은 필요시 지방민을 채용함으로써 마치 자치제와 비슷한 체제를 취하는 형태가 되지 않았을까 싶다. 이는 중고기의 모든 성(촌)에 지방관이 파견된 것이 아니라는 사실의 연장선에서 이해되어야 할 것이다. 이런 의미에서 보아도 성(촌)제를 현제로 개편한 것이 단순히 명칭의 개편에 그친 것이 아니라 그 자체 지방통치의 질적인 변화라고 단언해도 무방할 듯하다.

사찬까지의 관등 범위를 가진 현령이 지방민에게 개방되었다고 한다면 그 밖에 사찬으로 관등의 상한을 설정해 놓은 步騎幢主, 三千幢主, 著衿騎幢主 등의 하급 軍官職도 그와 동일선에서 이해해도 좋지 않을까 싶다. 이처럼 지방민을 하급 지방관이나 하급 군관직에 임명하

---

31) 《三國史記》 10 新羅本紀 元聖王 5年條.

였던 것은 물론 경위를 지급받은 지방민에 대한 회유의 측면도 강하였을 것이지만, 또 다른 한편으로는 통일에 따른 급작스런 영토와 인민의 확대로 말미암아 필요한 관료수의 급증에 대처해 나가기 위한 불가피한 조처에서였을 것이다. 특히 통일 이후 복속지역의 이탈을 방지할 필요에서 이전에 비해 지방지배를 훨씬 강화시켜 나갔을 것이며, 그에 따라 기존의 예비 관료군인 골품귀족만으로는 전체 관료로 충당하기에는 턱없이 부족하였을 것임은 상상하기 어렵지 않다. 물론 고구려나 백제 귀족도 왕경 골품귀족으로 적지 않게 편입되었을 터이지만 그것만으로는 한계가 있었을 것이다. 그 까닭으로 아주 일부의 관직에 한해서는 지방민에게도 개방이 불가피하였을 것으로 짐작된다. 이는 결국 지방민의 불만을 해소하는 효과도 가져다주었을 것이다.

그러나 통일 이후 상당한 기간이 지나면서 관료예비군의 수가 증대하자[32] 지방민을 지방관에 임명한 것은 특수한 사례로 되지 않았을까 싶다. 가령 9세기 중엽 文聖王의 從弟인 金銳가 현령으로 임명되거나 從叔들인 金繼從, 金勳榮이 長史나 현령에 임명된 것을 보면, 적어도 하대에 들어와 지방민이 현령에 임명된 경우는 드물지 않았을까 한다. 이것은 하대에 들어와 중앙정부에 대해 지방민이 불만을 갖게 되는 하나의 중요한 요인이 되었을지도 모르겠다.

요컨대 지방민이 말단 지방관인 현령으로 임명되기도 했던 것은 그들이 한꺼번에 경위를 받았던 674년 이후의 일로 짐작된다. 그런 의미에서 이 해는 신라 지방통치에서 중대한 변화가 일어난 때라고 하겠다. 앞서 필자가 성(촌)제에서 현제로 변화한 몇몇 시기를 소개하였거니와 그 가운데 가장 가능성이 큰 시기로 674년을 손꼽는 또 하나의 근거는 바로 여기에 있다.

---

32) 李基東, 〈新羅下代의 王位繼承과 政治過程〉, 《新羅 骨品制社會와 花郎徒》, 1980, p.178.

4. 맺음말

우리나라에서 묵서가 있는 목간이 출토된 것은 이번이 두 번째가 아닌가 싶다. 지난 1975년 4월 국립문화재연구소 경주고적발굴조사단이 신라시대의 宮苑池인 안압지를 발굴할 때 51점의 목간이 출토된 것이 처음이었다. 같은 문화권에 속한 인접국가 중국이나 일본에서는 목간이 대량으로 출토된 바 있어 우리나라에서도 그럴 가능성이 늘 있을 것으로 기대해 오다가 결국 그에 부응한 셈이 되었던 것이다. 그런데 이번의 목간 출토는 그를 다시 한번 더 확인시켜 준 점에서 그 의의가 적지 않다. 따라서 앞으로도 계속하여 목간이 출토될 가능성은 높다고 하겠다. 그에 대비하여 우리는 목간에 새겨진 묵서뿐만 아니라 목간 자체에 대한 연구도 이번을 계기로 심화시켜 나가야 할 것이다.

이번에 출토된 목간은 12점에 이르나 아쉽게도 묵서가 제대로 확인된 것은 1점뿐이다. 그러나 글자가 많다고 하여 반드시 중요한 것은 아니며, 문제는 그 내용이다. 이 목간도 글자는 몇 자 되지 않으나 앞으로 더 깊이 천착되어야 할 내용을 담고 있어 주목된다. 특히 도사·촌주와 관련한 부분은 기왕의 이해에 비추어 논란의 소지가 많을 것으로 보인다.

아무리 사소하게 보이는 것이더라도 사료가 빈약한 고대사 분야에서는 소홀히 다루어서는 안 된다. 물론 이 목간도 예외일 수는 없다. 그런 의미에서 필자는 이 목간을 사료로서 이용하기 위해서 먼저 해명되어야 할 연대 문제와 목간이 갖는 사료로서의 성격과 관련한 문제를 간단히 짚어보았다.

제9장
咸安 城山山城 출토 木簡의 기초적 검토

1. 머리말

한국고대사 분야의 관련 사료가 지극히 빈약함은 다 아는 사실이다. 그를 극복하기 위한 방편의 하나로 고대사 연구자들은 기존의 사료를 치밀하게 분석하면서 때로는 역사이론을 원용하거나 비교사학적 방법을 활용하기도 한다. 한편 그러면서 늘상 새로운 자료의 출현을 학수고대한다. 현재로서는 새로운 내용이 담겨진 고대사 관련 사서의 출현은 여러 가지 측면에서 기대하기 어려운 형편이고 보면, 대체로 금석문이나 고문서가 주로 그 관심의 대상이 되어 왔다.

그러한 자료가 간혹 예기치 않은 곳에서 출현함으로써 한국고대사 연구자들을 흥분시키고, 나아가 침체된 분야에 크게 활기를 불어넣기도 하였다. 과거 단양신라적성비(550년), 울진봉평신라비(524년), 영일냉수리신라비(503년) 등의 발견은 그러한 사정을 여실히 보여준다. 여기서 다루고자 하는 목간과 같은 자료는 아직 소량만 발굴되어, 이렇다 할 굵직한 금석문만큼의 기대에는 미치지 못하지만, 한국고대사 분야에 새로운 知見을 더해주는 활력소 역할을 함은 다 아는 바와 같다.

우리나라에서 목간이 처음으로 출토된 것은 1975년 신라 왕도였던 경주의 안압지 발굴을 통해서였다. 통일기의 헤아릴 수 없이 많은 생

활용품 등의 실물들과 함께 50여 점의 목간이 출토되었던 것이다.[1] 이를 계기로 하여 우리나라에서도 장차 목간의 다량 출현은 이미 예견되고 있었다. 과연 그러한 기대에 부응하여 지금에 이르기까지 10여 곳을 웃도는 곳에서 전체 백 수십 점에 이르는 목간의 출토가 보고되었다.[2] 물론 목간 자료는 아직 중국이나 일본에 비해서는 정말 보잘것없다 할 정도에 머물고 있으나 앞으로 꾸준하게 증가되리라 전망된다.[3] 여하튼 목간은 앞으로도 출현이 가장 크게 기대되는 대상이라 하겠다.

여기서 분석·검토의 대상으로 삼으려는 경남 함안의 성산산성 출토 목간은 총 27점으로, 그 가운데 묵서가 뚜렷이 확인되는 것은 24점에 이른다.[4] 다른 지역에서 발견된 목간들에 비해서 자체 수량뿐만 아니라 확인되는 글자수도 상당히 많고, 또한 내용도 상대적으로 풍부하여 그로부터 여러 가지 사실들을 시사받을 수가 있을 듯하다. 물론 이번 한 차례의 검토만으로 城山山城 목간 자체의 분석이 완결되는 것은 아닐 터이고 미흡한 부분은 계속 구명되어야 할 과제로 남겠지만, 앞으로 목간에 대한 관심을 크게 높이는 중요한 계기가 되리라 생각한다.

2. 木簡의 판독

새로 출현한 자료를 역사 복원에 활용하기 위해서는 정확한 판독이

---

1) 이 안압지 출토 목간의 대체적인 내용에 대해서는 李基東, 〈雁鴨池에서 出土된 新羅 木簡에 대하여〉(《慶北史學》 1, 1979 ;《新羅 骨品制社會와 花郎徒》, 1980) 참조.
2) 한국 출토 목간의 전반적인 상황에 대해서는 李成市, 〈韓國出土の木簡について〉,《木簡研究》 19, 1997 참조. 그 외 최근 충남대박물관에서 조사한 扶餘 쌍북리에서 墨痕이 뚜렷이 확인되는 2점의 목간이 출토된 바 있다. 한편 한양대박물관에서 오래도록 조사해 온 京畿道 河南市 소재의 二聖山城에서 고구려의 것으로 추정되는 목간이 출토되었다고 한다.
3) 최근 부여와 김해에서 각각 백제, 신라의 새로운 목간 자료가 출토된 바 있다.
4) 이하에서 함안 성산산성에 대한 내용은 특별한 설명이 없는 한 國立昌原文化財研究所,《咸安 城山山城》, 1998에 의거하였음을 밝혀둔다.

선행되어야 함은 두말할 필요가 없겠다. 목간은 나무에 墨書되고 또 땅 속에 파묻혀 있었다고 하나 그 성격에서 원상이 그대로 보존되기는 쉽지 않으므로 글자를 완벽하게 읽어내기란 불가능에 가깝다. 특히 햇빛에 노출된 뒤에는 육안으로 읽기가 무척 힘들어지는 속성을 지니고 있다. 다행히 근자에 국내에서도 목간에 대한 적외선 촬영이 가능해짐으로써 판독력이 크게 향상되고 있음은 무척 고무적인 일로 여겨진다. 물론 출토 당시의 상황이나 서체 등으로 말미암아 여러 가지 이견이 나올 소지는 적지 않지만, 앞으로 자료가 더욱 축적되면 판독 능력은 훨씬 높아질 것으로 기대된다.

성산산성 목간은 보존 상태가 다른 것에 비해 대체로 양호한 편이어서 육안으로 판독 가능한 글자도 있지만, 그렇지 못한 경우라도 적외선 사진으로 판독 가능한 글자가 적지 않다. 그럼에도 몇몇 글자에 대해서는 여전히 이견이 제시되어 있다. 게다가 같은 보고서에서도 보고자에 따라 약간의 착오가 보이므로 그를 정리해 둘 필요가 있을 것 같다. 상당한 중복을 무릅쓰고라도 굳이 판독문을 새로 작성해 두지 않으면 안 되는 것도 바로 그 때문이다. 먼저 나름대로 정리한 것을 제시하면 다음과 같다.[5]

[함안 성산산성 출토 목간 판독문]

木簡 1. 仇利伐 上彡者村波婁

木簡 2. △尒△利

木簡 3. 知上干支

木簡 4. 甘文本波居(?)△旦利村伊竹伊

木簡 5. 王松鳥多伊伐支上下(?)及(?)支

木簡 6. 上△△村居利支稗

---

5) 昌原文化財研究所, 앞의 책에서는 本文 및 考察 부분과 함께 부록으로 金昌鎬, 〈咸安 城山山城 出土 木簡에 대하여〉란 글이 실려 있는데, 각각의 판독에 상당한 차이를 보인다. 이하에서는 편의상 일일이 근거를 제시하지는 않지만 비교의 대상이 되는 것은 이들 셋이다.

木簡 7. 鳥須弥村卜兮稗石

木簡 8. 仇伐干好△村卑卩(部)稗石

木簡 9. 及伐城△乃巴稗

木簡 10. ‥‥‥‥

木簡 11. (前面) 仇利伐 上彡者村

　　　　　(後面) 乞利

木簡 12. 竹尸△乎　∨　干支稗一

木簡 13. 前谷村阿足只△

木簡 14. (前面) ‥‥‥

　　　　　(後面) ‥‥‥

木簡 15. (前面) 甘文城下幾甘文本波王△

　　　　　(後面) △△村知(?)利兮△

木簡 16. 言斯(?)只元

木簡 17. 陳城巴兮支稗

木簡 18. (前面) 仇仍(?)支禆麥(?)

　　　　　(後面) ‥‥‥

木簡 19. △△支沙(?)刑尒利△

木簡 20. △△△△△△

木簡 21. 大村伊息智一伐

木簡 22. 仇利伐 仇弛尒一伐

　　　　　　　　　尒△△一伐

木簡 23. 仇利伐 △德知一伐 奴人△

木簡 24. (前面) 屈仇伋(?)兄(?)△△△

　　　　　(後面) 禆石

　　목간의 번호는 보고서에서 설정한 대로 묵서가 확인되는 것만을 대상으로 삼고 적외선 사진을 주된 기준으로 하였다. 불확실하여 여러 가지로 이견이 제시될 가능성이 높은 곳은 未詳으로 처리하였다. 그리고 판독이 미심쩍어서 앞으로도 논란의 여지가 있을 만한 글자는 편의상 의문부호(?)를 붙여 두었다. 그것은 뒷날 이 목간을 다루게 될 연구자들이 가지기 쉬운 선입견을 배제하기 위한 배려에서이다. 목간마다 글자수를 나타내는 데에는 띄어쓰기를 거의 고려하지 않았다. 다만 애초부터 의도적으로 띄어쓰거나 작은 글자로 써서 애써 구별하고자 한 경우에는 가능하면 原狀대로 나타내고자 하였다. 아래에서는 판독에서 문제되는 곳과 함께 각 목간의 특징을 간단히 살펴보도록 하겠다.

목간 1은 묵서가 확인되는 24개 목간 가운데 상태가 가장 양호하여 글자의 판독에는 전혀 이견이 없다. 다만 글자 배열에서 약간의 특징을 보인다. 앞의 仇利伐 세 글자는 목간의 중앙에 크게 씌었으나 그 이하의 여섯 글자는 그에 비해 글씨가 약간 작고 오른쪽으로 치우쳐 원래는 2段으로 쓰고자 하였던 듯한 인상을 강하게 풍긴다. 목간 11도 비슷한 면을 보인다. 이 점은 목간 22가 仇利伐 이하를 2단으로 나열하고 있는 데서도 방증된다. 아마 목간 1도 그와 비슷하게 원래는 2단으로 쓰려는 의도를 갖고 있다가 마침내는 현상대로 작성한 것이 아닌가 싶다. 이 점은 본 목간에서 가장 자주 보이는 지명인 仇利伐의 위치를 짐작하게 하는 대목이다. 婁는 550년의 단양신라적성비에 보이는 글자와 동일한 서법으로 씌어졌음이 주목된다. 일곱 번째의 村은 이 성산산성 목간에 많이 보이는 글자인데, 모두 비슷한 필체로 되어 있다.

목간 2는 상단부가 파손되어 첫 번째 자는 잘 알 수가 없지만 村으로 판독하는 견해가 있다. 현재 남아 있는 하부의 상태로 보아 그렇게 읽을 여지도 있지만 단정짓기가 어려우므로 未詳의 글자로 처리하여 두었다. 세 번째 자는 네 번째의 利와 비슷한 윤곽을 띠고 있지만 확실하지가 않다.

목간 3의 첫자 역시 상단부가 파손되어 분명하지가 않지만 좌변의 모양으로 보아 知일 가능성이 높다.[6] 세 번째와 네 번째 자인 干支를 十走로 읽는 견해도 있으나 干支임이 틀림없다. 支는 이 밖에도 목간 5에 두 글자를 비롯하여 목간 6, 목간 12, 목간 17, 목간 18, 목간 19에도 보이는데, 필체가 거의 같아 동일인에 의해 씌어졌을 것으로 짐작하게

---

6) 원래는 爐의 俗字로 보는 견해를 따랐으나 知가 이름의 말미에 흔히 사용되는 만큼 李成市나 平川南의 견해를 따라 수정하였다.

한다.

목간 4의 세 번째 자인 本을 大十의 두 자로 읽은 견해도 있지만 이는 명백한 착오라 판단되며 本임이 확실하다. 다섯 번째 자는 足과 비슷한 것으로 읽기도 하나 차라리 居가 아닐까 싶다. 足으로 추정되는 목간 13의 다섯 번째 자와 다르기 때문이다. 여섯 번째 자는 村으로 보기도 하지만 확실하지가 않아 未詳으로 처리하였다. 일곱 번째 자인 므은 且로 볼 여지도 있으나 봉평비에 보이는 유사한 글자를 대체로 므으로 읽고 있으므로 이에 따랐다. 여덟 번째 자도 미심쩍은 면이 없지는 않지만 목간 11의 후면에 보이는 利와 거의 같은 필치로 보고 그를 취하였다. 아홉 번째와 열한 번째의 伊는 목간 5, 목간 21에도 보이는데, 같은 필체이다. 578년의 대구무술오작비에 비슷한 異體字가 보인다.

목간 5의 첫 번째 자는 목간 15 前面의 열 번째 자인 王과는 약간 달라 三으로 볼 여지가 없지도 않지만 王으로 보는 견해에 따랐다. 세 번째 자를 鳥로 읽는 견해도 있지만 목간 7의 첫 번째 글자와 마찬가지로 鳥로 읽는 것이 타당한 듯하다. 여덟 번째 자는 뚜렷하나 하단을 흘려 쓴 탓에 명확하지가 않다. 上과 下의 合字로 볼 여지도 있다.[7] 아홉 번째 자도 字體는 뚜렷하지만 흘려 썼으므로 분명하지는 않으나 及으로 보는 것이 좋을 듯하다.

목간 6의 두 번째 자를 人力, 吟乃, ケ乃의 두 글자로 보아 판독자들 사이에 견해가 약간 엇갈린다. 하나의 글자로 볼 가능성도 없지 않지만 두 자로 보고 일단 미상으로 처리하여 둔다. 여덟 번째 자는 裨로 읽는 견해도 있지만 좌변은 禾가 확실하므로 稗로 보는 것이 옳다고 본다. 물론 다른 곳에서는 裨로 읽어야 할 글자들도 보인다. 이 목간에서 비슷한 용도로 가장 많이 사용한 글자이므로 크게 주목된다.

목간 7의 첫 번째 자는 鳥로 읽는 견해도 있지만 목간 5의 세 번째 자와 같이 鳥로 읽는 것이 좋을 듯하다. 세 번째 자인 弥는 524년의 봉평

---

7) 이는 계명대 서예학과 金洋東 교수의 敎示에 따름.

비에 많이 보이는데 서로 같은 서법이다. 다섯 번째 자를 모두 人으로 읽고 있는데 이는 卜임이 분명하다. 일곱 번째의 稗를 稈로 보기도 하나 稗가 확실하다. 여덟 번째인 石은 달리 읽을 여지도 있지만 목간 8의 열 번째 자나 목간 24의 後面 두 번째 자와 함께 모두 그렇게 판독하였다.

목간 8의 세 번째 자를 于로 보는 견해도 있지만 목간 3의 세 번째 자나 목간 12의 다섯 번째 자와 같이 干으로 봄이 옳을 듯하다. 다섯 번째 자는 字劃은 뚜렷하나 확실하지가 않다. 일곱 번째 卑는 달리 볼 여지도 있지만 일단 그렇게 보는 견해에 따랐다. 여덟 번째 자는 자획이 분명하나 무슨 글자인지 알 수가 없다. 비슷한 글자가 고구려나 백제에서는 部로 읽혀지고 있어 같은 글자의 略字일 가능성도 있다. 그렇다면 삼국 사이에 略字를 공유하였다는 흥미로운 사실을 하나 추가할 수 있는 셈이 된다. 아홉 번째 稗의 좌변이 禾로 보기에는 약간 어색한 점이 있지만 목간 6과 목간 7에 보이는 것과 동일한 글자로 보는 것이 좋을 것 같다.

목간 9의 첫 번째 자는 약간 주저되는 면이 없지는 않지만 及으로 읽는 것이 무난할 듯하다. 세 번째 자는 城임이 분명한데, 같은 필치로 쓰인 자가 591년의 남산신성비에 여러 군데 보인다. 네 번째 자는 秀로 읽기도 하나 확실하지 않다. 다섯 번째 자는 刀로도 읽으나 乃가 오히려 타당할 듯하다. 여섯 번째 巴는 봉평비와 적성비에 보이는 글자와 동일한 서법으로 되어 있다. 일곱 번째 자는 稗임이 확실하다.

목간 10은 대체로 보아 아홉 자 정도로 추정되나 전반적으로 墨跡이 흐려 분명하게 판독할 수 있는 글자는 한 자도 없다.

목간 11은 묵적이 뚜렷하여 판독에 이견이 전혀 없다. 다만 後面 둘째 자는 약간 흘려 쓴 까닭에 다른 글자로 읽혀질 가능성도 있지만 利에 가장 가깝다고 판단된다. 목간 1과 마찬가지로 前面은 仇利伐 다음 부분을 2단으로 쓰려 한 듯한 흔적이 보이는데, 공간이 충분하여 마무리가 가능함에도 불구하고 후면을 이용한 점은 특이하다. 어떤 특별한 목적의식이 내재되었을지도 모르겠다.

목간 12의 두 번째 자는 목간 8의 여덟 번째 자와도 비슷하나 尸가 더 가까울 듯하여 그에 따랐다. 다섯 번째 자는 于로도 읽지만 干으로 읽는 것이 타당할 듯하다. 네 번째 자와 다섯 번째 자 사이에는 行에서 약간 위쪽으로 벗어나 ∨자를 표시하였는데, 이는 지금까지 알려진 우리나라의 목간이나 금석문에서 처음 발견된 사례이다. 그런 부호는 일반적으로는 글자를 잘못 썼을 경우에 사용하는 용도로 오늘날에도 흔히 통용된다고 한다.[8] 일곱 번째 자는 앞의 稗와는 약간 달리 좌변이 衤(衣)변인 듯하여 裨로 읽었다.

목간 13은 우측면으로 치우쳐 썼는데 원래 2行으로 쓰기 위해서였던 것인지도 모르겠다. 네 번째 자는 분명하지는 않지만 阿에 가장 근접하므로 그렇게 판독하였다. 다섯 번째 자는 상변 口의 아랫 부분이 약간 모호하나 목간 5의 여덟째 자인 上의 하부와 마찬가지로 下로 읽을 수 있어 足으로 봄이 가장 적절할 듯하다. 일곱째 자는 하단부가 파손되어 분명하지가 않다.

목간 14는 전면과 후면에 각각 3, 4자 정도의 墨跡이 확인되나 글자를 판독하기는 어렵다.

목간 15는 앞뒤 양면에 씌어져 있다. 세 번째 자는 목간 9의 세 번째 자와 마찬가지로 城이다. 다섯 번째 자는 모호하기는 하나 幾로 읽는 것이 적절할 듯하다. 여덟 번째 자를 大와 十으로 보는 견해가 있으나 목간4의 세 번째 자와 마찬가지로 本임이 분명하다. 열한 번째 자를 稗로 읽은 견해가 있지만 명확하지가 않다. 후면은 전체 글자수에 논자마다 약간의 혼선이 보인다. 첫 번째 자와 두 번째 자를 하나로 보고 전체가 다섯 자로 이루어졌다고 간주한 견해가 있는가 하면, 村 위의 글자를 둘로 보고 그 밑에 3개 모두 6개의 글자로 판단한 견해도 있다. 그러나 村자를 기준으로 하면 그 위에 두 자, 아래에 네 자 모두 7자로 추정된다. 첫 번째 자를 本으로 읽는 견해도 있지만 확실하지가 않다.

---

8) 위와 같음.

네 번째 자는 知가 아닐까 싶다. 여섯 번째 자를 安으로도 읽으나 令로 봄이 온당할 듯하다.

목간 16의 두 번째 자는 달리 읽혀질 가능성도 있지만 기존의 판독에 따라 斯로 본 견해에 따른다.

목간 17의 여섯 번째 자를 存으로 판독한 견해가 있지만 稗임이 확실하다.

목간 18은 양면에 묵서되어 있다. 전면 첫 번째 글자는 仇로 읽는 견해와 仍으로 읽는 견해로 엇갈려 있으나 字體로 보아서는 전자가 타당한 듯하다.[9] 두 번째 자는 仍으로 읽는 견해에 따랐으나 달리 읽혀질 가능성도 있다. 네 번째 자는 稗와 神로 읽는 견해로 나누어져 있으나 후자가 타당할 듯하다. 여섯 번째 글자는 姜으로 보는 견해도 있지만 麥의 흘림체로 보는 것이 어떨까 싶다. 또는 봉평비의 제6행 열 번째 자와 비슷한데 處의 흘림체로 읽힐 가능성도 있다. 뒷면은 전체적으로 흐려서 잘 알 수가 없지만 일곱 자 또는 여덟 자로 구성된 듯하다. 첫 번째 자는 右 또는 谷으로 읽힐 수 있을지 모르겠다. 끝에서 두 번째 글자를 利로, 마지막 자를 神로 읽는 견해가 있지만 확실하지는 않다.

목간 19의 첫 번째 자를 夷로 읽는 견해가 있지만 뚜렷하지는 않다. 두 번째 자는 목간 8의 다섯 번째 자와 자획은 비슷하나 미상인 글자이다. 세 번째 자를 死로 읽는 견해도 있지만 支임이 확실하다. 네 번째 자는 沙로 볼 여지도 있지만 불확실하다. 여덟 번째 자를 知로 읽은 견해가 있지만 명확하지가 않다.

목간 20은 墨痕이 제법 뚜렷하나 판독이 잘 되지 않는다. 첫 번째 자는 家로 읽는 견해가 있지만 확실하지가 않다. 세 번째 이하의 자를 각각 成, 毛, 月로 판독하려는 견해가 있지만 불확실하여 미상으로 남겨둔다.

목간 21은 비교적 확실하게 읽을 수 있는 것 가운데 하나이다. 다만

---

9) 원래는 仍으로 보는 견해를 취하였으나 수정하여 仇로 보는 견해를 따랐다.

네 번째 자를 陞으로 읽는 견해도 있지만 息임이 확실하다. 다섯 번째 글자는 모두 知로 보아왔으나 목간23에 보이는 知와는 분명히 다르다. 우변 하반부가 日임이 확실하므로 智로 읽는 것이 올바를 듯하다.

목간 22는 처음 세 글자 구리벌이 중앙에 크게 씌어지고 그 이하는 2단으로 되어 있는 특이한 형식이다. 우측 행의 하단에 빈 공간이 많이 남아 있음에도 불구하고 이어서 쓰지 않고 행을 나눈 것은 의도적으로 두 행을 구별하기 위해서임이 틀림없다. 2단 부분 우측 행의 두 번째 글자는 弛로 봄이 좋을 듯하다. 좌측 행의 두 번째 자를 利로 읽는 견해가 있지만 잘 알 수가 없고, 네 번째와 다섯 번째 자는 우측 행의 말미에 보이는 글자와 비슷하므로 一伐로 읽는 것이 좋을 것 같다. 이는 글자의 쓰는 형식으로 미루어 보아 6세기의 금석문에서 흔히 볼 수 있듯이 하나의 合字로 사용된 듯하다.

목간 23의 처음 세 글자 구리벌과 그 다음 글자 사이의 墨痕이 뚜렷하지가 않아 글자의 存否를 단정짓기가 어렵지만 간격을 의도적으로 띄운 것이 아닌가 싶다. 一伐과 奴人 사이도 의도적으로 간격을 두어 구분하여 썼다. 마지막 글자는 좌변이 흐릿하여 잘 판단할 수가 없다.

목간 24는 양면에 썼다. 전면의 두 번째 자를 伐로 보는 견해도 있으나 仇임이 확실하다. 仇와 그 이하를 한 글자로 보고 있지만 두 자임이 분명하다. 세 번째 자는 伋일 가능성이 높지만 단정짓기는 힘든다. 네 번째 자는 兄일지도 모르지만 미상으로 남겨 둔다. 다섯 번째 자를 村으로 읽고 있지만 확실하지가 않다. 후면의 첫 번째 자는 褌로 읽는 것이 타당할 듯하다.

이상 목간의 판독을 나름대로 시도하여 보았다. 목간의 내용에 대해서는 뒤에 말하겠거니와 대충 몇 가지 특징이 엿보인다. 전면에만 쓴 것이 거의 대부분이나 양면에 쓴 것도 다섯 점이나 된다. 그리고 전면에 쓴 것 가운데서도 상부는 1行이나 하부는 2行으로 쓴 것도 있고 우측에 치우쳐 씀으로써 2행으로 계획하였다가 1행으로 그친 것도 있다. 그런 의미에서 외형으로 볼 때 전체적으로 어떤 획일적인 체제를 갖추

고 있다고 간주하기는 어렵다. 내용에서 찾아지는 특징은 다시 절을
달리하여 말하도록 하겠다.

3. 木簡의 내용과 성격

위에서 정리해 둔 24점의 목간이 물론 성산산성 東門址란 한 지역
의 동일한 層位에서 나왔으므로 대체로 같은 시기에 작성되었다가 함
께 폐기된 것으로 생각하는 것은 일견 당연하지만, 그러나 그러한 근
거만으로는 만전을 기할 수가 없음은 자명하다. 현상으로는 폐기된 시
기가 같았다고 할 수 있을지는 모르지만 동일인에 의해서 같은 시기에
같은 목적으로 작성되었다고 단정짓기는 어렵기 때문이다. 따라서 먼
저 이 점에 대한 확실한 이해가 필요할 듯하다.

사실 역사를 복원하기 위한 사료로서 목간을 활용하려면 우선 그것
의 연대가 어떠한가, 그리고 어떤 목적에서 어떤 용도로 작성되었는가,
동일인에 의해서 작성되었는가 아니면 여러 사람에 의해 작성되었는
가, 폐기된 곳에서 작성되었는가 아니면 다른 곳에서 이동하여 왔는가
등이 제대로 밝혀져야 한다. 이는 목간을 이용하기에 앞서 해명되어야
할 기초적이며 핵심적인 사항들이다.

그러나 현재 남아 있는 목간 자체가 워낙 단편적인 데다가 그나마
판독도 완벽을 기하기 어려우므로 그 전모를 확연하게 밝혀내기란 불
가능할 듯이 여겨진다. 하지만 공통적 요소가 엿보이는 것끼리 묶어서
정리하고 기재양식을 근거로 삼아 종합적으로 분석하면 그에 대한 대
략적인 윤곽을 짐작하기란 전혀 불가능한 일만은 아니다.

우선 동일인에 의해 동시에 작성되었는지 어떤지를 판별하기 위한
가장 손쉬운 방법으로는 목간의 서체와 필체를 잠간 살펴볼 필요가 있
다. 전체적으로 사용된 서체는 行書를 기본으로 하며 여기에 약간의
草書體가 가미된 것이라 한다.[10] 문외한의 안목으로 언뜻 보아도 몇몇
글자들에서는 필체의 공통성이 뚜렷하게 느껴진다. 가령 가장 많이 나

오는 글자 가운데 하나로 손꼽을 수 있는 '支'만 하더라도 상당 부분은
한 사람의 필치임을 쉽사리 감지할 수가 있다. 그 밖에 여러 차례 사용
된 글자로 利, 稗(神), 村, 城, 巴, 伐, 石 등도 서로 대비하여 보면 擧皆
가 한 사람에 의해 작성된 것으로 짐작된다. 다만 목간 13의 경우 墨跡
이 상대적으로 굵고 진한 것으로 미루어 다른 필체로 판단할 여지가
남는다. 그러나 이는 어디까지나 극히 예외적인 사례일 따름이다.

그 다음, 동일한 지명이 많이 보인다는 점도 동일인에 의해서 작성
되었음을 방증하여 준다. 이를테면 구리벌은 목간 1을 비롯하여 목간
11, 목간 22, 목간 23의 4군데나 나오며, 이는 모두 한 사람에 의해 씌어
졌음이 틀림없다. 그리고 甘文本波가 목간 4뿐만 아니라 목간 15에도
보인다. 이런 사실로 미루어 보아도 24점의 목간을 작성한 사람 수는
1명, 또는 많아도 2명을 넘지 않을 것으로 판단된다. 이 점은 내용에
보이는 공통성에서도 드러난다.

24점에 달하는 목간 모두에 공통적으로 나타나는 작성상의 중요한
특징으로 다음의 몇 가지를 지적할 수 있다. 먼저 손꼽을 수 있는 것은
年月日을 단 한 군데도 기재하지 않았다는 사실이다. 이는 목간 자체
의 용도가 연월일의 기재와는 별로 상관이 없었음을 시사한다. 그런
현상은 전체 목간에 걸쳐 확인되므로 이들 모두의 용도는 같았음을 뜻
하는 것으로 풀이하여도 좋을 듯하다. 둘째, 24점 모두가 하나의 문장
을 이루는 것으로 보이지는 않는다는 점이다. 목간의 내용 전반을 훑
어보아도 동사로 간주할 만한 단어나 글자는 거의 확인되지 않는다.
대체로 보아 지명과 인명 및 관등을 나열하거나 지명을 중복해서 쓴
듯한 형식이 공통적으로 간취된다. 이는 목간이 완전한 문서의 형식을
갖춘 것이 아님을 시사하는데, 이 점도 역시 목간의 용도를 반영한다.
셋째, 글자를 쓸 수 있는 여백이 무척 많음에도 불구하고 글자를 꽉 채
우지 않고 전부 공백으로 남겨 두고 있는 점이다. 이는 목간 하나하나

---

10) 주 7)과 같음.

가 그 자체로 완결되었음을 뜻한다. 이것도 목간 모두에 공통적으로 지적할 수 있는 사실이다.

이상 24점의 목간에 보이는 세 가지 공통적인 서술방식의 특징으로 보아 이들이 모두 동일한 목적으로 같은 사람에 의해 작성되었음을 의미하는 것으로 풀이하여도 무방할 것이다. 그렇다면 어떤 용도로 작성된 것일까. 이 점에 대해서는 서술된 내용을 토대로 점검하여 보기로 하겠다.

24점의 목간을 서술 내용에 따라 분류하면 몇 개의 묶음으로 나누어진다. 먼저 지명과 인명만을 나열한 듯한 그룹이다. 가령 목간 1이 그에 해당하는 대표적인 사례이다. 仇利伐이 지명임은 의심의 여지가 없다. 그 뒤에 이어서 기재된 上彡者村은 뒤에 말하듯이 기재방식상 구리벌의 하위단위로 보인다. 이러한 기재형식에 속하는 것이 목간 11이며, 목간 2, 목간 13 등도 같은 범주에 속한다.

둘째, 지명·인명·관등명의 형식을 갖춘 그룹이다. 목간 21을 비롯하여 목간 22, 목간 23이 그러한 유형에 속하며 그 밖에 목간 3, 목간 6, 목간 7, 목간 8, 목간 9, 목간 12, 목간 17, 목간 18, 목간 24도 그러한 범주에 넣을 수 있다.[11] 전체 24점 가운데 이 그룹으로 분류할 수 있는 것이 거의 半에 육박하는 것으로 보아 나머지 판독이 어려운 목간 가운데도 이 유형에 속하는 것이 상대적으로 가장 많다고 간주하여도 무방하겠다. 단정할 수는 없지만 가령 목간 19나 목간 20 등이 그에 해당하는 것으로 추정된다.

셋째, 확실하지는 않지만 지명만을 나열한 듯한 느낌이 드는 그룹이다. 가령 목간 4, 목간 5, 목간 15가 그러하다. 이 가운데는 첫째와 둘째 유형으로 분류될 만한 것도 있으리라 여겨진다. 가령 목간 5의 경우가 그러하다.

---

11) 단 이는 뒤에 말하겠지만 稗(䅶), 稗一, 稗石을 곡물이 아니라 관등으로 간주한다면 그러하다는 의미이다.

넷째, 판독이 불가능하거나 파손으로 명확하게 판정할 수 없는 예들이다. 이를테면 목간 10, 목간 14, 목간 16 등이다.

이상과 같이 보면 불명확한 넷째 사례는 24점 가운데 일부에 지나지 않으므로 그것만을 예외로 볼 수는 없겠고, 위의 세 범주 가운데 어느 하나에 속한다고 하여도 좋겠다. 그렇다면 함안 성산산성의 목간은 거의가 인명을 일정한 형식에 따라 열거하고 있는 것으로 단정하여도 무리 없을 것이다.

그들 인명 가운데 왕경인으로 추정할 만한 사례가 보이지 않는다는 사실이 주목된다. 왕경인으로 추정하려면 부명이나 경위 또는 지방관명 등과 같은 직명이 보여야 하는데, 그러한 흔적은 전혀 확인되지 않고 대신 성촌명과 지방민이 소지한 외위만이 보일 뿐이다. 따라서 위에서 열거되어 있는 인명들은 거의 모두가 왕경인이 아니라 지방민이라고 단정하여도 되겠다. 말하자면 목간은 지방민과 관련된 인명을 나열한 용도로 작성한 셈이 된다. 그러면 일단 어떤 지역의 지방민인가를 살펴볼 필요가 있겠다.

목간에 나타나는 지명 가운데 확실한 것은 仇利伐 上彡者村, 甘文本波, 上△△村, 鳥須弥村, 仇伐 干好△村, 及伐城, 前谷村, 甘文城 下幾, 陳城, △村, 大村 등이다. 그 가운데 뒤에 말하듯이 村名을 지니고 있는 것은 이 목간에 따르는 한 '仇利伐 上彡者村'처럼 어떤 거점지역의 하위단위일 가능성이 높으므로 금석문이나 기존의 문헌에서는 찾아내기가 어려운 대상들로 보인다. 따라서 이 지명들의 분포범위를 확인하는 데는 仇利伐, 甘文(城), 仇伐, 及伐城, 陳城 등 상급단위의 지명이 주된 대상으로 되어야 할 듯하다. 이들은 대체로 城이나 伐의 어미를 가진 거점지역들로서, 적어도 행정(성)촌에 해당하는 곳들이기 때문이다. 이들의 위치를 비정하는 데 일차적으로 고려되어야 할 것은 문헌보다도 금석문이다. 당대의 것이어야 표기에서 서로 근접할 것이기 때문이다. 따라서 아래에서는 기존의 금석문을 주된 근거로 하면서 문헌을 활용하여 현재의 위치를 비정하여 보고자 한다.

감문은 561년 창녕비에 甘文軍主로 보이는 그곳과 그대로 일치한다. 감문은 당시 군주가 파견된 정치·군사의 중심지로서 현재 경북 金泉 일대로 비정된다. 그런데 한 곳에서는 감문이라 하고(목간 4, 목간 15), 다른 곳에서는 甘文城이라 하여(목간 15) 표현에서 약간의 차이를 보인다. 감문과 감문성이 같은 지역을 지칭함은 의심의 여지가 없지만, 두 지역에 내재된 의미까지 같았는지는 단정할 수 없다. 왜냐하면 진흥왕 18년(557)에 沙伐(尙州)에 있던 上州의 州治를 감문으로 옮겼고, 이후 진평왕대(579~631)에 이르기까지 이곳이 줄곧 주치로 기능하였으므로 감문은 하나의 거점지역이면서 동시에 넓은 지역을 지칭하는 뜻으로도 사용되었을 가능성이 있기 때문이다. 따라서 감문성이라고 했을 때는 거점 자체만을 뜻하고, 감문이라고 했을 때는 그를 포함하여 直轄하는 領縣을 포괄하는 한층 넓은 의미를 뜻하는 것일지도 모른다. 사실 두 차례에 걸쳐 보이는 감문 本波의 本波가 바로 星山郡(오늘날의 경북 星州) 領縣인 本彼縣이라고 한다면 이때의 감문이란 후자의 개념과 비슷하게 사용되었다고 볼 수 있을 것 같다. 그렇지 않다면 감문성과 감문을 동일한 표현으로 볼 수도 있다. 흔히 금석문에서 지명 어미로서 城이나 村은 생략되기도 하는 성격의 것이기 때문이다.

급벌성은 591년의 남산신성비 제9비에 보이는 급벌군의 급벌과 상통하므로 동일한 지역으로 보아도 무방하리라 여겨진다. 목간이 작성된 당시의 급벌성이 급벌군과 어떤 관계에 있었던 것인지는 잘 알 수가 없지만 둘이 같은 지역이었던 것만은 분명하다고 생각된다. 급벌군은 《삼국사기》 지리지에 나타나는 바로 及伐山郡으로서 오늘날 경북 영풍 지역에 비정된다.[12]

가장 많이 보이며, 따라서 이 목간의 중심 지역이라고 할 수 있는 곳은 仇利伐이다. 구리벌은 먼저 578년의 오작비에 仇利支村이 보여 일단 이곳과 동일한 지명일 가능성이 점쳐진다. 支는 흔히 城과 같은 의

---

12) 朴方龍, 〈南山新城碑 第9碑에 대한 檢討〉, 《美術資料》 53, 1994, pp.13~15 참조.

미로도 사용되고 있으므로 구리벌과 규모면에서는 상통한다고 할 수가 있다. 그러나 여기서의 구리지촌은 지방관이 파견된 행정(성)촌이 아니라 자연촌이었으므로[13] 둘을 곧바로 연결짓기는 어려울 것 같다. 다음, 구리벌과 같은 곳으로 비정할 수 있는 것은 남산신성비 제2비에 보이는 仇利城 또는 久利城이다. 이 성은 행정(성)촌이므로 구리벌과 규모 면에서는 일치한다. 이 구리성은 충북 옥천 일대로 비정되고 있다.[14] 구리성을 상삼자촌의 彡에 무게를 두어 함안군의 영현 가운데 김彡縣이 보인다고 하여 이곳으로 비정하는 견해가 있지만[15] 상삼자촌은 어디까지나 행정(성)촌의 하위단위일 뿐만 아니라 彡자 하나가 일치한다고 하여 소삼현을 곧바로 상삼자촌과 일치시키기는 곤란하다고 생각된다. 게다가 이 목간의 연대를 560년대로 볼 때 그런 주장이 성립할 수 없음은 재언을 요하지 않는다. 그리고 함안과 관련된 당시 지명으로는 남산신성비 제1비에 阿良村, 柒吐△, 奴含村, 營坫 등이 보이는데, 이들에 비정할 만한 지명은 목간의 어디에도 보이지 않는다. 따라서 구리벌을 함안 일대로 비정할 만한 근거는 전혀 없다고 단정하여도 좋다. 그러므로 남산신성비 제2비와 관련지어 일단 上州의 관할지로서 그 管內에 위치한 옥천 지방으로 비정하는 것이 현재로서는 가장 적절하리라 여겨진다.

다음은 仇伐인데,《삼국사기》신라본기 照知麻立干 7년(485)에 축성하였다는 仇伐城과 그 명칭이 곧바로 일치된다. 이 구벌은《삼국사기》古昌郡條에 보이는 仇火와 같은 지명으로 여겨진다. 火가 곧 伐을 뜻함은 두말할 필요가 없다. 仇火 즉 仇伐은 오늘날 義城郡 일대에 해당한다.[16] 陳城은 그와 관련이 있을 만한 지명을 금석문이나 문헌상에

---

13) 朱甫暾,〈新羅 中古期의 郡司와 村司〉(《韓國古代史硏究》 1, 1988 ;《新羅地方統治體制의 整備過程과 村落》, 1998) 참조.

14) 李鍾旭,〈南山新城碑를 통하여 본 新羅의 地方統治體制〉,《歷史學報》 64, 1974, p.11.

15) 金昌鎬, 앞의 글, p.264.

16)《三國史記》 34 地理志 古昌郡條.

서 찾을 수가 없으므로 정확한 위치는 불명이다.

이상과 같이 목간에 보이는 지명 가운데 현재로서 위치 비정이 가능한 대상으로 추정되는 5곳 가운데 대충 4곳의 위치를 확인할 수가 있다. 이들은 대체로 오늘날 경북 일원에 해당하며 일찍이 신라의 영토로 편입된 지역들이란 공통성을 지니고 있다. 특히 뒤에 말하듯이 목간 작성 당시 상주의 주치였던 감문이 함께 보인다는 사실은 크게 주목하여도 좋을 것 같다.

목간이 성산산성의 성내에서 출토되었으므로 그것의 원래 작성지가 어디였던가 하고는 상관없이 어떤 형태로든 城과 밀접하게 관련된 용도였을 것임은 쉽사리 추정하여 볼 수 있겠다. 지금까지 성내에서 목간이 발견된 사례로는 경기도 하남시 춘궁리 소재 二聖山城의 경우가 유일한데, 그것이 군사적인 활동과 관계가 깊었다는 사실은[17] 그러한 추정을 뒷받침하여 준다. 성산산성 출토의 목간이 城과 관련된다고 하면 일단 다음의 두 가지 가능성을 생각하여 볼 수 있지 않을까 싶다.

하나는 군사적인 기능과 직접 관련된 것으로 볼 수 있을 가능성이다. 가령 목간이 지방민의 인명을 나열하고 있으므로 그들로 편성된 부대가 이곳에 주둔하였고, 따라서 그들의 軍籍用 牌札과 같은 용도로 사용되었을 가능성을 들 수 있다. 그렇다고 한다면 목간의 기재방식은 어떤 일관된 원칙에 따라 작성되었을 터이므로 상당히 짜임새를 보여야 할 것이다. 그러나 이 목간은 일관성과 체계성을 결여하고 있다. 그리고 군대 편제와 관련된 어떤 용어들도 그 흔적이 남아 있을 법한데 그러한 片鱗을 전혀 확인할 수가 없다. 게다가 아직껏 목간이 군적과 관련된 목적으로 작성되었던 사례는 없으므로 그런 용도로 이 목간이 작성되었다고 보기에는 다소 문제가 있지 않을까 싶다. 특히 하나의 목간에 2명씩 인명을 기재한 사례도 있고 보면 개인별로 소지할 수 있는 용도는 아니었을 터이다. 군적과 관련하여 개인이 소지한 것이라면

---

17) 李成市, 앞의 글, pp.243~246.

한꺼번에 한곳에 폐기될 리도 없는 것이다. 따라서 군적용으로 사용된 것으로 보기에는 적절하지 못하다는 생각이다.

다른 하나는 축성과 관련되는 것으로 볼 가능성이다. 그럴 만한 근거는 먼저 성산산성과 직접 관련이 없는 다른 지역 출신자들을 기재한 목간이 이곳에서 폐기되었다는 사실에서 짐작된다. 이는 목간이 어디까지나 성산산성과 관련하여 일회성의 용도로밖에 기능하지 못한 것으로 여겨지기 때문이다. 목간이 다른 곳에서 이곳으로 이동하여 왔건, 그렇지 않고 성산산성에서 한꺼번에 작성되었건 간에 성산산성을 벗어나면 목간 자체의 효용성은 없어지기 때문에 이곳에서 폐기된 것이라 하겠다. 그런 의미에서 이 목간은 성산산성의 축성과 관련짓는 것이 가장 타당하리라 생각된다. 이 성산산성이 安羅가 신라에 복속된 이후 축조된 신라식 城이라는 점은[18] 그를 방증하여 주는 하나의 사실이다. 만약 원래 安羅에 의해 축성된 산성에 신라 병력이 주둔하였다면 신라의 방식으로 축성될 리 만무한 것이다. 따라서 현재로서는 이 목간을 축성과 관련된 용도로 성격 규정하는 것이 가장 무난하리라 여겨진다. 물론 축성을 위해 지방민이 따로 동원되지 않고 이곳에 주둔한 병력들이 그대로 축성에 참여하였을 가능성도 배제할 수는 없다.

여하튼 함안이 신라 영역으로 편입되고 난 뒤 곧바로 신라측에서 이 지역에 대한 정치·군사적인 지배의 필요에서 산성을 축성하였을 것으로 여겨진다. 따라서 목간은 축성의 필요에서 작성된 名籍과 같은 용도로 이용된 것이 아닐까 싶다. 앞서 본 것처럼 경상북도, 특히 오래도록 신라 영역화되어 온 上州 管轄의 특정한 지역민만을 동원한 것인지, 아니면 남산신성비나 명활산성비의 축조에서 볼 수 있듯이 下州나 新州 등 다른 지역민과 함께 왕경인까지 동원된 축성인지는 판단할 수가 없지만, 東門址라는 한정된 곳에서만 출토된 것으로 보면 이 방면

---

18) 창원문화재연구소, 앞의 책 참조. 다만 여기에서는 성산산성을 구체적으로
《日本書紀》 欽明紀 22년조에 보이는 阿羅波斯山에 비정하고 있다.

을 한정적으로 담당하였고 다른 곳은 여타 지역에서 동원된 인력으로
축성되었을 가능성도 배제할 수 없다.

새로운 지역을 신라의 영역으로 편입하자마자 곧바로 축성한 사례
는 다음의 몇몇 사례에서 찾아진다.

ⓐ 十一年 秋九月 徵何瑟羅人年十五已上 築城於泥河(泥河一名泥川) (《三國
　史記》3 新羅本紀 慈悲麻立干條)
ⓑ 八年 春正月 拜伊湌實竹爲將軍 徵一善界丁夫三千 改築三年屈山二城 (《三國
　史記》3 新羅本紀 照知麻立干條))
ⓒ 十一年 春正月 百濟拔高句麗道薩城 三月 高句麗陷百濟金峴城 王 乘兩國
　兵疲 命伊湌異斯夫 出兵擊之 取二城增築 留甲士一千戍之 (《三國史記》4
　新羅本紀 眞興王條)

이 기사들은 통일 이전 지방에 소재하는 城을 축성하는 양상을 파악
하기 위하여 관련 사례를 대충 골라 뽑은 것이다. 사료 ⓐ는 새로이 신
라 영역으로 편입된 지역을 지키기 위하여 何瑟羅(江陵)의 지방민을
차출하여 축성한 사례이고, 사료 ⓑ는 자비왕 13년(470)에 축성하였던
三年山城을 증축하기 위하여 一善(善山) 지역민들을 동원하여 개축한
사례이다. 사료 ⓒ는 고구려와 백제가 道薩城과 金峴城을 놓고 일진일
퇴를 거듭하는 공방전을 치르자, 둘의 피폐를 틈타 신라가 이들 두 성
을 장악하고 증축하여 병력 1천 명을 주둔시켜 지키게 하였다는 것이
다. 이 밖에 비슷한 시기에 죽령을 넘어 남한강 상류로 진출한 신라가
단양에 적성을 축조하기도 하였음은 적성비를 통하여 짐작할 수 있다.

이로 보면 신라는 대체로 새로이 영토로 편입된 지역을 지키기 위하
여 군사적 요충지에는 축성하거나 기존의 성을 증축하여 병력을 주둔
시켰거니와, 인근의 다른 지역에서 지방민을 동원하여 축성하는 것이
일반적인 양상이었던 듯하다. 성산산성을 축조할 때의 역역동원의 범
위를 잘 알 수는 없지만 安羅 지역의 정치·군사적인 중요성을 감안한
다면 상당히 폭넓은 지역에서 지방민이 동원되었던 것으로 보아도 무

방하겠다. 물론 왕경의 축성에 동원되는 범위가 전국적이었고, 그것이 지방통치라는 현실의 정치적인 목적에서였던 것과는 동일하지는 않겠지만, 왕경을 제외한 전국적인 지방민을 동원의 대상으로 삼았다고 하여 별로 문제될 것이 없다. 혹시 그렇지 않더라도 주치인 甘文이 보이므로 상주 지역민만을 주된 대상으로 삼았던 것인지도 모르겠다. 그 가운데 仇利伐이 여러 차례 보이므로 아마 東門址의 축성은 이곳 출신자들에게 할당된 것이 아닐까 싶다.

이처럼 이 목간을 축성과 관련지어 이해할 때 당해 함안 지역민들이 전혀 보이지 않는 것은 다소 이상스럽게 느껴질지 모르겠다. 그러나 뒤에 말하겠지만 安羅의 멸망시점으로부터 그리 멀리 떨어지지 않았던 시기의 축성이었으므로 그들이 아직 신라의 民으로 제대로 편제되지 못한 상태였기 때문에 단순한 잡역부로서는 몰라도 유력자들이 체계적으로 동원될 형편은 아니었고, 그 까닭으로 그에 대한 기록이 남지 않았을 것으로 여겨진다.

그런데 남산신성비나 명활산성비로 미루어 보면 축성작업이 마무리된 뒤 각 지역별로 분담한 내용을 기록한 비문이 작성되었을 듯한데, 이 목간은 그를 위한 기초자료로 활용된 것이 아닌가 싶다. 이 목간이 원래부터 축성비를 작성하기 위한 기초자료만을 목적으로 작성된 것인지 아니면 축성과 관련된 다른 용도로도 사용되고 난 뒤 축성비의 작성에도 이용된 것인지는 단정하기 어렵지만 이를 토대로 한 축성비가 작성되었을 것임은 분명하다고 하겠다. 그런 의미에서 앞으로 성산산성 내부나 그 주위에 남산신성비나 명활산성비처럼 성산산성의 축성과 관련된 비가 발견될 가능성이 높다고 판단된다.

요컨대 성산산성 출토 목간은 주로 상주 관할 또는 그 밖의 다른 지역민들을 동원하여 새로이 편입된 함안 지역에 축성을 하면서 분야별 책임자들의 인명들을 기록한 명부로 생각된다. 아마도 축성 작업 자체뿐만 아니라 그를 끝내고 난 뒤 작성되었을 비문의 기초자료로서도 활용되었을 것이다. 특히 가장 빈번하게 보이는 구리벌 출신자들이 주로 성산산성의 동문 방면의 축성을 담당하지 않았을까 싶다. 상주 전역에 걸치는 지명을 다룬 목간이 한두 명에 의해 작성된 사실로 미루어 보면 州가 동원된 집단을 전체적으로 관장하고 있었던 것으로 여겨진다.

4. 木簡이 작성된 시기

목간을 사료로서 활용하기 위해서는 내용과 함께 작성시기가 구체적으로 확정되어야 한다. 그렇지 않다면 목간을 이용하는 데는 일정한 한계를 가질 수밖에 없겠다. 사실 작성시점이 뚜렷해지면 목간이 지닌 성격이나 내용도 한층 더 선명하게 드러날 수 있을 것이다.

그러나 앞서도 말하였듯이 이 목간에는 간지나 연호는 물론이고 월일을 짐작할 만한 어떤 단서도 보이지 않아 작성의 구체적인 시점을 추적해 내기란 쉽지가 않다. 지금까지 목간 자료가 풍부하고 또 그에 대한 연구가 상당히 축적된 상황이라면 혹시 목간의 외형이나 재질, 문서 작성의 방식 및 서체나 서법 등으로도 대략적인 연대추정이 가능할지도 모른다. 하지만 아직 우리의 목간 연구 현황으로는 그 정도를 기대하기란 어려운 형편이므로 목간의 작성연대에 대해서는 목간 자체의 내용을 분석하면서 접근해 갈 수밖에 없을 것 같다.

목간의 작성시기 추정에서 가장 요긴한 단서가 될 만한 것은 신라가 지방민을 대상으로 설정한 관등인 외위의 존재이다. 왜냐하면 외위는 일정한 기간에만 존재하였으므로 목간의 연대 폭을 어느 정도 한정지을 수 있기 때문이다. 1등인 嶽干에서 11등인 阿尺에 이르는 외위 전체 11등 체계 가운데 7등인 干 이하는 대체로 법흥왕대(514~539)에 성립하였으며, 6등인 上干 이상은 그 뒤에 점차적으로 분화(증설)하여서[19] 늦어도 진흥왕대(540~575) 초반에는 11등 체계 전체(금석문으로는 아

---

19) 朱甫暾, 〈6세기초 新羅 王權의 位相과 官等制의 成立〉, 《歷史敎育論集》 13·14 합집(1990), pp.261~269와 河日植, 〈新羅 官等制의 起源과 性格〉, 연세대 대학원 박사논문, 1998, pp.141~150.

직 확인되지 않는 嶽干을 제외하면 10등)가 완성되었다고 생각된다. 이후 외위는 674년에 이르러 관등제가 경위로 일원화됨으로써 소멸하게 되었다. 따라서 외위가 보인다는 것은 이 목간의 연대가 일단 법흥왕대를 上限으로 하며 674년을 그 下限으로 한다고 단정하여도 무방하겠다.

이 목간에는 一伐, 上干(支), 干(支)과 같은 몇몇 외위가 보인다. 이 밖에 아직 확실하지는 않지만 외위와 비슷한 용도로 쓰였을 듯한 稗(神), 稗(神)一, 稗(神)石과 같은 특이한 용례도 보인다.[20] 물론 신라와 가야는 旱岐(干支)나 牟羅 등의 용례에서 볼 때 언어의 공통성이 많아 가야에서도 신라의 영향을 받아 그와 같은 외위를 사용하였을 가능성이 있을지 모르나 앞서 언급하였듯이 이 목간에 보이는 지명 가운데 오늘날의 위치가 분명히 비정되는 곳들이 모두 신라의 영역 안이므로 결코 가야의 것일 수는 없다. 그렇다면 목간의 상한은 함안 지역의 신라 편입시기를 소급할 수는 없으므로 그 연대 폭은 더 좁혀진다.

함안에 위치하였던 安羅(阿羅加耶)가 신라에 편입된 《삼국사기》 지리지에는 법흥왕대로 되어 있고[21] 《東國通鑑》과 같은 조선 초기의 사서에서는 법흥왕 26년(539)이라고[22] 한층 구체적으로 명시하고 있다. 그렇지만 《日本書紀》에는 540년대 백제 중심으로 진행된 이른바 任那復興會議(復建會議 또는 再建會議라고도 함)에 가야 제세력 가운데 안라가 주도세력으로 등장하고,[23] 또 같은 책 欽明紀 14년(553)조에는 신라가 고구려와 通謀하여 안라를 정복하려 하였다는 기사도 보이므로 적어도 이때까지는 안라가 존속하고 있었던 것만은 분명하다.

그런데 일반적으로 안라의 멸망을 《삼국사기》 4 신라본기 진흥왕

---

20) 이들을 곡물을 뜻하는 것으로 보는 견해도 있지만(尹善泰, 平川南, 李成市) 따르지 않는다.
21) 《三國史記》 34 地理志 咸安郡條.
22) 《東國通鑑》 5 法興王 26年條.
23) 《日本書紀》 19 欽明紀 2年 夏4月條 및 5年 11月條.

23년(562)조나 같은 책 34 지리지 高靈郡條의 관련 기사, 그리고《일본서기》19 欽明紀 23년(562)조의 기사를 토대로 562년 대가야의 멸망과 같은 해로 보고 있는 듯하다. 그러나 이는 어디까지나 추정일 뿐 그럴 만한 확정적인 근거는 없다.《삼국사기》나《일본서기》의 관련 기사는 고령의 대가야나 가야 제세력의 영역이 신라로 편입된 시기를 보여 줄 따름이지 安羅의 멸망시점을 꼭 562년으로 보아야 할 하등의 이유는 없는 것이다. 차라리 안라의 멸망을 그보다 앞서는 시점으로 추정할 만한 유력한 단서로는《일본서기》흠명기 22년(561)조에 신라가 일본의 침략에 대비하여 '阿羅波斯山'에 축성하였다는 기사를 손꼽을 수 있다. '阿羅波斯山'의 현재 위치는 알 수 없지만 이 阿羅를 흔히 安羅로 간주하고 있거니와 그렇다면 이미 561년 이전에 안라 지역은 신라의 영역화한 셈이 된다. 그런 의미에서 주목되는 것이《일본서기》19 흠명기 23년조의 挾注로 인용되어 있는 일본에 의해 559년 임나가 전부 멸망하였다는 기사이다.[24] 뚜렷하지는 않지만 이 해를 안라 멸망의 시점 또는 그 하한으로 설정할 수 있지 않을까 싶다.

이상과 같이 안라 멸망시기의 하한을 559년으로 볼 수 있다면 목간의 작성 상한을 이때로 간주하여도 무방하겠다. 이러한 대략적인 이해를 바탕으로 목간의 작성시점을 좀더 구체적으로 추적하여 보기로 하겠다. 그럴 때 주목되는 것이 외위의 표기방식이다.

《삼국사기》40 職官志下 외위조에 11등 외위체계가 정연한 형태로 정리되어 나타나지만 일정한 시기에는 경위와 마찬가지로 독특한 표기방식이 유행되고 있었다. 이 점은 우선 경위에서 시사받을 수 있다. 이른바 경위 17등 가운데 9등인 級(及伐)湌(干) 이상 干(湌)群京位의 湌은 원래 干으로 표기되고, 그 다음에는 支가 붙어 '干支'의 형태로 일정한 기간 사용되었다. 물론 금석문에 나타나는 것은 간군뿐만 아니라

---

24) 필자는 이미 〈加耶滅亡問題에 대한 一考察〉,《慶北史學》4, 1982, p.182에서는 550년대 후반으로 추정하여 둔 바 있다.

大舍와 小舍, 吉士, 大烏와 小烏 등과 같은 관등도 원래는 帝(第)智(之)
등의 어미가 붙은 형태로 표기되었다. 17등 경위인 造位의 일명을 先
沮知라 한 것은 그 잔재로 보인다. 아직 비록 금석문에서 확인되지는
않았지만 奈麻群도 그럴 가능성이 높다. 이러한 경위 표기, 특히 간군
경위 표기에서 支가 탈락하는 현상이 나타나는 것은 561년의 창녕비를
그 하한으로 한다.[25] 이후의 금석문에는 간군 경위에 支가 붙는 표기는
전혀 보이지 않기 때문이다. 그런데 550년 무렵의 적성비에는 간군 경
위에 支가 붙어 있으므로 이후 561년 사이의 어느 시기에 경위 표기에
서 큰 변화가 있었다고 추정할 수 있겠다.

  아마도 외위의 경우에도 대체로 경위와 함께 표기의 변화가 진행된
듯한데, 561년의 창녕비에 보이는 외위 2등인 述干에는 支가 붙어 있
지 않다는 것은 그를 방증하여 준다. 550년의 적성비에는 하간지나 찬
간지, 551년의 명활산성비와 안압지 출토 명활산성비에는 하간지, 간
지의 형태로 간군 외위에 支가 붙어 사용되고 있었다. 따라서 일단 간
군 외위의 표기에도 같은 기간에 支가 탈락하는 변화가 있었다고 보아
도 되겠다.

  그러나 외위의 경우 경위의 표기변화와 곧바로 일치시킬 수 있을지
는 약간 의문이 든다. 왜냐하면 중앙정부의 공식적인 관등 표기방식에
서는 이미 550년대에 支를 사용하지 않기로 결정된 듯하나, 그것은 중
앙정부가 직접 작성한 비문에만 한정되어서 나타나기 때문이다. 지방
민이 작성한 비문에서는 새로운 표기방식이 일률적으로 시행되지는
않고 얼마 동안 기존의 방식이 관행대로 여전히 통용된 듯하다. 이는
578년의 오작비에서 외위 4등을 貴干支로 표기하여 아직 支가 붙은 채
로 사용되고 있는 데서 짐작된다. 오작비는 비록 중앙에서 파견된 都
唯那란 僧職을 가진 2명의 승려에 의해 주도된 築塢(저수지로 추정) 관

  25) 武田幸男, 〈金石文資料からみた新羅官位制〉, 《江上波夫敎授古稀記念論文
    集 歷史篇》(1977), pp.49~70 참조.

련 사정을 기록한 것이지만 그 자체 문장을 작성하였을 文作人은 一尺 이란 외위를 소지한 지방민이다. 따라서 지방민들은 중앙의 관등표기 변화에 즉각 반응하여 그를 따랐던 것은 아니었다고 하겠다.[26]

이상과 같이 보면 550년대의 어느 시점에 중앙에서는 경위이건 외위이건 관등의 표기방식을 한꺼번에 변경하였지만 아직 지방민들 사이에서는 그러한 결정이 즉시 관철되지는 않았고 이후 한동안 기존의 관행이 통용되고 있었던 것이다. 그런데 591년의 남산신성비에서는 간군 외위의 표기방식에서 支가 완전히 탈락되어 있다. 이는 물론 남산신성비가 전체적으로는 왕경인의 주도로 작성되었기 때문이기도 하겠지만, 다른 한편 이를 작성한 사람이 지방민임을 고려하면 바뀐 외위의 표기방식이 상당한 기간이 지나는 동안 전반적으로 정착되었기 때문으로 풀이된다. 요컨대 간군 외위의 표기방식이 560년 무렵부터 591년 사이의 어느 시점에는 간지의 支가 완전히 탈락하여 干으로 표기되는 변화가 점차 정착한 것이라 하겠다.

이처럼 외위의 표기방식을 통하여 목간의 작성시기를 살펴보면 그 폭은 한층 좁혀진다. 이 목간에는 외위 6등인 上干이 상간지로, 7등인 干은 간지로 표기되어 있다. 앞서 보았던 것처럼 목간은 安羅의 멸망이 559년 무렵이므로 그를 상한으로 하며 그 하한은 아무리 늦추어 잡아도 591년 이후로는 내려가지 않을 터이다. 따라서 이 목간이 작성된 시점은 559년 이후 591년 사이일 것으로 추정된다. 그 가운데 앞서 말하였듯이 목간의 용도가 축성과 관련된다고 한다면 안라가 신라의 영역으로 편입되고 난 뒤 그로부터 그렇게 멀리 떨어지지 않은 시기인 560년대일 가능성이 가장 높다. 아무리 늦추어 잡더라도 570년을 그리 벗어나지는 않을 듯하다. 그 점을 방증하여 주는 것이 특정한 시기에만 사용된 몇몇 글자의 존재이다.

---

26) 朱甫暾, 〈明活山城作城碑의 力役動員體制와 村落〉, 《西巖趙恒來教授華甲紀念 韓國史學論叢》, 1992, p.37.

6세기의 금석문을 一瞥하여 보면 일정한 시기에 널리 유행한 특정 용어나 글자 및 서법 등이 있었던 듯하다. 이를 통하여 기존에 읽지 못하였던 글자도 새로 읽을 수 있을 것으로 보인다. 가령 이 점은 503년의 영일냉수리신라비에 보이는 '斯'라는 글자나 524년의 울진봉평신라비, 그리고 539년의 울주천전리서석 추명에 보이는 '徙'의 약자는 특정한 시기에 유행한 듯한데, 이를 바탕으로 536년의 영천청제비에서 종래 판독이 불가능하였던 것으로 여겼던 글자를 읽을 수 있게 되었던 데서 입증되었다. 이 목간에서 사용된 글자 가운데 특이한 필치로 되어 있는 婁와 凹는 적성비에, 弥는 봉평비에, 伊는 오작비에, 城은 남산신성비에 각각 같이 사용되고 있다. 특히 '支'는 그 가운데 6세기 전반에 보이는 글자체와 상당히 유사한 모습을 띠고 있다. 그리고 이 목간에는 특이하게도 奴人이란 용어가 보이는데, 이는 봉평비에도 奴人法과 같은 형태로 같은 용어가 사용되고 있어 둘의 관련성이 크게 주목된다. 대체로 몇몇 특징적인 글자의 필치나 단어를 통해 볼 때 6세기 전반과 비슷한 면모를 보이는 것도 이 목간이 560대를 크게 벗어나지 않을 것으로 보는 중요한 근거의 하나이다.

요컨대 이 목간 작성시기는 외위 표기방식으로 보아 560년대로 추정되며 아무리 늦추더라도 570년 이후로 내려가지는 않을 것으로 판단된다.

5. 木簡이 지닌 의의

이상과 같이 이 목간의 작성연대를 대체로 560년대로 보고 그 내용이 주로 축성과 관련된다고 하였을 때, 그것이 기존의 신라사 이해에 어떤 영향을 미칠 수 있는 것인가. 새로운 자료의 출현이 그간 진행되어 온 논란을 종결짓기도 하고 때로는 새로운 의문을 던지기도 함은 다 아는 사실이다. 이 목간의 경우도 그 점에서 예외는 아니다. 그런 점에서 이 목간이 갖는 몇 가지 의의가 찾아진다. 아래에서는 이를 지적하여 보고자 한다.

먼저 축성과 관련하여 여러 가지로 새로운 知見을 얻을 수 있다는 데에 이 목간이 갖는 일단의 의의가 있다. 신라 영역으로 새로 편입된 지방에 소재한 산성을 축성하는 데 다른 지방의 주민을 동원하였다는 사실이 주목된다. 이는 신라 영역으로 새로이 편입된 지역에만 한정된 것이 아니라 기존의 영역에 대한 축성에서도 마찬가지리라 유추된다. 물론 이 점은 이미 문헌을 통해서도 확인되지만 이 목간은 이를 구체적으로 입증하여 주는 사례라 하겠다. 다만 역역동원이 당해 지역과 가까운 곳을 대상으로 한 것이 아니라 상당히 멀리 떨어진 곳에 거주하는 지역민을 대상으로 하고 있으므로 명활산성비나 남산신성비에서 알 수 있듯이 왕경의 토목공사에 지방민을 전국적으로 동원하였던 사정과 거의 비슷한 점이 엿보인다. 이들은 지방민에 대한 지배강화의 일환이기도 하였다.

그렇다면 이 함안 성산산성의 축성은 새로이 편입된 지역민에 대한 지배와 함께 기존의 지방민에 대한 지배정책이라는 이중적인 효과를 노렸던 것이 아닌가 한다. 한편 새로이 편입된 함안 등 가야 지역민에 대해서는 아직 신라민으로서의 編制가 제대로 행해지지 않은 상태였기 때문에 역역동원의 핵심대상에서 제외된 것이 아닐까 싶다. 그리고 축성의 목적이 새로이 영역으로 편입된 지역에 대한 守備에 있기도 하였을 터이지만, 다른 한편 이와 동시에 지역지배를 위한 거점 마련의 성격도 아울러 지녔을 것임을 무시할 수 없다. 축성을 위한 역역동원만이 아니라 군사적인 동원도 함께 이루어진 것이 아니었을까 한다.

한편 축성을 위한 역역동원에 州가 하나의 큰 단위로 기능하였을 가능성이 엿보이는 점도 눈여겨볼 만한 대목이다. 물론 州 자체가 역역동원의 실제적인 단위로서 어떤 기능을 하였는지는 잘 알 수가 없지만 어떤 형태로든 축성과 관련하여 운용되고 있었음은 틀림없다. 그 점은 상주란 넓은 범위를 대상으로 하면서도 이 목간이 단지 한두 사람에 의해 작성되었다는 사실에서도 시사를 받는 바이다. 통일기의 사례이

기는 하지만 경주 毛火에 소재한 關門城(新垈里城) 城壁石刻에서 드러
나듯이 같은 州에 소속한 지역민들이 축성시에 같은 방향의 성벽을 분
담하였다는 사실이[27] 그를 방증한다. 물론 할당받은 성벽의 방향만 같
았는지 어떤지는 단정짓기 어렵지만, 州도 축성을 위한 역역동원에서
일정하게 기능한 것은 틀림없다. 이 점은 넓은 범위의 州를 바탕으로
한 州兵이 존재한다는 사실을 통해서도 유추된다.[28] 기왕에 남산신성
비 등에 보이는 역역동원에 州의 역할을 전혀 고려의 대상으로 삼지
않았던 인식은 수정되어야 함을 시사한다. 앞으로 그러한 측면에서의
접근이 요망된다고 하겠다.

　둘째, 새로운 외위나 그 異稱이 존재할 가능성이 확인된 점이다. 여
러 목간에서 확인되는 稗(裨), 稗(裨)一, 稗(裨)石이 외위와 같은 기능을
하고 있는 것은 틀림없다. 그 점은 목간 12에서 구체적으로 확인되는
사실이다. 앞서 지적한 대로 이 목간의 자간에 들어 있는 ∨란 표시가
잘못 쓴 것을 나타낸 사례라면, 稗一은 외위 간지 대신에 사용될 수 있
는 성질의 것이 된다. 그렇다면 간지가 외위인 한 이것도 어떻든 일단
외위의 하나로 볼 수밖에 없기 때문이다. 이 목간에는 기존에 알려진
외위로는 干, 上干, 一伐만 나오나, 裨一 등도 그와 유사한 것으로 기능
하였을 가능성이 짐작된다. 그렇다면 이들은 어떻게 이해해야 할까.

　이들이 외위로 기능하였다면 우선 발음으로 보아 彼日일 가능성이
제기된다. 稗一만을 고려하면 그럴지도 모르지만 그러나 이 경우 그들
이 하나로 통일된 형태로 표기되지 않았다는 점이 큰 약점으로 지적된
다. 따라서 稗(裨)一은 어떨지 몰라도 나머지 둘도 그렇다고 단정할 수
는 없다. 다른 하나는 이들 셋 각각이 이 목간에 보이지 않는 一尺, 彼
日, 阿尺 등에 해당될 가능성이다. 그럴 때 이들은 각 외위의 이칭이

---

27) 이에 대해서는 朴方龍, 〈新羅關門城의 銘文石考察〉, 《美術資料》 31, 1982를
　　참조.
28) 앞서 말하였듯이 성산산성 축조에 군사적인 동원의 성격이 있는 데서도 그
　　점은 방증된다.

될 뿐만 아니라 모두 동일한 裨(稗)에 그 기원을 두고 있다는 점에서
흥미로운 사실을 제공한다. 그러나 이미 봉평비나 적성비 등에서 一尺
이나 阿尺이 보이고 있으므로 그럴 개연성은 별로 높을 것 같지가 않
다. 다만 이들은 모두 왕경인에 의해 작성된 것이므로 통일된 형태로
쓰였던 반면, 이 목간은 지방민에 의해 작성되었으므로 이칭을 그대로
썼을 가능성은 배제할 수가 없다.

다음은 기존의 11등 외위에 속하지 않는 다른 외위가 존재하였을 경
우이다. 이미 냉수리비나 봉평비에서도 그럴 가능성이 제기되었지만
그것은 외위 성립 초기 단계이므로 그렇다 치더라도, 이 목간보다 뒤
늦은 남산신성비에도 외위가 분명한 자리에 자획이 뚜렷한데도 11등
외위에 포함되지 않는 존재가 몇몇 확인된다. 이들이 기존 외위의 이
칭인지 아니면 외위에 준하는 존재인지는 판단할 수가 없지만 각 지역
별로 지방민을 편제하는 방식이 따로 존재하였을 개연성도 배제할 수
없다. 중앙에서는 정비된 11등 체계를 마련하고 있었지만 지방에서는
나름의 이칭을 그 뒤에도 줄곧 사용하였을 가능성이 높다.

裨一 등이 외위로 기능한 것임은 확실하지만 왜 그렇게 표기되었는
지는 잘 알 수가 없다. 위에서 든 셋 가운데 어느 하나라 여겨지지만
현재로서는 확정할 수 없으므로 그 결정은 다른 사례가 나올 때까지
당분간 유보할 수밖에 없다.

《삼국사기》 직관지에는 외위가 완전히 정리된 형태로 기재되어 있
지만 이를 경위와 대비하여 보면 두 가지 점에서 특징이 나타난다. 하
나는 경위의 간군이 언제부터인지 모르겠으나 干 대신에 飡으로 표기
가 바뀌었지만 외위는 그대로인 상태로서 소멸한다는 점이다. 둘째,
경위에는 많은 이칭이 있는 반면 외위에는 그것이 전혀 없다는 사실이
다. 이는 외위와 경위의 두드러진 차이라 하겠는데, 원래부터 외위에
는 이칭이 없었던 것인지 아니면 정리된 것만이 기록에 남게 된 데서
연유한 것인지는 판단할 수가 없다. 여하튼 남산신성비에 보이는 실체
를 판별하기 어려운 외위(?)와 함께 이 목간에 보이는 裨(稗), 稗(裨)一,

裨(裸)石 등도 앞으로 풀어야 할 새로운 숙제라 하겠다.

셋째, 종래 행정(성)촌이나 자연촌의 문제 및 인명표기와 관련되어 온 몇 가지 논란에 이제는 거의 종지부를 찍게 되었다는 점이다. 기왕에 중고기의 금석문에 나타나는 城과 村을 모두 지방관이 파견된 행정(성)촌이었다고 보는 견해,[29] 그 가운데는 행정(성)촌뿐만이 아니라 자연촌도 존재한다고 보는 견해[30] 등으로 나누어져 있었다. 전자는 금석문에 보이는 모든 촌명은 행정(성)촌이라고 본 반면, 후자는 그 가운데에는 자연촌도 있는바, 특히 오작비에 보이는 촌은 모두 자연촌이라고 간주하였다. 말하자면 금석문에 보이는 村의 성격은 일률적이 아니며 따라서 상황을 보아 판별하여야 한다는 것이었다.

사실 중고기 당시 인명을 표기할 때는 관등과 함께 반드시 출신지명을 표시하였는데, 그럴 때에는 일정한 틀이 있었던 것이다. 인명 표기에 출신지역을 표시한 목적은 당자가 속한 공동체를 대외적으로 표현함으로써 서로를 구별지으려는 데에 있었던 만큼, 그 지역 표기는 구별하고자 하는 범위에 따라 달라지는 것이다. 가령 동일한 郡內에서 서로를 구별할 필요가 있을 때에는 각자가 소속된 행정(성)촌으로 출신지를 나타내지만, 동일한 행정(성)촌 내에서 서로를 구별짓고자 할 때에는 최소 공동체로서 자연촌을 그 출신지로 나타내었던 것이다. 그래서 금석문의 인명 표기에 나타나는 촌명은 경우에 따라 행정(성)촌일 수도 있고 자연촌일 수도 있는 것이라 생각된다. 그러므로 인명 표기에 사용된 촌을 어떤 경우라도 항상 동일한 성격이라고 단정해서는 안 된다.

앞서 살펴본 두 견해의 중요한 차이 가운데 하나는 중고기에 자연촌이 존재하였는지의 유무이다. 전자는 촌명을 가진 것은 오로지 행정(성)촌뿐이라고 간주한 반면, 후자는 행정(성)촌뿐만 아니라 그를 구성하는 하위단위까지도 촌명을 사용하였다는 것이며, 오히려 자연촌이

---

29) 李銖勳, 〈新羅 村落의 性格〉, 《韓國文化研究》(부산대 한국문화연구소), 1993 ;
   金昌鎬, 〈金石文 자료로 본 古新羅의 村落 構造〉, 《鄕土史研究》 2, 1990.
30) 朱甫暾, 앞의 글(1988).

신라에서 사용한 본래의 개념이라고 간주한다. 사실 村은 본디 중국 남북조시대의 자연촌에서 출발한 것이었고, 그를 수입한 고구려를 통해서도 그 개념은 그대로 관철되고 있었다. 따라서 행정(성)촌은 차라리 뒤늦게 촌이란 개념을 수용한 신라에서만 독특하게 지방 지배거점의 명칭으로까지 확대되어 사용하게 된 것이라 하겠다. 이 점이 신라의 村이 가진 중요한 특징의 하나이다. 신라에서는 행정(성)촌과 자연촌 모두에 촌명을 사용하였던 것이다. 그러므로 둘을 판별하는 것은 비문의 내용 여하에 따라야 한다.

이러한 추정은 이미 남산신성비 제9비의 발견으로 입증된 바 있지만[31] 이제 다시 이 목간의 출현으로 그 점이 거듭 확인된 셈이다. 그것은 '仇利伐 上彡者村'(목간 1, 목간 12)이나 '仇伐 干好△村'(목간 8)에서 의심의 여지가 없게 되었다. 다만 구리벌을 출신지명으로 하는 경우(목간 22, 목간 23)도 있고, 또 城과 村만으로 출신지를 표시한 경우도 있는데(전자는 목간 9와 목간 17, 후자는 목간 6, 목간 7, 목간 13, 목간 21), 이는 남산신성비 제9비에서 보이는 표기방식과 꼭 같으므로 그를 참조하면 이해하기가 좀더 쉬울 듯하다.

이 목간에서 촌명이 아니라 성명으로만 인명을 나타내는 것은 일단 행정(성)촌에 속한다고 할 수 있고, 따라서 이는 여타 행정(성)촌과를 구별하려는 용법으로 쓰였던 것이다. 다만 촌명만을 가지고 있는 것은 일단 자연촌일 가능성이 높다고 하겠는데, 그럴 때는 그보다 상위거점인 행정(성)촌명은 다른 목간에 이미 표현되었을 가능성이 높다. 이 목간 하나하나는 그 자체로 완결된 것이지만 목간에 구멍이 뚫려 있거나 또는 上下段에 홈을 판 것은 같은 성격의 것끼리 묶기 위한 용도였을 터이다. 따라서 촌명만을 칭하고 있는 목간은 상위의 행정(성)촌을 나타낸 다른 목간과 함께 묶일 수가 있으므로 표기에서 생략된 것일지도

---

31) 朱甫暾, 〈南山新城의 築造와 南山新城碑 — 第9碑를 中心으로〉, 《新羅文化》 10·11 합집, 1994, p.56.

모른다. 다른 한편 이들 자체가 모두 행정(성)촌일 가능성도 당연히 예상된다. 그렇다면 동일한 목간에 자연촌이 인명을 표기하는 데 사용되고, 또 동시에 행정(성)촌도 인명 표기에 사용된 셈이 된다. 둘 가운데 어느 쪽이 옳을지는 판단하기 어려우나 城이 인명 표기로 사용되고 있는 것으로 미루어 짐작하면 후자일 가능성이 좀더 높지 않을까 싶다. 다만 둘 가운데 어느 쪽을 취하더라도 자연촌이 존재한다는 점은 움직일 수가 없는 명백한 사실이다. 이로써 기왕에 자연촌명의 존재 자체를 부정해 온 견해는 성립할 수가 없게 된 것이라 하겠다.

넷째, 대체로 지금까지 알려진 목간은 아무리 빨라도 7세기 초를 소급할 수가 없었는데, 이 목간은 6세기 후반으로 현재 국내에서 발견된 목간 가운데 가장 이른 시기에 속한다는 점이다. 안압지에서 출토된 목간은 8세기 중엽까지 내려가는 것으로 이해되고 있으므로 현재 우리나라에서 목간을 사용한 연대 폭은 늦어도 6세기 중엽에서 8세기 중엽에 이르는 것으로 판명되었다. 일본에서의 목간 사용은 아무리 빨라도 7세기를 소급할 수 없으며, 특히 그 중심연대가 8세기라는 사실과 대비하면 신라에서 목간 사용이 늦어도 6세기까지 소급된다는 것은 둘의 영향 관계를 고려할 때 시사하는 바 크다. 그런 의미에서 양국의 목간이 지닌 여러 속성은 앞으로 더욱 면밀하게 비교 검토되어야 할 것으로 여겨진다. 그와 관련하여 목간에 Ｖ 표기를 한 것도 비교사적인 관점에서 주목되어야 할 사항이다.

끝으로 이 목간은 신라 지방문화의 수준을 어느 정도 반영하고 있어 주목된다. 이 목간은 지방민에 의해서 작성된 것이 틀림없다. 왜냐하면 앞서 말하였듯이 왕경인이 작성한 것이라면 이미 바뀐 上干支나 干支와 같은 표기방식을 사용하지는 않았을 터이기 때문이다. 게다가 稗(裨)一, 稗(裨)石과 같은 외위의 이칭 표기로 추정되는 것도 사용하지는 않았을 것이다. 그렇다면 지방에서도 이런 정도의 필력과 필법을 구사할 만한 능력을 가졌던 셈이 되는데, 이는 당시 지방문화의 수준을 가늠하는 하나의 척도가 될 수 있을 것 같다. 남산신성비에 각 성촌

별로 文尺이 존재하고 있는 사정도 이로써 충분히 납득이 가는 것이라 하겠다. 이처럼 지방민의 문자 사용 능력이 6세기 중엽 급속하게 향상된 것은 불교 수용과 밀접하게 관련이 있는 것으로 여겨진다. 그 점과 관련하여 종이의 사용도 이 시기에 주목되어야 할 사항 가운데 하나라 하겠다.

6. 맺음말

요즈음 목간의 출토범위가 점차 전국적으로 확산되는 현상을 보이고 있다. 처음에는 신라의 왕도였던 경주를 중심으로 출토되다가 백제의 왕도였던 부여 지역에서, 나아가 이제 성산산성과 같은 변두리 지역에서까지 출토되고 있다. 특히 과거 7세기 신라의 목간이 여러 점 출토된 바 있는 경기도 하남시 춘궁리 소재의 이성산성에서 최근 다시 고구려의 것으로 추정되는 목간이 출토된 것은 크게 눈여겨볼 만한 대목이다. 삼국의 목간에 비교 연구를 통한 영향관계의 해명이 가능해졌기 때문이다.

그 가운데 성산산성 출토 목간은 지금까지 국내에서 출토된 것 가운데 最古의 것으로서 전체 수량이나 글자수도 적지가 않아 주목된다. 게다가 내용도 일정한 정형을 이루고 있기 때문에 종합적으로 검토하면 신라사 복원을 위한 유익한 정보를 적지 않게 얻을 수가 있을 것 같다. 이 점에서 이 목간이 갖는 의의는 적지 않다고 하겠다.

이제 이 목간의 출현을 계기로 삼아 목간에 대해 본격적으로 관심을 돌려 木簡學이 하나의 독자적인 분야로 정립될 수 있도록 토대 마련에 힘써야 할 때가 되지 않았을까 싶다. 그것이 한국고대사 분야에서 자료의 한계를 극복하는 하나의 유력한 방법일 것이기 때문이다. 그를 위해서 앞으로 목간의 재질이나 형태, 크기를 분류하는 기초작업도 진행하고, 아울러 문서의 형식이나 서체 등에 대한 종합적이며 체계적인 검토가 긴요하다고 하겠다. 특히 목간의 사용은 종이나 문자학 나아가 금석학 분야와도 밀접하게 연관이 있는 만큼 목간학이 제자리 잡기 위해서는 인접 분야의 도움 또한 절실히 요청된다. 그와 아울러 일본이나 중국의 목간에 대해서까지 인식의 지평을 확대해 갈 필요성이 요망되는 바이다. 그 점에서 이 목간은 한국 고대 목간학 분야에서 길잡이 역할을 충분히 감당할 수가 있을 것으로 기대된다.

제10장
韓國 古代의 土器銘文

1. 銘文이 갖는 의미

흔히 考古學에서는 하나의 토기 조각이 헤로도투스의 《역사》와 맞먹는다는 말을 한다. 이는 인간이 남긴 삶의 흔적으로서 유물과 유적을 통하여 그 궤적을 추적하는 학문 분야를 담당하는 고고학도들에게 토기 조각 하나라도 자칫 소홀히 다루어서는 안 된다는 점을 강조하는 警句일 터이다. 마찬가지로 문헌을 바탕으로 인간의 삶을 복원해 냄을 그 본령으로 하는 역사학에서 과거의 사람들이 남긴 어떠한 부호나 글자라도 그대로 지나칠 수 없음은 새삼스레 말할 필요가 없겠다. 현전하는 문헌사료가 영성하기 짝이 없는 한국고대사 분야에서는 특히 그러하다.

지난 1996년 1월 중순, 일본에서는 3세기 말의 것으로 추정되는 토기의 밑바닥에 朱書로 '田'자 가운데 윗부분의 '一'획이 없는 글자 하나가 발견되었는데, 그때 일본의 각 일간지들이 다투어 그를 1면의 머릿기사로 며칠에 걸쳐 보도하는 것을 본 적이 있다. 그 글자가 일본에서 씌어진 최초의 것으로 판명되었기 때문이기도 하였거니와, 그것이 하필 농업과 관련 있는 것으로 추정되어 큰 주목을 끌었던 것이다. 글자 하나를, 그것도 불확실한 글자를 둘러싸고 3세기 당시의 농업생산력까지 운위되기도 하였다. 아직 확정짓기조차 어려운 글자를 대상으로 삼아 그렇게까지 논란하는 것을 보고 좀 지나치다는 느낌도 들었는데,[1] 그것은 여하튼 사료가 빈약한 분야에서는 하나의 글자라도 어떻게 취급하여야 할지를 웅변하여 주는 사례라 하겠다.

명문의 글자 하나하나는 별로 큰 의미를 갖지 못할 수도 있으나 전체적인 흐름 속에서 그들 사이의 상호 연관관계를 파악할 때에는 단편적인 글자 하나, 부호 하나라도 나름의 생명력을 띨 수가 있는 것이다. 얼마 전에 꽤나 유명한 어떤 소설가가 토기에 새겨진 우물 '井'자와 비슷한 부호에 관심을 갖고 그 중요성에 착목하여 그러한 부호가 분포하는 범위와 그것이 가지는 의미를 추적해 가는 체험적 과정을 그린 한 편의 소설을 써서 세인의 관심을 끈 적이 있거니와, 그 자체 픽션에 지나지 않으므로 사실성 여부는 젖혀두고라도 흔히 지나치기 쉬운 부호들도 상호 관련성 속에서 파악하면 마치 죽어 있던 생명력이 되살아날 수도 있음을 연구자들에게 일깨워 주었다. 그런 의미에서 사료가 빈약한 한국고대사에서는 조그마한 부호, 그림, 글자라도 결코 소홀히 다루어서는 안 될 것이다.

2. 다양한 銘文 자료

대체로 1970년대 이후 최근에 이르기까지 고고발굴이 많이 행해지면서 새로운 금석문 자료가 급격하게 증가하는 추세에 있는 것 같다. 이는 발굴 자체의 수량이 늘어난 데서 온 당연한 결과라 하겠으나 다른 한편 아마도 문자가 가지는 중요성에 대한 인식이 전반적으로 고조된 데서의 영향도 무시할 수는 없을 것이다. 그 동안 별로 관심 없이

---

1) 하긴 그것도 1955년 鹿兒島縣 種子島의 廣田遺蹟에서 출토된 당시까지 최초의 문자로 貝札에 새겨진 '山'자를 갖고 道敎의 神仙思想 운운하기도 한 적이 있음을(岡崎晉明, 〈文字と記號〉, 《ことばと文字》, 中央公論社, 1988, p.377) 상기하면 조금도 이상스럽지가 않다.

지나쳐온 것들도 다른 각도에서 눈여겨보아 새롭게 확인된 것도 적지 않기 때문이다. 예컨대 이미 1919년 昌寧 校洞 11호분에서 출토된 環頭大刀의 경우, 명문이 전혀 알려지지 않았으나 刀劍 명문에 대한 인식이 고조되면서 엑스선(X-ray) 사진의 판독을 통하여 새로이 확인된 바 있다.[2] 이는 관심 여하에 따라 死藏되거나 湮滅되어 버릴 뻔한 명문 자료가 재생된 대표적인 사례이다.

이처럼 문자 자료가 증가되면서 드러난 두드러진 특징의 하나는 문자가 씌어진 재료가 다양해지고 있다는 사실이다. 기왕에 명문 자료로서는 이렇다 할 굵직한 비문들이 주류를 이루어왔으나, 최근 다양한 재료들에 씌어진 명문이 알려져 주목된다.[3] 예컨대 위에서 든 도검을 비롯하여[4] 비단,[5] 청동 숟가락,[6] 기와,[7] 城壁石刻,[8] 주사위(酒令具),[9] 漆

---

2) 韓永熙·李相洙,〈昌寧 校洞 11號墳 出土 有銘圓頭大刀〉,《考古學誌》2, 1990. 다만 이 명문이 처음 소개될 때는 잘못된 사진을 토대로, 그것도 글자의 배치 방향을 잘못 거꾸로 보아 전혀 다른 글자로 판독되기도 한 해프닝이 있었다. (李永植,〈昌寧 校洞 11號墳 出土 環頭大刀銘〉,《宋甲鎬敎授停年退任紀念論文集》, 1993, pp.603~604 참조)

3) 嶺南埋藏文化財硏究院에서 1996년 경북 慶山市 林堂洞 소재의 한 건물지 발굴에서 6, 7세기의 것으로 추정되는 石碑를 수습한 사실은 特記하여야 할 사례로 여겨진다. 발굴을 통해서도 碑가 출토될 수 있음을 보여주었기 때문이다.

4) 위에서 든 도검명문 외에 일본 東京國立博物館이 소장한 有銘環頭大刀가 있는데, 이것도 창녕 지역에서 출토된 것이 확실하다고 한다.

5) 최근 일본 宮岐縣 南鄕村의 神門神社에서 緋緞墨書가 발견 보고되었는데, 여기에는 150여 자의 글자가 씌어 있다. 정식의 한문으로 작성된 것이 아니어서 해석에서 논란이 있으므로 단정 지을 수는 없으나 현재로서는 백제 말기에 작성되었을 것으로 보는 견해가 유력하다. 앞으로 좀더 면밀한 검토가 요망된다고 하겠다.(徐吉洙,〈日本 宮崎縣 神門神社에서 새로 발견된 緋緞墨書의 발견 경위와 내용〉; 박찬규,〈日本 宮崎縣 神門神社 緋緞墨書에 관한 사적 검토〉, 고구려연구회 발표요지문, 1996 참조)

6) 서울대학교 박물관에서 1990년 발굴한 서울시 구로구 시흥동 소재 山城址 내의 '한우물'에서 출토된 숟가락의 손잡이에 '仍伐內力只乃末△△△'라는 銘文이 음각되어 있다.(서울대박물관,《한우물 虎岩山城 및 蓮池發掘調査報告書》, 1990, p.83) 청동숟가락의 사례는 이 밖에 달리 더 있으나 대부분 고려시대의 것이므로 이것이 연대에서 가장 앞서는 것으로 보인다.

7) 기와의 명문은 과거 많이 알려져 있으나 위의 한우물 발굴에서도 297점의 명

器,[10] 誌石,[11] 木簡, 土器銘文 등을 손꼽을 수 있다. 이 가운데 후2자는 그 수량이나 내용으로 보아 크게 주목해볼 만하다.

　우리나라에 목간의 존재가 알려진 것은 아주 최근에 와서의 일이다. 1975년에서 1976년에 걸쳐 실시된 안압지의 발굴조사에서 처음으로 50여 점이 출토된 이후 충남 부여의 官北里(1983)와 宮南里(1995), 扶蘇山城(1990), 경기도 하남시 춘궁리의 이성산성(1990), 경남 함안의 성산산성(1991∼1994), 慶州의 月城垓字(1984), 皇南洞(1994) 등 지금에 이르기까지 모두 8군데에서 100여 점이 확인되고 있다.[12] 따라서 이러한 자료의 축적으로 말미암아 점차 목간학이라 이름하여도 좋을 정도의 새 영역이 성립될 수 있는 바탕이 마련되고 있다 하겠다. 물론 자연환경으로 木製의 보존이 용이하여 수만에서 수십만 점에 달하는 목간이나 竹簡이 발굴 보고된 것으로 알려진 일본이나 중국의 그것에 아직 비할

　　문이 있는 기와가 확인되었으며(서울대 박물관, 위의 책, p.100), 1995년 단국대에서 발굴 조사한 경기도 포천군 소재 半月山城에서 '馬忽受解空口單'의 명문이 있는 기와가 발견되어 주목된다(단국대 사학과·포천군,《포천 반월산성 1차 발굴조사보고서》, 1996, pp.41∼47). 안압지에서도 '儀鳳四年皆土'銘 기와를 비롯하여 몇몇 주목할 만한 명문기와가 출토된 바 있고, 彌勒寺址에서는 3천여 점의 銘文瓦가 출토되었다.

　8) 朴方龍,〈新羅關門城의 銘文石考察〉,《美術資料》 31, 1982.

　9) 안압지에서 출토된 주사위가 유일한 사례로 정방형 6면, 육각형이 8면으로 각면 4자씩(1면은 다섯 자) 전체 57자로 되어 있다.(문화재관리국,《雁鴨池》, 1978)

　10) 위의 책.

　11) 1971년 백제의 武寧王陵에서 買地券이 나온 이후 誌石의 출현이 예상되었는데, 과연 효성여대 박물관에서 발굴한 7세기로 추정되는 횡혈식석실분에서 지석이 출토된 바 있다. 다만 글자가 朱書로 작성되어 자연적인 剝落으로 말미암아 그 전모를 알 수가 없음이 아쉽다. 1929년 발굴된 바 있는 백제 黑齒常之 黑齒俊 父子의 지석이 1991년에 이르러서야 비로소 국내에 소개된 바 있다.(李文基,〈百濟 黑齒常之 父子 墓誌銘의 檢討〉,《韓國學報》 64, 1991 ; 李道學,〈百濟 黑齒常之墓誌銘의 檢討〉,《우리문화》 1991년 8월호, 1991) 앞으로도 지석자료는 증가할 가능성이 높다.

　12) 이들에 대해서는 李成市,〈韓國出土의 木簡에 대하여〉,《木簡硏究》 19, 1996 참조.

바는 아니지만, 그와 같은 사례들을 통하여 볼 때 목간은 발굴 여하에 따라 앞으로도 계속하여 새로운 자료의 증가가 크게 기대되는 분야임이 틀림없다.

목간과 비교하기는 어렵겠지만 근자에 자료의 양이 현격하게 증가하는 추세에 있고, 그 가운데 눈여겨볼 만한 내용이 담겨져 상당한 주목을 받고 있는 것으로서 토기 명문을 손꼽을 수 있다. 기왕에도 명문 있는 토기가 적지 않게 출토되었을 터이나 자료 자체가 지극히 한정되었던 데다가, 그 내용이 단편적이고, 또한 많은 경우 구체성이 없는 상징성을 띤다는 자료의 특성으로 말미암아 별반 관심을 갖지 않음으로써 자료가 사장 또는 일실된 경우조차 있을 것으로 보인다. 이를테면, 뒤에 말하겠지만, 안압지에서는 명문이 있는 토기들이 대량 확인되었으나 이들을 소홀히 취급함으로써 발굴보고서에 소개조차 제대로 되지 못한 것들도 적지 않다.[13] 이와 같은 단편적인 명문들도 종합적으로 검토하거나 또는 다른 문헌자료와의 관련 속에서 파악하면 역사복원에 크게 도움이 될 수도 있는 만큼 토기명문도 당연히 금석문의 한 분야로서 정당하게 다루어져야 한다.

3. 土器銘文의 사례

우리나라에서 출토된 최초의 토기명문으로는 樂浪의 그것들을 손꼽을 수 있을 듯하나, 이것들은 그 토기 제작자나 명문을 읽는 대상자를 따진다면 우리와는 직접 관련이 없다고 보아도 좋을 것 같다. 그런 의미에서 현재까지 알려진 자료들만을 놓고 보면 최초의 토기명문으로

---

13) 안압지 발굴 때 護岸石築에서 明活山城 축조와 관련되는 27자의 碑片이 발견되었음에도 불구하고 1978년 간행된 《안압지 발굴조사 보고서》에서는 그에 대해서 단지 2매의 사진만 게재하였을 따름이다. 상당한 많은 글자가 새겨져 있음에도 불구하고 비편이 그와 같은 대우를 받았을진대, 그로 미루어 몇몇 글자만 씌어진 토기명문들이 어떻게 취급되었을지는 충분히 짐작된다.(朱甫暾, 〈雁鴨池出土 碑片에 대한 一考察〉, 《大丘史學》 27, 1985 참조)

서는 4세기 이후 삼국시기의 것들을 들 수 있겠다. 고구려·백제·신라 삼국의 것뿐만 아니라 가야의 그것도 최근 확인되고 있다.

고구려의 경우 1974년 발굴 조사된 東明王陵 부근의 건물지에서 출토된 여러 토기편들에 '定陵', '陵寺', '衆僧' 등등의 명문이 새겨져 있다고 한다.[14] 백제의 경우에도 彌勒寺址에서 '大中十二年 彌力寺'를 비롯하여 30여 점의 명문이 있는 토기편이 수습되었고 이 밖에 부여 쌍북리에서 '北舍'銘의 토기편이 출토된 바 있다.[15]

신라의 것으로는 안압지에서 출토된 토기들에 '辛審龍王', '龍王辛審', '本宮辛審', '韓舍' 등이 陰刻되거나 墨書되어 있다.[16] 상당히 중요한 내용이 담겨 있으면서도 별로 알려져 있지 않은 것이 1976년 발굴된 서울 舍堂洞 소재의 新羅陶窯址에서 발굴된 토기명문이다. 有頸大壺片에 유려한 楷書體로 '……縣器村何支爲……'로 판독되는 명문이, 小壺片에는 '性音'으로 추정되는 명문이 각각 새겨져 있어 주목해 볼 만하다.[17] 그 밖에 경남 梁山의 하북정 고분의 토기에 '生', '上', '井' 등의 명문이 새겨져 있음이 확인되었다. 한편 1976년 창녕 계성에서 '大干', '巾', '末', '丰' 등의 명문을 가진 토기가 다수 출토되었는데, 그 가운데 특히 '大干'이 가지는 의미는 근자에 큰 주목을 받았다.[18] 한꺼번에 이처럼 많은 토기명문이 고분에서 출토되기는 거의 처음 있는 일로서, 토기명문의 중요성을 일깨워 준다. 최근 동일한 지역에서 추가로 조사하는 과정에서 다시 '大干'銘을 가진 토기가 몇 점 발굴되는 성과

---

14) 최근 한강 북안에 있는 峨嵯山城의 군사용 堡壘에서 문자가 새겨진 토기가 발견되어 주목을 끈 바 있다.(서울대박물관, 《특별전 고구려》, 2000 참조)
15) 이들에 대해서는 韓國古代社會研究所 編, 《譯註 韓國古代金石文》 1, 1992 참조.
16) 고경희, 《안압지》, 대원사, 1989, p.90.
17) 金元龍·李鍾宣, 〈舍堂洞 新羅土器窯址 調査略報〉, 《文化財》 11, 1977, p.108.
18) 西谷正, 〈朝鮮三國時代の文字〉, 《古代の日本と東アジア》, 小學館, 1991 ; 武田幸男, 〈伽耶－新羅の桂城 '大干' ― 昌寧·桂城古墳群出土の銘文について〉, 《朝鮮文化研究》 1, 1994 ; 宣石悅, 〈昌寧 桂城古墳群 出土 土器 銘文의 檢討 ― 특히 '大干'을 중심으로〉 《昌寧桂城古墳群》(부산대박물관), 1995. 다만 일부에서는 이를 가야의 것으로 보기도 하는데 그것은 명백한 잘못이다.

를 거두었다.[19] 이 '大干'을 창녕의 桂城 지역 재지세력이 신라에 의해 병합되기 이전부터 칭하였던 것으로 보는 견해도 있으나,[20] 1992년 東海市 湫岩洞 고분군에서 '大干'으로도 판독될 여지가 큰 명문토기 2점이 출토되어 그에 대한 수정의 가능성을 높여 주었다. 계성고분군과 비슷한 시기의 것일 뿐만 아니라 그와 마찬가지로 '大'가 새겨진 토기도 보이는 점 등에서 '대간'으로 읽힐 수가 있다.[21] 그렇다면 '대간'을 굳이 계성 지역에 한정되는 재지세력가의 전통적인 칭호로 보아서는 안 되며, 달리 해석되어야 마땅하다.[22] 이외에도 통일신라기의 蠟石製壺에 글자가 새겨진 사례가 몇몇 알려져 있는데 부산시립박물관이 소장하는 경남 山淸 출토의 것에는 150여 자가 刻字되어 있다.

요즈음 가야의 토기명문이 크게 주목을 끌었다. 그것은 물론 기왕의 가야사 인식에 큰 영향을 미칠 수 있는 내용이 담겨 있기 때문이기도 하겠으나, 특히 그 전까지 가야인이 직접 남겼음이 확실한 글자는 거의 알려진 적이 없었기 때문이다. 1989년 梅岸里碑로 명명된 가야비가

---

19) 부산대박물관, 위의 책 참조.

20) 武田幸男, 앞의 글, p.68.

21) 이 글자는 모두 有蓋高杯의 蓋와 杯身에 각각 刻字되어 있으며 모두 4군데이다.(關東大博物館, 《東海北坪工團造成地域文化遺蹟發掘調査報告書》, 1994) 다만 당해 보고서에서는 이 글자를 '本'으로 판독하였다. 그렇지만 '本'자로 보기는 어려운 면이 있다. 한 글자가 아니라 어떤 두 글자의 合體字임은 분명한데 '干'의 아래 '一'획이 보이지 않기 때문에 물론 '大干'으로 단정 짓기에도 문제가 없지는 않다. 그러나 중고기의 금석문에서는 하나의 획이 이중으로 이용되는 사례가 있는 만큼 '大干'에 가장 근접하는 글자라 보아둔다.

22) 이 '대간'은 달리 사례가 없으므로 단정짓기는 어려우나 굳이 비정한다면 京位가 아니므로 外位 가운데서 찾아야 할 것이다. 干群外位의 분화가 京位보다 늦게 이루어졌음이 확실한 만큼, 그 명칭도 경위의 영향을 받았다고 여겨진다. 경위인 阿湌과 大阿湌, 奈麻와 大奈麻, 舍知(小舍)와 大舍, 小烏와 大烏가 동일한 관등에서 분화된 점을 고려하면 대간도 干에서 분화된 것으로서 그보다 上位인 上干의 異稱이 아닐까 싶다. 경위와는 달리 아직 외위의 명백한 이칭은 확인되지는 않고 있지만 봉평비나 냉수리비를 통하여 볼 때 외위에도 異稱이 있었을 가능성이 높다고 본다. 이 '대간'을 외위의 이칭으로 보아도 무리하지는 않을 듯싶다.

발견된 바 있어[23] 斯界의 관심대상으로 부각되었음은 익히 알려진 바이지만, 그 전후하여서부터 가야의 명문이 증가 일로에 있다. 가야의 토기명문으로 처음 알려진 것은 1980년 초 金海 禮安里古墳群에서 나온 '井'자이며, 이후 1986년 부산대 박물관에 의해서 발굴된 陝川 苧浦里의 고분군에서 短頸壺의 口緣部에 '下部思利利'로 판독되는 명문이 새겨져 있음이 확인되었다.[24] 이 下部의 성격이나 실체를 둘러싸고 약간의 논란이 전개되고 있지만, 만약 가야의 그것이 틀림없다면 이는 기존 가야사의 이해를 달리하지 않으면 안 될 정도의 의미를 내포한 것이 된다.[25] 한편 출토지 미상의 도굴품으로서 충남대에 소장되어 있는 有蓋長頸壺의 뚜껑과 몸통에 각각 '大王'이라는 명문이 있는데, 출토지는 아직 확인되지 않으나 토기양식으로 보아 6세기 무렵의 고령 대가야계로 보는 데는 별반 이론이 없다. 그렇다고 하면 대가야의 王도 '大王'이라 칭한 셈이 되므로 이 명문도 가야사에 대한 기존의 인식을 바꾸는 데 적지 않은 영향을 미칠 것으로 보인다.

이처럼 가야의 몇몇 토기명문은 문헌사료가 빈약한 분야의 경우에는 비록 단편적인 것이라도 근본적인 역사인식의 문제에 이르기까지 영향을 미칠 수 있음을 잘 보여준다고 하겠다. 이러한 데에서 토기명문도 비중 있게 다루어져야 하는 한 의의를 찾을 수 있다.

4. 土器銘文의 의의

이상에서 한국 고대의 토기에 보이는 명문들 가운데 근자에 알려져 주목받고 있는 것들을 간략히 소개하여 보았다. 글자가 씌어진 토기의 종류로는 高杯, 長頸壺, 短頸壺, 瓶, 완 등으로 다양하며, 그 위치도 토

---

23) 金相鉉, 〈陝川梅岸里碑에 대하여〉, 《新羅文化》 6, 1989.

24) 蔡尙植, 〈陝川 苧浦 4號墳 출토 土器의 銘文〉, 《伽耶》 2, 1989.

25) 朱甫暾, 〈韓國古代史 속의 加耶史〉, 《加耶史의 새로운 이해》(경상북도 開道 100周年 기념 가야문화학술대회 발표요지문), 1996, pp.3~4.

기의 바깥과 안쪽, 그리고 뚜껑, 몸통, 바닥 등으로 일정하지 않다. 그리고 글자를 토기의 방향과는 거꾸로 쓴 것도 있는 등 현재로서는 명문 작성에서 어떤 통일성을 가려내기는 어렵다.

토기명문은 글자를 쓴 재료에 따라 크게 두 종류로 나뉜다. 하나는 묵서로 된 경우이며 다른 하나는 나무나 대나무 등의 도구로 음각한 경우이다. 지금까지 알려진 것으로는 후자가 대부분을 차지하며 전자는 극소수의 예에 지나지 않는다. 특히 묵서 명문은 거의 통일신라의 것에 한정될 뿐이다.[26] 그 점에서 일단 토기명문은 刻字한 경우가 주류를 이룬다고 하겠다.

그런데 토기제작을 기준시점으로 삼아서 보면 묵서와 刻字의 시기는 각기 달랐을 것이고, 따라서 작성자나 그 목적하는 바에도 일정한 차이가 있었을 것으로 보인다. 묵서는 토기를 燒成하고 난 뒤에 붓으로 씌어진 것이며, 따라서 工人이 썼을 가능성도 전적으로 배제할 수는 없으나, 아마도 거의 대부분 공인이나 공방과는 직접 관련이 없을 가능성이 높다. 묵서 명문은 대체로 토기 소유자에 의해 작성되었을 것이며, 공인과는 상관없는 그들의 의도가 깃들어 있을 것이다. 반면 刻字의 경우에는 燒成 전에 그늘에 말리면서 행해졌을 터이므로 공인에 의해 작성되었을 것임이 분명하다. 그러므로 刻字에는 공인이나 공방이 의도한 목적성이 강하게 깃들어 있는 것이라 하겠다. 이로 보아 둘 사이에 글자를 썼던 목적에서 크게 차이가 났을 것으로 보인다.

刻字의 경우에도 그 명문 작성의 목적은 한결같지가 않았을 것이다. 어떤 특정한 목적의식을 갖고 의도적으로 써넣었던 경우도 있겠고, 단지 공인의 심심풀이용으로 習書나 落書에 불과한 경우도 보인다. 이를테면 '大干'처럼 한 지역에서 동일한 토기명문이 한꺼번에 대량으로 출토되는 경우와, 몇몇 낱자로 기재되고, 게다가 하나씩밖에 만들어지지

---

26) 근자에 墨書된 통일 이전 신라의 토기명문이 소개되었다.(朴方龍, 〈傳 嶺南 地方 出土 墨書銘有蓋苦杯〉, 《碩晤尹容鎭敎授停年退任紀念論叢》, 1996)

않았을 경우는, 그 의미가 결코 같지는 않았을 터이다. 그리고 토기명문의 대부분이 고분에서 출토된 것으로 미루어 제사용으로 쓰기도 하였겠다. 토기를 제작한 공인의 이름도 있는 것으로 보아 토기의 생산지,[27] 생산자[28]의 표시로도 사용된 것도 있을 터이고, 가장 널리 분포되어 출토되는 '井'과 같은 글자로 짐작하면 농경의례를 비롯한 어떤 주술적인 목적을 띤 경우도 있을 것이다. '大王'은 합천 저포 출토뿐만 아니라 평양 석암리 212호분의 낙랑고분의 토기에 漆書되어 있고, 또한 平南 大同郡의 한 고분에서는 塼에도 '大王'銘이 있는 것으로 미루어[29] 마치 '대왕'을 축원하는 듯한 목적에서 썼던 것으로 보인다.[30]

그러므로 이와 같은 묵서 또는 각자의 다양한 양상을 분석함으로써 당시인들의 사유방식이나 상호 관련성, 그리고 토기생산지나 분배 및 소비관계 등을 추적하는 자료로서도 토기명문이 활용될 수가 있을 것이다. 특히 문자는 아니지만 토기에 새겨진 뜻을 알 수 없는 상징성을 띤 부호나 그림들은 그를 추적하는 중요한 실마리가 될 수가 있다. 토기명문이 가지는 다른 의의는 바로 여기에 있다.

5. 土器銘文의 효용

글자란 본디 어떤 정보를 저장 보존해서 그를 전달하기 위함을 일차적인 기능으로 한다. 이로 말미암아 우리가 금석문 가운데 큰 관심을 기울이는 것은 그러한 기능을 충실히 다하는 비문과 같은 이렇다 할

---

27) 舍堂洞 新羅窯址에서 출토된 '……縣器村何支爲……'는 여러 가지 면에서 시사하는 바가 클 것으로 보인다. 이를 보고자는 '……縣 器村 何支 爲……'로 읽어 某某縣 器村을 地名, 何支를 人名으로 파악하였다. 만약 그것이 타당하다면 器村이라는 縣의 하위 촌락에 土器生産을 전문으로 하는 집단이 형성되었음을 의미하는 것이 되므로 신라사의 이해에 큰 보탬이 될 것이라 생각된다.

28) 下部思利利가 단적인 사례에 속한다.

29) 韓國古代社會硏究所 編, 앞의 책, pp.402~417 참조.

30) '大干'도 차라리 이러한 범주에 들 것으로 보인다.

분량과 내용을 가지는 금석문들이다. 이에 비하여 토기명문은 그들과
는 본질적인 성격을 달리한다.

　일반적으로 여타 금석문의 경우 그 재료가 잘 파손되지 않아 영원성
을 지향하는 것이어서 당시로서는 기념비적인 내용이 대부분이다. 반
면에 토기명문은 깨지기 쉬우므로 기본적으로 일회성을 띤 것이 특징
이어서 정보의 보존과 전달이라는 본래적인 목적에서 새겼던 것은 아
니다.[31] 따라서 대부분 단편적이고 문장화되지 않으며, 또 그나마 상징
성을 내포하여 그 자체 대단한 내용이 담겨 있을 리 없다. 이로 말미암
아 당장 역사복원에는 크게 도움이 되지 않을 수도 있다. 사실 그 동안
토기명문에 별로 관심을 쏟지 않았던 것도 그 때문이 아닌가 싶다.

　그러나 한국고대사에서 정리된 문헌자료나 비문과 같은 새로운 금
석문들의 출현을 기대하기 어려운 현재로서는 단편적이기는 하나 이
들이 차지하는 위치가 작다고만은 할 수 없을 것이다. 또한 토기명문
도 당시인들이 특정한 목적 아래에 남겼던 것인 만큼 나름의 특성이
있고, 따라서 새로운 분야를 개척하는 데 도움을 줄 수도 있다. 가령
어떤 논자가 시도하였듯이[32] 당대인들의 문자 인식층의 확산이나 이해
수준의 정도를 파악하는 데 도움이 될 수가 있다. 그와 관련된 사실을
추적할 만한 자료가 全無한 실정이어서 단편적인 토기명문도 활용될
수 있는 것이다. 《梁書》 신라전에는 신라인들이 문자를 알지 못한 듯
이 기록되어 있거니와, 이미 5, 6세기에는 토기를 제작하는 공인들조차
약간의 문자에 대한 이해가 되어 있었음이 확실하다.[33] 이미 당시인들
은 異字體, 略字體, 合字體 등 나름의 문자를 만들어 사용하고, 나아가

---

31) 정보의 전달과 보존이란 측면에서 보면 목간 자체는 본래적인 기능을 하는
　　것이지만 몇 번이나 지우고 쓰므로 영원성이 없이 일회적인 성격을 지닌다는
　　점에서는 토기명문과 다를 바 없다.

32) 西谷正, 앞의 글 참조.

33) 물론 당시 工人들의 문자에 대한 이해도를 단정 짓기는 어렵다. 한자를 쓰는
　　획순으로 보아 마치 그림을 그리듯 한 경우도 확인되기 때문이다. 그렇다고 하
　　더라도 문자에 대한 어느 정도의 이해는 되어 있었다고 보아도 좋을 것 같다.

그 속에서 이두, 향찰문까지 만들기 시작하였던 것이다. 한자가 전래되어 사용된 시기에 대해서는 논란이 많지만 적어도 기원 전후한 무렵이 확실한 昌原 茶戶里에서 붓이 몇 점 출토된 것으로 보아 문자 수용과 그에 대한 이해도는 예상 밖으로 상당히 빨랐을 듯하다.[34] 이후 한동안 지배계층 가운데 특수한 층을 중심으로 문자가 한정되어 사용되었을 터이나 5, 6세기 무렵에 이르러서는 그 문자 이해층이 한층 확대되었음이 분명하다. 그것은 신라의 경우 늦어도 6세기 초에 지방민을 대상으로 전국에 걸쳐 비문이 널리 세워지고 있었음은 그만큼 문자 보급률의 전반적인 확산을 전제하지 않고서는 이해하기 곤란하기 때문이다. 이러한 문자학이나 문자해독률 등 특수한 분야에 대한 이해에는 이들 토기명문이 귀중한 기본자료가 될 수 있다. 그런 의미에서 비록 토기명문이 단편적이라고 하여도 그들이 축적되면 고대사 복원에 상당한 도움이 될 수 있을 것임은 확실하다.

한편 고고학의 경우에도 명문은 결정적인 역할을 할 수가 있다. 유물과 유구의 주인공이나 절대연대 결정은 그를 역사 복원의 자료로 활용하기 위해서 선행되어야 할 사항이거니와 여기에 이용될 수 있는 것은 오직 명문밖에 없다. 이를테면 무령왕의 買地券은 무덤의 주인공을 알게 하였거니와 한편 요즈음 들어 논란되어 온 '大干'은 연대 설정의 좋은 자료가 되고 있다. '大干'은 지금까지 금석문 연구성과에 따르는 한 '干'의 표기방식으로 보아 561년을 넘을 수는 없다. 따라서 그를 출토하는 유구나 유물들의 상한연대 설정이 가능한 것이다. 여기에 만약 간지가 있는 명문이라도 동반된다면 더 구체적인 절대연대 설정이 가능하여진다. 그런 의미에서 고고학에서도 유물들보다 단편적이라도 명문이 오히려 더 큰 의미를 지닐 수 있으므로 발굴시나 그 후에라도 이들에 세심한 관심을 기울여 자칫 놓치는 일이 없도록 하여야 한다.

---

34) 이에 대해서는 黃渭周, 〈漢文字의 受容時期와 初期 定着過程(1)〉, 《漢文敎育硏究》 10, 1996 참조.

이처럼 토기명문은 역사학뿐만 아니라 다른 인접 학문 분야에도 유용한 자료로서 활용된다는 점에 그것이 가지는 또 다른 의의가 있다.

6. 마무리

여기에서는 한국 고대에 보이는 토기명문들을 간략히 소개하고 그것이 가지는 의미를 대략 말하였다. 토기명문은 역사학뿐만 아니라 문자학·고고학·국어학 등에도 크게 도움이 될 수 있는 자료라 하겠다. 명문으로는 문자 외에도 특별한 의미를 알 수가 없는 부호를 새겨놓은 경우도 있고, 그림을 그려놓은 경우도 있다. 이들에는 나름의 의미가 내재되어 있겠지만, 토기문자에 대한 이해가 좀더 진전된다면 앞으로는 그들도 역사를 복원하는 데 크게 활용될 수가 있을 것이다. 이들은 대부분 흩어져 알기가 어려우므로 집대성하여 좀더 종합적으로 파악하여 체계화할 필요가 있을 것으로 보인다.

부산시립박물관 福泉分館에서 마련한 유물에 나타난 고대문자 특별전은 여기저기 흩어져 있는 자료들을 한곳에 모아 보기 쉽게 한다는 의미에서뿐만 아니라 연구자들로 하여금 그 관심을 촉발시키는 최초의 시도라는 점에서 뜻깊은 의의를 갖는다고 하겠다. 앞으로도 이를 계기로 하여 관련 연구자들이 토기명문, 나아가 여타 금석문 자료에도 깊은 관심을 지속적으로 기울이기를 기대하는 바이다.[35]

---

35) 이 글을 작성하는데 경북대 고고인류학과의 李熙濬 교수와 부산시립박물관 복천분관의 李賢珠 씨로부터 많은 새로운 관련 정보를 제공받았다. 이에 감사의 뜻을 표한다.

제11장
《文館詞林》 소재 外交文書

1. 머리말

　《삼국사기》 8 新羅本紀 神文王 6년조에는 "春正月……遣使入唐 奏請禮記幷文章 則天令所司 寫吉凶要禮 幷於文館詞林 採其詞涉規誡者 勒成五十卷 賜之"라 한 기사가 보인다. 신문왕이 6년(686) 唐에 사신을 파견하여 《禮記》와 文章을 요청하니 則天武后가 吉凶의 要禮를 베끼고 아울러 《文館詞林》 가운데 規誡가 될 만한 것을 가려 50권의 책으로 묶어 주었다는 것이다.[1]

　《삼국사기》에서는 달리 관련 기록이 보이지 않으므로 신문왕이 당에 《예기》와 문장을 요청한 목적이 어디에 있는지 알 수 없으나 당시가 삼국통합 후 새로운 지배체제의 정비에 노력하던 시기였음을 고려하면 이와 관계가 있을 듯하다. 특히 신문왕 2년(682)에 國學을 설치한 사실이 있으므로 국학교육과 밀접한 관계가 있을지도 모른다.

　이를 살필 수 있는 하나의 실마리는 《문관사림》이란 책의 성격이나 내용에서 찾아질 듯도 하나 그 자체 사서가 아니어서 그런지 사학계에는 그렇게 널리 알려지지 않았던 탓에 더 이상 추적하지 않았던 것이

---

1) 이와 유사한 기사가 《舊唐書》 199 列傳 東夷傳 新羅條에도 보이는바, 《三國史記》는 이를 轉寫하여 정리하였을 것으로 짐작된다.

일반적이었다.

그런데 요즈음 들어 경북대 한문학과 黃渭周 교수의 제보로 필자는 영인본 《문관사림》을 접할 수 있는 기회를 갖게 된바, 그 속에 한국 고대사와 관계 있는 세 점의 외교문서가 실려 있는 사실을 알게 되었다.[2] 이 3점의 내용을 검토하고 나아가 지금까지 소개된 사료집과 연구서들을 일별하여 본 결과 그 가운데 2점은 이미 소개된 적이 있으나 나머지 1점은 전혀 알려지지 않았던 새로운 것이었다. 이미 소개되었던 2점조차도 기왕에 아주 부분적으로밖에 사료로서 활용되지 않았다. 이는 그 내용이 가지는 중요성에 비추어 상당히 의외라고 판단되어 앞으로 널리 이용하기를 바라는 의미에서 3점을 함께 소개해 볼 필요성을 느끼게 되었다. 이들에서는 물론 기존 사서들에서 전혀 알려지지 않았던 내용도 들어 있고, 또 이미 알려진 내용이라고 하더라도 차이가 나는 경우도 보여 면밀히 검토하면 기왕의 이해에 새로운 접근이 가능할 부분이 있을 것으로 생각되기 때문이다.

2. 《文館詞林》과 外交文書

《문관사림》은 唐 高宗 10년(658) 許敬宗과 劉伯宗에 의해 奉勅撰되었으며 《文選》이후 중국에서 간행된 가장 방대한 詩文叢書로서 1천 권에 이르는 巨帙이었다.[3] 이 책은 편찬 후 그렇게 널리 유포되지 못하였다. 그 까닭으로 이미 宋代에는 중국에서조차 구해 보기 어려운 희귀본이 되었던 듯하다. 그것은 이미 고려 宣宗 8년(1091)에 송이 중국에서 구하기 어려운 책들 가운데 고려에서 판각된 서적 수백 권을 베

---

2) 이 문서를 여기에서 소개할 수 있게 된 것은 전적으로 황교수의 배려 덕분이다. 특히 까다로운 외교문서의 해독에 많은 도움을 받았다. 이 자리를 빌려 감사의 뜻을 표한다.

3) 《문관사림》의 성격이나 편찬과정 등에 대해서는 黃渭周, 〈文館詞林의 實體〉, 《韓國의 哲學》 19, 1991 참조. 이하 《문관사림》의 편찬이나 판본에 대해서 특별한 근거 제시가 없는 것은 위의 논문에 따랐음을 밝혀둔다.

꺼주기를 요청하고 있는바, 그 속에 《문관사림》이 포함되어 있는 사실에서[4] 짐작할 만하다. 그 뒤 중국이나 우리나라에서는 이 책의 향방에 대해서 전혀 알려진 바가 없으므로 어느 시점에서 逸失되어 버린 것으로 보인다. 한편 일본에서는 1800년 林衡이란 사람이 그때까지 필사되어 전해지던 662, 664, 668, 695권 등 4권을 정리하여 佚存叢書에 넣어 간행한 것이 散逸된 《문관사림》을 정리한 최초였고, 그 뒤 森只園과 楊守敬 등에 의하여 흩어진 《문관사림》은 폭넓게 조사 정리되었다. 특히 중국인 楊守敬은 19세기 후반 林衡이 발굴해 낸 4권 외에 18권을 일본에서 새로 찾아내었고, 이후 몇 권의 殘卷이 더하여져 1914년 張鈞衡이 整卷 23권, 殘簡 2篇으로 종합 정리하여 適園叢書에 편입시킴으로써 《문관사림》의 발굴 정리작업은 일단락되었다. 이후에도 물론 새로운 발굴이 있어 영인되기도 하였으나 이들은 모두 適園叢書本의 범주를 벗어나는 것은 아니며, 따라서 이것이 지금까지 행해진 가장 종합적이고 체계적인 것이라 하겠다.[5] 소개자가 입수하였던 것은 바로 이 適園叢書本과 1936년 佚存叢書本과 古逸叢書本을 합쳐 영인한 商務印書館本이나 후자를 전자에 대비하니 상당히 불완전한 것임을 확인하게 되었다.[6] 이처럼 현재까지 《문관사림》은 1천 권 가운데 겨우 20여 권만 알려진 셈이다.[7]

---

4)《高麗史》10 世家 宣宗 8年條.

5) 필자가 京都大學 人文科學研究所 所藏 漢籍目錄을 통하여 검토하여 본 결과 (京都大學人文科學研究所,《京都大學人文科學研究所漢籍目錄》, 同朋舍, 1981), 適園叢書本이 나온 이후 몇몇 새로운 추가가 있었지만 이들은 모두 殘簡들이었다. 여기에서 소개하는 3점이 들어 있는 卷과는 전혀 다른 것이었으므로 한국사와 관련 없을 것으로 판단되어 더 이상의 추적을 그만두었다.

6) 이 商務印書館本에는 한국사 관련 3점의 외교문서 가운데 北魏에서 고구려왕에게 보내는 조서 1점밖에 실려 있지 않았다.

7) 참고로 適園叢書에 실려 있는 권수와 내용을 소개하면 다음과 같다. 152 (詩12 ; 이 숫자는 詩 등 樣式分類의 권수임. 이하 같음), 156(詩16), 157(詩17), 158(詩18), 160(詩20), 346(頌16), 347(頌17), 414(七4), 452(碑32), 453(碑33), 457(碑37), 459(碑39), 662(詔32), 664(詔34), 665(詔35), 666(詔36), 667(詔37), 668(詔38), 669(詔39), 670(詔40), 691(勅?), 695(令下), 699(敎4).

現傳하는《문관사림》664권에는 漢代 이후 唐代에 이르기까지 匈奴, 高昌 등 중국의 주변민족에 보내는 詔書 13점이 실려 있는데, 그 가운데 '後魏孝文帝與高句麗王雲詔一首', '貞觀年中撫慰百濟王詔一首', '貞觀年中撫慰新羅王詔一首' 등의 제목이 붙어 있는 3점의 조서는 한 국고대사와 관련되는 외교문서이다.(이하 각각 '高句麗王詔', '百濟王詔', '新羅王詔'라 한다) 아래에서는 조서의 원문을 소개하고 그 내용과 성격 및 작성연대 등 이를 사료로서 활용하는 데 기본적으로 필요한 사항들을 간단히 점검해 보고자 한다.《문관사림》664권에는 '고구려왕조', '백제왕조', '신라왕조' 순서로 실려 있으나, 후 2점은 이미 소개되어 사료로서 이용된 적이 있으므로 그를 먼저 검토하는 것이 좋을 듯하다. 그리고 이 2점 가운데 작성연대 파악이 한층 쉬울 것으로 판단되는 '신라왕조'를 먼저 소개하기로 하겠다.

3. 貞觀年中撫慰新羅王詔의 내용

'신라왕조'는 당의 태종이 신라 선덕왕에게 보내는 詔書로서 그 전문을 소개하면 다음과 같다.

貞觀年中撫慰新羅王詔一首

皇帝問柱國樂浪郡王新羅王金善德 朕祇膺靈命 君臨區宇 矜惕之懷 無忘於夙夜 撫育之志 寧隔於遐爾 萬方有罪 情深納隍 一物失所 坐以待旦 高麗恃其險阻 肆行凶慝數動干戈 侵王境界 朕愍王在遠遭其充斥 頻命行人示其利害 而凶愚之性 莫肯悛革故違朕命 曾不休兵 加以莫離支蓋蘇文 苞藏禍心 乃煞害遍於忠良 凶虐被其土境 逆亂旣甚 罪釁難容 朕是以大發師徒 往申弔伐 拯彼國之危急 濟遼左之塗炭 尅定之期 在於旦夕 去年 王使人金多遂還日 具有璽書 以水軍方欲進路 令王遣大達官將領人船 來相迎引 訝王比來 絶無消息 爲是高麗斷截 爲是不遣使來 引領東顧 每勞虛想 前本欲令禮部尚書江夏郡王道宗 總統水軍 今道宗別有任使 仍先令光祿大夫刑部尚書張亮 總統舟艫 又令特進太子詹事英國公李勣 亦爲大總管 董率士馬 竝水陸具進 直指賊庭 計四月上旬之內 當入高麗之境 若同惡相

濟 敢拒王師 便肆軍威 俾無遺類 王與高麗 怨隙旣重 所部之兵 想裝束久
辦[8] 宜與左驍衛長史任義方相知 早令纂集 應行兵馬 竝宜受張亮等處分
朕仍令行軍總管守右驍衛將軍東平郡開國公程名振等 爲張亮前軍 幷遣朝
散大夫莊元表 副使右衛勳衛旅師段智君等 使往彼國 元表等至日 王卽宜
遣使[9]到亮等軍所 共爲期會 仍須遣使速來奏 朕今六合之師 百道具進 或
鐵騎如雲 越襄平而電擊 或戈船運軸 汎滄波而風掃 華夷響會 遠近戮力
以此破陣 何陣不摧 以此攻城 何城不剋 朕卽以今月十二日 發洛陽 至幽
州 便當東巡遼左 觀省風俗 親問疾苦 戮渠魁之多罪 解黎庶之倒懸 被以
朝恩 播玆愷澤 當令三韓吏人 五郡士庶 永息風塵之警 長保丘山之安 王
早著廼誠 每盡藩禮 干戈所臨 爲王除害 忻悅之情 固當何已 所遣之兵 宜
簡精銳 破賊之日 若能立功 具錄聞奏 當加褒獎 春序稍暖 想比無恙 境局
之內 當竝平安 自外竝元表所具 幷寄王物如別

이 문서는 조선총독부 산하 조선사편수회의 주관 아래에 1938년 35권
으로 완간된 《朝鮮史》의 제3권(1933년 간행)에 소개되어 있다. 《조선
사》편찬과 병행하여 당시까지 일반적으로 널리 알려지지 않았던 사료
를 묶어 1937년 간행한 《朝鮮史料集眞續》[10]에는 약간의 해설을 덧붙여
다시 이를 소개하고 있다. 盧泰敦이 三韓에 대한 인식의 시대적인 변천
을 검토한 논고에서 이 조서에 보이는 '三韓'이란 용어에 주목하였을
뿐[11] 그 밖에 이를 사료로 이용한 경우는 아직 확인하지 못하였다.

이 조서는 당 태종이 張亮과 李勣을 각각 水, 陸 大總管으로 하는 고
구려 원정군을 먼저 파견하고 난 뒤 親征을 결행하기 직전 신라 선덕
왕에게 보낸 것이다. 당이 고구려를 정벌하게 된 대의명분이 연개소문

---

8) 《朝鮮史》와 《朝鮮史料集眞續》에는 辯으로 되어 있으나 둘의 의미는 동일할
   듯하다.
9) 이 使는 適園叢書本에는 없으나 《조선사》에 의하여 보완하였다.
10) 전체 3권으로 구성된 《朝鮮史料集眞》은 上이 1935년, 下는 1936년, 續은 1937
    년에 각각 간행되었다.
11) 盧泰敦, 〈三韓에 대한 認識의 變遷〉, 《韓國史研究》 38, 1982. 이 논문에서는
    '신라왕조'에 대한 전반적인 내용이나 성격보다는 그곳에 보이는 '三韓'이란 표
    현에만 잠시 주목하고 있을 따름이다.

의 국왕시해와 학정에 있음을 밝히고 신라에 청병하는 것이 그 주된 내용이다. 출정하는 전체적인 군사동원의 조직을 설명하고 난 다음 신라에서도 정병으로 편성된 병력을 파견하여 당의 지휘 아래 군사작전에 참여하기를 요구하고 있다. 645년 5월에 단행된 신라의 병력파견[12]은 이 조서의 요청에 따른 것이었음이 확인된다.

당은 이 고구려 원정에 실패하였으며 이후 다시 그를 기도하였지만 성공하지는 못하였다. 마침내 당은 전략을 수정하여 신라와 연합하여 백제를 먼저 공략하고 난 뒤 고구려를 치기로 하였다. 이로 말미암아 삼국통일전쟁이 본격적으로 전개되기 시작하거니와, 당이 신라를 연합세력으로 선택하게 되는 것은 바로 이 조서에 대해 신라가 보였던 반응이 큰 영향을 미쳤을 것으로 보인다. 당이 백제가 아니라 신라를 군사동맹의 파트너로 삼는 계기를 이후 전개된 金春秋의 활발한 외교 활동에서 찾는 것이 일반적이었다.

그러나 뒤에 말할 '백제왕조'의 내용과 이 '신라왕조'를 아울러 검토하면 이 조서에까지 그 기원이 소급될 수가 있음이 더욱 분명하게 드러날 것으로 생각된다. 신라는 당이 고구려를 원정할 때 그들의 요청에 충실히 부응하여 군대를 파견하고 합동작전을 수행하였던 반면, 백제는 그 요구를 실질적으로 묵살하였다. 물론 이후 줄기차게 전개된 신라의 친당외교도 무시할 수 없지만 당의 입장에서는 연합대상세력으로 신라를 꼽았던 것은 이미 고구려 원정 때부터였던 것으로 생각하여도 그렇게 틀리지 않을 듯하다. 그렇다면 우리는 이를 토대로 김춘추의 외교활동이나 친당정책에 대한 평가는 새롭게 검토해 볼 여지를 갖게 된다. 그런 의미에서 이 조서는 적지 않은 시사를 줄 것으로 기대된다.

---

12) 당시 파견된 병력 수는 《三國史記》 5 新羅本紀 善德王 14年條에는 3만 명으로, 《新唐書》와 《舊唐書》 東夷傳 新羅條에는 모두 5만 명으로 서로 차이가 난다. 두 《唐書》에서도 善德王이 태종의 요청에 의하여 군대를 파견한 것으로 되어 있다.

다음은 이 조서가 작성된 시기 문제이다.《조선사》에서는 이 조서를 貞觀 18년(644)조의 말미에 붙여둔 것으로 보아 고구려 원정군의 주력부대가 파견된 644년 11월에 작성된 것으로 본 듯하나,《조선사료집진속》에서는 정관 19년 2월 상순으로 설정해 두고 있다. 후자가 타당한 것으로 생각된다. 조서 가운데 보이는 "朕卽以今月十二日 發洛陽至幽州"는 작성시기를 결정할 수 있는 주요한 실마리가 된다. 이로 보아 태종이 洛陽을 출발하여 유주로 향할 예정일인 今月12日의 직전에 이 조서가 작성된 것임은 쉽게 짐작 가능하다.《新唐書》와《舊唐書》의 태종본기에 따르면 644년 11월에 이미 張亮을 平壤道行軍大總管, 李勣을 遼東道行軍大總管으로 하는 고구려 원정군이 출발하였고 태종도 이때에 長安을 떠나 洛陽에 가 있었다. 그러다가 태종은 정관 19년(645) 春二月 庚戌, 즉 2월 12일에는 洛陽을 떠나 친히 고구려 원정에 나선 것으로 되어 있다. 이 2월 12일은 조서에 보이는 '今月12日'과 일치하며, 따라서 이 조서는 645년 2월 12일에 며칠 앞서 洛陽에서 작성되었음이 분명하다.

요컨대 '신라왕조'는 당 태종이 고구려 친정을 위하여 낙양에서 유주를 향하여 출발하기 직전인 645년 2월 상순 작성되었으며, 선덕왕에게 군사를 파견하여 측면 지원해 주도록 요청하는 내용을 담고 있다. 이 조서의 내용만으로는 이후 전개된 당과 삼국 사이의 외교관계를 제대로 파악하는 데는 한계가 있으나 이와 거의 비슷한 시기에 작성되었을 것으로 추정되는 '백제왕조'와 대비할 때 비로소 이 조서가 가지는 의미는 한층 선명하게 드러날 것으로 생각된다.

4. 貞觀年中撫慰百濟王詔의 내용

'백제왕조'는 '신라왕조'에 바로 앞서 게재되어 있는데, 그 전문을 소개하면 다음과 같다.

貞觀年中撫慰百濟王詔一首

皇帝問柱國帶方郡王百濟王扶餘義慈 朕祇膺靈眷 君臨區宇 憂勤四海 憐
養萬姓 天地之所覆載 日月之所照臨 咸被愷澤致之仁壽 王嗣守藩緒 累效
廼心 早慕禮樂之風 久習詩書之敎 虔修貢職 汎彼滄波 行李相繼於道路
睬賮不絶於王府 言念丹款 朕甚嘉之 故高麗王高武 早奉朝化 備展誠節 朝
貢無虧 藩禮尤著 其臣莫離支蓋蘇文 苞藏姦凶 奄行弑逆 寃酷結於遐裔
痛悼聞於中夏 朕受命上玄 爲其父母 旣聞此事 甚用慜傷 若不申玆九伐
無以懲肅八表 今先遣大總管特進太子詹事英國公李勣 董率士馬 直指遼
東 大總管刑部尙書郇國公張亮 總統舟艫 徑臨平壤 朕仍親巡遼碣 撫彼黎
庶 誅其凶逆 布以威恩 當使三韓之域五郡之境 因此蕩定 永得晏然 前得
新羅表稱 王與高麗 每興士衆 不遵朝旨 同侵新羅 朕便疑王 必與高麗協
契 覽王今表及問康信 王與高麗 不爲阿黨 旣能如此 良副所望 康信又述
王意 固請發兵 卽與官軍 同伐凶惡 朕今興動甲兵 本誅殺君之賊 王志存
忠正 情切鷹鸇 旣稱朕懷 欽歎無已 所發之兵 宜受張亮處分 若討賊之日
能立功勳 王宜錄奏 當加褒獎 然王盡心國家 無所愛惜 遠獻子女 深具丹
誠 朕旣有事遼左 方弘弔伐 若卽不違來請 受王所獻 便恐四海之議 謂朕
有所貪求 其女今且令還 賊平之後 任王更奏 宜知此意 勿致怪也 所奏學
問僧等 請聽恣意出入及三藩使人等級者知   又請蔣元昌往彼爲王療患者
元昌朕先使往益州道 今猶未還所以未得令向王處 所請僧智照還國者 已
依所奏宜知 今令朝散大夫莊元表 副使右衛勳衛旅[13]師段智君等 往新羅王
所 宜速遣人船將送 必令安達 勿使在道被莫離支等鈔截也 首春猶寒 想比
無恙 國境之內 當竝平 履新之慶 與王及率士同之 康信今還 指申往意 幷
寄王物如別

　이 문서도 역시 《조선사》와 《조선사료집진속》에 이미 소개되어 있
다. 그리고 李基白이 편집한 《韓國上代古文書資料集成》[14]에는 日本
高野山 靈賓館 所藏의 필사본을 토대로 작성된 전문과 필사본의 사진
이 아울러 소개되어 있다. 이 조서도 앞서 언급한 노태돈의 논문에서

---

13) 이 旅는 適園叢書本에는 振으로, 《조선사》에는 旅로 되어 있다. 그런데 '신라
　　왕조'에는 旅로 되어 있으므로 이것이 바른 듯하다.

14) 李基白, 《韓國上代古文書資料集成》, 일지사, 1987, pp.299~302.

단편적으로 이용되고 있고, 근자에는 멸망기의 백제와 당의 관계를 추적한 金壽泰의 논고에서는 중요사료로 취급되고 있다. 이 밖에 최근 鈴木靖民의 논문에서도 원문 없이 인용되어 있다.[15]

먼저 첫머리에는 고구려 원정의 정당성과 원정군의 파견 사실을 말하고 신라의 주장에 따라 백제가 고구려와 연합세력을 형성한 것을 의심하여 왔는데, 의자왕이 이번에 올린 表와 사신인 康信의 말을 듣고 보니 그렇지 않다는 사실을 확인하였으므로 고구려 원정에도 군대를 파견할 것이며, 백제가 요청한 學問僧의 자유로운 출입은 허용하며, 의자왕의 병 치료를 위해 보내줄 것을 요청한 蔣元昌은 益州道에 가고 없으므로 당장 보내기 어렵고, 승려 智照는 귀국을 허락하며, 그리고 軍期를 위하여 신라에 파견한 朝散大夫 莊元表와 副使 段智君이 신라에 무사히 당도할 수 있도록 협조하여 달라는 내용 등이 서술되어 있다. '신라왕조'의 내용이 군대파견 요청으로 일관하고 있음에 대하여 이 조서는 請兵문제뿐만 아니라 다른 여러 가지 내용도 다소 포괄적으로 서술되고 있음에서 미루어 당이 백제에 대해 노렸던 실제는 아마 請兵이 아니었던 듯하다. 이 조서를 통하여 당이 백제에 대해 의도하였던 사실은 당을 위해 신라가 파병하고 있는 동안 백제가 신라를 공격하지 못하도록 견제하려는 것이 아니었을까 싶다.

양국에 조서를 보내게 된 경위부터 차이가 난다. 신라에 대해서는 去年(644) 사신으로 왔던 金多遂[16]에게 여러 사정을 전달하여 회신을 요구하였으나 확인되지 않는 모종의 이유로 말미암아 회답이 없는 상태에서 청병하는 조서를 보내었다. 이와는 달리 백제에 보낸 조서는 의자왕이 康信을 통하여 보낸 표에 대한 답신의 형식을 취하고

---

15) 金壽泰, 〈百濟의 滅亡과 唐〉, 《百濟研究》 22, 1991 ; 鈴木靖民, 〈7世紀中葉 百濟의 政變과 東아시아〉, 《百濟史의 比較研究》(충남대 백제연구소 주최 제6회 백제연구국제학술회의 발표요지문), 1992. 이 논고가 발표된 이후 1985에도 활용되고 있음이 뒤늦게 확인되어 덧붙여 둔다.

16) 金多遂란 인물은 《三國史記》 등 우리 쪽 사서에는 보이지 않으나 《日本書紀》 25 孝德紀 大化 5年(649)條에 일본에 파견된 신라사절로서 보인다.

있다. 이 조서의 내용으로 미루어 짐작하면 강신이 갖고 온 표의 내용은 백제가 고구려와 연합하여 신라를 공격한 것이 사실과는 다르다는 내용이 주류를 이루고 있는 듯하다. 643년 고구려와 백제가 연합하여 신라의 對唐交通要地인 黨項城을 공략한 데 대하여 신라가 당에 도움을 요청하자 당에서는 644년 고구려와 백제에 잇달아 司農丞 相里玄奬을 보내었던 데 대한 회신의 형식으로 康信이 파견되었던 것 같다. 따라서 백제의 표는 고구려와 연합한 데에 대한 변명의 내용을 담고 있었던 것으로 보인다. 이에 대해 당도 고구려 원정을 앞둔 시점에서 백제와 신라의 화해를 굳이 도모하는 의미에서 회유책의 일환으로 형식적으로 청병을 하였을 뿐 실제로는 신라가 원병을 파견하는 기간 동안 그에 대한 공격을 못하도록 유도하는 데에 조서 발송의 주된 목적이 깃들어 있는 것 같다.

그러나 백제는 당에 군사를 파견하지도 않았을 뿐만 아니라 신라가 당을 도와 군대를 파견한 틈을 이용하여 오히려 신라를 공격하여 7城을 함락시킴으로써 당의 의도를 좌절시켰다. 게다가 백제는 당의 고구려 원정이 실패로 돌아가자 한동안 당에 대한 사신 파견을 중단할 정도로 당과는 일정한 거리를 두었으며, 게다가 당과 맞서 싸워 이를 물리쳤던 고구려와는 한층 긴밀한 관계를 유지하였을 것으로 추측된다.[17]

이상과 같이 이 조서는 당의 고구려 원정 문제를 둘러싸고 전개된 외교관계를 잘 반영하고 있다. 이후 고구려 원정이 실패로 끝나고, 전략을 수정하였을 때 당이 삼국 가운데 군사동맹의 파트너로 신라를 선택한 것은 아마도 이때의 사정에 기인하는 바가 컸을 것으로 보인다. 특히 이 조서의 첫머리에 나타나 있듯이 백제의 행동에 대한 의심은 이후 당이 對백제 정책을 추진하는 데 변함없은 바탕이 되었을 것이라 생

---

17) 金壽泰, 앞의 글, pp.159~160. 백제와 고구려의 連和說을 부정하는 견해도 있으나(李昊榮, 〈麗·濟連和說의 檢討〉, 《慶熙史學》 9·10 합집, 1982, p.30), 이를 전적으로 부정하는 것은 타당하지 않다고 생각한다.

각된다. 따라서 645년 당의 고구려 원정은 이후 당과 삼국의 외교관계를 결정지은 계기가 된 것으로 판단되며, 그 점이 '백제왕조'와 '신라왕조'에 잘 반영되어 있다고 하겠다.

이 조서의 작성시기도 '신라왕조'의 그것과 비슷한 것 같다. 《冊府元龜》에 따르면[18] 백제 의자왕의 왕자인 扶餘康信이 당에 파견된 것은 644년 말이며, 645년 賀正儀禮에 참석하였음을 알 수가 있다. 따라서 이 조서는 645년 정월 이후에 작성된 것임이 분명하다. 그리고 '신라왕조'와 비슷한 내용이 들어 있고, 특히 당과 신라를 내왕하는 사신이 무사히 당도할 수 있도록 협조해 달라는 내용이 있는 것으로 미루어 짐작건대 '신라왕조'가 작성된 시점과 동시이거나 그보다 약간 늦은 시점이 아닌가 싶다.[19] 따라서 이 조서도 645년 2월 상순 洛陽에서 작성된 것으로 보아도 좋을 듯하다.

5. 後魏孝文帝與高句麗王雲詔와 그 내용

다음은 北魏 孝文帝(高祖)가 고구려왕 雲, 즉 文咨王에게 보내는 조서로 그 全文을 들면 다음과 같다.

後魏孝文帝與高句麗王雲詔一首

門下得黃龍表 知卿愻悖朝旨 遣從叔隨使 夫儀乾統運 必以德信爲先 準列作藩 亦資敬順爲本 若君信一虧 何以臨御萬國 臣敬蹔替 豈能奉職宸居 故霆震作威 以明天罰 五刑垂憲 以肅不恭 斯乃人神之常道 幽顯之通規

---

18) 《冊府元龜》 970 外臣部 朝貢3에 보이는 원문은 다음과 같다. "貞觀十九年正月庚午朔 百濟太子扶餘康信延陁新羅吐谷渾吐蕃契丹奚吐火羅葉護沙鉢羅葉護于闐同娥康國鞢鞨霫等 遣使來賀 各貢方物."

19) '백제왕조'에는 계절의 인사말 가운데 "首春猶寒"이라 한 반면 '신라왕조'에서는 "春序稍暖"으로 약간 달리 표현된 것은, 동일시기라도 작성시기의 차이를 반영한다. 아니면 寒과 暖을 대비시킨 것은 당과 양국과의 관계를 상징하는 것인지도 모르겠다. 전체적으로 보아 문장에서 같은 語句가 많이 보이는 것도 동시에 작성되었을 가능성을 보여준다.

往以明堂肇制 皇化惟新 勅諸藩侯 修展時見 至於言獎群方 勸說荒服 每
以句麗虔誠 喩厲要戎 今西南諸國 莫不祗奉大命 星馳象魏 或名王入謁
或藩貳恭覲 觀光駿奔 欣仰朝祀 皇皇之美 於斯爲盛 而卿獨乖宿款 用違
嚴勅 前辭身痾 後託子幼 妄遣枝親 仍留同氣 此而可忍 孰不可恕也 若卿
父子 審如所許者 應遣親弟 以赴虔貢 如令弟復沈瘵 應以卿祖析體代行
過事二三 竝違朝命 將何以固 昔房風晚至 大禹所以垂威 東國關敬 周公
所以親駕 斯急急於兩夫 遑遑於兵甲者哉 但以縱之則萬國同奢 戮之則九
宅齊肅故也 從叔之朝 乃西藩常事 今於旅見之辰而同之歲時之使 於卿之
懷 寧可安乎 卿之親弟及卽鄒二人 隨卿所遣 必令及元正到闕 若言老病者
聽以四牡飛馳 車輿涉路 須待卿親至此 然後歸反 群后重爽今召 令朕失信
藩辭者 尋當振旅東隅 曜戎下土 收海金賮華夏 擁狢隸而給中國 廣疆畿於
滄濱 豊僮使於甸服 抑亦何傷乎 其善思良圖 勿貽後悔 如能恭命電赴 旣
往之稽 一無所責 恩渥之隆 方在未已矣 不有君子 奚能爲國 其與萌秀宗
賢 善參㢩衷 稱朕意焉

이 조서는 앞의 2점과는 달리 《조선사》를 비롯한 어떠한 사료집에
서도 소개된 적이 없다. 3점의 조서가 모두 《문관사림》 664권에 게재
되어 있음에도 불구하고 《조선사》나 《조선사료집진》에 이에 대한 일
언반구의 언급이 없는 것은 이상스럽게 생각된다.[20]

이 조서는 북위가 고구려왕의 親朝나 親子入朝를 요청하였으나 고
구려가 이를 거절하고 대신 從叔을 파견한 데 대하여 효문제가 분노하
여 이번에는 親弟라도 보낼 것이며, 만약 이것조차도 어길 경우 군사
동원도 불사하겠다는 일종의 협박성을 띤 내용을 담고 있다. 다 알고

---

20) 그 이유는 명확하게 알 수가 없으나 《조선사》가 편찬될 당시까지 《문관사
림》 664권은 正本이 아니라 殘本으로 남아 있었고, 그 속에는 '백제왕조'나 '신
라왕조'가 들어 있었으나 '고구려왕조'는 없었을 가능성이 예상된다. 664권의
정본이 알려진 것은 그 뒤였으므로 《조선사》에는 '고구려왕조'가 소개되지 못
하였을 것이다. 그것은 商務印書館本에는 앞의 2점이 없고 오히려 '고구려왕조'
1점만 664권에 소개되고 있는 것으로 미루어 짐작하면 각각 잔본으로 있다가
다른 경로를 통하여 발견되어 합본된 것이 아닌가 생각되기 때문이다. 좀더 자
세한 사정에 대한 추적이 현재로서는 불가능하다.

있듯이 5세기의 중국은 남북왕조가 대립하여 있었고 따라서 고구려는 남조와 북조를 상대로 적절한 이중외교를 펼쳐 자주적인 입장을 견지하였으며 때로는 국경을 접하고 있는 北魏와는 대립 긴장관계를 보이기도 하였다.[21] 그럼에도 양국 사이의 관계는 단 한 차례의 전쟁도 일어나지 않았다. 그것은 고구려가 북중국 방면으로의 진출을 꾀하지 않았고, 또한 북위도 고구려 방면으로의 진출을 시도하지 않았기 때문이다.[22] 고구려는 북위로부터 책봉을 받기는 하였으나 이는 어디까지나 명목상의 상하관계에 지나지 않았으며 북위는 고구려를 南朝에 다음가는 위치로 대우를 하였다. 그만큼 고구려의 현실적인 위치가 막강하였기에 북위에 대해서 때로는 자주적인 자세를 견지할 수가 있었던 것이라 하겠다. 기왕에 그러한 사정을 전하는 몇몇 사례들이 알려져 있으나[23] 이 조서도 그러한 측면을 여실히 보여준다. 말하자면 고구려가 북위에 대해서 취한 당당한 외교자세의 한 면모를 보여주는 두드러진 실례의 하나인 셈이다.

文咨王의 從叔 파견의 사실은 《삼국사기》, 《魏書》, 《資治通鑑》 등의 사서에도 보인다. 종숙이 파견된 것은 아래의 사료에서 볼 수 있듯이 문자왕 원년(492) 춘정월이므로 이 조서가 작성된 때는 그로부터 얼마 멀지않은 시기일 것임은 분명하다. 그런데 이들 사서에 보이는 내용은 이 조서와는 약간의 차이가 나므로 조서의 위치를 선명하게 하기 위하여 이를 세밀하게 검토해 볼 필요가 있을 듯하다.

① 元年 春正月 魏孝文帝 遣使拜王 爲使持節都督遼海諸軍事征東將軍領護東夷中郞將遼東郡開國公高句麗王 賜衣冠服物車旗之飾 又詔王世子入朝 王辭以疾 遣從叔升干隨使者詣闕 (《三國史記》 19 高句麗本紀 文咨王條)
② 太和十五年 璉死 年百餘歲……又遣大鴻臚 拜璉孫雲 使持節都督遼海諸

---

21) 高句麗와 北魏의 외교관계 문제에 대해서는 盧泰敦, 〈5~6世紀 東아시아의 國際情勢와 高句麗의 對外關係〉, 《東方學志》 44, 1985 참조.
22) 위의 글, p.18.
23) 위의 글, pp.15~18.

軍事征東將軍領護東夷中郞將遼東郡開國公高句麗王 賜衣冠服物車旗之
飾 又詔雲遣世子入朝 令及郊丘之禮 雲上書辭疾 惟遣其從叔升于 隨使詣
闕 嚴責之 自此歲常貢獻(《魏書》100 列傳 高句麗傳)
③ 永明十年三月辛巳 魏以高句麗王雲 爲督遼海諸軍事遼東公高句麗王 詔雲
遣其世子入朝 雲辭以疾 遣其從叔升干 隨使者詣平城(《資治通鑑》137 齊
紀 3 世祖 中)

491년 장수왕이 사망한 후 그의 손자인 문자왕이 즉위하자 북위는
그를 책봉하고 나아가 世子의 入朝를 요청하였으나 고구려에서는 세
자가 아파서 갈 수 없으므로 대신 종숙인 升于(干)를 보냈다는 것이다.
위의 세 사료를 비교하여 보면 《삼국사기》의 기사는 《위서》와 《자치
통감》을 이용하여 정리한 것임은 거의 확실하다. 특히 종숙의 이름으
로 미루어 짐작하면 《위서》보다는 《자치통감》을 많이 참조한 것으로
판단된다. 그런데 이들 사서에서는 종숙의 파견으로 말미암아 고구려
와 북위 사이에 외교문제가 일어난 것으로는 기록되어 있지 않으나 이
조서에 따르면 이로 말미암아 양국 사이에는 심각한 외교문제가 야기
된 것으로 되어 있다. 게다가 세자입조뿐만 아니라 원래는 문자왕의
친조를 요구한 듯하다. 그것은 '고구려왕조'에 보이는 다음의 기사에서
확인된다.

而卿獨乖宿款 用違嚴勅 前辭身痾 後託子幼 妄遣枝親……

이로 보면 북위는 문자왕을 책봉한 후 먼저 국왕의 친조를 요청하였
으나 고구려에서는 몸이 아프다는 핑계로 거절하였고, 다시 아들의 입
조를 요구하였으나 어려서 보낼 수 없다고 하여 枝親인 從叔을 대신
파견함으로써 외교 문제가 발생하였다. 위의 사서들에는 종숙의 이름
이 보이나 조서에는 이름이 보이지 않는 것으로 보아 사료 계통에 차
이가 있을 것으로 생각되지만, 사서 편찬 때에 많은 부분이 중국측의
입장에 따라 윤색되었음을 알 수가 있다. 즉 기존의 사서에서는 세자
가 몸이 아파서 입조하지 않았다고 하였으나, 태자를 책봉한 것은 문

자왕 7년의 일이므로[24] 이것도 사실과 다를 뿐더러 조서에 따르면 몸
이 아팠던 당사자는 문자왕이었다. 이 조서로 미루어 보면 기존의 사
서들은 두 가지 사실이 하나로 합쳐져서 작성된 것임을 알 수가 있다.
이러한 점에서 이 조서는 기존의 사서의 미비한 점을 적지 않게 보완
할 뿐만 아니라 중국측 사서의 편찬 태도까지도 窺知할 수 있는 유용
한 내용을 담고 있는 것으로 평가된다. 그런데 이 조서와 관련 있을 것
으로 추정되는 다음의 기사는 주목해볼 만하다.

太和中……高麗王雲 恃其偏遠 稱疾不親受詔 軌正色詰之 喩以大義 雲
乃北面受詔…… (《魏書》32 列傳 封懿傳)

이 기사로 보아 封軌란 인물이 고구려에 사신으로 파견되어 북위의
詔書를 전달하니 고구려왕 雲이 몸이 아프다는 이유로 친히 受詔함을
거절한 적이 있었음을 알 수 있다. 막연히 太和中의 일이라 되어 있으
므로 구체적으로 어느 때의 것인지는 명확하지 않으나 太和는 문자왕
8년(499)까지 북위에서 사용된 연호이므로 문자왕 초기의 것인 점만은
분명하다. 앞서 조서의 전후문맥을 보아 '前辭身痾'를 문자왕의 친조
거절로 이해하였다. 그런데 위의 기사를 그와 관련시킨다면 문자왕이
몸이 아프다는 핑계로 거절한 것은 친조가 아니라 不親受詔일 수도 있
다. 그러나 문자왕의 친조를 요청한 것은 책봉을 할 때로 추정되며,[25]
이때에는 大鴻臚의 관직을 가진 인물이 파견되었고[26] 불친수조한 것은
封軌가 파견되었을 때이므로 이는 그 후의 일로 보는 것이 타당하다고
생각된다. 따라서 둘은 각기 다른 일로 보아야 할 듯하다. 이 기사를 굳
이 이 조서와 관련지어 이해한다면 북위의 효문제는 고구려의 종숙 파
견에 대하여 封軌를 보내어 이 조서를 문자왕에게 전달하였으나 그는

---

24) 《三國史記》19 高句麗本紀 文咨王 7年條.
25) 從叔을 파견한 것은 문자왕 원년이므로 그렇게 볼 수밖에 없다.
26) 《魏書》100 列傳 高句麗傳.

아프다는 핑계로 친히 受詔하는 것을 거부한 것으로 이해된다. 이후 양국 사이의 외교적인 대립양상은 한층 첨예하였을 것으로 보이지만 사료가 없어 더 이상 추적이 불가능하다. 이상 문자왕 초년에 일어난 사정을 이 조서와 기존의 사서를 아울러서 정리하면 다음과 같다.

⑭ 491년 장수왕 사망

⑮ 492년 정월 大鴻臚를 파견하여 문자왕을 고구려왕으로 冊封하고 親朝를 요구. 문자왕은 몸이 아프다는 이유로 거절. 다시 親子의 入朝를 요구. 고구려는 어리다는 이유로 거절. 대신 從叔을 파견.

⑯ 북위에서는 종숙 파견에 대하여 무시하는 처사로 생각하여 왕의 친제 파견을 요구하는 내용의 본 조서를 작성하여 봉궤로 하여금 가져가게 함. 문자왕은 이에 대해 처음에는 친히 受詔하는 것을 거절하다가 마침내 조서를 직접 받아들임.

요컨대 기존의 사서와 '고구려왕조'를 조합하면 이상과 같이 문자왕의 즉위 후에 전개된 북위와 고구려 사이에 일어난 외교 문제를 간략하게 정리할 수 있다. 고구려는 비록 북위로부터 책봉을 받기는 하였으나 그와 대등한 외교관계를 당당하게 추진하고 있었음은 이 조서로서 입증된다.[27]

이 조서의 내용으로 미루어 보면 사서 편찬 때에 중국사의 입장에서 적지 않게 윤색되었을 것으로 판단된다. 특히 외교 문제에 관한 한 중

---

27) 조서의 첫머리에 보이는 '黃龍表'의 황룡은 고구려를 지칭하고 있는 것으로 보이는데, 이는 주목해 볼 만하다. 황룡은 광개토왕릉비문의 건국신화에서도 보이거니와 5세기를 전후한 시기 이후에 고구려를 지칭하는 일반적인 칭호로 널리 사용되고 있었음을 추정하게 한다. 신라 文武王陵碑에도 고구려를 지칭하는 의미로 추정되는 황룡이 보인다. 이 黃龍을 《三國史記》1 高句麗本紀 유리명왕조에 보이는 黃龍國으로 이해하기도 하나(李泳鎬, 〈新羅 文武王陵碑의 再檢討〉, 《歷史敎育論集》8, 1986, pp.61~62), 이 조서로 미루어 보아 고구려로 보는 견해(徐永大, 〈三國史記와 原始宗敎〉, 《歷史學報》105, 1985, p.25)가 옳을 것 같다. 여하튼 북위가 고구려에 보내는 조서에 그를 黃龍이라 지칭하고 있음은 당시 고구려의 위상을 보여준다고 보아도 좋을 듯하다.

화의식에 입각하여 조작되거나 축소된 부분도 많았을 것으로 보인다. 그러한 점을 잘 보여준다는 점에서도 이 조서가 갖는 의의는 적지 않을 것이다.

6. 마무리

이상에서 《문관사림》에 보이는 3점의 외교문서에 대하여 간단히 살펴보았다. 그 가운데 2점은 기왕에 알려진 것이므로 새로운 자료라고는 할 수가 없으나 그 사료적인 성격이나 내용 등 사료로서 활용하기에 앞서 선결되어야 할 과제들이 거의 검토된 적이 없다는 의미에서 이를 다시 소개하기로 하였고, 나머지 1점은 아직 소개된 적이 없는 것으로 판단하여 그 사료가 갖는 의미를 간단히 짚어보았다.

기왕에 삼국시기의 외교관계를 다루면서도 이러한 외교문서를 좀 더 적극적으로 분석하지 않았던 것에 대해서는 의아한 느낌이 든다. 물론 외교문서는 당시의 실정을 외교적인 수사로서 粉飾할 뿐만 아니라 언제나 자국의 입장에 유리하게 과장되게 작성된다는 점에서 사료로서의 한계를 지니고 있음은 재론의 여지가 없다.

그렇다고 하더라도 후대에 다시 재편집되는 사서들에 비한다면 당대에 작성되었다는 의미에서 외교문서도 1차사료로서의 가치를 엄연히 지니는 것임은 아무도 부인하지 못할 것이다.[28] 따라서 재편집된 사서가 갖는 한계나 미비점을 상당부분 보완해 줄 수 있다. 그리고 편집을 거친 사서에서는 미묘하게 전개되어 상당한 뉘앙스를 가지는 외교관계가 생동감 있게 묘사되기란 불가능하다. 이러한 한

---

28) 물론 1차사료라고 하더라도 현전하는 것이 후대의 필사에 의한 것이므로 이를 그대로 신빙하는 것은 문제가 없지 않다. 그러나 의도적인 목적을 갖고 내용을 變改시켰을 가능성은 별로 찾아지지 않고, 또한 필사본에서는 則天武后 때에 사용된 한자가 보이는 점에서 사료적인 신빙성은 높다고 생각된다. 다만 필사의 과정에서 誤寫된 글자가 있었을 가능성은 충분히 예상된다.

계점을 극복하는 데도 외교문서는 유효한 자료가 된다고 하겠다. 그
러한 의미에서 위 3점의 조서의 소개도 그렇게 전혀 무의미한 작업
이지만은 않을 것으로 여겨진다.

부 록

新羅의 漢文字 정착과정과 佛敎受容

1. 머리말

다 아는 바처럼 우리말의 음운체계에 부응하는 문자인 한글이 만들어진 것은 15세기에 이르러서의 일이다. 그 전까지 사용된 문자는 기실 우리의 말과는 전혀 다른 체계에서 만들어진 漢文字였다. 그 까닭으로 이를 익히고 나아가 기록으로 남기는 데 상당한 어려움을 겪었을 것으로 여겨진다. 한자가 수용 이후 정착하기까지 오랜 시간이 소요될 수밖에 없었던 것은 그 때문이었다.

우리 조상들이 한문자를 처음 접하였던 시기는 잘 알 수가 없지만 사회의 분화가 진전되면서 축적된 정보가 더 이상 기억에만 의존할 수 없게 되자 그를 보완해야 할 현실적 필요성에서 수용하였을 터이다. 이후 한문자는 가령 이두·구결·향찰 등과 같은 창의적인 문자 활용사례에서 알 수 있듯이, 스스로가 처해진 사회적 형편에 맞도록 끊임없이 변용시켜 갔을 것으로 여겨진다. 그런 의미에서 한문자의 정착과 운용의 과정을 정리하여 보는 것은 단순히 문자발달사의 측면에 한정하는 문제가 아니라 사회 변화의 한 측면을 추적해 볼 수 있는 하나의 실마리가 된다고 하겠다. 문자의 수용과 그 정착과정이란 상당히 좁은 창구를 통하여 사회의 흐름을 살펴보려는 근거도 바로 거기에서 찾을 수 있다.

이 글에서는 여러 가지 여건에서 사료가 상대적으로 많이 남아 있는 신라의 경우를 중심축에 놓고 한문자가 어떻게 수용되고 정착되어 갔는가를 사회사적인 흐름 속에서 살펴보고자 한다. 특히 6세기 초 신라의 불교공인이 문자발달사에 끼친 영향에 초점을 맞추어 그 사회사적인 의미를 구명하여 보려 한다.

사실 불교와 같은 고등종교의 유입은 그 자체 사회 변화의 결과이면서 동시에 커다란 사회변동을 유발하였을 요인으로 작용하였을 것임은 짐작하기 어렵지 않다. 그 동안 일반적으로 초기의 불교수용 문제에 대해서는 정치사적 또는 종교사적인 시각으로만 접근하여 왔는데, 그 본질을 제대로 파악하기 위해서는 사회사적인 검토가 절실히 요망된다고 하겠다. 따라서 이 글은 불교수용이 가지는 사회사적인 의미에 주안점을 두고 그런 측면에서 문자발달사를 다루어 보고자 한다.

2. 漢字의 수용과 확산

문자는 지식과 정보를 축적하고 보급, 전달하는 기능을 한다. 지식과 정보의 양이 적을 때는 단지 사람의 기억능력만으로도 그런 기능을 충분히 수행하지만, 정도가 일정한 한계를 넘어서면 그것만으로는 불가능해진다. 그럴 때에 자연스레 새로운 수단의 창출이 요청되니 이로 말미암아 문자가 출현하게 되는 것이다. 그런 의미에서 문자는 기억의 보조장치라 하겠다.[1] 문자 출현은 지식과 정보의 量, 달리 말하면 정치·사회의 발전과 밀접하게 관련된 것이다. 일반적으로 문자의 발명을 곧 국가의 성립과 연결짓는 것도 바로 그 때문이다.

문자는 지식과 정보를 단지 공간적 범위에서만 저장하고 확산시키는 기능을 하는 데에 머무는 것이 아니라 아울러 이후 세대에 그를 전승하는 기능도 한다. 그런 과정을 통해 문화가 형성되고 아울러 문명

---

1) 앨버티 가우어 저, 강동일 역, 《문자의 역사》, 새날, 1995.

의 발전이 가능해지는 것이다. 이런 뜻에서 인류문명의 발달은 곧 문자의 출현에서 비롯되었다고 하여도 과언이 아니다. 흔히 인류문명의 발상지라 일컬어지는 곳에서 모두 문자가 사용된 것은 이를 명백히 입증하여 주는 사실이다.

문자를 발명하여 사용한 집단은 아무래도 지식과 정보를 많이 접할 수 있는 특수한 계층에 국한되었으니, 이들이 바로 지배계급이었다. 그들은 문자 사용능력을 매개로 습득한 지식과 정보를 배타적으로 독점함으로써 기존의 지위와 특권을 영속시키려 하였다. 따라서 초기의 문자 사용이란 특정한 계급에 한정될 수밖에 없었다.

그러나 생산력이 향상되고 이에 따라 인구가 증가하여 사회가 급격히 분화되면서 마침내 극소수 지배층만이 문자를 독점할 수가 없는 상황에 이르게 되자 문자를 사용하는 계층은 그 전에 비해 한층 늘어났다. 이는 축적되어 온 정보나 지식의 양과 종류의 다양함이 소수의 한정된 계층에게 집중되어서는 사회 자체가 유지되지 못할 정도의 상황에 이르렀기 때문이었다. 그만큼 사회계층의 분화가 진전되고 복잡해졌음을 뜻한다. 그러한 과정을 통하여 문자는 더욱 세련되고 체계화하여 초기의 단순한 부호나 상형의 수준을 뛰어넘어 마침내 음운체계와 결합함으로써 하나의 완성된 체계를 갖추게 되는 것이다.

우리나라의 경우 한자가 통용되기 이전에 독자적인 문자가 존재하였는지 어떤지는 분명하지가 않다. 蔚州(蔚山)의 盤龜臺岩刻畵를 비롯하여 요즈음 들어서 상당수 알려진 선사시대의 암각화에는 다양한 동물들과 함께 그 의미가 선명하지 않은 부호나 기하문양 등이 많이 보인다. 한편 靑銅儀器나 토기 등에 보이는 그림이나 부호들을 일종의 회화문자로 해석하려는 견해도 있지만, 이들은 상징성이 대단히 높아 초기형태의 문자로서 기능을 하였는지 어떤지는 선뜻 판단하기 어렵다. 설사 당시 정보의 저장을 목적으로 기능한 측면이 엿보인다고 하더라도 그 뒤 계승 발전된 흔적이 거의 확인되지 않으므로 그를 문자로 단정짓기는 심히 주저된다. 한편 역사시대인 고조선사회에 나름의

문자체계가 있어 일찍이 그를 神誌文字라 부르려는 견해가 제기된 바
있지만, 실체가 분명하지 않아 쉽사리 받아들이기는 어렵다. 그러므로
우리나라의 경우, 현재로서는 일단 한자의 전래와 그 수용으로부터 문
자 사용의 출발시점으로 잡을 수밖에 없다.

한자가 언제 전래 수용되었는지는 확실하지가 않다. 흔히 문자가 청
동기시대부터 사용되기 시작하는 것으로 간주하므로 자연히 우리의
경우도 이 시기에 자체의 독자적인 문자는 아닐지라도 한자를 사용하
였을 가능성을 상정할 수는 있겠다. 그러나 대체로 기원전 10세기 전
후에 시작하는 것으로 여겨지는 우리나라의 초기 청동기가 중국계통
이 아니라 북방계 또는 자체 제작이라는 것은 의심할 여지가 없는 사
실이므로 일단 한자 수용을 이때까지로 소급하기는 곤란할 듯하다. 실
제 琵琶型銅劍, 粗文鏡을 비롯한 초기 청동기 자체에서도 그를 주장할
만한 아무런 단서가 찾아지지 않는 것도 이를 증명하여 준다.

설령 중국계의 청동기와 접촉하여 한자의 존재를 인식하고 있었다
고 하더라도 당시에는 아직 자체 내부에서 그를 수용할 필요성을 느끼
지는 못하였을 것으로 여겨진다. 따라서 한자는 중국계통의 청동기와
철기가 함께 전해지는 기원전 5~4세기 무렵 이후의 후기 청동기시대
또는 초기 철기시대에 이르러 처음 수용되는 것으로 봄이 적절할 것
같다.[2] 한자가 새겨진 明刀錢과 같은 전국시대의 화폐나 秦戈, 銅鉾와
같은 중국계 무기가 한반도에서 출토되고 있음은 그를 방증하여 준다.
실제 바로 이 시기에 해당하는 고조선에서 기원전 4세기에 중국식 왕
호를 사용하였다거나 늦어도 기원전 2세기 초 무렵에 박사와 같은 칭
호가 존재하였음은[3] 한문자의[4] 수용시점을 유추해 내는 데 크게 참고

---

2) 한자 수용에 대해서는 黃渭周, 〈漢文字의 受容時期와 初期定着過程(1)〉, 《漢
　文敎育硏究》 10, 1996 참조.

3) 《三國志》 30 魏書 東夷傳 韓條.

4) 엄밀히 말하면 漢字는 글자 자체만을 뜻하고 漢文은 이를 토대로 작성된 구
　문이나 문장을 의미하므로 구별되어야 하지만 여기서는 편의상 둘 다를 漢文
　字란 단어와 함께 혼용한다.

로 된다. 특히 기원전 2세기 초 중국 燕의 세력 아래에 있던 衛滿의 망명에 따른 새로운 왕조의 성립은 평양을 중심으로 한 지역의 한문자 수준을 한 단계 높이는 데에 상당한 영향을 미쳤을 것으로 짐작된다.

이후 한반도의 곳곳에서 새로운 정치세력이 출현하고 중국 등 선진지역과 교류 교섭하면서 한자의 사용은 점차 확산되어 갔을 것으로 보인다. 특히 낙랑군을 비롯한 漢四郡의 설치는 한반도 각지에 한문자 사용이 크게 늘어나는 계기로 작용하였을 것으로 여겨진다. 기원전 1세기 후반으로 編年되는 경남 昌原 茶戶里의 土壙木棺墓 유구에서 다섯 자루의 붓과 鐵刀子가 출토되었음은 그를 입증하여 준다. 이 붓의 용도에 대해서 약간의 논란이 있기는 하지만 일단 글씨를 쓰는 것이었다는 견해를 받아들인다면[5] 낙랑 등과의 교역에서 筆答用으로 활용되었음직하다. 철도자는 (대)나무를 깎는 削刀로서 글자를 쓰기 위한 목간의 제작용이었을 것으로 추정된다.

그보다 약간 늦은 시기인 기원후 20년 무렵에 일어났던 辰韓 右渠帥 廉斯鑡史話에서[6] 알 수 있듯이 邑落의 지배자였던 廉斯鑡가 漢語를 잘 알고 있었다는 것은 문자 사용이 이미 이 당시에 상당할 정도로 진전되고 있었음을 입증하여 주는 사실이다. 이후 3세기 전반 단계에 이르러서는 三韓에서 중국 郡縣과 교섭하는 下戶들의 수가 1천여 명을 웃돌았다는 것은[7] 그 동안 한자 사용의 확산 정도를 짐작하게 한다. 그들이 한군현과 경제적인 교류와 교역을 수행하기 위해서는 한자에 대한 어느 정도의 소양이 없어서는 불가능하였기 때문이다.

요컨대 기원 전후에 이르러 韓사회에서도 정치세력의 출현과 함께 선진지역과의 교섭, 교역 등을 목적으로 하여 한문자 사용은 급속도로 확산되어 갔다. 특히 이때 주목되는 것은 다호리의 목관묘나 염사치사화에서 유추되듯이 당대의 지배계층들이 한자를 사용하였다는 사실이

---

5) 李健茂, 〈茶戶里遺蹟 出土 붓(筆)에 대하여〉, 《考古學誌》 4, 1992.
6) 《三國志》 30 魏書 東夷傳 韓條.
7) 위와 같음.

다. 물론 3세기 초에 이르러 일반 邑落民으로서 下戶들로 통칭되던 세력들이 교류, 교역 목적으로 한자를 사용할 수준이 되었지만 이들은 사실상 하호보다 상위계층이라 할 豪民이었거나, 그런 계층으로 상승하여 가는 도중에 있던 세력이었음이 틀림없다. 따라서 여전히 초기단계의 한문자 사용은 특정한 지배계층에 국한되었다고 보아도 무방하겠다. 이때에 한자를 사용하게 된 층은 크게 두 그룹으로 나누어 이해할 수 있다.

하나는 주술적인 성격의 용도와 필요성에서 한자를 사용하였음직한 계층이다. 이 점은 漢鏡을 비롯한 청동제 儀器에 한자가 새겨진 사실로부터 유추된다. 그 뒤에 漢鏡을 모방하여 자체에서 倣製鏡을 만들 때에도 역시 한자를 쓰려 한 흔적이 역력한 것은 그를 나타내어 준다. 아마도 이들은 그전 단계부터 암각화나 청동의기 등에 부호를 그려 넣어 당시 주술적인 행위를 전담한 집단의 기능을 그대로 계승한 것으로서 여전히 한자를 그 전의 부호처럼 주문의 암송을 위한 도구나 종교의식의 한 수단으로 활용하였을 가능성이 높다. 3세기 단계에 하늘에 대한 제천의례를 비롯한 종교의식을 주관한 천군과 같은 계층이 바로 이들로 여겨진다. 이와 같은 성격은 뒷날 불교수용 후에 승려에게로 이어지는 것이 아닐까 싶다.[8]

다른 하나는 내부적으로는 정치를 담당하는 한편 외부적으로는 대외교류와 교역을 전담한 정치적 지배계층이다. 이들은 삼한사회 내부 세력 사이의 교섭과 교류뿐만 아니라 선진지역인 중국이나 濊, 바다 건너 州胡(濟州島), 倭 등과의 교역 등에서 초보적이나마 한자를 통교의 수단으로 삼았을 것이다. 정치·경제적인 목적에서 대외교섭과 교역을 담당한 층이 바로 《삼국지》에 보이듯이 漢郡縣이나 魏晉 등으로부터 선진문물의 독점적인 입수를 위해 官爵과 함께 印綬와 衣幘을 받는

---

8) 승려들이 뒷날 의미를 알지 못하는 다라니를 암송하는 것도 그와 같은 맥락에서 이해된다.

집단들이다. 물론 그를 직접 수행한 계층뿐만이 아니라 뒤에서 그들을 보호해 주고 조종하기도 하였을 정치집단도 당연히 그 속에 포함된다. 이들은 정치적인 필요에서 문자를 습득한 층이라 하겠다. 염사치의 사례에서도 알 수 있듯이 한자를 매개로 정치적인 입지를 확보하고 나아가 대외교섭을 독점한 계층들이었다. 이런 성격의 기능은 한자 사용이 널리 확산 정착된 이후에도 그대로 계승된다고 하겠다.

이상과 같이 이미 한문자가 수용된 시기 이후 그를 습득하여 활용한 층은 두 그룹으로 나누어진다. 그러나 그들이 어떻게 한문자를 익혔으며 어느 정도의 이해 능력을 갖추고 있었는지는 뚜렷하지가 않다. 따라서 한국사 초기 단계에 문자의 확산 배경을 아직 체계적으로 파악하기는 곤란한 실정이다. 아마도 낙랑·대방 2郡의 멸망 이후에 일어난 流移民 파동은 다시 남쪽 삼한사회의 한문자 수준을 한 단계 높이는 데 크게 영향을 미쳤을 것으로 추측되나, 구체적인 실상을 잘 알 수가 없다. 다만 이어지는 삼국시기에 한문자가 급속히 발달하는 사정에서 그 대략을 유추해 볼 수 있을 따름이다.

3. 新羅의 漢字使用과 그 수준의 변화

진한을 구성한 여러 소국 가운데 하나였던 斯盧國을 모태로 출발한 신라가 그 면모를 일신하여 고대국가로서 구체적인 모습을 드러낸 것은 4세기 중반 무렵의 일이다. 이후 신라는 그 이전과는 달리 낙랑과 대방을 대신하여 고구려를 선진문물 입수의 주된 창구로 삼았다. 신라가 고구려와의 교섭을 처음 튼 구체적 시점은 확정지을 수가 없지만 적어도 377년을 下限으로 함은[9] 명백하다. 이후 381년 奈勿麻立干이 파견한 사신인 衛頭가 고구려의 사신을 따라 前秦의 符堅에게 나아가 교섭한 적이 있다.[10] 이때의 전진과의 통교는 고구려의 도움에 따른 것

---

9)《資治通鑑》104 晉紀 烈宗 太元 2年條.

이었으므로[11] 안내와 통역도 자연히 그에 의존하였을 것임이 틀림없다. 따라서 당시 신라의 한문자에 대한 이해 수준도 그리 높은 편은 되지 못하였을 것으로 여겨진다.

사실 이 시기에 신라인이 직접 남긴 기록이나 그를 추적할 만한 구체적인 자료가 없으므로 그들의 한문자 사용의 형편을 어렴풋하게라도 짐작하기는 여간 어렵지가 않다. 다만 다음의 사료는 그를 추적하는 데에 약간의 실마리가 될 것으로 판단된다.

(가) 五年 春正月 始聽政於南堂 漢祇部人夫道者 家貧無陷 工書算著名於時 王徵之爲 阿湌 委以物藏庫事務 (《三國史記》2 新羅本紀 沾解王條)

이 기사는 첨해왕 3년(249) 신라에서 政廳이라 할 南堂을 설치하여 처음 회의를 열고 漢祇部 출신의 夫道란 인물이 글과 계산에 능하였으므로 그를 발탁하여 阿湌의 관등을 지급, 財政(물장고) 사무를 담당하게 하기로 결정하였다는 내용이다. 현재 이 기사의 기년을 액면 그대로 받아들이기는 곤란하지만 관료조직의 정비과정에서 글과 계산에 능한 인물이 중요시되는 시대적 양상을 짐작할 수는 있다. 문서에 밝은 사람이 정치적 문서나 외교문서 등을 작성할 목적에서 重用된 것이 아니라 재정사무를 담당하게 하기 위해서였다는 것은 아직 문자나 관료조직이 미발달한 초기적인 모습을 반영한다. 이는 한편 문자 해독능력의 확산 정도를 시사해 주는 대목이다. 아직 독자적인 외교문서의 작성 등 고도의 한문 구사능력이 요청되는 상황이 아니었으므로 書算에 어느 정도 식견이 있는 夫道를 그렇게 우대한 것으로 이해된다. 그런 점에서 아직 직전의 삼한 단계 수준이 여전히 강하게 지속되고 있는 양상을 띤다고 하겠다.

---

10) 《三國史記》 3 新羅本紀 奈勿尼師今 26年條.

11) 末松保和, 〈新羅建國考〉, 《新羅史の諸問題》, 1954, p.114와 李丙燾, 《韓國史》 (古代篇), 1959, pp.401~402 참조.

그런데 이후 신라의 한문자 수준은 급속하게 향상되어 갔다. 여러 가지 측면에서 그 점을 가늠하는 데에 필히 고려되어야 할 사항은 고구려로부터의 영향이다. 399년 신라가 백제의 강한 영향력 아래에 있던 加羅와 倭 연합세력의 공격을 받아 왕도가 함락되는 위기에 직면하자 400년 고구려 광개토왕의 병력이 그를 구원하기 위해 南征하고 이후 신라에 계속 주둔하면서 오래도록 그 내정에 깊숙이 간여하였다.[12] 이는 《삼국사기》, 《삼국유사》, 《일본서기》, 《중원고구려비》 등의 문헌사료뿐 아니라 5세기의 신라 積石木槨墳에서 출토된 광개토왕의 시호가 새겨진 壺杅나 延壽元年이란 연호가 보이는 銀合杅를 비롯한 몇몇 고구려계 考古遺物들에서도 입증된다. 그러므로 이 시기 신라의 한문자 체계는 고구려의 영향을 받아 크게 발전하였다고 풀이하여도 무방할 듯하다. 말하자면 신라의 한문자 발달의 밑바탕에는 삼한과 그 이전부터의 것이 당연히 깔려 있을 터이지만, 이후 고구려의 영향을 받음으로써 다시 한 단계 진전하였을 것으로 여겨진다. 이는 6세기 초 신라에서 사용한 초기적인 이두문이나 한문의 어순에서 고구려의 영향이 뚜렷이 간취되는 점에서[13] 입증되는 사실이다. 가령 6세기 신라 금석문에 흔히 발견되는 之의 文章終結詞 사용은 이미 광개토왕릉비나 牟頭婁墓誌, 中原高句麗碑에서 보이는 저명한 용례이며, 그 밖에 節, 中의 용법에서도 그런 사실이 쉽사리 확인된다. 삼국 사이에 공통적으로 보이는 部의 약자인 β나, 水와 田을 결합한 造字인 畓 등은 삼국 상호간의 문자교류를 유추하게 하지만 그 원형은 대체로 가장 선진 지역이었을 고구려에서 비롯되었을 것으로 추정된다. 이 점은 신라의 문자발달사를 고려함에 소홀히 취급할 수 없는 점이라 하겠다.

---

12) 이에 대한 전반적인 이해에 대해서는 朱甫暾, 〈朴堤上과 5세기초 新羅의 政治 動向〉, 《慶北史學》 21, 1998 참조.

13) 홍기문, 《리두연구》, 과학원출판사, 1957, p.39에서 신라 이두의 기원을 고구려에서 찾고 있다는 점이 참고로 된다. 순수한 한문식으로 보이는 광개토왕비문에서조차 '因遣黃龍來下迎王, 王於忽本東崗黃龍負昇天'처럼 이두식의 어순이 보인다.(홍기문, 위의 책, p.28)

  이처럼 5세기의 신라 지배층들이 습득한 문자는 삼한 단계의 그것에서 그대로 지속된다기보다는 그를 밑바탕에 깔고 다시 고구려의 영향을 받아 새로운 수준으로 한 단계 진전하였음이 틀림없다.[14] 고구려의 군사 주둔과 함께 정치적인 간섭, 그리고 정치적인 목적에서 인질로 파견되었거나 교섭을 목적으로 고구려에 왕래하였던 인물들 등, 여러 경로를 통하여 고구려의 한문이 입수되었을 것으로 판단된다. 특히 고구려에 파견된 적이 있던 신라인들은 광개토왕릉비도 실제로 보았을 터이며, 따라서 이런 것들이 신라 지배층의 고구려 문자 습득이나 기념비문의 작성과 건립에 큰 영향을 미쳤을 것임은 상상하기 어렵지 않다.

  6세기에 원래 고구려민이었다가 신라민으로 편입된 丹陽이나 蔚珍 지역 주민들을 대상으로 신라식의 한문이 구사된 단양신라적성비나 울진봉평신라비와 같이 어떤 법령을 시행하는 내용을 담은 비가 세워질 수 있었던 것도 결국 두 나라의 문자가 지닌 공통성을 반영한다. 아마도 적성비나 봉평비를 읽는 대상은 모두 고구려의 법령도 익히 알고 있는 집단으로서 두 지역은 적어도 문자로서 서로 교통하고 있었던 것이라 하겠다.

  이와 같이 5세기를 거치면서 신라의 문자체계는 고구려의 영향을 받아 한 단계 성숙하였을 것으로 짐작된다. 그럼에도 6세기 초까지 신라의 문자 사용 수준은 아직 그리 높지는 못하였던 듯하다. 한문자를 추상적인 개념의 표현에 이르기까지 격식을 갖추어 자유자재로 구사한 것이 아니라 신라의 고유한 인명이나 지명 등의 고유명사를 한자를 빌려 표기하는 정도의 수준에 머물렀기 때문이다. 이 점은 뒤에 말하겠지만 525년

---

14) 李成市, 〈古代朝鮮半島の漢字事情と日本 — 六世紀初頭の新羅を中心に〉, 《月刊しにか》 1992年 9月號, p.42에서는 6세기 단계 신라의 한자문화에는 고구려에서 變用을 거친 것을 수용한 독자의 문화가 그 기층에 깔려 있는 것으로 보았다. 이 점은 일면 타당하지만 그 내면에는 그 이전 단계의 한자 수용을 별로 고려하지 않는 점 등에서 약간의 문제를 지니고 있다.

의 울주천전리서석 원명에서 뚜렷하게 확인된다. 아직 유려한 문장을 작성할 정도의 수준에 도달하지는 못하였던 것 같다. 그것은 우선 《梁書》의 다음과 같은 기록을 통해서도 어느 정도 짐작된다.

(나) 無文字 刻木爲信 語言待百濟而後通焉 (《梁書》 54 新羅傳)

《양서》는 중국 正史에서 신라전이 최초로 立傳된 사서이다. 그 전까지의 중국 정사에서 한반도 남부지역에 대해서는 《삼국지》에 보이는 내용을 그대로 답습하였던 것과는 달리 여기에서는 신라란 국명이 등장하고 진한 이후 수백 년 동안의 변화된 새로운 내용들이 담겨 있어 일찍부터 주목되어 왔다.[15]

위의 기사에 따르면 6세기 초에 신라에서는 문자가 없다고 한다. 이 사료는 같은 열전에 보이는 것처럼 梁 武帝 普通 2年(521), 즉 법흥왕 8년에 신라 사신이 백제를 따라 貢納하였다는 내용에 의거하여 씌어진 것임이 확실한데, 그러한 사정은 당시 작성된 것으로 추정되는 〈梁職貢圖〉에서도 증명된다.[16] 그런데 이때에 신라에서 문자 자체가 없었다는 것은 실상과 전혀 맞닿지 않는 표현이다. 그 점은 이보다 바로 1년 전인 법흥왕 7년(520) 율령을 반포한 사실과도 배치되거니와, 특히 503년에 건립된 영일냉수리신라비의 발견으로 실증된 바 있다. 그 까닭으로 이 기사가 지니는 의미에 대해서는 해석을 달리하는 몇몇 견해들이 제기되어 왔다. 이를 거의 액면 그대로 받아들이려는 입장으로부터,[17] 관청에서 한자를 통용문자로 규정해 놓고 있었는지의 여부에 따른 해석으로 보는 견해,[18] 당시 신라에서 사용된 문자가 고구려식 한문

---

15) 末松保和, 〈梁書新羅傳考〉, 《新羅史の諸問題》, 1954.

16) 이에 대해서는 李鎔賢, 〈《梁職貢圖》百濟國使條の'旁小國'〉, 《朝鮮史研究會論文集》 37, 1997 참조.

17) 과거 법흥왕 7년(520) 반포된 신라 율령을 부정하는 대부분의 논자들은 그런 입장을 취하였다.

18) 高明士 著, 吳富尹 譯, 《韓國教育史研究》, 大明出版社, 1995, pp.125~126.

이었으므로 중국측에 의사를 전달하는 수준에 이르지 못하였기 때문이라는 주장,[19] 고구려가 외교문서를 일찍부터 작성한 수준이었으므로 중국식 한문을 구사하지 못하였을 리가 없다는 입장에서 이는 중국이 신라의 정보를 입수하지 못하였던 데에서 기인하는 것으로 보는 해석[20] 등이 제기되어 있다.

신라가 백제를 매개로 사신을 파견한 만큼 문자가 없었다는 이 정보는 신라측으로부터 직접 들었던 사실에 근거한 것이 아니라 어디까지나 백제로부터 傳聞한 사실일 따름이다. 어떻든 《양서》 신라전에 보이는 여타의 내용들도 모두 백제가 전달하는 정보와 인식이 그대로 반영된 것이라 하겠다.[21] 따라서 자신의 사정을 직접 전달하지 못하고 백제 사절을 중간의 연결고리로 삼아 전달할 수밖에 없었던 신라가 문자를 전혀 알지 못하는 것으로 비춰질 수밖에 없었을 법도 하다. 〈양직공도〉에 백제가 국제사회에서 자신의 위상을 과시할 목적에서 실상과는 달리 신라를 마치 그 자신에 附庸된 소국이었던 듯이 주장한 것과 맥락을 같이한다고 하겠다. 따라서 위의 기사는 그런 측면에서 비판적으로 이해되어야 마땅하다.

물론 525년에 씌어진 백제 무령왕의 誌石에 비추어 보면 당시 신라의 문자 수준이 그렇게 높지 못하였음은 명백하다. 그 점은 비슷한 시기인 냉수리비나 봉평비에 아직 신라식의 어순에 따른 한문이 사용된 점에서도 감지된다. 특히 당시 왕실의 핵심집단이 행차하여 기록한 525년의 울주천전리서석에서 신라식 한문이 구사되고 있는 데서 그 점은 충분히 짐작된다. 이들 금석문으로 미루어 보아 아직 신라에서는 전형적인 한문식의 문장으로 뜻을 제대로 나타내지 못하였거니와, 이

---

19) 李成市, 《東アジア文化圈の形成》, 山川出版社, 2000, pp.59~60.

20) 宋基豪, 〈고대의 문자생활 : 비교와 시기구분〉, 《한국고대사강좌》(未刊).

21) 이 점은 李成市, 앞의 글(2000), pp.51~53에서 지적하였듯이 《양서》의 신라 관등표기가 금석문에 흔히 나타나는 干支型이 아니라 旱支(岐)型인 것은 백제계의 사료에 근거한 《日本書紀》와 일치한다는 점에서 입증된다.

두문체도 아직 확립되지 못한 수준이었다고 하겠다.

이상과 같이 신라의 한문 수준이 6세기 초 단계에도 비록 고구려로부터 영향을 받아 크게 향상되었다고는 하나 그것이 국내용으로 활용되는 데는 어떠했을지 몰라도 아직 국제무대에서 공인받을 만한 수준에 이르지 못하였던 것은 분명하다. 특히 한문의 본산인 중국과 독자적으로 외교문서를 작성하여 주고받을 수 있는 수준에까지는 도달하지 못하였다고 판단된다. 당시 신라가 지속적으로 중국과 직접 통교한 사례가 없는 것은 그를 방증하여 준다고 하겠다.[22]

그러나 530년대 이후에는 신라의 한문 수준이 급속한 변화를 보이는 것 같다. 그런 흔적은 우선 《隋書》 신라전의 다음과 같은 짤막한 기록에서 찾아진다.

(다) 其文字甲兵同於中國 (《隋書》 81 新羅傳)

581년 건국된 隋가 589년 분열되어 왔던 남북조의 통일을 달성하고 617년까지 존속한 것으로 미루어 보면 일단 위의 기록은 7세기 초의 신라 사정을 전하는 것으로 단정하여도 좋겠다.

앞서 본 《양서》의 기록과는 달리 《수서》에서는 신라의 문자나 甲兵(무기와 그 체계)이 중국과 같다고 하였다. 문자가 같다는 것은 신라가 중국과 동일하게 한자를 사용한다는 정도에 한정된 것인지 아니면 문장의 구사능력이 동일하다는 것인지 단정할 수 없지만, 갑병이 그러하다면 신라의 한문 구사능력이 중국에 버금갈 정도는 아니라 할지라도 상당히 괄목할 만한 수준에 도달하였기에 그렇게 표현된 것이라 보아도 무리하지는 않을 듯하다. 아마도 그런 인식을 갖게 된 것은 《양

---

22) 신라가 중국과 통교하는 것은 564년(진흥왕 25)에 이르러서의 일이다.(《三國
史記》 4 新羅本紀 眞興王條 및 《北齊書》 7 帝紀 武成帝 河淸 3年條) 다만 진
흥왕 10년(549) 南朝의 梁에서 신라 유학승 覺德이 귀국할 때 사신을 파견하여
佛舍利를 보낸 적이 있다.(《三國史記》 4 新羅本紀 眞興王條)

서》 이후 100년이 지나는 사이에 신라의 여러 문화적인 수준이 현격하게 향상된 데에서 말미암은 결과로 보인다.

이미 신라는 진흥왕 26년(565) 北齊로부터 책봉을 받았으며, 이후 줄곧 중국과 통교하였다. 특히 통일왕조 隋가 등장하자 신라는 그에 적극 접근하여 자주 사절을 파견하였다. 그것은 필시 북쪽으로부터 고구려의 압박에 대처하기 위한 외교적 책략에서 나온 것으로 여겨지지만 이러한 관계를 통하여 신라의 사정이 걸러지지 않고 중국에 직접 전달되었기에 그처럼 문자와 갑병이 같았다는 사실이 전해질 수 있었던 것이라 하겠다. 특히 문자에 관한 한 진평왕 30년(608) 고구려를 정벌해 달라는 청병을 위하여 원광법사가 작성한 〈乞師表〉와 같은 것이 隋가 신라의 문자 수준을 가늠하게 하는 데에 크게 작용하였을 것으로 짐작된다. 사실 6세기에 전개된 양상을 보면 隋나라측의 그러한 인식이 전혀 허구가 아님을 알 수가 있다. 이 점은 뒤에 말하겠지만 6세기 후반의 금석문에서도 뚜렷이 확인되는 사실이다.

신라의 한문자 사용 수준은 6세기를 거치면서 전반적으로 향상되어 간 것으로 여겨진다. 중국으로부터도 그 수준을 인정받을 정도였던 것이다. 그런데 8세기에 이르러서는 한문자 사용의 형식뿐만 아니라 그 실제적인 내용에서도 상당한 수준에 당도하였던 듯하다. 그 점은 다음의 기사에서 확인된다.

(라) 二十五年 興光卒 詔贈太子大保 仍遣左贊善大夫邢璹 攝鴻臚少卿 往新
羅弔祭 幷冊立其子承慶 襲父開府儀同三司新羅王 璹將進發 上製詩序
太子以下及百寮咸賦詩以送之 上謂璹曰 新羅號爲君子之國 頗知書記 有
類中華 以卿學術善與講論 故選使充此 到彼宜闡揚經典 使知大國儒敎之
盛 (《舊唐書》199 新羅傳)

당 현종 開元 25년(737)에 신라의 성덕왕이 사망하자 左贊善大夫 邢璹을 弔祭使로 파견하면서 현종이 詩序를 짓고 태자 이하 백관들로 하여금 시를 지어 전송하게 하였다. 그때 현종은 邢璹에게 신라는 군자의 나라로서 書記를 알아 중국과 비슷한 데가 있다고 하고 그를 사신으로 선발하는 것이 학술과 講論에 밝기 때문이니 특별히 유학의 본바탕 실력을 보여주기를 당부하였다. 이와 약간의 출입이 있지만《新唐書》220 신라전에도 비슷한 내용이 기록되어 있으며,《삼국사기》에도[23] 그것이 인용되어 있다. 이로 보면 적어도 8세기 무렵에는 신라가 당나라에까지 君子之國으로 알려질 정도로 그 문화수준을 인정받고 있었음을 알 수가 있다.[24]

비슷한 시기인 735년에 신라가 일본에 사신을 보내어 왕성국으로 국호를 바꾸었다고 전달한 것은[25] 그와 같은 맥락에서 이해된다. 이처럼 신라의 유교문화를 비롯한 제반 문화가 이제 당나라조차 만만하게 볼 수 없는 수준으로 향상되었기에 뒤이은 경덕왕대에 지명이나 관명을 중국식으로 바꾸는 등의 漢化政策도 추진할 수가 있었던 것이라 하겠다.

이상과 같이 8세기 단계에 신라의 한문 이해 수준은 이미 중국에서도 인정할 정도였다. 그것은 단순한 한문자의 사용 수준에 그치는 것이 아니라 불교, 유학 등의 제반 분야의 그것도 괄목할 만큼 성장하였음을 뜻한다. 그 점은 이미 통일전쟁기에 强首와 같은 문장가를 통해서도 확인되거니와, 당 태종을 감동시킨 진덕왕대의 太平頌 등에서도 증명된다. 아마도 이러한 기반이 있었기에 당에 유학한 적이 없으면서도 그들에 영향을 미친 탁월한 원효의 불교교학도 나올 수 있었던 것이다. 이처럼 신라의 한문자 수준은 꾸준하게 성장 발전하였거니와, 특히 통일 이후 고구려, 백제의 유민과 함께 그 문화적인 기반의 수용 등에 따른 삼국문화의 융합으로 말미암아 8세기 신라를 당으로 하여금 군자의 나라로, 일본으로 하여금 王城國으로 인식시키기에 충분할

---

23)《三國史記》9 新羅本紀 孝成王 2年條.
24) 李基東,〈新羅 聖德王代의 政治와 社會 ― ‘君子國’의 內部事情〉,《歷史學報》160, 1998, p.4.
25)《續日本紀》12 聖武紀 天平7年 2月條.

정도로 그 수준이 엄청나게 향상되었던 것이다.

4. 佛敎受容과 漢文字

이상에서 말하여 온 바와 같이 6세기 이후 신라의 한문자 이해 수준은 몇 단계의 과정을 밟아 크게 진전하였던 것으로 짐작된다. 6세기 초를 기준으로 그 이전을 첫째 단계, 이후 7세기 후반까지를 둘째 단계, 7세기 후반 이후를 셋째 단계로 설정할 수 있으며, 각 단계마다 약간의 세분도 가능하다. 각 단계는 저마다 한문의 이해 수준에서 특징적 면모를 지녔을 뿐만 아니라 그처럼 변화하게 된 계기도 달랐을 것으로 여겨진다. 이를테면 삼국통일 이후인 셋째 단계에서는 물론 오랫동안의 문화적 蘊蓄의 결과였겠지만, 아무래도 신라보다 선진이었던 고구려, 백제 유민의 다량 결합으로 한문자 수준도 일시에 크게 향상되는 결과를 가져왔음이 분명하다. 여기에서는 여러 가지 제약이 있으므로 6세기 초를 하나의 기점으로 삼아 한문자 이해 수준이 그 전과 隔絶하게 차이가 나게 되는 계기로서 손꼽을 수 있는 불교수용과 관련한 몇 가지 문제만 한정하여 다루어 보고자 한다.

한자가 처음 전래, 수용된 이후 그 사용이 일상화될 정도로 정착할 때까지 기나긴 시간이 소요되었다. 그 요인으로서는 물론 여러 가지를 상정할 수 있겠지만, 한문자가 우리 말과는 쉽사리 합치되기 어려운 음운체계를 지닌 문자였다는 점을 가장 주요한 사유로 손꼽을 수 있다. 그 까닭으로 서로 근본적인 체계가 다른 말과 글이 결합하여 하나의 통일적 체계로 운용되기 위해서는 오랜 기간 동안의 적응과정과 시행착오를 겪지 않을 수 없었던 것이다. 그러한 여건 아래에서 한문자가 상대적으로 빠른 속도로 정착되려면 그럴 만한 내재적인 욕구가 강하게 분출되어야 하였으나, 6세기 이전까지는 아직도 그럴 정도로 신라의 정치·사회 발전이나 여러 문화 수준이 성숙되지 못하였던 것 같다. 5세기대에 상호 언어소통이 어느 정도 가능하였을 고구려나 백제와는 자주 통교하였지만, 따로 전문통역이나 고급 한문의 구사 능력이 요구되는 중국과의 교섭은 단 한 차례도 행해지지 않았다는 사실이 그를 입증하여 준다. 이 시기에 신라는 선진문물을 고구려나 백제로부터 입수하였고, 아직은 그것만으로도 자체의 현실적인 욕구는 충족되기에 충분하였던 것이다. 따라서 중국과 직접 교섭하는 데에 동원될 고급 한문이 그렇게 필요치 않았던 상황이었다고 하겠다. 그런 사정으로 말미암아 앞서 살펴보았던 것처럼 《양서》에는 신라가 문자조차 알지 못한 수준이었던 듯이 비쳐졌던 것이다.

그러나 신라의 정치·사회가 점차 발전되고, 그에 걸맞는 지배체제가 갖추어지면서 이제는 백제나 고구려에 의존하는 것만으로는 내재적인 욕구를 충족시킬 수가 없게 되었던 듯하다. 그 까닭으로 당시 가장 선진국이었던 중국과 직접 교섭할 필요성이 제기되기 시작하였던 것이라 하겠다. 물론 거기에는 신라가 경쟁대상인 그들 두 나라와 줄곧 영역 다툼을 하면서 표출된 순탄하지 못한 정치적 외교적인 관계도 작용하였을 터이지만, 여러 방면에 걸쳐 낙후된 상황에서 그들을 따라잡기 위해서는 이제 중국과 직접 교섭하는 것이 불가피한 추세였기 때문이다. 이로 말미암아 한층 높은 수준의 한문자 사용이 절실해지기 시작하였던 것이다. 말하자면 한문자 사용 수준의 변화는 정치 사회적인 발전과 짝하여 진행된 당연한 결과였다고 하겠다.

그런 뜻에서 신라의 한문자 발전 가운데 특히 6세기는 주목해볼 만하다고 하겠다. 이때는 곧 上古에서 中古로의 이행하던 시기라고 지적되듯이, 자체 내부로부터 정치 사회적인 변동을 크게 겪던 시기였다. 중앙집권적인 귀족국가라는 새로운 지배체제가 구축되면서 그에 어울리는 사상체계나 지배이데올로기로서 불교가 수용되게 되는 것도 바로 그 때문이었다. 이제 불교를 수용함으로써 그에 연동하여 여러 사회질서도 달라져 갔던 것이다. 불교는 그러한 현실적인 욕구를 충족시켜 주었을 뿐만 아니라 동시에 신라의 한문자의 수준을 한 단계 향상시키는 데 결정적인 기능을 하였다.

널리 지적되어 왔듯이 신라의 불교수용 과정은 고구려나 백제의 그 것과는 전혀 양상을 달리하였다. 고구려와 백제에서는 불교가 중국의 왕실로부터 이들 왕실로 정치적인 목적 아래에서 직접 전해진 것이었 다면 신라에서는 그처럼 단순하지가 않았다. 기록에 따르면 크게 두 가지 길을 통하여 불교 공인의 초석이 마련되고 있었다.

하나는 먼저 고구려에서 온 阿道가 一善(善山) 지방에 정착하여 毛 禮 등 在地 유력자들을 대상으로 불교를 포교함으로써 확산된 길이다. 이는 달리 표현하면 아래로부터의 길, 또는 지방으로부터 길이라 이름 할 수가 있다. 400년 이후 신라에 고구려의 병력이 오래도록 주둔하게 되면서 이것이 지방 불교의 확산에 끼쳤을 영향도 전혀 무시할 수는 없다. 울주천전리서석 명문의 乙卯銘(535) 가운데 比丘僧 및 沙彌僧과 함께 보이는 居智伐村衆士는 실체가 분명하지는 않지만 승려와 동행 한 것으로 보면 불교와 밀접하게 관련을 맺고 있던 존재들임이 확실하 다. 불교가 공인된 시점으로부터 그리 멀지 않았음에도 불구하고 승려 와 함께 불교와 결합된 지방 유력자들이 등장하는 것은 이미 불교가 지방사회에 어느 정도 뿌리내리고 있었음을 암시한다. 이처럼 밑으로 부터 수용된 불교가 확산되어 마침내 위쪽의 왕실에까지 전파되었을 가능성이 점쳐진다.[26]

다른 하나는 고구려나 백제와 마찬가지로 불교가 외부로부터 왕실 에 직접 전해져서 그로부터 아래로 확산되어 간 길이다. 이를 위로부 터의 길이라 이름할 수 있다. 그것은 《삼국유사》에 보이는 射琴匣說 話로부터[27] 유추된다. 이 설화는 당시 아직 불교가 국가적인 차원에서 공식적 종교로 인정되지는 않았지만 왕실 깊숙이 침투해 있는 모습을 여실히 보여주기 때문이다. 물론 여기에 보이는 왕실의 불교가 지방으 로부터 전해졌을 가능성도 당연히 고려되어야겠지만 그보다는 신라가

---

26) 그 점은 묵호자가 향으로 공주의 병을 치유하였다는 데서 시사받을 수 있듯 이, 지방으로 들어온 불교가 왕실에까지 전해진 사례를 보여준다.

27) 《三國遺事》 紀異 2 射琴匣條.

오랫동안 고구려나 백제와 접촉하면서 특히 고구려에 볼모나 사신으로 다녀온 사람이나 왕도에 주둔한 고구려의 병력을 매개로 전해졌을 가능성 등 여러 경로가 상정된다. 사금갑설화는 왕실 내부에서 불교를 둘러싸고 전개된 첨예한 대립 갈등의 片鱗을 전하고 있지만, 지방사회에서도 역시 그와 비슷한 양상이 한동안 펼쳐졌을 것임은 상상하기 어렵지 않다. 그러나 결국 불교를 수용하려는 측의 승리는 사회 발전면에서 볼 때 필연의 과정이었다.

법흥왕대의 불교 공인은 바로 이런 두 가지 길의 접점에서 이루어진 것이었다.[28] 물론 그 자체도 다 아는 바처럼 순조롭지는 않았지만, 법흥왕을 대표로 하는 왕실 중심의 위로부터의 길과, 이차돈으로 대표되는 밑으로부터의 길이 결합하여 결국 불교는 공인된다. 신라에서 불교가 공인된 뒤 지극히 짧은 기간에 촌락 깊숙이까지 확산되게 된 것도 바로 그러한 배경이 밑바탕에 깔려 있었기 때문이다.[29] 공인된 지 불과 1세기만인 7세기 전반에 이르러 불교를 신봉하는 사람의 수가 10 가운데 8, 9집에 달하였다는 것은[30] 그를 여실히 입증하여 준다.

그처럼 굳이 불교수용의 길을 뚜렷이 구별지어 이해하려는 까닭은 그 두 길이 각기 한문자의 확산과 밀접한 관련이 있다고 판단되기 때문이다. 특히 지방에서 한문자의 사용을 자칫 왕경으로부터의 일방적 영향에 따른 것으로만 인식하는 기존의 경향을 벗어나 새로운 시각에서 바라볼 필요가 있음을 강조하기 위한 것이기도 하다. 불교수용의

---

28) 불교수용을 적극 주도한 세력으로 王室로 보는 입장(徐永大, 〈新羅의 佛敎受容과 天神觀念〉, 《韓國思想史學》 10, 1998, p.5)과 하급관인 및 외위소유자로 보는 견해(南希淑, 〈新羅 法興王代 佛敎受容과 그 主導勢力〉, 《韓國史論》 25 (서울대 국사학과), 1991)로 크게 엇갈려 있지만 필자처럼 이해하면 반드시 취사선택의 문제는 아니리라 여겨진다.

29) 불교수용의 길을 두 갈래로 함께 이해해야만 轉輪聖王信仰, 釋迦族信仰, 彌勒下生信仰과 淨土信仰이나 彌陀信仰이 같은 시기에 같은 공간에서 공존하는 배경에 대한 이해가 한층 쉬울 듯하다.

30) 《三國遺事》 義解 5 慈藏定律條.

길에 두 갈래가 있듯이 그를 매개로 급속한 성장을 하는 한문자 체계의 확산이나 기능도 역시 두 갈래로 나누어 생각하여 볼 여지가 있지 않을까 싶다.

하나는 왕경의 지배자집단을 중심으로 한 한문자 체계로서 주로 정치적인 지배체제 유지가 주된 용도인 경우이다. 문자가 일찍부터 정치적 지배의 수단으로 활용되어 온 것과 맥락을 같이하는 셈이다. 불교수용과 함께 까다로운 불경 이해의 방편으로서 출발한 것이기는 하지만 마침내 정치 담당자로 하여금 고급의 한문을 습득케 하는 데 크게 영향을 미쳤던 것이다.

다른 하나는 지방사회에서 세금체계와 같은 직접적인 행정을 수행하는 수단으로 사용된 경우이다. 아마도 지방사회에서 전통적으로 그런 역할을 담당하여 왔던 층들이 불교수용을 계기로 기존의 문자체계를 한층 발전시켰을 가능성이 있다. 말하자면 지방통치가 강화되기 이전에도 지방세력은 나름대로 문자체계를 가지고 있었고 그것을 발전시켜 왔을 것이라 생각된다.

이상, 한문자에 대해 다른 용도와 기능을 지녔던 양자가 똑같은 한문자 정착의 과정을 밟은 것으로는 보이지 않는다. 각자의 문자체계나 문장구사, 서체의 서법과 필법 등에서 상당한 차이를 가져와 신라 문자체계 자체가 다양화되고, 그 결과 내용이 풍부해지는 결과를 가져왔던 것이라 하겠다. 말하자면 신라의 문자체계에서 나타나는 독자적인 造字나 이두·향찰·구결 등은 그런 다양성으로부터 탄생할 수가 있었던 것으로 여겨진다.

일반적으로 신라 불교 연구에서(삼국 모두 마찬가지이지만) 수용 초기에는 대체로 정치사적인 측면에 무게를 두어 그 영향을 강조하고, 뿌리를 내린 이후에는 사상사적 문화사적인 측면에서만 다루려는 경향성이 짙었다. 그러나 종교를 역사발전과 관련지어 파악하려 할 때 차라리 가장 우선적이며 중요하게 다루어져야 할 측면은 다름 아닌 사회사적인 접근이라 하겠다.[31] 이를 소홀히 하여서는 종교로서의 불교가 지닌 진면목을 제대로 드러낼 수 없기 때문이다. 불교(종교 일반이기도 하지만)는 변동의 道程에 있던 사회에 큰 영향을 끼쳐 새로운 모습으로의 定立을 가능하게 하는 기능을 담당하였다. 이를테면 幽宅으로 인식되던 무덤의 축조에서 그러한 면을 단적으로 찾아볼 수 있다.

6세기 전반 경주 분지 일대에서 널리 조성되던 積石木槨墳에 대신하여 새로운 墓制로서 橫穴式石室墳이 營造되기 시작하고, 그 입지도 평지에서 주변의 구릉지대로 확산되는 변화가 있었다. 그와 함께 오래도록 厚葬意識에 따라 엄청나게 副葬해 왔던 습속이 薄葬으로 바뀌는 큰 변화가 뒤따랐다. 이는 단순한 묘제나 입지의 변화에 머무는 것이 아니라 그 자체 전 신라인의 세계관 변화를 동반한 것이었다.[32] 이제 사후세계는 지하와는 별로 상관이 없는 서방정토의 극락세계로 인식되었던 것이다. 이로써 그 동안 널리 행해지던 후장은 점차 쇠퇴하고 그 대신 장례에 소요된 물품을 불교사찰에 寄進하게 되니 이것이 사원의 주요한 경제적 기반이 되었다.[33] 이처럼 불교 수용으로 말미암아 내세관·세계관·사회관·인생관도 달라지는 큰 변화가 야기되었다. 이는 전례 없는 사회변동 속에서 이루어진 것이며, 불교가 그에 직접 영향을 끼쳤음을 뜻한다. 그런 의미에서 불교수용이 지니는 사회사적인 의의를 소홀히 할 수 없는 것이다.

흔히 지적되듯이 초기의 승려는 단순히 종교 자체만을 전담한 종교인이 아니었다. 그들은 주술가이자 의사였으며, 정치가이자 정신적인 교사였고, 건축가·조각가·화가·서예가·문학자이기도 하였다. 이들은 모든 방면에 걸쳐 제일의 유일한 지식층이었다.[34] 비록 신라의 불교가

---

31) 그런 측면에서 李基白, 〈三國時代 佛教 受容과 그 社會的 意義〉, 《新羅思想史研究》, 一潮閣, 1986과 南希淑, 앞의 글은 주목된다.

32) 朱甫暾, 〈新羅國家形成期 大邱社會의 動向〉, 《韓國古代史論叢》 8, 1996 ; 《新羅 地方統治體制의 整備過程과 村落》, 신서원, 1998, pp.426~428.

33) 李基東, 〈新羅社會와 佛教〉, 《佛教와 諸科學》(東國大開校八十周年紀念論叢), 1987 ; 《新羅社會史研究》, 일조각, 1997, p.91.

34) 李基白, 앞의 글, pp.42~45.

고구려를 통해서 수용된 것이기는 하지만 공인 이후 승려들은 곧바로 중국에 유학하면서 선진문물을 입수하는 주된 창구 노릇을 담당하였다.[35] 578년의 대구무술오작비에서 보이듯이 저수지를 축조하는 데 2명의 승려가 주도적인 역할을 담당한 것은 그 배경이 어찌하든 간에[36] 그들이 곧 새로운 토목기술을 알고 있었기 때문에 가능한 일이었다. 아마도 이들이 불교란 종교를 매개로 제반 분야의 선진기술 도입을 주도하고[37] 그를 주요한 매개고리로 삼아 불교를 촌락 깊숙이까지 전파시키려 하였을 것이다.

그처럼 승려가 다양한 선진문물 도입과 관련하여 수행한 역할 가운데 특히 주목되는 것은 문필 방면에서의 그것이라 하겠다. 이 점은 우선 진흥왕대의 승려 安藏法師가 처음 임명되었다는 大書省이란 직명이 문서를 담당하였다는 데서[38] 시사받을 수 있다. 이는 승려가 최고의 지식층으로서 한문의 발전에 어떠한 역할을 담당하였는지 짐작하게 하는 대목이다. 그 점은 일찍이 승려생활을 경험하였던 居柒夫가 주도하여 文士들을 모집, 國史 編纂을 담당한 데서도 시사되는 바이다. 2명의 승려가 국왕을 隨駕한 사실을 전하는 진흥왕순수비문[39](특히 황초령비 및 마운령비)에는 달리 문장을 작성하였을 법한 書人이 보이지 않는다는 점에서 그 자체 승려들에 의해 작성되었을 가능성이 높다. 당해 문장을

---

35) 위의 글과 金福順, 〈新羅 佛敎界의 人材養成과 選拔〉, 《新羅의 人材養成과 選拔》(新羅文化祭學術會議發表論文集 19), 1998, p.158.

36) 이를 둘러싼 논란에 대해서는 朱甫暾, 《新羅 地方統治體制의 整備過程과 村落》, 신서원, 1998, pp.228~230 참조

37) 불교수용과 선진기술 도입이 밀접하게 관련된 것은 동아시아 고대사회에 일반적인 양상이었다.(石井公成, 〈佛敎受容期の國家と佛敎 — 朝鮮·日本の場合〉, 《東アジア社會と佛敎文化》, 春秋社, 1996, pp.69~71)

38) 李基白, 앞의 글, pp. 43~44.

39) 황초령비와 마운령비에서는 직접 國王을 수행한 승려의 이름이 보이며 磨滅이 심한 북한산비에는 隨駕人으로는 잘 알 수가 없지만 문장 가운데 승려로 추정되는 道人의 존재가 나타난다. 창녕비는 전반부가 마모되었으나 隨駕人名을 열거한 제일 상위의 葛文王보다 위에 혹시 승려가 배치되었을지도 모르겠다.

검토하면 상당한 격조를 유지하고 있을 뿐만 아니라《論語》나《書經》등 유교 경전의 내용이 구체적으로 인용되어[40] 그 면모를 짐작할 수 있다. 이처럼 승려들은 평상시 국왕에게 정치적인 조언을 하기도 하였을 터이지만 특히 고급의 문필활동을 전담하였을 것으로 짐작된다. 그들이 한문자에 가장 조예가 깊은 식자층이었을 것이기 때문이다.

사실 불경을 읽고 이해하려면 상당한 수준의 유교적인 소양도 아울러 요구된다. 그러한 의미에서 당시에는 승려가 바로 유학자였다고 하겠다. 이 점은 원광의 세속오계에서도 저절로 드러난다. 다 아는 것처럼 거기에는 儒佛이 渾融되어 있다. 승려는 화랑들을 지도한 사례에서도 알 수 있듯이 제1급의 유학자로서 교사였다. 이들이 불경을 매개로 유학의 소양을 체득하고, 나아가 그를 토대로 국왕에 대한 정치적인 조언을 행함으로써 기실 당시 불교는 정치와 떼려야 뗄 수 없는 관계를 맺게 된 것이다. 아마도 이러한 배경을 토대로 불교는 수용되자마자 곧바로 정치와 결합함으로써 轉輪聖王思想이나 釋迦族의식이 출현할 수 있게 되는 것이라 하겠다. 그런 의미에서 뒷날 儒佛이 완전히 분립될 때까지 당분간 유학은 곧 승려의 전유물이었고, 따라서 유교는 불교에 종속된 하위개념에 지나지 않았던 셈이 된다. 처음의 유학이란 어디까지나 불교를 이해하기 위한 한문을 습득하는 데에 수반된 부산물에 불과하였을 따름이다.

이처럼 불교가 공인된 뒤 그와 함께 다방면에서 새로운 문물이 전래됨으로써 신라사회는 크게 변모하기 시작하였다. 그 가운데 특히 두드러진 것으로는 한문자의 발달을 꼽을 수 있다. 이제 지배집단은 불교를 새로운 선진문물을 입수하는 창구로 활용하고, 나아가 그것이 그들 자신의 지위를 계속 유지해 가는 중요한 수단이 되기도 하였을 터이다. 아마 이후 신라에서는 중국에 유학한 승려들이 적지 않았을 듯한

---

40) 金哲埈,〈三國時代의 禮俗과 儒敎思想〉,《大同文化硏究》 6·7, 1971 ;《韓國古代社會硏究》, 지식산업사, 1975, p.200.

데, 이들이 대부분 귀족의 자제이거나 아니면 그들로부터 직접 경제적
인 후원을 받는 세력이었을 것이다. 선진문물의 입수와 장악은 곧 귀
족들이 신분을 그대로 유지하거나 현실의 정치적 지위를 격상시키는
데 큰 기능을 하였을 터이다. 그들이 그 때문에 불교사원에 소유재산
을 적극 寄進하기도 하고, 유학승을 후원하기도 하였을 것 같다. 나아
가 종교적인 목적 외에도 불교계와 인연을 맺기 위해 직접 願刹을 세
우기도 하였다. 이제 불교는 귀족뿐만 아니라 국가의 지원에 따라 장
차의 棟樑之材인 화랑의 교육을 담당함으로써 수준 높은 한문자가 전
반적으로 확산되는 데 큰 역할을 하였을 것으로 짐작된다. 화랑 출신
이 良將勇卒을 생산할 뿐 아니라 賢佐忠臣이 될 만한 소양은[41] 바로
이러한 승려를 매개로 한 유학교육 덕분이라 하겠다.

　한편 중앙과 비교할 바는 아니었겠지만 지방에서도 한문자 수준은
크게 향상되고 있었을 것으로 짐작된다. 이미 지적하였듯이 邑落國家
단계에서 대외교류의 필요상 在地의 수장층을 중심으로 사용된 나름
의 한문자 체계는 역시 계속하여 잔존하였을 터이지만, 불교가 지방에
유입되면서 그로부터 영향을 받아 어느 정도 발달하였을 것이라 예상
된다. 그것은 대구무술오작비에 보이는 文作人, 551년 명활산성비의
書寫人, 591년의 남산신성비에 보이는 文尺 등의 존재들에서 확인된
다. 이들은 꼭히 왕경인을 매개로 한문자를 익힌 층은 아니었을 터이
며, 아마도 전통적으로 한문자를 습득하여 전승해 온 층이었을 것 같
다. 이들은 독자성을 상실한 뒤 신라의 지방세력화하면서도 이러한 문
자를 주요 수단으로 삼아 재지사회와 중앙의 연결을 담당하는 층이었
을 것이다. 신라 중앙정부는 재지세력을 활용한 간접지배시기는 말할
것도 없고, 5세기 후반 지방관을 파견하여 직접지배로 전환하였을 때
에도 역시 문자 사용의 능력을 가지고 있는 층에게 크게 의존하지 않
을 수 없었다. 이들은 불교가 지방까지 침투하자 승려와 동행한 居知

---

41)《三國史記》4 新羅本紀 眞興王 37年條.

伐村衆士의 사례에서 짐작되듯이[42] 승려들로부터 한층 세련된 한문자를 습득하였으리라 여겨진다.

재지세력은 나름의 신분층을 형성하고 독특한 문자체계를 가지고 있었던 것 같다. 그 점은 남산신성비에서 엿보인다. 9基의 남산신성비 가운데 왕경인에 의해 작성된 제3비에는 별다른 異字體가 보이지 않는 반면, 그 밖의 지방민이 작성한 제1비, 2비, 4비, 9비에는 글자는 뚜렷하나 字典에서 확인되지 않는 생소한 異體의 글자가 다수 확인된다.[43] 물론 이러한 경향은 불교문화의 洗禮를 적극 받았던 왕경의 한문자 수준이 지방지배의 강화와 함께 재지사회에 침투하면서 두 지역이 상당한 공통성을 갖게 되는 방향으로 진전되었을 터이지만, 지방 나름으로 형성되어 온 한문자의 틀이 완전히 해소되지는 않고 뿌리깊게 남았을 것으로 여겨진다. 그것이 신라 독자의 造字가 만들어지거나 향가에도 영향을 미친 것이 것이 아닐까 싶다.

요컨대 신라에서 불교수용은 한문자의 발달에 큰 영향을 미쳤던바, 법흥왕대를 중심으로 그 전후의 문자체계가 크게 달라지는 배경으로 작용하였다. 그 점에서 6세기 초는 신라 한문자 발달사에서 하나의 劃期를 이룬다고 하겠다.

5. 6세기 新羅 金石文의 文字體系

이상에서 한문자 사용 수준이 불교의 공인을 계기로 현저하게 향상되었음을 지적하였거니와 그 구체적인 사례는 금석문에서 확인된다. 6세기는 신라사에서 금석문의 시대라[44] 불러도 지나치지 않을 정도로 그것들이 집중적으로 발견되고 있다. 문장을 제대로 갖춘 금석문으로

---

42) 이들의 승려와 결합에 대해서는 南希淑, 앞의 글, p.36 참조.
43) 韓國古代社會硏究所 編,《譯註 韓國古代金石文》, 제2권 南山新城碑 항목 참조.
44) 송기호, 앞의 글에서는 이 시대를 특별히 구별하여 사적비의 시대로 命名하고 있다.

서 그 이전까지 소급되는 것들이 아직껏 발견된 사례가 없는 것으로 볼 때 6세기만을 따로 떼어 금석문 연구에서 특별한 시대로 취급하여도 무방할 것 같다. 금석문은 어떤 사실을 반영구적으로 남기고자 하는 의도에서 작성된 것인데, 대체로 신라국가의 정치적 발달과 관련하는 율령의 시행과 밀접히 관련되는 포고문류가 많다. 종이에 작성된 문서를 관리하는 체계가 제대로 확립되지 못한 당시에 특정한 사실을 돌에다 새기려 한 의도는 그 자체 국가의 강력한 실행의지를 드러내 보여주는 것이기도 하다. 이는 당시 구체적으로 그 모습이 나타나기 시작하는 중앙집권적 귀족국가의 시대상 일면을 반영한다고 하겠다.

반영구성을 기대하여 금석문을 제작한 주된 목적은 그를 읽는 대상에게 내용을 지속적으로 주지시키려는 데에 있었다. 금석문이 전국에 걸쳐 널리 만들어졌다면 그를 읽고 이해할 수 있는 사람들도 상당히 광범하게 존재하였음을 의미한다. 이는 금석문이 거의 보이지 않는 5세기와 비교하여 6세기에 한문자 확산의 정도나 용도가 확연히 달라졌음을 반영하는 것이라 하겠다. 그를 전제로 하지 않고서는 당시 금석문의 빈번한 작성을 설명하기 어렵기 때문이다. 이 점에서도 불교수용이 한문자 발달에 끼친 영향이 어느 정도인지 가늠할 수가 있을 것 같다. 이제 그 실상을 좀더 구체적으로 금석문의 내용을 통해 확인해 보기로 하겠다.

현전하는 6세기 금석문들에 사용된 문장을 분류하면 크게 세 종류로 나뉜다. 첫째, 신라식의 한문 문장이 주류를 이루는 금석문으로 503년의 영일냉수리신라비, 524년의 울진봉평신라비, 525년의 울주천전리서석 원명과 539년의 추명, 551년의 명활산성비 등이 이에 속한다. 그밖에 작성시기를 판별하기는 어려우나 壬申誓記石도 전형적인 사례의 하나로 손꼽을 수 있다. 이들에서는 과연 일부 문장에 이두가 섞여 있는 것인지의 여부를 둘러싸고 논란이 되기도 한다. 둘째, 정식 한문체와 함께 초기 이두가 뚜렷하게 확인되는 것으로 550년의 단양신라적성비, 578년의 대구무술오작비, 591년의 남산신성비가 여기에 속한다. 셋째, 이두문이 거의 섞이지 않고 수준높은 정식 한문 문장이 구사된 것으로서 진흥왕순수비 4기를 손꼽을 수 있다.

전체적으로 보아 6세기 금석문에서 사용된 문장은 처음 신라식 한문에서 출발하고 있음이 확연하게 드러난다. 특히 봉평비나 천전리서석은 신라국가의 제1급 지배집단인 국왕과 왕족들이 등장하는 금석문이다. 따라서 거기에는 당시로서는 최고의 한문자 수준이 반영되어 있다고 하여도 가히 틀리지 않을 듯하다. 이들은 우리말의 체계와 한문자가 제대로 결합되지 못한 초기에 사용된 문장이 어떠하였는지를 단적으로 보여준다. 이처럼 정식 한문이 제대로 구사되지 못한 탓에 중국측으로부터 6세기 초에 신라는 문자를 알지 못하였던 듯이 평가받았던 것이다. 그런 종류의 문장 가운데 한문에 대한 일정한 소양을 갖춘 위에 제법 세련된 신라식의 문장으로 작성된 것이 壬申誓記石이라 하겠다. 어쩌면 신라식 한문이 도달할 최고경지를 보여준다고 하여도 과언이 아니다. 다만 작성자의 한문 수준이 높았던 데에서 그런 문장이 작성될 수 있었된 것으로 단정짓기는 어렵다. 임신서기석 자체의 내용에서 드러나듯이 이를 작성하기 1년 전에 《詩經》, 《尙書》, 《禮記》 등을 3년 동안 읽기로 맹세한 것으로 미루어 짐작하면 작성자가 한문을 자유자재로 구사할 정도의 실력을 갖춘 것으로 보기는 곤란하기 때문이다.

신라식의 한문에서 출발하였으나 곧 정형화된 체계를 갖춘 이두문이 등장하고, 또한 정식의 한문으로 씌어진 금석문이 출현한다. 그에 따라 신라식 문장표현법은 자연히 조만간 소멸할 수밖에 없게 되는 것이다. 설사 존속한다고 하더라도 임신서기석에서 알 수가 있듯이 한문수양 초기에 씌어지는 정도에 지나지 않았을 것으로 보인다. 따라서 한문자 수준이 향상되면서 순수한 한문식 문장으로 대체되거나 아니면 이두문이 섞인 문장으로 정리되어 간다. 그 기점은 대체적으로 보아 530~540년대로서, 550년에 건립된 적성비의 출현에서 그 단초가 찾아진다. 그것이 바로 불교수용 이후라는 점에서 불교가 한문의 발달에 끼친 영향을 짐작하게 한다. 단편적이지만 그러한 사정을 단적으로 보여주는 것이 人名의 표기이다.

사실 6세기 초까지만 하더라도 신라인의 인명은 借字표기로 한자의 음을 빌려 나타내었고, 따라서 그 의미는 한자의 뜻과는 전혀 상관이 없었다. 그 까닭으로 당시 신라인들은 毒이나 沒, 羞와 같은 글자도 인명 표기에 활용하였던 것이다. 그것이 지닌 실제의 의미는 한자가 지닌 본래 뜻과는 전혀 관계가 없었기 때문이다. 오직 음만 빌렸을 따름이다. 동일한 사람의 인명을 다른 한자를 사용하여 표현한 것도 흔히 발견되는 사례이다. 예컨대 524년의 봉평비에서는 법흥왕을 牟卽智라고 표기하였지만 539년의 천전리서석에는 另卽知로 표기하였다. 국왕의 이름이 그럴진대 여타 일반 사람의 인명은 두말할 필요가 없겠다.

그런데 일부에서는 이제 단순히 음만을 빌리는 차자 표기 대신 한자의 음과 함께 뜻을 빌려 이름을 표기하는 변화가 나타났다. 그것은 우선 왕명과 승려의 이름에서부터 시작되었다. 이를테면 법흥왕의 경우 봉평비와 천전리서석 추명에 따르면 牟卽智(另卽知)라 하였지만, 535년의 천전리서석 乙卯銘에 (聖)법흥대왕이라 하여 순한문의 불교식 이름으로 사용하였다. 아마도 이러한 과도기를 거쳐 그 다음대의 진흥왕대에는 바로 한문식 이름을 訓借하기 시작한 것으로 여겨진다. 그것은 진흥왕순수비에 국왕을 진흥이라고 한 데에서 잘 나타난다. 승려의 이름도 마찬가지로 천전리서석 을묘명에서는 安及以, 首乃至라 하여 신라식과 불교식이 혼용되는 듯한 과도기적인 양상을 보이지만, 이후 승려의 이름은 전부 순한문식으로 나타난다. 황초령비나 마운령비의 法藏·慧忍이나 오작비의 寶藏·慧藏처럼 완전한 불교식 이름을 갖게 되는 것이다. 이는 불교수용 이후 야기된 문자체계의 변화를 상징적으로 보여준다. 아마도 이는 인명 표기 자체에만 국한된 것이 아니라 제반 한문의 수준이 불교공인을 계기로 크게 달라지고 있었음을 시사하는 것이라 하겠다.[45)]

요컨대 불교수용을 계기로 그 전까지 사용되던 신라식 한문은 급격하게 퇴조하고 대신 순한문식의 표현, 아니면 본격적인 이두가 사용되기 시작하였다. 물론 비문의 성격마다 크게 차이가 났을 터이지만 대체로 두 계통이 정리되어 각기 체계적으로 발전되어 간 것 같다. 특히 이두는 흔히 지적되고 있듯이 통일기에 이르러 薛聰에 의해 정리됨으로써 거의 완성된 체계를 갖추고, 이후 나름의 발전과정을 밟았을 것으로 생각된다. 695년에 작성된 것으로 추정되는,[46] 국가의 공식문서인 〈正倉院新羅村落文書〉에서 整然한 이두문이 사용되고 있는 것은 그를 증명한다. 한문자도 불교수용 이후 까다로운 불경 이해의 일환에서 새롭게 출발하여 점차 높은 수준으로 발전하고, 나아가 촌락지배의 강화와 함께 한문자 사용층이 확대되었다. 그와 동시에 불교 속에 渾融되어 그 일부로 다루어지던 유학은 점차 그로부터 분리 독립하여 독자적인 영역을 확보해 가서 마침내 통일기에 정치이데올로기로 지위를 굳히게 되는 것이다. 그에 따라 내용을 갖춘 고급의 한문자 사용이 가능해지게 되는 것이라 하겠다.

6. 나머지말

한문자가 사용되기 시작한 이후 그것이 하나의 체계를 갖추어서 정착하기까지 오랜 세월이 걸렸다. 그 과정은 대체로 정치 사회의 발전과 軌를 같이하는 것으로 판단된다. 그런 측면에서 문자의 정착과정을 검토하면 몇 단계로 나눌 수 있고 각 단계마다 나름의 특징과 계기가 있는 것으로 판단된다.

한자는 처음 소수의 특권계층에서만 한정하여 사용되다가 점차 그 저변이 늘어났다. 마침내는 일반 民 가운데에서도 한자를 습득하는 단

---

45) 金春秋의 아버지는 龍春이지만 일명이 龍樹라 하여 불교식 이름을 사용한 반면, 그의 아들인 春秋는 유교식 이름을 사용한 것은 시사하는 바가 있다.
46) 尹善泰, 〈新羅 統一期 王室의 村落支配〉, 서울대 대학원 박사논문, 2000, pp. 46~47.

계에까지 이르렀다. 그것은 곧 문화적인 기반 확대에 다름 아니겠다. 물론 처음부터 한문자의 확산이 중앙의 정책에 따라 일방적으로 추진된 결과는 아니었고, 각 지방은 원래부터 나름의 기반을 갖고 있었다.

그러나 불교수용 이후 지방통치의 진전과 함께 진행된 한문자의 확산은 전국에 걸쳐 상당한 통일성을 가져왔던 것도 사실이다. 불교는 그 동안 진전된 정치 사회의 변화를 수렴하는 기능도 하였지만, 아울러 장차 나아가야 할 새로운 사회를 제시해 준 지배이데올로기로 기능한 바가 컸다. 그 까닭으로 불교의 수용이란 단순한 종교의 전파란 차원을 넘어서서 여러 방면에 걸쳐 엄청난 변동을 수반한 것이었다. 기왕에 주로 정치사나 종교사의 측면에서만 불교수용 문제를 다루었지만, 앞으로 그것이 한국사에 끼친 영향을 제대로 간파해 내려면 사회사적인 접근도 아울러 절실함을 지적하여 둔다. 이 글에서 한문자의 정착 문제를 불교수용과 관련지어 다루어 본 까닭도 불충분하나마 그러한 몫을 담당하기 위해서였다.

그러나 사실 여러 가지 제약으로 처음 의도한 바의 목적에까지는 턱없이 미치지 못하였음을 솔직히 인정한다. 기대한 목적을 달성하기 위하여서는 한문자를 익힌 사람의 인구비율이나 그 교육방식, 과정, 목적 등도 구체적으로 다루어야만 하였다. 그리고 통일기의 한문자 체계의 변화 문제에 대해서도 좀더 말하여야 그 실상이 제대로 드러날 수 있었을 것이다. 아쉽게도 필자의 능력과 현실적인 여건이 여의치 못하여 여기서는 문제제기 차원에 머물 수밖에 없을 것 같다. 그러므로 제기된 문제점을 해결하기 위해서는 다시 다른 기회를 기약해야겠다.

ㅈ

ㅊ

ㅌ